NCS 직업기초능력평가

2023

고시넷 공기업

한국중부발전
NCS 기출예상모의고사

동영상 강의 WWW.GOSINET.CO.KR

gosinet
(주)고시넷

정오표 및 학습 질의 안내

고시넷은 오류 없는 책을 만들기 위해 최선을 다합니다. 그러나 편집에서 미처 잡지 못한 실수가 뒤늦게 나오는 경우가 있습니다. 고시넷은 이런 잘못을 바로잡기 위해 정오표를 실시간으로 제공합니다. 감사하는 마음으로 끝까지 책임을 다하겠습니다.

WWW.GOSINET.CO.KR

모바일폰에서 QR코드로 실시간 정오표를 확인할 수 있습니다.

학습 질의 안내

학습과 교재선택 관련 문의를 받습니다. 적절한 교재선택에 관한 조언이나 고시넷 교재 학습 중 의문 사항은 아래 주소로 메일을 주시면 성실히 답변드리겠습니다.

이메일주소
qna@gosinet.co.kr

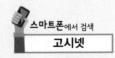
스마트폰에서 검색
고시넷

차례

 한국중부발전 필기시험 정복

- 구성과 활용
- 한국중부발전 소개
- 모집공고 및 채용 절차
- 한국중부발전 기출 유형분석

파트 **1** 한국중부발전 기출예상모의고사

파트 2 인성검사

파트 3 면접가이드

책속의 책

파트 1 한국중부발전 기출예상모의고사 정답과 해설

구성과 활용

1 한국중부발전 소개 & 채용 절차

한국중부발전의 비전, 미션, 핵심가치, 목표, 인재상 등을 수록하였으며 최근 채용 절차 및 지원자격 등을 쉽고 빠르게 확인할 수 있도록 구성하였습니다.

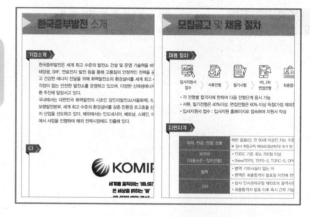

2 한국중부발전 기출 유형분석

최근 기출문제 유형을 분석하여 최신 출제 경향을 한눈에 파악할 수 있도록 하였습니다.

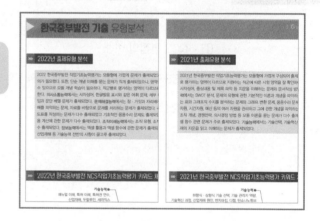

3 실제와 같은 기출예상문제로 실전 연습 & 실력 UP!!

한국중부발전의 4회 기출예상문제로 자신의 실력을 점검하고 완벽한 실전 준비가 가능하도록 구성하였습니다.

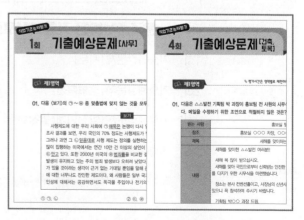

4 인성검사 & 면접으로 마무리까지 OK!!!

최근 채용 시험에서 점점 중시되고 있는 인성검사와
면접 질문들을 수록하여 마무리까지 완벽하게
대비할 수 있도록 하였습니다.

5 상세한 해설과 오답풀이가 수록된 정답과
해설

상세한 해설을 수록하였고 오답풀이 및 보충
사항들을 수록하여 문제풀이 과정에서의 학습
효과가 극대화될 수 있도록 구성하였습니다.

기업소개

한국중부발전은 세계 최고 수준의 발전소 건설 및 운영 기술력을 바탕으로 화력발전(석탄, LNG, 중유)과 풍력, 태양광, SRF, 연료전지 발전 등을 통해 고품질의 안정적인 전력을 공급하고 있다. 또한, 국민에게 더욱 깨끗하고 건강한 에너지 전달을 위해 화력발전소의 환경설비를 세계 최고 수준으로 교체하여 미세먼지와 환경오염의 걱정이 없는 안전한 발전소를 운영하고 있으며, 다양한 신재생에너지의 지속 개발을 통해 대한민국 에너지 전환 추진에 앞장서고 있다.

국내에서는 대한민국 화력발전의 시초인 당인리발전소(서울화력), 6,500일 장기 무고장운전 세계 기록을 세운 보령발전본부, 세계 최고 수준의 환경설비를 갖춘 친환경 초고효율 신서천 발전본부 등의 운영을 통해 국내 에너지 산업을 선도하고 있다. 해외에서는 인도네시아, 베트남, 스페인, 미국의 엘라라(텍사스주), 볼더(네바다주) 등에서 사업을 진행하며 해외 전력시장에도 진출해 있다.

CI

세계를 움직이는 '에너지'
온 세상을 밝히는 '빛'
에너지와 빛의 '중심'

미션

친환경 에너지의 안전하고 안정적인 공급을 통해
국가발전과 국민 삶의 질 개선에 기여한다.

비전

친환경으로 미래를 여는 에너지 전문 기업
(Green Energy Leader Creating a Clean Tomorrow)

핵심가치(KOMIPO 4 Way)

- 안전 : 인간존중을 바탕으로 국민과 구성원의 안전과 건강을 최우선시
- 환경 : 사업을 추진하는 데 있어 환경을 최우선 가치로 추진하고 국내 · 외 법규 및 협약을 성실히 이행
- 신뢰 : 기본과 원칙에 충실하고 공정하고 투명한 경영으로 국민과 구성원의 신뢰를 제고하고 이해관계자의 소통과 참여로 경제적, 사회적 가치를 공유
- 혁신 : 변화를 두려워하지 않으며 통찰력 및 열린 사고로 언제나 모든 분야에서 혁신을 주도

전략목표

KOMIPO 4–UP

(Next Jump up to the 'New Green Wave')

안전 환경 중심 주력사업 최적화	저탄소 미래 에너지 선도	지속가능 경영혁신체계 강화	공공가치 기반 국민신뢰 제고
Build–UP 기존사업 내실화	Grow–UP 미래성장역량 확보	Change–UP 지속성장 내부혁신	Value–UP 기업가치 극대화

인재상

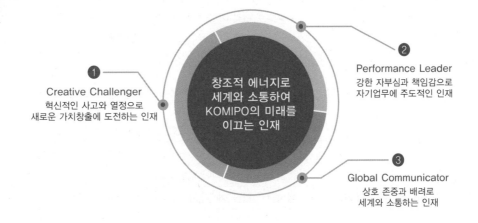

창조적 에너지로 세계와 소통하여 KOMIPO의 미래를 이끄는 인재

1 Creative Challenger
혁신적인 사고와 열정으로
새로운 가치창출에 도전하는 인재

2 Performance Leader
강한 자부심과 책임감으로
자기업무에 주도적인 인재

3 Global Communicator
상호 존중과 배려로
세계와 소통하는 인재

모집공고 및 채용 절차

채용 절차

입사지원서 접수 ⟩ 서류전형 ⟩ 필기시험 ⟩ 1차, 2차 면접전형 ⟩ 최종합격

- 각 전형별 합격자에 한하여 다음 전형단계 응시 가능
- 서류, 필기전형은 40%이상, 면접전형은 60% 이상 득점(가점 제외한 득점 점수 기준)
- 입사지원서 접수 : 입사지원 홈페이지로 접속하여 지원서 작성

지원자격

학력, 전공, 연령, 성별	제한 없음(단, 만 60세 이상인 자는 지원 불가). ※ 당사 취업규칙 제59조(정년퇴직) 의거 만 60세 정년퇴직
외국어 [대졸수준 – 일반전형]	• TOEIC 기준 최소 700점 이상 • (New)TEPS, TEPS–S, TOEIC–S, OPIc : TOEIC 기준 환산점수 적용
병역	• 병역 기피사실이 없는 자 • 현역은 최종합격자 발표일 이전에 전역(소집해제 포함)이 가능한 자
기타	• 당사 인사관리규정 제10조의 결격사유가 없는 자 • 최종합격자 발표 이후 즉시 근무 가능한 자

서류전형

구분	적용방식	내용
외국어	100점	• 적용 외국어 : TOEIC, TOEIC–S, TEPS, TEPS–S, OPIc 인정 • 계산 방법 : (TOEIC 환산 점수÷850)×100
자격증	최대 40점	• 공통 자격증, 전문 자격증, 직군별 자격증 가점 구분 　– 공통 : 한국사, 국어능력, IT분야, 외국어 　– 전문 : 변호사, 회계사, 세무사, 해당 기술사 등(고급자격증 보유자 서류 　　전형 면제) 　– 직군별 : 전기, 기계, 화학, 정보통신, 토목, 건축(기사, 산업기사 자격증 　　수준별 점수 차등) ※ 직군 자격증은 최대 2개 인정, 동일 종류 자격증은 상위만 인정
기타	추가 가점	보훈, 장애, 발전소 주변 주민, 우수인턴 등 우대사항 반영
자소서	적 · 부 판정	동일 내용 답변, 의미 없는 기호 나열 등 불성실 적 · 부 판정
합격 배수	각 직군 30배수	정성평가 없음, 계량점수 고득점 기준 합격자 결정

직무능력평가(2023년 기준)

구분	직무지식평가(70문항, 50%)		직업기초능력평가(80문항, 50%)
직군	전공지식(60문항)	직무수행능력평가(10문항)	범위
사무	법, 행정, 경영, 경제, 회계	직군별 직무상황 연계형	의사소통, 조직이해, 자원관리, 수리
정보통신	정보처리, 정보통신, 정보보안기사 과목		의사소통, 문제해결, 정보능력, 기술
발전화학	일반화학, 화공, 대기 및 수질환경기사 과목		의사소통, 문제해결, 자원관리, 기술
토목	토목기사 과목		의사소통, 문제해결, 자원관리, 조직이해
건축	건축기사 과목		의사소통, 문제해결, 수리, 정보
발전기계	일반기계기사 과목		의사소통, 문제해결, 자원관리, 기술
발전전기	전기기사 과목		의사소통, 문제해결, 수리, 기술

※ 직군별 전공지식 난이도 : 원론 수준 50% 이상 출제
※ 2023년 서류전형 도입에 따라 직무적합도 전형(온라인 인 · 적성 검사) 폐지
※ 직무능력평가(필기시험) 시 인성검사 적 · 부 판정으로 대체
  − D ~ E 등급 부적격(전체 S ~ E 6단계 등급), 부적격 대상은 불합격 처리

심층면접(2023년 기준)

구분	세부내용
1차 면접	• 직군별 직무역량평가 − PT면접 / 토론면접 등
2차 면접	• 인성면접 − 태도 및 인성부분 등 종합평가 − 점수반영 : 필기(20%)＋1차 면접(30%)＋2차 면접(50%)

※ 1차 면접 합격자에 한해 사전 AI 온라인 면접 시행

한국중부발전 기출 유형분석

>>> 2022년 출제유형 분석

2022 한국중부발전 직업기초능력평가는 모듈형에 가깝게 문제가 출제되었고, 평이한 난이도이지만 시간 배분에 유의가 필요했다. 또한, 단순 개념 이해를 묻는 문제가 적게 출제되었으나, 영역별 개념을 확실히 알고 있어야 문제를 풀수 있으므로 모듈 개념 학습이 필요하다. 직군별로 평가하는 영역이 다르므로 직군에 따른 영역을 잘 파악해 두어야한다. 의사소통능력에서는 사자성어, 한글발음 표시와 같은 어휘 문제, 세부 내용 파악과 주제 및 제목 찾기, 문장 삽입과 문단 배열 문제가 출제되었다. 문제해결능력에서는 참·거짓과 자리배치를 추론하는 논리문제, 이론에 대한 이해를 파악하는 문제, 자료를 바탕으로 문제를 처리하는 문제가 출제되었다. 수리능력에서는 자료의 수치를 파악하고 도표를 작성하는 문제가 다수 출제되었고 기초적인 응용수리 문제도 출제되었다. 자원관리능력에서는 예산처리와 비용 계산에 관한 문제가 다수 출제되었다. 조직이해능력에서는 조직 유형, 조직 의사결정 과정과 같은 이론 문제가 다수 출제되었다. 정보능력에서는 엑셀 활용과 엑셀 함수에 관한 문제가 출제되었다. 기술능력에서는 매뉴얼 내용 파악, 산업재해 등 기술능력 전반의 사항이 골고루 출제되었다.

>>> 2022년 한국중부발전 NCS직업기초능력평가 키워드 체크

>>> 2021년 출제유형 분석

2021년 한국중부발전 직업기초능력평가는 모듈형에 가깝게 구성되어 출제되었고 대체적으로 지문이 길었다. 직군별로 평가하는 영역이 다르므로 지원하는 직군에 따른 시험 영역을 잘 확인하여 준비해야 한다. 의사소통능력은 접속어, 사자성어, 중심내용 및 제목 파악 등 지문을 이해하는 문제와 문서작성 방법에 관한 문제가 출제되었다. 문제해결능력에서는 SWOT 분석, 문제의 유형에 관한 기본적인 이론과 개념을 파악하는 문제가 주로 출제되었다. 수리능력에서는 표와 그래프의 수치를 분석하는 문제와 그래프 변환 문제, 응용수리 문제가 출제되었다. 자원관리능력에서는 물적자원, 시간자원, 예산 등의 여러 자원을 관리하고 그에 관한 개념을 파악하는 문제가 출제되었다. 조직이해능력에서는 조직 개념, 경쟁전략, 의사결정 방법 등 모듈 이론을 묻는 문제가 다수 출제되었다. 정보능력에서는 컴퓨터활용과 엑셀 함수 관련 문제가 주로 출제되었다. 기술능력에서는 기술선택, 기술혁신 과정과 같은 이론 문제와 다양한 기술 소재의 지문을 읽고 이해하는 문제가 출제되었다.

>>> 2021년 한국중부발전 NCS직업기초능력평가 키워드 체크

기술능력
하향식 · 상향식 기술 선택, 기술 관리자 역량, 기술혁신 과정, 산업재해 원인, 벤치마킹, 디젤, 탄소나노튜브

정보능력
엑셀 스프레드시트 활용

조직이해능력
사내 문화, 7S 모형, 조직문화 기능, 본원적 경쟁전략, 인맥관리, 명함 관리, BCG 매트릭스, 상향식 의사결정

자원관리능력
직접비용, 물적자원 활용 방해 요인 자원의 낭비요인, 비품 총 구입액, 직원 평가, 시간관리에 대한 오해, 예산관리, 시간 계획 시 고려사항

의사소통능력
낙엽이 지다, 낙엽이 떨어지다, 기획서, 신재생에너지, 발전소, 컴퓨터 발전 역사

문제해결능력
SWOT 분석, 발생형 · 탐색형 · 설정형 문제, 국제 매너

수리능력
유류비, 자전거 이용 요금, 발전소 전기 사용량, 분수 계산, 표-그래프 변환, 공장의 전자제품 수

2021년

20% 20% 20% 20% 10% 5% 5%

한국중부발전

직업기초능력평가
출제예상문제

NCS란? 산업 현장에서 직무를 수행하기 위해 요구되는 각종 지식, 기술, 태도 등의 내용을 국가가 체계화한 것을 의미한다.

유형별 출제비중

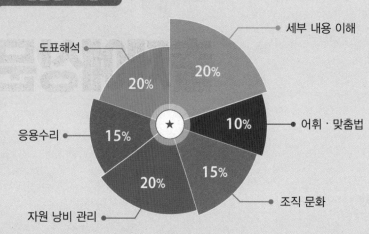

도표해석 20%
세부 내용 이해 20%
어휘 · 맞춤법 10%
조직 문화 15%
자원 낭비 관리 20%
응용수리 15%

출제분석

한국중부발전 직업기초능력평가 사무직은 의사소통능력, 조직이해능력, 자원관리능력, 수리능력이 출제되었다. 의사소통능력에서는 어휘 의미 파악, 맞춤법 문제와 제시된 글의 내용을 이해하고 주제를 파악하는 문제가 출제되었으므로, 글의 맥락을 신속하고 정확하게 파악하는 연습이 필요하다. 조직이해능력에서는 조직의 구조 및 체계 이해, 업무 수행과 관련된 문제가 출제되었으므로, 관련 이론을 제대로 이해하고 적용할 수 있도록 학습이 필요하다. 자원관리능력에서는 각 자원들의 효율적인 관리와 낭비 요인을 파악하는 문제가 주로 출제되었으므로, 자원들의 특성과 관리 방안에 대한 이해가 필요하다. 수리능력에서는 비용 계산, 확률 등 기초연산능력 문제와 도표자료를 분석하는 문제가 출제되었으므로, 제시된 조건과 자료를 정확히 파악할 수 있어야 한다.

1회 한국중부발전[사무]

기출예상문제

영역	총 문항 수
제1영역_의사소통능력	20문항
제2영역_조직이해능력	20문항
제3영역_자원관리능력	20문항
제4영역_수리능력	20문항

📖 **제1영역**

✎ 평가시간은 영역별로 제한하지 않으나 각 영역별 20문항 15분을 권장합니다.

01. 다음 〈보기〉의 ⊙ ~ ⊎ 중 맞춤법에 맞지 않는 것을 모두 고르면?

> **보기**
>
> 사형제도에 대한 우리 사회에 ⊙해묵은 논쟁이 다시 일고 있다. 그러나 지금까지의 여론 조사 결과를 보면, 우리 국민의 70% 정도는 사형제도가 범죄를 예방할 수 있다고 생각한다. 그러나 과연 그 ⓒ믿음대로 사형 제도는 정의를 실현하는 제도일까? 세계에서 사형을 가장 많이 집행하는 미국에서는 연간 10만 건 이상의 살인이 벌어지고 있으며 좀처럼 줄어들지 ⓒ안고 있다. 또한 2000년 미국의 @범죄률을 비교한 결과, 사형 제도를 폐지한 주의 범죄 발생이 유지하고 있는 주의 범죄 발생보다 오히려 낮았다. 이는 사형 제도가 범죄 예방 효과가 있을 것이라는 생각이 근거 없는 기대일 뿐임을 말해 준다. ⑩단언컨대 사형 제도는 인간에 대한 너무나도 잔인한 제도이다. 왜 사람들은 일부 국가에서 행해지는 돌팔매 처형의 잔인성에 대해서는 공감하면서도 독극물 주입이나 전기의자는 ⊎괜찮다고 여기는 것일까?

① ⊙, ⓒ

② ⓒ, @

③ ⓒ, @, ⑩

④ ⓒ, @, ⑩, ⊎

02. 다음 글을 읽고 각 ㉠～㉣에 제시된 두 단어 중 하나를 선택할 때, 적절하지 않은 것은?

편의점 대국으로 불리는 일본에서는 포인트 서비스가 활성화되어 있어 이용자들이 보다 현명하게 편의점을 이용할 수 있다. ㉠ 싸인/쌓인 포인트는 다음 쇼핑대급의 지불에 이용하거나 상품 및 상품권으로, 제휴 여부에 따라 타사 포인트 등으로도 교환할 수 있다. 일본 편의점에서는 ㉡ 원래/월래 할인 판매를 하지 않는다. 하지만 포인트 서비스를 이용하면 가격할인과 실질적으로 동일한 효과가 있기 때문에 포인트 서비스의 활용도가 상당히 높다. 그런데 기업 및 점포에게 이익이 되지 않는 이 서비스를 굳이 도입한 이유는 무엇일까? 통상적으로는 이용자들의 쇼핑 관련 개인정보와 언제 무엇을 구입했는지, 보통 무엇과 무엇을 같이 구입하는지, 그리고 이용 빈도수는 얼마나 되는지 등의 구매행동 이력을 수집하는 것이 주요 목적이다. 물론 수집한 정보는 불법적인 용도가 아닌 향후 상품 개발 및 점포 내 물품 체제 관리 등에 활용되는 것을 전제로 한다. 자신만 혜택을 보면 그만이라 생각하는 일부 이용자들도 있겠지만 ㉢ 대개/대게는 모두가 이용하기 쉽고 환경 친화적이고 안전한 점포가 되기를 바랄 것이다.

편의점에게 포인트 서비스는 커뮤니케이션 수단의 하나이다. 따라서 편의점 회사와 회원들 간의 연계를 심화시키고 장기적으로 지속적인 관계를 구축해 나가는 것을 ㉣ 지양/지향한다. 약관에 가입하여 회원이 되는 것은 어느 정도 신뢰감을 가지고 부분적이지만 개인의 정보 분석을 '허락'하는 행위나 마찬가지이다. 따라서 회원이 되는 측도 본인의 정보를 어느 정도는 제공함으로써 지속적인 관계를 이어갈 각오를 가져야 한다고 생각한다. 인구감소와 저출산 및 고령화가 지금과 같은 양상으로 진행된다면 서로 경쟁하는 복수의 점포로부터 그때마다 자신에게 적합한 점포를 선택할 수 있는 현재와 같은 환경이 지속될 것으로 생각하기 어렵다. 그렇다면 특정 점포에 대한 충성도로 점포를 선택하기보다 자신에게 보다 적합한 서비스를 제공하는 점포를 선택할 가능성이 더욱 커질 것이다. 이미 가까운 거리에 점포가 없거나 지금 자신에게 맞는 점포가 없는 상황에 있는 '쇼핑 약자'도 발생한다. 이 경우는 처음부터 자신의 상황에 맞춘 점포를 만들어 가는 수밖에 없다.

① ㉠ 쌓인   ② ㉡ 원래
③ ㉢ 대개   ④ ㉣ 지양

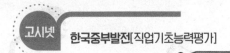

03. 다음 글의 주제로 적절한 것은?

> 미국의 28대 대통령인 토머스 우드로 윌슨 대통령은 웅변가로 유명했다. 어느 날 윌슨 대통령에게 한 기자가 물었다. 그 대화의 내용은 다음과 같다.
>
> ---
>
> 기 자 : 대통령님, 저희들에게 5분짜리 연설을 들려주시려면 보통 준비기간이 얼마나 필요하십니까?
>
> 대통령 : 하루 정도는 밤낮으로 준비해야 합니다.
>
> 기 자 : 그렇군요. 그렇다면 30분 정도 말씀하시려면 어떻습니까?
>
> 대통령 : 30분 정도 이야기하려면 3시간 정도는 준비해야지요.
>
> 기 자 : 그럼 연설 시간이 2시간이라면 어떻습니까?
>
> 대통령 : 두 시간이라고요? 그렇다면 지금 당장 시작할 수 있지요!

① 프레젠테이션을 할 때 초반에 농담이나 우스갯소리로 너무 많은 시간을 낭비하지 말고 본론부터 공략하는 것이 효과적이다.

② 프레젠테이션에서 설득력 있게 말하기 위해서는 메시지가 무엇인지가 중요하다. 특히 짧은 시간에 설득력 있게 말하려면 메시지를 명확하게 전달하기 위해 많은 준비가 필요하다.

③ 프레젠테이션을 할 때 청중의 몰입도를 높이기 위해서는 시청각자료의 구성에도 신경을 써야 한다.

④ 프레젠테이션을 준비하면서 거의 전문가급이 되더라도 듣는 사람을 배려하여 용어를 사용해야 한다.

04. 다음 글의 밑줄 친 ㉠에 대한 글쓴이의 관점으로 적절한 것은?

생태학적 관점에서 섬은 매우 역동적인 공간이다. 섬의 형태는 물리적으로 파도와 바람에 의해 결정되며 섬에 사는 생물체에게는 염도에 적응하기 위한 특수한 적응전략이 필요하다. 그리고 육지의 포식자들을 피하는 동시에 자신들을 먹이로 하는 다양한 해양 포식자들을 피하기 위한 집단 시스템이 요구된다. 따라서 섬에는 육지와는 또 다른 생태계가 형성되어 있다.

육지 패러다임으로 바라본 섬이 고립과 폐쇄성의 공간이라면 해양 패러다임으로 바라본 섬은 바다를 통한 소통의 공간이라고 할 수 있다. 고대부터 섬주민은 육지와 달리 수렵채집사회를 유지해 왔다. 어업기술의 발전으로 섬주민들도 주수입원을 얻기 위해 농경사회와 같이 기르는 과정을 거치기는 하지만, 이 역시 바다가 제공하는 식량 자원을 채집하는 형태를 띠고 있다.

고립과 소통으로 대표되는 섬에 사는 바닷새들은 한반도 해양생물의 다양성을 유지하고 지속 가능하게 하는 것에 지대한 영향력을 발휘해 왔다. 우리나라를 중심으로 동아시아, 대양주 철새 이동 경로에 있는 섬들은 이동성 물새 및 바닷새에게 중요한 중간 기착지 역할을 한다. 특히 대표적인 바닷새인 도요물떼새는 섬과 갯벌에서 장거리 이동에 필요한 에너지원을 섭취하고 안전한 서식지를 제공받는다. 우리나라와 중국 사이에 있는 서해안은 한반도와 중국에 있는 큰 하천에서 영양물질이 많이 흘러나오는 곳으로 많은 해양생물에게 풍부한 먹이를 제공한다. 게다가 넓은 갯벌을 형성하고 있기 때문에 바닷새들에게 집단 번식지를 제공한다. 서해안은 육지에서 흘러온 많은 영양물질들을 기반으로 촘촘한 먹이그물망을 형성하여 바람과 태풍 등의 모진 풍파에도 불구하고 야생조류들에게 최적의 번식지가 되었다.

고립무원인 섬은 야생조류에게 집단 지성의 힘을 일깨우게 한다. 육지 못지않은 강력한 포식자들의 침입에도 불구하고 야생조류들은 집단 서식의 정보소통을 통해 빠르게 경계태세로 대항할 수 있었으며 생존율을 높일 수 있었다. 바닷새는 안락한 육지와는 비교할 수 없을 정도로 험악한 기상 환경과 척박한 환경에 노출되어 있지만 상대적으로 풍부한 먹이와 정보소통의 힘으로 멸종위기의 환경에서도 버티며 살아갈 수 있었던 것이다.

그러나 최근 섬에 사는 야생조류들은 ㉠문명 발전에 속절없이 당하는 신세로 전락하고 말았다. 인구밀도가 가장 높은 동북아시아의 해안에는 값싼 석유화학 제품의 홍수 속에 플라스틱 쓰레기 더미가 몰려오고 있는데, 이로 인해 많은 해양 조류와 포유류들이 희생당하고 있다. 각종 플라스틱 쓰레기가 바닷새의 몸 안에 축적되고 있으며 폐사한 바닷새의 위에서는 해양쓰레기들이 발견된다. 기후 변화에 따른 먹이 자원의 변화도 눈에 띤다. 또한 섬을 방문하는 외부인들은 오랫동안 섬주민과 형성해 온 공생 시스템과 외래종의 침입 장벽을 와해시키고 있다. 짧고 강력한 위협 요인들이 바닷새에게 적응할 시간을 주지 않는 것이다.

① 섬에 사는 생물들이 환경에 적응하여 생존하는 것을 어렵게 만들었다.

② 고립된 섬의 문화를 개방시켜 소통할 수 있게 해 주었다.

③ 인간과 자연의 공존방식을 연구하여 섬을 발전시키고 있다.

④ 기후변화에 대한 대응책을 강화하여 섬의 생태계를 활성화시켰다.

05. 다음 글의 문단 (가) ~ (라)를 문맥에 맞게 배열한 것은?

(가) 친환경농업직불제 개편 방안에 대한 논의가 활발하다. 특히 농업생태환경보전프로그램을 통해 공익형 직불제 실험을 먼저 했던 충청남도가 이 논의에 앞장서고 있다. 19일엔 예산 충남농업기술원에서 친환경농업직불제 개편방안에 대한 대(對)정부 제안이 있었다. 강△△ 충남연구원 경제산업연구실 연구위원은 규제와 보상체계가 균형을 이루는 친환경농업직불제(기본형) 개편방안과 농업환경보전사업(공익형) 실행방안을 중앙정부와 충청남도에 제시했다.

(나) 지급단가와 관련해서는 기본형의 경우 현행 직불제보다 최소 2배, 최대 6배 이상 지급해야 하며, 지급기준은 경영비 차액을 인정, 매년 물가상승률을 반영한 실질 인상이 필요하다는 게 강 연구위원의 입장이다. 단기적으로는 경영비 보장수준으로, 중장기적으로는 생산비 보장수준으로 확장해 나가자는 것이다. 특히 기존의 직불제가 개별농가 단위로 사업하다 보니 공간범위 지정이 불필요했던 반면, 직불제 개편 시 환경보전이 필요한 최소구역·단위·지구 중심으로 운영해야 한다는 주장도 제기됐다. 환경보전이 필요한 수계·유역·호소 단위로 적정 공간범위를 설정하는 방식이다.

(다) 예컨대 하천 중심으로 농업환경보전사업을 할 시, 특정 상류수계 중심의 친환경 특별권역을 설정해 협동조합을 구성하고, 유급 생산관리자를 배치해 전반적인 지역 환경을 관리하는 식이다. 이를 통해 수계 및 주변 농업환경보전 과정에서 성과를 거둘 수 있을 것으로 보인다. 한편 친환경직불제 개편방안 논의와 관련해 현재 농림축산식품부가 추진하는 농업환경보전프로그램의 제도개선 주장도 제기된다. 해당 프로그램에 참여 중인 충남 홍성군의 권봉관 홍성군청 친환경농정발전기획단 전문위원은 현행 농업환경보전프로그램에 대해 전문인력이 사실상 전무해 대부분 마을에서 이장 등 마을대표자의 헌신에 의지하는 상황, 사업내용이 복잡하고 개별 농민·농가 역량을 고려치 못해 농민 참여가 제한적인 점, 기존 친환경농민의 참여에 대한 인센티브 부족 등을 지적했다.

(라) 현행 직불제는 면적 기준의 일정단가를 현금으로 지급하며, 대상은 무농약 및 유기농 등 친환경인증을 받은 농가다. 강 연구위원은 "농가 단위 지급방식과 면적 단위 지급방식을 혼합시키고, 지급대상은 중장기적으로 자주인증 및 참여형 인증 농가 중심으로 지급할 필요가 있다."라고 주장했다. 기존 직불제가 면적 기준을 채택함으로써 토지소유자에게 직불금 혜택이 돌아가고, 그 과정에서 부재지주의 부정수급 문제가 초래된 측면이 있었기에 지급방식 변경이 필요하다는 것이다.

① (가)-(다)-(라)-(나) ② (가)-(라)-(나)-(다)
③ (라)-(가)-(다)-(나) ④ (라)-(나)-(가)-(다)

06. △△공사 입사를 준비 중인 A 씨가 다음 유의사항을 이해한 내용으로 잘못된 것은?

〈입사지원 유의사항〉

□ Ⅰ ~ Ⅴ 채용 유형별 중복지원이 불가합니다.

□ 입사지원서 기재 착오 및 누락으로 인한 불이익은 응시자 책임이며, 기재사항이 제출 서류의 내용과 불일치할 경우 합격이 취소될 수 있습니다.

□ 지원서 허위작성, 증빙서 위·변조 제출, 서류 미제출 및 시험 부정행위 등으로 시험의 공정성을 훼손하는 자는 어느 전형단계든 당해시험 무효 및 합격을 취소하고 향후 5년간 당사 지원이 제한됩니다.

□ 필기 및 면접전형 시 신분증(주민등록증, 운전면허증 또는 여권)을 지참하여야 하며, 미지참 시 응시가 불가합니다.

□ 입사지원서 마감일에는 접속자가 급증할 것으로 예상되오니 마감일 이전에 접수하시기 바라며, 마감시간 이후 제출한 지원서는 자동 불합격 처리됩니다.

□ 「채용절차의 공정화에 관한 법률」 제11조 및 동시행령, 시행규칙에 따라 제출서류는 채용 확정일 이후 14일부터 180일 내에 청구된 경우 반환합니다.

□ 채용과 관련하여 본 공고에서 특별히 정한 내용 이외에는 우리 회사 「인사관리규정」 및 「채용업무관리세칙」, 「교육훈련규정」 제23조(수습임용자의 채용제한), 「보수규정관리세칙」 제4조(초입호봉) 등 사내·외 관련규정 및 법률, 각종 정부 가이드라인에 따릅니다.
또한 '이전 지역인재 채용목표제' 운영과 관련한 내용은 「혁신도시 조성 및 발전에 관한 특별법 및 동법시행령」 및 「국토교통부 예규 2018-198호」를 따릅니다.

□ 지원서 작성 시 성별, 연령, 출신 학교, 부모나 친척의 신분 등 블라인드 채용 취지에 맞지 않는 정보의 입력을 금지하며, 입력 시 불합격 처리를 포함한 불이익 조치를 받을 수 있습니다.

□ 필기 및 면접전형 불합격자에 대해서는 회사에서 자체 개발한 분석 보고서를 제공합니다.

---

① 채용 유형은 모두 5가지로 중복지원이 불가능하다.

② 면접전형에서 떨어지면 회사로부터 분석 보고서를 받을 수 있다.

③ 입사지원서의 기재사항과 제출 서류의 내용이 불일치할 경우 합격이 취소될 수 있다.

④ 채용과 관련된 모든 절차는 사내·외 관련규정 및 법률, 각종 정부 가이드라인을 우선 따른다.

07. 다음 중 〈보기〉와 관련되지 않은 내용을 제시한 사람은?

보기

확증 편향(Confirmation Bias)은 원래 가지고 있는 생각이나 신념을 확인하려는 경향으로, 흔히 '사람은 보고 싶은 것만 본다'와 같은 것이 바로 확증 편향이다. 사람들은 자신이 원하는 결과를 간절히 바랄 때 또는 어떤 사건을 접하고 감정이 앞설 때 그리고 저마다의 뿌리 깊은 신념을 지키고자 할 때 확증 편향을 보인다. 확증 편향은 원하는 정보만 선택적으로 모으거나, 어떤 것을 설명하거나 주장할 때 편향된 방법을 동원함으로써 나타난다.

① **홍세화**
- 실상 우리는 아무도 남을 설득하려고 노력하지 않는다. 뒤집어 말하면, 나 또한 아무한테도 설득되지 않는다. 모든 사람이 이미 완성 단계에 이른 양 살아간다. 이런 사회 구성원들에게 편향이 한번 빠지면 결코 빠져나올 수 없는 깊은 함정이 되는 것은 당연한 귀결이다. 또 '나'로서 생각한 적이 없으므로 남의 자리에서 생각하는 역지사지의 지혜도 갖기 어렵다.
- 편향에서 벗어나기. 그것은 나부터 '회의하는 자아'가 되는 길 말고 달리 도리가 없다. 그런 전제 아래 어렵더라도 이웃을 설득하는 수밖에.

② **막스 베버**
- 만약 누군가가 유능한 교수라면, 그의 첫 번째 임무는 학생들에게 그들 자신의 가치입장의 정당화에는 불리한 사실들 즉, 학생의 당파적 견해에 비추어볼 때 학생 자신에게 불리한 그런 사실들을 인정하는 법을 가르치는 일입니다. 나의 견해를 포함한 모든 당파적 견해에는 이 견해에 극도로 불리한 사실들이 있습니다. 만약 대학교수가 그의 수강생들을 그것에 익숙해지도록 유도한다면, 그는 단순한 지적 업적 그 이상을 행하는 것이라고 나는 생각합니다.

③ **버트런드 러셀**
- 이 시대의 아픔 중 하나는 자신감이 있는 사람은 무지한데, 상상력과 이해력이 있는 사람은 의심하고 주저한다는 것이다.
- 우리들은 모두 세상을 자신의 선입관에 맞춰 생각하는 경향이 있다.

④ **아인슈타인**
- 내 상대성 이론이 성공적으로 증명된다면, 독일은 내가 독일인이라고, 프랑스는 내가 전 세계의 시민이라고 선언할 것이다. 내 이론이 틀렸다고 증명된다면, 프랑스는 내가 독일인이라고, 독일은 내가 유대인이라고 선언할 것이다.

www.gosinet.co.kr **gosi**net

1회 기출예상

2회 기출예상

3회 기출예상

4회 기출예상

인성검사

면접가이드

08. 다음 글의 내용과 일치하지 않는 것은?

우리가 사는 세상과 우리의 존재는 실재(實在)일까? 혹시 영화 〈매트릭스〉가 실감나게 보여 주었듯 우리는 가상현실 속 세상에 살고 있지는 않을까? 우리의 존재를 증명하는 것은 과연 무엇일까? 이런 질문들은 항상 우리 주위에 있었지만 진지하게 다루기에는 너무 버거운 것 같다. 그런데 기술이 발달하고 인간의 인지 영역이 확장됨에 따라 이런 철학적인 질문들에 대해 과거보다 구체적인 해답을 구할 가능성이 커지고 있다. 다음과 같은 계산을 해 보면, 후손들은 이 질문에 대한 답을 찾을 수 있을 것이다.

〈매트릭스〉 같은 세계가 가능하려면, 컴퓨터가 수많은 인간의 두뇌 작용을 시뮬레이션할 수 있어야 한다. 지금까지 나타났고 앞으로 나타날 총 인간의 숫자는 1,000억 명쯤 될 것이다. 기술이 발전하여 영생이 온다면 더는 후손을 바라지 않게 되기 때문이다. 모든 인간들이 만들어 내는 총 두뇌 신호는 10^{37}(1 뒤에 0이 37개)회쯤 된다. 그야말로 천문학적인 숫자이다.

우리가 일상적으로 사용하는 PC는 약 1초에 10억 번 정도 연산을 할 수 있다. 이런 컴퓨터로 10^{37}회의 신호를 시뮬레이션하려면 10^{20}년 정도가 걸린다. 이는 우주 나이의 100억 배다. 무한히 긴 시간이 필요하다는 의미다. 만일 컴퓨터의 성능이 훨씬 발전한다면 어떨까? 컴퓨터 성능을 파악하기에 아주 손쉬운 방법 중 하나는 컴퓨터의 무게를 재는 것이다. 크고 무거울수록 성능이 좋다는 것은 스마트폰과 노트북·PC·슈퍼컴퓨터를 생각해 보면 알 수 있다. 그렇다면 인간 두뇌 시뮬레이션에 필요한 10^{37}번의 연산을 하기 위해서는 어느 정도 크기의 컴퓨터가 필요할까. 대략 지구만 한 컴퓨터가 있으면 한 시간 안에 할 수 있다.

1969년 아폴로 11호를 달에 보냈을 때 사용했던 집채만 한 컴퓨터의 성능은 지금 우리가 매일 손에 쥐고 있는 스마트폰의 100분의 1 정도밖에 되지 않았다. 그러니 언젠가는 지구만 한 컴퓨터와 맞먹는 성능의 컴퓨터를 만드는 것도 불가능하지 않을 것이다. 만일 이것이 가능해지면, 즉 소위 포스트 휴먼의 시대가 되면 매우 다양한 세상을 컴퓨터로 시뮬레이션할 수 있게 되고, '우리의 존재는 실재일까?'와 같은 철학적인 문제에 대한 답도 찾을 수 있을 것이다.

① 1969년에 아폴로 11호를 달로 보냈다.

② 지금까지 나타났고 앞으로 나타날 인간의 숫자는 총 1,000억 명쯤 될 것으로 추측된다.

③ 우리가 일상적으로 사용하는 PC는 약 1초에 1억 번 정도 연산을 할 수 있다.

④ 컴퓨터 성능을 파악하기 아주 손쉬운 방법은 컴퓨터의 무게를 재는 것이다.

09. D 공사 신재생에너지 사업부에서 근무하는 김 차장이 정부 부처가 발표한 다음 보도자료를 바르게 이해한 것을 〈보기〉에서 모두 고르면?

주택 · 건물 태양광 보조금 30% → 50% 상향
– 20X1년 신재생에너지 보급지원사업 공고 –

□ 산업통상자원부(장관 : 성○○)가 「20X1년 신재생에너지 보급지원사업」(2,282억 원)을 3월 20일 공고하고 신청 접수를 받는다.
  • 이 사업은 자가 소비를 목적으로 태양광, 태양열 등 신재생에너지 설비를 주택 등에 설치하는 경우 설치비를 보조받아 에너지비용을 절감할 수 있다.
□ 올해는 다중 이용시설 지원 확대, 고효율 · 친환경 · 중소기업 제품 보급 확대, 설비 안전성 강화, 주택 · 건물의 태양광 보조금 상향 등을 중점 추진한다.

〈20X1년 보급지원사업 주요 추진 내용〉
– 다중 이용시설 지원 확대 및 행복주택 지원 대상 추가
– 고효율 · 친환경 · 중소기업 제품 보급 확대
– 신재생에너지 설비의 안전성 강화
– 주택 · 건물의 태양광 보조금 상향(30% → 50%) 및 피해예방 강화
– 신재생에너지 보급 확대를 위한 지자체 · 부처 간 협업 강화

보기

ㄱ. 보도자료를 생성한 주무부서와 담당자를 알 수 없다.
ㄴ. 정부부처와 지방자치단체가 연계하여 진행하는 사업이다.
ㄷ. 20X1년 보급지원사업에 대한 세부 내용이 생략되어 있다.
ㄹ. 주택과 건물에 대한 태양광 보조금 상향을 제목으로 한 것은 이를 가장 중요한 핵심내용으로 하기 위함이다.

① ㄱ, ㄹ   ② ㄴ, ㄷ
③ ㄱ, ㄴ, ㄹ   ④ ㄱ, ㄴ, ㄷ, ㄹ

www.gosinet.co.kr gosinet

1회 기출예상

2회 기출예상

3회 기출예상

4회 기출예상

인성검사

면접가이드

10. 다음 글에서 알 수 있는 내용으로 적절한 것을 모두 고르면?

그동안 세계적으로 형성된 천연가스 연료를 둘러싼 우호적 여론이 변화하는 분위기이다. 석탄 및 석유 대비 친환경적 연료로 부각되어 온 천연가스도 결국 화석연료라는 근원적 한계에서 비롯된 것으로 보인다. 무엇보다 최근에는 화석연료 사용에 대한 반감과 우려가 기후변화 가속화 논의와 맞물려 고조되면서 천연가스 개발 및 보급 사업을 자금 공여 대상에서 제외하는 해외 대형 금융기관들이 속속 등장한다는 사실에 주목할 필요가 있다.

또한, 당초 파리기후협정에서 목표로 설정한 2℃보다 강력한 1.5℃를 목표로 세계 각국의 에너지전환 정책이 본격 추진되려는 움직임 역시도 향후 천연가스 산업영향 측면에서 주목해야 하는 대목이다.

이러한 움직임이 지속 추진되어 천연가스 산업에 영향을 미치는 방향으로 작용된다면 이는 글로벌 투자시장에서 천연가스 산업의 투자비용을 증가시키는 요인으로 작용할 것이며, 이로 인해 천연가스 산업 규모의 축소로 이어질 소지가 있다.

이러한 경우, 상당한 증가를 예상해 온 천연가스 수요의 잠재적 실현 가능성이 막다른 길에 직면할 수 있다. 앞서 살펴본 바대로 이러한 금융조치와 기후정책 추진이 본격화된다면 2040년경의 천연가스 수요는 당초 예상에 비해 약 23% 정도 감소될 것으로 예상된다. 따라서 이러한 상황을 고려할 때 천연가스 산업의 향후 적절한 대응이 필요할 것으로 판단된다. 현재 천연가스 연료 역시 화석연료로 분류하여 취급하고자 하는 세계적인 변화 여론에 합리적인 대응이 필요한 것이다.

ㄱ. 기후변화 가속화로 천연가스 산업이 영향을 받고 있다.
ㄴ. 천연가스는 화석연료이기 때문에 그 사용에 대한 반감이 고조되고 있다.
ㄷ. 세계적인 기후변화 정책에 대한 천연가스 산업의 적절한 대응이 필요하다.
ㄹ. 세계 각국의 강력한 에너지전환 정책은 천연가스 산업의 확대로 이어질 것이다.

① ㄱ, ㄴ   ② ㄱ, ㄷ
③ ㄷ, ㄹ   ④ ㄱ, ㄴ, ㄷ

[11 ~ 12] 다음은 ○○기업에서 진행된 IT 기술과 관련된 강의 내용이다. 이어지는 질문에 답하시오.

블랙박스 암호란 물리적인 하드웨어로 만들어진 암호화 장치를 기반으로 작동되는 암호 기술을 말합니다. 하드웨어로 구성된 암호화 장치가 외부의 공격으로부터 보호받을 수 있다는 가정하에 암호 키를 암호 장치 내부에 두고 보안하도록 설계하는 형식입니다. 언뜻 보면 완벽한 보안 장치로 볼 수도 있지만 공격자에게 그 내부가 공개되는 순간 암호 알고리즘과 암호 키 모두가 유출될 위험이 있습니다. 또한 암호 기술이 적용되는 분야가 확대되고, 각종 오픈 플랫폼의 등장으로 암호 알고리즘이 동작하는 기기가 다양해지면서 하드웨어 자체에 대한 제약이 있는 블랙박스 암호의 연계가 부각되고 있습니다.

(㉠) 화이트박스 암호는 암호화 기술에 소프트웨어의 개념을 도입한 것으로, 블랙박스 암호의 한계점을 보완하여 주목받고 있는 기술입니다. 암호화 키 정보가 소프트웨어로 구현된 암호화 알고리즘의 뒤섞인 상태로 화이트박스에 숨겨져 있기 때문에, 암호화 장치 내부 해킹을 시도해도 암호 키나 알고리즘을 유추할 수 없다는 장점이 있습니다. 또 다른 저장 매체에 비해 운용체계에 따른 개발과 관리가 용이합니다. 애플리케이션의 업데이트를 통해 원격으로 암호 알고리즘에 대한 오류 수정 및 새로운 취약점에 대한 보완이 가능하다는 장점도 있습니다. 최근에는 패스(PASS), 모바일 결제 시스템, 전자지갑, 모바일 뱅킹의 주요 보완 수단으로 활용되고 있습니다. 금융, 통신, 공공, 의료 등 다양한 앱과 중요한 정보ㆍ알고리즘을 효과적으로 보호합니다.

이렇듯 화이트박스 암호는 블랙박스 암호의 한계점을 보완하였기 때문에 주목받고 있는 기술입니다. 하지만 화이트암호 박스도 변조 행위나 역공학을 통한 공격을 받는다면 노출될 위험이 있습니다. 그래서 더욱 다양한 플랫폼과 콘텐츠를 통해 안정성을 확보하는 것이 중요하며 그 과정에서 화이트크립션이 등장하였습니다. 화이트크립션은 애플리케이션 보호 기능을 제공하는 플랫폼으로 기본적인 암호화 기능을 강화하여 암호 실행 중에도 암호 키를 활성화하여 보호합니다.

11. 제시된 강의를 들은 청중의 반응으로 적절하지 않은 것은?

① 화이트박스 암호는 전자 서명 서비스나 핀테크 산업에도 사용될 수 있겠군.

② 블랙박스 암호는 블랙박스 기술이 탑재되지 않은 기기를 사용할 경우 보안이 뚫릴 가능성이 있겠군.

③ 해킹의 성공 여부에 있어 중요한 포인트는 암호화 키가 어떻게 숨겨져 있는지겠어.

④ 플랫폼이 다양한 초연결사회에서는 화이트박스 암호가 가장 각광받겠군.

12. 제시된 강의의 문맥상 ㉠에 들어갈 수 있는 접속어는?

① 물론   ② 반면

③ 게다가   ④ 다시 말해

[13 ~ 14] 다음은 지구온난화에 관한 글이다. 이어지는 질문에 답하시오.

　　지구온난화의 가장 큰 피해국인 투발루의 현지민인 루사마 알라미띵가 목사가 지구온난화의 위험성을 호소하기 위해 대한민국을 찾았다. 그는 전국 여러 도시를 방문하여 강연회와 간담회를 진행하였다.

(가) 지구온난화로 인해 빗물로만 생활이 가능했던 투발루에서는 가뭄으로 생활용수 부족 현상이 발생하고 있다고 한다. 해수를 담수화해서 먹고, 대형 탱크에 물을 저장하는 새로운 생활 방식을 만들고 있지만 이것으로는 매우 부족하다고 한다. 결국 지금은 물마저 사 먹어야 한다고 루사마 목사는 허탈한 감정을 토로했다. 또한 해수면 상승으로 투발루인들이 매일 아침 주식으로 먹는 '플루아트'라는 식물이 죽고 있어 그들의 식생활마저 바뀌었다고 한다.

(나) 이뿐만 아니라 자연환경의 측면에서도 피해가 발생하고 있다고 한다. 지구온난화로 인해 높아진 해수 온도와 해수면은 산호초와 야자나무가 서식하지 못하게 하였고, 더 이상 넓은 모래사장도 볼 수 없게 되었다고 말한다.

(다) 투발루 주민들은 지구온난화로 인한 피해를 온몸으로 감당하면서도 자신들의 생활 패턴을 바꿔 가면서까지 그곳에서 계속 살기를 원한다고 한다. 정부 또한 망그로나무 식재 등을 통해 해변 침식을 막는 등 국가를 지키기 위한 지속적인 노력을 하고 있다고 한다.

(라) 루사마 목사의 방문은 지구온난화에 대처하는 우리의 모습을 되돌아보게 한다. 이제는 적극적으로 생활 방식을 바꾸고 지구온난화를 걱정해야 할 때이다. 지금처럼 편리한 생활 방식만을 고집하다 보면 결국 제2, 제3의 투발루가 발생할 것이며, 우리나라도 결국 투발루처럼 되고 말 것이다.

---

www.gosinet.co.kr gosinet

1회 기출예상

2회 기출예상

3회 기출예상

4회 기출예상

인성검사

면접가이드

13. 제시된 글의 문단 (가) ~ (라)의 중심내용으로 알맞지 않은 것은?

① (가) : 지구온난화로 인한 가뭄이 투발루 주민들의 식생활 변화를 초래했다.

② (나) : 지구온난화의 피해는 자연환경의 측면에서도 발생하고 있다.

③ (다) : 투발루는 지구온난화로부터 국가를 지키기 위해 지속적인 노력을 다하고 있다.

④ (라) : 지구온난화에 대처하기 위해 편리함만을 고집하던 생활방식을 바꾸어야 한다.

14. 다음 중 제시된 글에 대한 보충 자료로 적절하지 않은 것은?

① 세계기상기구(WMO)가 발표한 자료에 따르면 지난 100년간 지구 온도는 약 0.7℃, 해수면 높이는 10 ~ 25cm 상승했다. 이는 최근 2만 년 동안 전례가 없을 정도의 엄청난 변화이다.

② 북극 및 남극 지대 기온 상승, 빙하 감소, 홍수, 가뭄 및 해수면 상승 등 이상기후 현상에 의한 자연재해가 현실로 나타나고 있으며, 대부분의 사람들이 그 심각성을 인식하고 있다.

③ 지구의 연평균기온은 400 ~ 500년을 주기로 약 1.5℃의 범위에서 상승과 하강을 반복하며 변화했다. 15세기에서 19세기까지는 기온이 비교적 낮은 시기였으며 20세기에 들어와서는 기온이 계속 오르고 있다.

④ 지구 평균온도가 지난 100년간 0.74℃ 상승한 것으로 나타나고 있다. 지난 12년 중 11년이 1850년 이후 가장 기온이 높은 시기로 기록되기도 하였다. 이로 인해 극지방과 고지대의 빙하, 설원이 녹는 현상이 나타나고 있다.

[15 ~ 16] 다음 글을 읽고 이어지는 질문에 답하시오.

"우리나라는 민주주의 국가이고 민주주의는 대화와 토론을 통해 문제를 해결하려는 합리적인 관용과 타협의 정신을 지닌 다수에 의한 지배이다." 어릴 적부터 많이 들어온 말이다. 그러나 작금의 사회에서 민주적 과정과 그 가치에 대한 존중을 찾아보기란 쉽지 않다. 여의도에도 캠퍼스에도 '대화'보다는 '대립'이 난무한다. 대립을 전제로 한 대화로 어찌 상대를 이해하려 하는가. 그렇다면 진정한 대화란 무엇인가. 대화란 '말을 하는 것'이 아니라 '듣는 것'이라 한다.

'듣는 것'에는 다섯 가지가 있다. 첫 번째는 '무시하기'로 가정에서 아버지들이 자주 취하는 듣기 자세다. 아이들이 호기심을 갖고 아버지에게 말을 건네면 대체로 무시하고 듣지 않는다. 남이 이야기하는 것을 전혀 듣지 않는 것이다. (가) 두 번째는 '듣는 척하기'다. 마치 듣는 것처럼 행동하지만 상대가 말하는 내용 중 10% 정도만 듣는다. 부부간 대화에서 남편이 종종 취하는 자세다. 부인이 수다를 떨며 대화를 건네면 마치 듣는 것처럼 행동하지만 거의 듣지 않는 태도가 이에 해당한다. 세 번째는 '선택적 듣기'다. 이는 상사가 부하의 말을 들을 때 취하는 자세로 어떤 것은 듣고 어떤 것은 안 듣는 자세다. 민주적 리더십보다는 전제적인 리더십을 발휘하는 사람일수록 이런 경험이 강하다. 상대가 말하는 내용 중 30% 정도를 듣는 셈이다. (나) 네 번째는 '적극적 듣기'다. 이는 그나마 바람직한 자세라고 할 수 있다. 상대가 말을 하면 손짓, 발짓을 해 가며 맞장구를 쳐 주고 적극적으로 듣는 것이다. 그러나 귀로만 듣기 때문에 상대가 말한 내용 중 70% 정도만 듣는 데 그친다. (다) 다섯 번째는 ⊙'공감적 듣기'다. 귀와 눈 그리고 마음으로 듣는 가장 바람직한 자세다. 상대의 말을 거의 90% 이상 듣는다. 연애할 때를 회상해 보라. 상대가 말하는 내용을 자신의 이야기처럼 마음을 열고 들었던 기억이 있을 것이다.

우리 주변 대화에서 '공감적 듣기'를 발견하기란 여간 어려운 것이 아니다. 모든 일이 잘 이뤄지기 위해서는 자신의 주장을 피력하기보다 듣는 것부터 잘해야 한다. 모든 대인 관계는 대화로 시작한다. 그러나 대화를 하다 보면 남의 말을 듣기보다 자신의 말을 하는 데 주력하는 경우가 많다. (라) 이러한 것을 모르는 것인지 아니면 알면서도 간과하는 것인지, 유독 우리 사회에는 '고집'과 '자존심'을 혼동해 고집을 앞세워 상대의 말에 귀 기울이지 않는 이가 많다. '고집'과 '자존심'은 전혀 다른 개념이다. '고집'은 스스로의 발전을 막는 우둔한 자의 선택이고 '자존심'은 자신의 마음을 지키는 수단이기 때문이다. 자존심을 간직하되 고집을 버리고 인간관계에서 또는 대화에서 '듣는 것'에 집중한다면 한국사회가 좀 더 합리적인 단계로 발전하지 않을까.

"말을 배우는 데는 2년, 침묵을 배우는 데는 60년이 걸린다."라고 했다. 상대가 누구든지 대화에서 가장 중요한 것은 유창한 '말하기'보다 '듣기'이다. 한자 '들을 청(聽)'은 耳, 王, 十, 目, 一, 心으로 구성돼 있다. 어쩌면 이것은 "왕(王)처럼 큰 귀(耳)로, 열 개(十)의 눈(目)을 갖고 하나(一)된 마음(心)으로 들으라."라는 의미는 아닐까.

15. 다음 중 밑줄 친 ⊙의 사례로 적절한 것은?

① 오 대리는 점심메뉴로 김치찌개가 어떠냐는 신입사원의 제안을 듣고 자신도 좋아한다며 적극적으로 의사를 밝혔다.

② 박 대리는 회식 자리에서 직장 상사의 비위를 맞추기 위해 듣기 싫은 이야기도 고개를 끄덕이고 맞장구를 치며 열심히 들었다.

③ 윤 대리는 회사 축구대회에서 자신의 실수로 실점을 해 괴로워하는 동료의 이야기를 듣고 남자가 뭐 그런 걸로 우느냐며 핀잔을 주었다.

④ 강 대리는 여자 친구와 헤어져 힘들어 하는 신입사원의 이야기를 듣고 얼마나 힘든지, 아픈 곳은 없는지 묻고 걱정된다고 진심으로 이야기했다.

16. 제시된 글의 (가) ~ (라) 중 문맥상 다음 내용이 들어갈 위치로 적절한 곳은?

> 이러한 경우, 서로 열심히 이야기를 하고 있지만 정작 대화가 원활히 이뤄지기 어렵다. 효과적인 대화를 하려면 우선 잘 들어주는, 경청하는 자세가 중요하다. 상대의 말을 잘 들어주는 사람을 싫어할 리 없고 이런 사람은 주변으로부터 신뢰를 받는다.

① (가)   ② (나)
③ (다)   ④ (라)

[17 ~ 18] 다음 글을 읽고 이어지는 질문에 답하시오.

석유는 주로 탄소와 수소 원자로 구성된 물질로서 탄화수소라고 불린다. 탄화수소를 이해하려면 우선 탄화수소들은 저마다 특성이 제각각이라는 점을 알아야 한다.

첫째, 우리가 보통 원유(crude oil)라고 부르는 가장 무거운 탄화수소가 있다. 'oil' 부분은 탄소와 수소 원자들이 결합한 다소 긴 사슬(chains)이고, 'crude' 부분은 순수한 수소와 탄소 외에 수은과 황 같은 다양한 불순물을 함유한 탄소 사슬과 관련된 성분들을 일컫는다. 수소와 탄소로 구성된 사슬이 길수록 불순물 함유량이 많을 뿐만 아니라 유질이 걸쭉하다. 전 세계적으로 원유의 질감은 기름기 많은 땅콩버터 같다. 캐나다의 타르 샌드(tar sand)는 품질이 너무 낮아서 상온에서 고체일 뿐만 아니라 적어도 화씨 300도로 열을 가해야 녹는다.

품질이 낮은 석유는 보통 밀도와 점성이 높고 황의 함유량이 많고, 온갖 불순물이 함유되어 있다. 중질원유를 정제하기란 매우 어렵다. 보통 세계에서 가장 발달한 산업시설을 갖추어야 그나마 시도라도 해 볼 역량이 된다. 세계적으로 메이플 시럽 정도의 점성을 보이는 '양질'의 원유는 이미 소진되었기 때문에 지난 수십 년에 걸쳐 원유는 평균적으로 점점 품질이 낮아졌으며, 따라서 1980년대에 미국은 점성이 높은 원유를 처리하기 위해 각 지역의 정유시설을 개조했다. 미국에서 가장 기술력이 뛰어난 정유시설은 텍사스주와 루이지애나주의 멕시코만 연안에 있다. 다른 나라에서는 원유를 정제하는 기술이 부족해서 원유를 타르나 아스팔트로 만들어 쓰지만, 미국의 정유시설은 최고의 기술력을 갖추고 있기 때문에 가장 무거운 원유까지도 휘발유로 변모시킨다.

둘째, 중간 수준의 탄소가 있다. 점성이 거의 물 정도로 묽고 불순물은 거의 함유되어 있지 않다. 이와 같은 원유는 황금 액체나 마찬가지다. 묽고 처리하기 쉽고 미국 원유 수요의 40퍼센트를 차지하는 휘발유 같은 고급 정제유를 만드는 데 제격이다. 과거의 원유는 보통 이러한 특성을 보였지만 양질의 원유는 이미 고갈된 지 오래다. 적어도 셰일 혁명이 일어나기 전까지는 그랬다.

셋째, 훨씬 짧은 탄소 사슬을 가진 탄화수소가 원유와 섞여 있는 경우이다. 이런 물질은 높은 압력에서만 액체 상태가 된다. 많이 들어본 이름들이 여기 속한다. 프로판, 부탄, 펜탄 등이다. 이러한 제품들은 일단 다른 탄화수소와 분리되면 저장하기 쉽고 용도도 다양하다. 미국인들은 담배에 불을 붙이거나 뒷마당에서 바비큐를 할 때 가장 많이 쓴다. 이러한 천연가스 액체(natural gas liquids, NGLs)는 부동액에서부터 세제, 화장품, 페인트, 포장용 스티로폼, 타이어에 이르기까지 전천후로 쓰이는 재료이다.

마지막으로 탄소 사슬이 한두 고리 정도로 짧아지면 천연가스라고 불리는 메탄과 에탄이 된다. 소가 뀌는 방귀도 이 종류다. 방귀는 기체 물질이긴 하지만 방귀가 잦으면 고체로 변하는 경우가 있기도 하다. 천연가스는 화학 분야에서 아주 독특한 존재다. 장점은 팔방미인이라는 점이다. 산업에서 빠지지 않는 약방의 감초다. 가장 대표적인 세 가지만 든다면 페인트, 플라스틱, 전력 생산이다. 많은 지역에서 가정용 난방연료로 쓰기도 한다. 단점은 담아 두기가 무척 어렵다는 점이다. 기체이기 때문에 천연가스만 다루는 기간시설이 따로 필요하기도 하다.

17. 제시된 글을 통해 알 수 있는 내용으로 적절하지 않은 것은?

① 석유는 탄화수소라고 불린다.
② 미국의 원유 정제기술은 세계 최고 수준이다.
③ 품질이 좋은 원유일수록 밀도와 점성이 높다.
④ 사람들이 담배를 피울 때 사용하는 가스는 프로판 가스 등이다.

18. P 사원은 제시된 글과 관련하여 다음과 같은 정보를 수집하였다. P 사원이 정보를 수집한 목적이나 용도로 적절한 것은?

- LPG(액화석유가스)는 유전에서 원유를 채취하거나 정제 시 나오는 탄화수소 가스를 낮은 압력($6 \sim 7kg/cm^2$)으로 냉각액화시킨 것이다. 환경부에 따르면 자동차 배출가스 평균 등급은 LPG 차량(1.86), 휘발유 차량(2.51), 경유 차량(2.77) 순으로 나타난다고 하였는데 이를 통해 LPG 차량은 친환경성이 우수하여 대기오염 완화에 기여할 것이라는 전망도 나온다.
- 국내 정유사 및 석유화학 부산물로 생산되는 LPG 생산량은 국내 수요의 약 30% 수준이며, 부족분은 전량 수입에 의존하고 있다. 한국○○공사에 따르면 2018년 3분기 기준으로 국내 LPG 수요처는 석유화학(39%), 수송용(34%), 가정용(18%) 등으로 분석되며, 석유화학 수요는 PDH(프로판탈수소화설비) 설비 확충, 수송용 수요는 LPG 차량 보급대 수와 관련이 있다고 하였다.
- 2019년 3월 국회와 산업통상자원부는 LPG 차량 규제 완화 내용이 담긴 '액화석유가스의 안전 및 사업관리법' 개정안을 발의했다. 개정된 법의 핵심은 LPG 차량에 대한 구입조건이 없어지는 것으로, 택시와 렌터카 등에만 제한적으로 사용할 수 있었던 LPG 차량을 앞으로 일반인들도 제한 없이 구입할 수 있을 것으로 전망된다. 모 경제연구원에 따르면 LPG 차량 규제가 완전히 풀릴 경우 2030년 기준 LPG 차량 등록대 수는 282만 대로 증가할 것으로 기대된다.
- LPG 수입 유통사의 실적은 국내 LPG 차량 등록대 수가 늘어나야 수혜를 볼 수 있는 구조다.

① LPG(액화석유가스) 차량을 구입하기 위해서이다.
② LPG(액화석유가스) 관련 주식에 투자하기 위해서이다.
③ 석유 정제와 관련된 더 많은 지식을 얻기 위해서이다.
④ 대형 건물에서 사용하는 에너지를 LPG(액화석유가스)로 제공하기 위해서이다.

www.gosinet.co.kr
gosinet

1회 기출예상
2회 기출예상
3회 기출예상
4회 기출예상
인성검사
면접가이드

[19 ~ 20] 다음은 우 박사가 ○○공사 신입사원 연수에서 '코로나19 시대, 디지털 문명의 주역이 되자'라는 주제로 강의를 한 후 질의응답한 내용이다. 이어지는 질문에 답하시오.

1Q. 세계 7대 기업이 죄다 디지털 플랫폼 기업이다. 결국 우리의 삶 전체가 디지털로 옮겨 간다는 신호일까.

1A. 디지털로 갔을 때의 경험이 더 좋은 건 모두 옮겨 갈 거다. 안 갔을 때 더 좋은 것도 있다. 분위기 좋은 카페에서 커피 한 잔 마시는 경험은 커피 배달로 절대 대체할 수 없다. 그 좋은 경험이 나를 카페로 이끌겠지만, 3만 원을 송금하러 은행에 가는 경험은 결코 행복하지 않을 것이다. 플랫폼의 성공 여부는 좋은 경험을 만들어 내느냐의 문제다.

2Q. 지금껏 당연하다고 여겼던 상식과 기준이 흔들린다.

2A. 대표적인 게 음악이다. 미래학자 자크 아탈리도 음악 소비의 변화가 미래의 소비변화를 주도한다고 했는데, 음악이 인류의 가장 오래되고 보편적인 소비 욕구를 보여 주기에 그렇다. 음악을 듣고 싶을 때 어떻게 행동하나, 아무 생각 없이 애플리케이션을 열면 그 욕구가 순식간에 해결된다. 그렇게 문제 해결을 하면 다른 것도 요구하게 된다. 돈을 부칠 때도 송금 애플리케이션을 열지 않나. 감염 위험이 커지니 떡볶이 먹을 때도 애플리케이션을 쓸 만큼 소비가 급격하게 디지털 플랫폼으로 이동하게 됐고, 그 경험이 점점 표준이 되어 간다. 이 위기가 누군가에겐 기회가 될 텐데, 위기를 기회로 잡으려면 내 마음의 표준부터 바꿔야 한다.

3Q. 코로나19의 유행이 아날로그가 미덕이던 예술이나 스포츠 분야까지 바꿀까.

3A. 그런 경험은 대체하기 어렵지만 두려움 때문에 못 가는 상황이라면 어떻게든 온라인으로 양식을 옮겨 대리 만족할 기회를 제공해야 한다. 그렇지 못하면 영속성을 유지할 수 없을 것이다. 내 아이디어는 이렇다. 예컨대 뮤지컬 공연에 휴대폰 제조사가 협업해 휴대폰 1만 개로 객석을 채우고 티켓을 산 1만 명이 영상통화로 보게 하는 거다. 일괄적인 영상이 아니라 내가 보고 싶은 각도로 찍게 할 수 있고, 좌석 등급제도 가능하다. 영상통화 방식이니 내 얼굴도 배우에게 보이게 된다. 관중이 보이면 배우에게도 감흥이 다르다. 그런 식의 새로운 아이디어로 방법을 찾자면 무궁무진하다. 공연도 기술을 통해 발전할 수 있다.

4Q. 올해 대중음악계엔 복고열풍이 불었다. 변화에 대한 기성세대의 저항심리라고 볼 수 있을까.

4A. 시장의 부족사회화를 보여 주는 거다. 마케팅 전문가 구루 세스 고딘의 말처럼, 인간에게는 작은 단위로 뭉치는 부족본능이 있다. 취미도 옛날에는 낚시, 등산회 정도였다면, 디지털로 커뮤니케이션하면서 아주 다양한 모임이 생겼다. 음악에도 트로트부족, 아이돌부족이 다 있다. 트로트의 잠재력을 알면서도 못 끌어냈던 건 '트로트 가수는 누구'라는 기존 상식을 버리지 않아서다. 아이돌 뽑듯 고객이 선택하게 했더니 팬덤이 폭발하지 않았나. 소수의 만화가가 주도하던 과거 출판시장과 달리 현재의 웹툰은 어마어마하게 크고 다양한 시장이 생겼는데, 디지털 커뮤니케이션이 새로운 시장을 만든 셈이다. 국내의 한 작가가 동남아 최고스타가 됐듯 최근 세대의 팬덤에는 국가나 언어의 경계가 없는 게 특징이고, 그래서 가능성도 엄청나다.

www.gosinet.co.kr gosinet

1회 기출예상

2회 기출예상

3회 기출예상

4회 기출예상

인성검사

면접가이드

5Q. 팬덤의 힘이 세지니 패싸움하듯 과격해지기도 한다.

5A. 부족사회는 내 편을 보호하고 남의 편을 공격하려는 성향이 강한데, 인간의 내재된 본성이 드러나는 거다. 그래도 다행인 건 인류의 보편적 잣대란 게 있고, 그걸 건드리면 엄청난 분노를 일으킨다는 걸 아니까 조심한다. 연예인들이 악플러들을 고소하면서 자정되고 있듯이 결국 보편적 가치에 의해 판단될 거다. 디지털 문명의 특징은 문제를 드러내는 거니까. 결국 보편적 가치가 승리할 것이다.

19. 윗글에서 알 수 있는 사실로 적절한 것을 모두 고르면?

> ㄱ. 우리가 경험하는 모든 삶은 디지털로 이동하게 된다.
> ㄴ. 아직 많은 영역에서 아날로그적 감성이 대세를 이룬다.
> ㄷ. 디지털 커뮤니케이션으로 인해 다양한 모임이 온라인에 생겨나고 있다.
> ㄹ. 코로나19는 디지털 플랫폼으로의 소비 이동을 가속화했다.

① ㄱ, ㄴ   ② ㄱ, ㄷ

③ ㄴ, ㄷ   ④ ㄷ, ㄹ

20. 윗글에서 제시하고 있는 사회의 변화 방향과 가장 거리가 먼 사례를 제시한 사람은?

① 상엽 : 극장에 가지 않더라도 오늘 개봉한 영화를 집에서 편하게 볼 수 있기도 해.

② 나라 : 나는 가끔 교외에 있는 아기자기한 카페에 가서 음료를 마시며 휴식을 취하고 사진을 찍기도 해.

③ 제시 : 해외여행을 갈 때 과거에는 직접 은행에 가서 환전을 했다면 지금은 모바일 앱을 통해 편리하게 환전 신청을 할 수 있어.

④ 미주 : 평일 저녁 야구장에 직접 가지 못하더라도 퇴근길에 스마트폰으로 경기 실황을 볼 수 있어.

✎ 평가시간은 영역별로 제한하지 않으나 각 영역별 20문항 15분을 권장합니다.

21. 업무용 명함에는 일반적으로 성명, 직장 주소, 직장 내 직위 등과 같은 정보가 기재되어 있다. 다음 중 업무상 명함을 주고받을 때 주의해야 하는 사항에 대해 잘못 알고 있는 사람은?

① A : 명함은 오른손으로 상대방에게 건네고, 받을 때에는 두 손으로 받는 것이 예의예요.

② B : 명함에는 이름, 사명, 직급 등을 표시해 두는 것이 좋겠어요.

③ C : 명함은 아랫사람이 먼저 건네야 해요.

④ D : 명함을 받고 바로 지갑에 넣어 보관하는 것이 좋습니다.

22. 다음은 경영전략의 추진과정을 나타낸 순서표이다. 빈칸에 들어갈 내용이 올바르게 묶인 것은?

경영전략	전략목표설정	▶	(A)	▶	(B)	▶	경영전략실행	▶	(C)
추진내용	비전 설정 미션 설정	▶	(가)	▶	조직전략 사업전략 부문전략	▶	(나)	▶	(다)

경영전략 추진내용

① (A) 경영전략도출 (나) 조직의 내, 외부 환경분석

② (B) 환경분석 (나) 조직의 내, 외부 환경분석

③ (C) 평가 및 피드백 (가) 전략목표 및 경영전략 재조정

④ (C) 평가 및 피드백 (다) 경영 전략 결과 평가

www.gosinet.co.kr

1회 기출예상

2회 기출예상

3회 기출예상

4회 기출예상

인성검사

면접가이드

23. 다음 대화의 주제와 관련된 특성을 가진 문서로 옳은 것은?

> 이 사원 : 상반기 부서별 사무용품 구입과 관련하여 결재를 올리려고 하는데 어떻게 문서를 작성해야 할지 모르겠어요.
>
> 박 사원 : 문서의 특성이 업무를 진행할 때 업무와 집행 결정권자에게 특정 안건에 대한 수행을 목적으로 의사를 표시하여 승인할 것을 요청하는 문서잖아요? 업무 활동에 대하여 증인을 요구하는 문서이기 때문에 정확한 정보를 담도록 하고 특히 수치(수량, 금액) 등의 내용이 정확하게 표현되도록 하는 것이 중요하다고 생각해요.
>
> 이 대리 : 맞아요. 물품구입과 관련된 문서는 사소한 내용이라도 관련된 모든 내용을 빠짐없이 꼼꼼하게 작성하고 누구나 쉽고 빠르게 파악할 수 있도록 간단하고 명료하게 작성해야 합니다.

① 계획서   ② 결의서

③ 제안서   ④ 보고서

24. 다음 중 빈칸 (가) ~ (다)에 들어갈 내용이 올바르게 연결된 것은?

> 경영자의 권한인 의사결정과정에 근로자 또는 노동조합이 참여하는 것을 (　가　)라 한다. 대표적으로 노사협의회는 노사 대표로 구성되는 합동기구로서 생산성 향상, 근로자 복지 증진, 교육훈련, 기타 작업환경 개선 등을 논의한다. 자본참가는 근로자가 조직 재산의 소유에 참여하는 것을 말한다. 자본참가 방법의 한 형태로 근로자가 경영방침에 따라 회사의 주식을 취득하는 (　나　)가 있다. (　다　)는 조직의 경영성과에 대하여 근로자에게 임금 이외의 형태로 대가를 배분하는 것이다. 이를 통해 조직체에 대한 구성원의 몰입과 관심을 높일 수 있다.

	(가)	(나)	(다)
①	의사결정참가	노동주제도	보상참가
②	노사참가	종업원지주제도	보상참가
③	의사결정참가	종업원지주제도	이윤참가
④	노사참가	노동주제도	이윤참가

25. 다음은 마케팅회사인 ○○기업에 대한 SWOT 분석 자료이다. 이에 따른 전략으로 적절하지 않은 것은?

강점	약점
• 다수의 프로젝트 참여 및 마케팅 수행경험 • 높은 브랜드 인지도 • 독자적 온라인 플랫폼 기술 보유	• 경쟁업체 진입으로 점유율 하락 • 다소 높은 제품 가격 • 제품표준화로 인한 개인맞춤형 전략수행의 한계
기회	위험
• 온라인 마케팅 시장의 지속적인 성장 • ICT 기술보급 및 정부 재정지원 정책의 다양화 • 1인 미디어 시장의 확대	• 다양한 마케팅 업체 진입에 따른 경쟁 심화 • 트렌드 변화에 대해 민감한 소비자 반응 • 온라인 마케팅에 대한 낮은 고객 신뢰도

① ST 전략 – 높은 브랜드 인지도를 활용하여 소비자들의 낮은 신뢰성을 제고하고 마케팅 효과 측정을 통해 제품효과성 입증

② SO 전략 – 온라인 플랫폼의 독자적 기술력을 강화하여 정책과 인계 가능한 차별화된 상품 개발

③ WO 전략 – 심화되고 있는 경쟁을 극복하기 위해 높은 브랜드 인지도를 활용하여 고객 홍보활동 수행

④ WT 전략 – 민감한 소비자의 반응을 조사해 다소 높은 제품의 가격을 낮추어 조정

26. 다음은 ○○그룹의 업무별 정의이다. 각 업무를 효율적으로 추진하기 위한 방안으로 옳지 않은 것은?

핵심업무	운영업무	관행업무
수익창출 과정에서 없어서는 안 되는 중요 업무 → 경쟁력 강화 방안 검토	정기적이고 반복적인 기본 상시 업무 → 간소화, 자동화 등 검토	요식성, 형식적인 무목적성 업무 → 업무간소화, 시간단축 등 검토

① 형식적인 회의와 공유 목적 회의 간에 차별화를 둔다.

② 통합DB를 구축하여 내부 자료를 효율적으로 관리한다.

③ 각 팀별 유사한 내용은 보고서를 통합하여 작성 및 관리한다.

④ 대인보고 및 회의시간 확대를 통하여 관행업무를 더욱 강화한다.

27. 다음 〈보기〉 중 빈칸 ㉠에 들어갈 내용으로 적절한 것을 모두 고르면?

상황 분석	• 고객이 일시에 몰리는 현상이 자주 발생하여 예약 제도를 활성화시킴. • 수요가 집중되는 시기에는 이를 충족하는 보완 서비스를 제공함. • 종업원이 본인 업무 외 다른 업무의 진행상황을 인식하지 못함.

↓

방안 모색	• 수요가 집중되는 시기에는 무인발급기나 대기표 발급기 등을 설치하는 다양한 방법 모색 • 수요 분산을 위해 비수기 수요를 자극할 수 있는 할인 혜택 마련 및 프로모션 진행 계획 수립 • 수요 분산 실패 시 새로운 대응 방안 모색

↓

대응 방안	(㉠)

보기

ㄱ. 서비스 수준의 제한

ㄴ. 고객이 참여하는 활동 증대

ㄷ. 고객에 대한 공정한 대우

ㄹ. 직무순환을 통한 종업원 능력의 다양화

① ㄱ, ㄴ   ② ㄱ, ㄹ

③ ㄴ, ㄹ   ④ ㄷ, ㄹ

28. 다음 중 ○○기업 현 조직구조에 대한 대응 방안으로 제시된 조건의 특성을 모두 고른 것은?

상황 분석	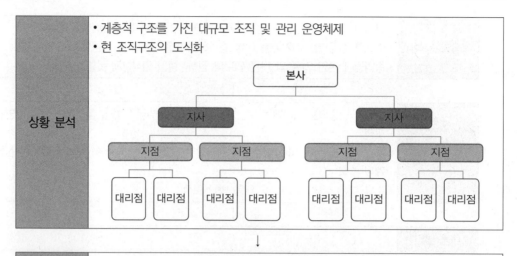 • 계층적 구조를 가진 대규모 조직 및 관리 운영체제 • 현 조직구조의 도식화

↓

문제점 분석	• 목표가 아닌 규칙과 절차 등 수단에 지나치게 동조하는 경향 • 책임 한계의 명확성을 위해 규칙에 의거한 서면 업무처리 • 명령과 지시에만 맹목적으로 복종함으로써 책임을 회피하고자 하는 경향 존재

↓

대응 방안	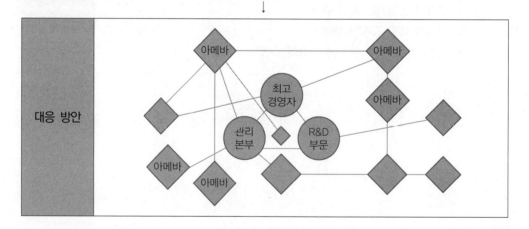

ㄱ. 각 집단이 독립성을 갖고 문제를 바로 수정 및 개선한다.
ㄴ. 구성원들이 동등한 지위와 책임을 가지며 자율성을 기본으로 하여 협동한다.
ㄷ. 목표에 따라 편성이나 변경, 분할과 증식의 특징을 지닌 유연한 조직이다.
ㄹ. 조직의 모든 직위들은 권한의 계층이 뚜렷하게 구분되는 특징을 가진다.

① ㄱ, ㄴ   ② ㄱ, ㄹ
③ ㄴ, ㄷ   ④ ㄷ, ㄹ

1회 기출예상

2회 기출예상

3회 기출예상

4회 기출예상

인성검사

면접가이드

29. 다음은 ○○기업에서 기업 내 벤처기업을 설립하기 위한 방안이다. (가)에 해당하는 기업 유형의 명칭으로 옳은 것은?

〈기업 내 벤처기업 설립 방안〉

상황	• 특정 사업부서가 가진 독자적인 고도화된 기술을 상용화시켜야 함. • 특정 사업부서의 기술 개발진이 기업으로부터 독립을 원함.
해결 방향	• 특정 사업부서를 특화시켜 사내 벤처기업을 설립
설립 조건	• 신속하고 유연하며 탄력적인 지배구조를 가져야 함. • 이사나 감사가 필요하기는 하나 선임하지 않아도 됨. • 수익 분배의 문제나 지분 양도 등의 문제들 또한 자율적으로 정할 수 있음. • 출자자가 직접 경영에 참여할 수 있으며 각 사원이 출자금액만을 한도로 책임을 짐.
결론	• (가) 형태의 기업을 설립하기로 함.

① 합자회사   ② 합명회사

③ 유한회사   ④ 유한책임회사

30. 다음 회의 내용 중 회의주제에 적절한 의견을 제시한 사람을 모두 고르면?

박 부장 : 우리 마케팅부서에서는 내년에 출범할 신사업 분야로 엔터테인먼트 산업에 진출하기 위한 전략회의를 진행하고자 합니다.

김 과장 : 네, 다음 내용은 회의 주제입니다.

1. 회의 주제 : 엔터테인먼트 산업분야 진출
2. 배경 : 휴대기기의 발달 및 게임산업의 발달로 인한 신흥 유니콘 기업의 탄생
   : 정서 서비스 산업으로 불리는 5차 산업으로의 진화
3. 엔터테인먼트 산업의 특징에 대한 의견

이 사원 : 콘텐츠에 대한 복제비용이 거의 없어 규모의 경제가 가능합니다.

한 주임 : OSMU(One Source Multi Use)의 구조로 수익창출 극대화가 가능합니다.

신 사원 : 창구효과(Windows Effect)가 존재하고 있어 상당한 투자금이 요구됩니다.

구 대리 : 문화적 장벽이 낮을 경우 문화적 할인(Cultural Discount)이 높아지는 특징이 있습니다.

① 이 사원, 한 주임   ② 이 사원, 구 대리

③ 한 주임, 신 사원   ④ 신 사원, 구 대리

31. 다음은 (주)○○기업의 발전과정이다. (주)○○기업의 2010년대 경영자에 대한 설명으로 적절한 것은?

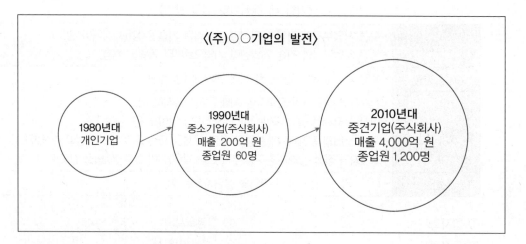

① 기업 출자자인 동시에 경영을 맡고 있다.
② 기업경영상 발생하는 위험을 직접 부담한다.
③ 주주들로부터 경영권을 위탁받아 기업을 경영한다.
④ 소유와 경영을 포함하여 기업성장에 필요한 혁신활동을 개인적 책임하에 수행한다.

32. 다음 중 조직의 체제를 구성하는 요소들에 대한 설명으로 옳은 것을 모두 고르면?

> ㄱ. 조직목표는 조직이 달성하고자 하는 장래의 상태이다.
> ㄴ. 조직의 구조는 조직의 부문 사이에 형성된 관계로 조직구성원들의 공유된 생활양식이나 가치를 의미한다.
> ㄷ. 업무 프로세스는 조직 구조뿐만 아니라 구성원들의 임무, 수행과업, 일하는 장소들을 시각적으로 파악할 수 있게끔 한다.
> ㄹ. 조직의 규칙과 규정은 조직구성원들의 행동범위를 정하고 일관성을 부여한다.

① ㄱ, ㄴ
② ㄱ, ㄹ
③ ㄴ, ㄷ
④ ㄷ, ㄹ

33. 정부 부처 대표로 국제행사에 참석한 유 국장은 다음과 같은 현안을 해결해야 한다. 〈보기〉의 회의 내용을 참고할 때, 갈등의 주된 원인으로 적절한 것은?

카스피해에는 제2의 페르시아만으로 불릴 만큼 석유와 천연가스가 많이 매장되어 있다. 카스피해는 연안선이 러시아 연방, 카자흐스탄, 아제르바이잔, 투르크메니스탄, 이란과 접해 있어 이곳의 석유를 확보하기 위한 국가 간의 경쟁이 치열하다.

보기

• 사회자 : 일단, 참석해 주셔서 감사합니다. 오늘 토론의 주제는 '카스피해의 국경, 어떻게 정해야 하는가?'입니다. 오늘 카자흐스탄 대표와 이란 대표를 모시고 각국이 주장하는 국가 간 경계에 대해 논의해 보도록 하겠습니다.

• 카자흐스탄 대표 : 카스피해는 바다입니다. 현재의 국경선 비율에 따라 카스피해를 나누어 인근 국가들이 각자 관리해야 합니다. 더불어 매장된 자원의 소유권도 이와 같이 나누어야 합니다.

• 이란 대표 : 제 생각은 다릅니다. 카스피해는 바다가 아닌 호수입니다. 인근에 위치한 5개 국가가 카스피해를 똑같이 20%씩 나누어 관리해야 합니다. 매장된 자원의 소유권에 대한 관리도 마찬가지입니다.

① 자원의 편재성에 대한 합리적 해결 방안

② 유전 국유화를 둘러싼 국가 간의 갈등

③ 자국의 이익만을 취하려는 자원민족주의

④ 특정 지역을 차지하기 위한 갈등

34. 다음은 ○○기업에서 실행한 미래산업구조의 변화 교안이다. (가) ~ (라)에 대한 설명으로 옳은 것을 모두 고르면?

〈미래산업구조의 변화 교안〉

학습주제	미래의 산업구조
학습목표	• 미래의 산업구조를 설명할 수 있다. • 미래의 산업구조를 이해하여 신규 사업분야를 모색할 수 있다.
준비물	빔 프로젝터, PPT 자료, 동영상 자료
학습 내용	
(가)	무병장수와 식량 문제 해결 등 삶의 질 향상에 필수적인 산업으로, 21세기에 고부가 가치의 신산업을 창출할 가능성이 높다.
(나)	디지털 미디어를 이용하여 첨단 문화 예술 산업을 발전시키는 산업으로, 단순히 콘텐츠의 교류에 그치지 않고 다양한 분야에 영향을 미치기 때문에 파급 효과가 높을 것으로 예상된다.
(다)	환경오염을 저감 · 예방 · 복원시키는 산업으로, 환경과 관련한 교육, 정보 제공, 컨설팅 등의 산업은 높은 성장을 나타낼 것으로 예상된다.
NT산업	초미세 기술로 물질을 원자, 분자 크기의 수준에서 조작 · 분석하고, 이를 제어할 수 있는 과학 산업이다.
(라)	위성체, 발사체, 항공기 등의 개발과 관련된 산업으로, 선진국의 기술 장벽이 높아 정부 차원에서 육성할 필요가 있다.

> ㄱ. (가)에는 'ET산업'이 들어가는 것이 적절하다.
> ㄴ. (나)에는 'CT산업'이 들어가는 것이 적절하다.
> ㄷ. (다)에 들어갈 산업은 (가)에 들어갈 산업이 고도화되면서 나타난다.
> ㄹ. (라)에 들어갈 산업은 ST산업 또는 AI(Aerospace Industry)라고도 부른다.

① ㄱ, ㄴ
② ㄱ, ㄷ
③ ㄴ, ㄹ
④ ㄷ, ㄹ

35. 김 사원은 프로젝트 일정관리를 위해 다음과 같은 형태의 스케줄 관리표를 작성하였다. 작성된 관리표의 특징으로 옳은 것은?

순번	상위업무	세부업무	10월 1주					10월 2주					10월 3주					10월 4주				
			1	2	3	4	5	1	2	3	4	5	1	2	3	4	5	1	2	3	4	5
1	아이템 계획	아이템선정	■	■	■																	
2		임원구성			■	■	■															
3	아이템 제작	고객반응조사						■	■	■	■	■										
4		홍보방안수립										■	■	■	■	■						
5	결과 보고	보고서작성														■	■	■	■	■		
6		최종보고서제출																				■

① 업무와 각 단계를 효과적으로 수행했는지 점검 가능하며 업무의 세부적 활동들에 대한 수행수준 달성 여부를 확인하는 데 효과적이다.

② 일의 흐름을 동적으로 표현하여 협업할 수 있는 업무와 도구를 사용해야 하는 업무를 구분해서 확인할 수 있다.

③ 주된 업무와 부수적인 작업을 도형으로 표현함으로써 주된 업무와 세부 절차를 구분할 수 있다.

④ 단계별 업무에 대해 작성하고 소요되는 시간을 체크하여 전체 일정을 확인하고 소요되는 시간과 업무활동 사이의 관계를 파악하여 일정을 관리할 수 있다.

36. 다음 대화를 참고할 때 ㉠에 들어갈 기업 형태로 적절한 것은?

> A : 그동안 준비해 왔던 아이디어를 구체화하여 기업을 설립하고 싶어 컨설팅을 요청합니다. 우리 기업의 아이디어는 고도의 기술을 보유하고 있는 것으로 의사결정은 매우 신속하고 탄력적으로 이루어져야 하기에 이사나 감사와 같은 형식적인 기관설립은 있어도 되고 없어도 된다고 생각합니다.
>
> B : 그렇다면 (㉠) 형태의 기업설립이 가능합니다. 이 형태의 기업은 투자자들의 유한책임과 함께 이사와 감사를 선임하지 않아도 되며, 신속하고 유연하며 탄력적인 지배구조를 가지고 있고, 출자자가 직접 경영에 참여할 수 있습니다. 또한, 각 사원이 출자금액만을 한도로 책임을 지고 수익 분배의 문제나 지분 양도 등의 문제들 또한 자율적으로 정할 수 있어 초기 상용화에 어려움을 겪는 벤처 창업에 적합합니다.

① 협동조합
② 합명회사
③ 주식회사
④ 유한책임회사

37. 다음은 ○○기업 상품들에 대한 BCG 매트릭스의 결과이다. (가) ~ (라)에 들어갈 전략으로 올바르게 묶인 것은?

구분	내용
(가)	• 성장률과 시장점유율이 높아서 지속적으로 광고 예정 • 향후 집중적으로 지속적 투자 고려
(나)	• 현재 시장점유율이 높으며 지속적 이윤을 창출하고 있어 당분간 광고 예정 • 다만 앞으로 지속적 성장이 어려운 상품이므로 투자는 보류
(다)	• 상대적으로 낮은 시장점유율과 높은 성장률을 보이는 제품 • 투자의 경우 잠시 보류하고 향후 추이를 검토하여 투자 예정
(라)	• 낮은 성장률과 시장점유율을 보이는 상품 • 조만간 시장에서 철수를 검토하고 있음.

	(가)	(나)	(다)	(라)
①	현금젖소	물음표	개	스타
②	스타	현금젖소	물음표	개
③	스타	현금젖소	개	물음표
④	물음표	스타	현금젖소	개

38. 다음은 생산성 향상을 위해 3정 5S 활동을 추진하기 위한 ○○기업의 공정혁신 활동 추진 방법이다. 각 항목에 맞게 제시한 관리 대책으로 적절하지 않은 것은?

항목		정의	관리대책
5S	정돈	필요한 것을 사용하기 쉽게 제자리에 놓아 누구나 알 수 있도록 하는 것	㉠
	청소	항상 깨끗하고 정상적인 상태로 점검 및 유지하는 것	㉡
	정리	불필요한 것을 과감히 제거하는 것	㉢
	청결	정리, 정돈, 청소된 상태를 철저하게 유지하고 관리(개선)하는 것	㉣
	습관화	정해진 것을 정해진 대로 올바르게 실행할 수 있도록 습관화하는 것	상사의 솔선수범과 효과적인 지적이 필요
3정	정품	모든 제품을 규격화하여 항상 일정한 규격을 유지하는 것	품목 및 수량을 표시
	정량	정위치에 정품이 정량으로 유지되게 하는 것	용기 표준화
	정위치	각 물건을 두는 위치를 알기 쉽도록 미리 정해 주는 것	목록표 작성

① ㉠-보관해야 할 적정 수량을 정하고 꺼내기 쉽게 한다.

② ㉡-개인분담, 공동관리 구역 등 청소 구역을 명확하게 지정한다.

③ ㉢-선반, 자재, 작업 공구류, 작업 지도서 등을 지정장소에 두어 한눈에 발견할 수 있는 상태로 유지한다.

④ ㉣-작업에 필요한 표시방법이 정해진 대로 되어 있는지, 그리고 한눈에 모아 규칙을 지키고 있는지를 알 수 있게 한다.

[39 ~ 40] 다음은 H 기업의 결재와 관련된 규정이다. 이어지는 질문에 답하시오.

〈결재 규정〉

- 기인한 문서가 효력을 가지기 위해서는 결재를 필히 득해야 한다.
- 결재권자는 사무의 내용과 업무의 중요도 및 지출금액의 정도에 따라 이를 위임하여 전결하게 할 수 있으며, 이에 대한 세부사항은 위임전결규정으로 정한다.
- 결재권자가 출장, 휴가, 기타의 사유로 부재중일 때에는 결재권자보다 상급자가 대행하여 결재할 수 있으며 이를 대결이라고 한다.
- 위임전결 사안이 발생한 경우 상황에 맞춰 결재란에 전결 또는 대결을 표시하고 비고란에 최종결재자의 직급을 명시한다.
- 만약 결재 대상자가 출장 등의 상황으로 결재가 어려울 경우 해당 사유를 기입한다.
- 문서는 당해 문서에 대한 결재가 끝난 즉시 결재일자와 부서명을 번호 칸에 기입하고 왼쪽부터 부서기호, 보존기간, 제목 순으로 문서등록대장에 등록한다.
- 문서등록번호는 연도별 일련번호로 하고, 전결로 처리한 문서는 문서등록대장의 수신처란에 전결자 혹은 대결자의 직책을 표시하여야 한다.
- 문서의 보존기간은 과장 이하 결재 시 3년, 차장 이하 결재 시 5년, 부장 이하 결재 시 10년으로 하며, 대결의 경우 대결자 직책에 따른다.

〈지출금액별 위임전결규정〉

부서명	부서기호	금액기준	대리	과장	차장	부장
총무팀	▲	100만 원 이하	●	■		
		500만 원 이하		●	■	
		500만 원 초과			●	■
기획팀	▶	100만 원 이하	●	■		
		300만 원 이하		●	■	
		300만 원 초과			●	■
연구팀	▼	200만 원 이하	●	■		
		500만 원 이하		●	■	
		500만 원 초과			●	■
인사팀	◀	50만 원 이하	●	■		
		300만 원 이하		●	■	
		300만 원 초과			●	■
관리팀	=	100만 원 이하	●	■		
		400만 원 이하		●	■	
		400만 원 초과			●	■

※ 전결 : ●, 대결 : ■

〈업무별 위임전결규정〉

부서명	부서기호	금액기준	대리	과장	차장	부장
총무팀	▲	공문서 접수 및 발송	●	■		
		급여명세서 작성	●	■		
		시간 외 근무		●	■	
		상여금 지급			●	■
기획팀	▶	홍보계획 수립		●	■	
		팀별 연간계획 수립			●	■
연구팀	▼	기술용역 계약		●	■	
		특허 출원			●	■
		네트워크 구축 및 개발		●	■	
인사팀	◀	승진후보자 평가			●	■
		직원 채용 계획			●	■
관리팀	=	본사차량 폐차 및 운행	●	■		
		기자재 관리		●	■	

※ 전결 : ●, 대결 : ■

39. 제시된 결재 규정을 바탕으로 할 때, 다음과 같은 결재 문서를 등록할 내용으로 옳은 것은?

결재일자 : 20X1. 01. 04.					
업무기준	대리	과장	차장	부장	비고
홍보계획 수립	결재	출장	대결		차장

	번호	제목	수신처
①	20X1. 01. 04. 기획팀	▲5년, 홍보계획 수립	차장
②	20X1. 01. 04. 연구팀	▶3년, 홍보계획 수립	과장
③	20X1. 01. 04. 기획팀	▲3년, 홍보계획 수립	차장
④	20X1. 01. 04. 기획팀	▶5년, 홍보계획 수립	차장

40. 총무팀에서 240만 원에 해당하는 지출금액이 발생하였고, 현재 총무팀 부장과 과장은 출장 중이다. 이때 작성된 결재양식으로 옳은 것은?

①

지출기준	대리	과장	차장	부장	비고
500만 원 이하	결재	전결			과장

②

지출기준	대리	과장	차장	부장	비고
500만 원 초과	결재	출장	대결		차장

③

지출기준	대리	과장	차장	부장	비고
500만 원 이하	결재	출장	대결		차장

④

지출기준	대리	과장	차장	부장	비고
500만 원 초과	결재	결재	전결		차장

📖 **제3영역**　　🖐 평가시간은 영역별로 제한하지 않으나 각 영역별 20문항 15분을 권장합니다.

41. 다음 〈사례〉의 한 대리가 자원을 낭비하게 된 원인으로 적절한 것은?

사례

　　○○기업 인사과의 올 상반기 설악산 워크숍 준비는 작년 하반기 회사 체육대회 준비를 해 본 경험이 있는 한 대리가 담당하기로 하였다. 한 대리는 시간이 많이 남아 있다고 생각하여 신경을 끄고 있다가 출발 3일 전에야 기억이 나서 준비하기 시작했다.

　　한 대리는 급하게 필요해 보이는 물품을 생각나는 대로 구입하던 중 숙소가 어디냐고 물어보는 최 사원의 말에 숙소를 예약하지 않았다는 사실이 떠올랐다. 바로 인터넷으로 숙소를 예약하려고 하였으나 예산 범위 안의 장소는 이미 마감이었다. 그래서 어쩔 수 없이 예산을 초과하는 비싼 숙소를 예약할 수밖에 없었다.

　　워크숍 당일에는 구입해 두었던 물품을 사용하려고 하니 인원수에 비해 수량이 턱없이 부족하였다. 숙소에 도착하여 근처에서 부족한 물품들을 계속 구입하면서 또 지출이 생겼고, 단합대회가 끝난 뒤 급하게 구입했던 물품 중 일부는 사용하지 않은 채로 남아 있었다.

---

① 노하우 부족　　　　　　　　② 편리성 추구
③ 비계획적 행동　　　　　　　④ 물품의 부실한 관리

42. 시간관리는 60%의 계획된 행동과 40%의 계획 밖의 행동으로 나누는 것이 바람직하다. 이에 대한 설명으로 적절하지 않은 것은?

① 자신에게 주어진 모든 시간을 계획적으로 사용하는 것은 현실적으로 불가능하다.
② 자신의 업무는 반드시 계획한 시간 내에 스스로의 힘으로 완수할 수 있어야 한다.
③ 누구에게나 스스로 창의적인 생각을 할 수 있는 자발적인 시간이 필요하다.
④ 예상치 못한 방문객 접대, 전화 등의 사건으로 예정된 시간이 부족할 경우를 대비하여 여유시간을 확보한다.

43. 다음은 목표를 결과로 만들고자 할 때 필요한 3가지 과정을 설명한 것이다. (가) ~ (다)에 해당하는 항목을 순서대로 나열한 것은?

> (가) 계획과 목표 사이에 존재하는 원인과 결과를 고려한 다음 달성 가능한 계획을 세운다.
> (나) 목표 달성이 가능한 몇 가지 계획을 나열한 다음, 목표를 달성할 수 있고 가장 안전하면서 업무량은 가장 적고 난이도가 가장 낮은 계획을 가려낸다.
> (다) 해야 할 업무를 확실하게 알고 있고 소요되는 시간에 따라 전반적인 계획을 세웠다면, 최대한 빠른 시간 내에 목표를 달성해야 한다.

	(가)	(나)	(다)		(가)	(나)	(다)
①	신속함	기준	세분화	②	신속함	선별	확실함
③	세분화	보완	수치화	④	확실함	선별	신속함

44. 다음 〈보기〉에서 설명하는 시간관리의 유형으로 적절한 것은?

> **보기**
>
> • 중요하지 않은 일은 분배해서 한다.
> • 일의 분명한 마감 시간을 정해 두고 한다.
> • 시간을 나누어서 업무를 배정하여 집중한다.
> • 바로 결정을 내리고 바로 실행한다.
> • 동시에 여러 가지 일을 같이 진행한다.
> • 창의성이 높으며 항상 새로운 일에 도전한다.
> • 모든 일을 신속하고 정확하게 진행한다.
> • 자신의 비전과 목표에 맞는 행동을 실천한다.

① 시간 창조형 ② 시간 절약형
③ 시간 소비형 ④ 시간 발굴형

45. 다음 시간계획을 위한 우선순위 매트릭스의 (B)에 들어갈 적절한 업무를 〈보기〉에서 모두 고른 것은?

〈일의 우선순위 판단을 위한 매트릭스〉

구분	긴급한 일	긴급하지 않은 일
중요한 일	(A)	(B)
중요하지 않은 일	(C)	(D)

보기

ㄱ. 위기상황
ㄷ. 새로운 기회 발굴
ㅁ. 잠깐의 급한 질문
ㅅ. 프로젝트 마감

ㄴ. 시간 낭비 거리
ㄹ. 중장기 계획 세우기
ㅂ. 메일 확인
ㅇ. 인기 있는 활동

① ㄱ, ㅅ
② ㄷ, ㄹ
③ ㄱ, ㄴ, ㅇ
④ ㄷ, ㅁ, ㅂ

46. 예산관리기능은 계획기능, 조정기능, 통제관리기능으로 구분할 수 있다. 그중 계획기능에 대한 설명으로 옳은 것을 〈보기〉에서 모두 고르면?

보기

㉠ 기업 전체의 활동과 부문별 활동에 대한 장기 및 단기 계획을 수집한다.
㉡ 각 부문 활동 간의 부조화에 대한 사전 조정을 통해 기업 전체를 종합 관리한다.
㉢ 기업의 경영전략과 경영방침에 따라 예산을 각 부문에 할당하고 이를 감독·관리한다.
㉣ 예산과 실제 지출을 비교하여 각 부문의 성과를 평가하고 부작용 및 장단점을 개정하여 반영한다.
㉤ 장·단기적인 예산편성을 통해 합리적이고 일관성 있는 자원배분을 위한 종합예산을 편성한다.

① ㉠, ㉡
② ㉠, ㉤
③ ㉡, ㉢
④ ㉣, ㉤

47. 이 대리는 신입사원 오리엔테이션 행사에 소요되는 경비 지출 계획을 세우기 위해 앞으로 수행해야 할 활동들을 다음과 같이 정리했다. 이와 같은 그림의 명칭은?

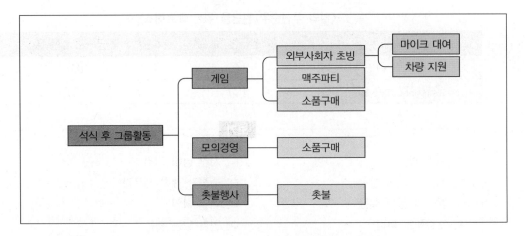

① 활동내역서
② 세부진행도
③ 과업세부도
④ 행사준비도

48. 다음 글을 읽고 이에 대한 〈보기〉의 설명 중 옳은 것을 모두 고르면?

철수는 출퇴근할 때 비포장도로를 이용한다. 비포장도로로 인해 A 자동차의 타이어는 20번 출퇴근하면 한 차례 교체해야 하고, 교체 비용은 20만 원이다. B 자동차의 타이어 또한 80번 출퇴근하면 한 차례 교체해야 하고, 교체 비용은 40만 원이다. A 자동차의 가격은 2,000만 원이고, B 자동차의 가격은 2,400만 원이다.

보기

ㄱ. 출퇴근을 6,000번 하는 경우 B 자동차를 구매해야 한다.
ㄴ. 출퇴근을 8,000번 하는 경우 A 자동차를 구매해야 한다.
ㄷ. A 자동차의 타이어 교체 비용이 10만 원으로 낮아진다면, 출퇴근을 9,000번 하는 경우 A 자동차를 구매하는 것이 유리하다.

① ㄱ
② ㄴ
③ ㄱ, ㄷ
④ ㄴ, ㄷ

49. 회계팀 김 사원은 외상에 관한 자사의 7월 거래 내역을 반영하여 다음 외상 매출금 총계정원장을 적으려고 한다. ㉠에 기록할 차월 이월액은?

- 7월 5일 △△상사의 외상 매출금 잔액은 3,000,000원이다.
- 7월 10일 △△상사에 자사 제품 1,700,000원을 외상으로 판매하였다.
- 7월 17일 △△상사에 판매한 외상 대금 가운데 1,100,000원을 현금으로 회수하였다.

총계정원장	
외상 매출금	
7월 5일 전월 이월 3,000,000원	
	7월 31일 차월 이월 (㉠)

① 3,600,000원　　　　② 3,700,000원
③ 4,100,000원　　　　④ 4,700,000원

50. 총무부에서 파악한 비품의 단가와 구매 수량을 정리한 표의 일부가 다음과 같이 지워졌다. 이때 (A)에 들어갈 금액은?

비품	단가(원)	수량(개)	금액(원)
볼펜	150	100	15,000
A4용지	3,000	20	
연필	200	100	20,000
테이프	2,000		(A)
포스트잇	1,500	50	75,000
클립	3,000	30	90,000
합계			340,000

① 60,000　　　　② 70,000
③ 80,000　　　　④ 90,000

51. 갑 대리는 후배 을 사원이 "회사만 오면 시간에 쫓겨서 생활하는 것 같다."라면서 본인의 고충을 이야기하자 을 사원의 고충을 해결하기 위해서 을 사원의 하루 일과를 지켜보고 아래의 표와 같이 정리하였다. 다음 중 갑 대리가 각 상황에 맞게 을 사원에게 조언한 내용으로 적절하지 않은 것은?

〈을 사원의 하루 일과〉

08 : 45 ~ 09 : 00	사무실에 도착해서 간단히 오늘 업무에 대한 계획을 머릿속으로 세운다.
09 : 00 ~ 10 : 00	㉠ 옥상에 올라가 담배를 피우면서 동료들과 대화를 한다.
10 : 30 ~ 11 : 30	㉡ 인터넷 검색 및 메신저로 지인들과 대화를 나눈다.
12 : 00 ~ 13 : 00	점심식사를 한다.
13 : 00 ~ 13 : 30	㉢ 점심 시간이 끝난 후 30분 정도 낮잠을 잔다.
14 : 00 ~ 15 : 00	오늘 퇴근 전까지 끝내야 하는 업무에 집중을 한다.
15 : 00 ~ 16 : 00	㉣ 팀원들과의 업무 회의에 참석해서 그동안 하고 싶었던 말들을 다 한다.
17 : 00 ~ 18 : 00	퇴근이 얼마 안 남았으니 남은 시간동안 업무에 열중한다.

① ㉠ : 첫 단추를 잘 끼워야 하는데 하루의 시작을 1시간 동안이나 담배를 피우며 보내어 하루를 헛되이 보내게 될 가능성이 큽니다.

② ㉡ : 담배를 피우고 왔으니 이제는 업무에 집중을 해야 하는데 인터넷 검색 및 지인들과 대화를 하면 업무의 흐름이 끊길 것입니다.

③ ㉢ : 낮잠 30분은 오후 업무에 더 집중할 수 있는 효과가 있으므로 적극 추천합니다.

④ ㉣ : 업무 회의는 본인이 하고 싶은 말을 하는 자리가 아닙니다. 그럴 거면 회의에 참석하지 마시고 개인 업무에 집중하십시오.

52. (주)□□유통은 소속 직원들의 역량 강화를 위한 정기 해외 파견근무 대상자를 선정하고자 한다. 다음 내용을 참고할 때, 20X4년 10월 해외 파견근무에 선발될 직원은?

- 파견 인원 및 기간

  지원자 중 3명을 선발하여 1년간 이루어지며, 파견 기간은 변경되지 않는다.

- 선발 조건

  1) 근무 평점이 80점 이상인 경우만 선발하고 업무능력 우수자가 반드시 1명 이상 선발되어야 한다.
  2) 직전 해외 파견근무가 종료된 이후 2년이 경과하지 않은 직원은 선발할 수 없다.
  3) 총무부 직원은 1명 이상 선발한다.
  4) 동일 부서에 근무하는 2명 이상의 팀장을 선발할 수 없다.
  5) 과장을 선발하는 경우 동일 부서에 근무하는 직원을 1명 이상 함께 선발한다.

  ※ 업무능력 : '우수'는 근무 평점 90점 이상, '보통'은 80점 이상, '미흡'은 80점 미만에 해당한다.

- 지원자 현황

직원	직위	근무부서	업무능력	직전 해외 파견근무 종료 시점
갑	과장	총무	보통	20X1년 3월
을	과장	기획	미흡	20X2년 8월
병	팀장	총무	보통	20X2년 11월
정	팀장	영업	우수	20X1년 8월
무	팀장	영업	보통	20X2년 5월
기	사원	총무	보통	20X2년 5월
경	사원	기획	미흡	20X1년 7월

① 갑, 을, 병

② 갑, 정, 기

③ 병, 정, 경

④ 정, 기, 경

1회 기출예상

2회 기출예상

3회 기출예상

4회 기출예상

인성검사

면접가이드

53. 다음은 S사의 진급 규정이다. 진급대상자는 진급 기준과 근속연수에 따라 1등급, 2등급으로 구분된다. 지난달에 각 대상자에 대한 인사고과 평가가 완료되었으며, 이에 근거하여 다음 달인 2022년 9월 1일부터 진급 기준을 충족한 직원에 대한 진급이 적용된다고 한다. 다음 달부터 연봉이 5% 상승하는 직원을 모두 고른 것은?

	1등급	2등급
혜택	• 직급 상승 • 연봉 10% 상승	• 직급 상승 • 연봉 5% 상승
기준	• 완료한 프로젝트 5개 이상 • 인사고과 종합점수 90점 이상	
근속연수	2년 이상	1년 이상 ~ 2년 미만
	※ 현 직급이 과장 이상인 경우 근속연수 5년 이상	

직원	입사일	프로젝트 현황	직급	인사고과 종합점수
김	2022. 6. 1.	(완) A백화점 계획 외 3건 (진) B파크 설계	사원	93점
이	2020. 2. 8.	(완) C병원 복합설계 (진) D복합단지 내진설계 외 2건 (완) E대학 건물 공모 외 3건	대리	90점
박	2021. 5. 15.	(완) F사옥 리모델링 외 2건 (완) G경마장 증축 외 4건 (진) H영화관 복합설계	차장	91점
정	2021. 6. 30.	(완) I쇼핑센터 현상설계 외 2건 (진) J미술관 신축 외 1건 (완) K문화센터 현상설계 외 3건	대리	95점
주	2015. 3. 10.	(완) L박물관 신축 외 1건 (진) M사 사옥 설계 외 1건 (완) N복합단지 현상공모 외 3건 (진) S병원 암센터 신축	과장	89점

※ 직급 체계 : 사원 → 대리 → 과장 → 차장 → 부장
※ (완) : 완료한 프로젝트, (진) : 진행중인 프로젝트

① 김

② 정

③ 정, 박

④ 정, 이, 주

1회 기출예상

2회 기출예상

3회 기출예상

4회 기출예상

인성검사

면접가이드

54. W 기업 영업팀은 최근 영업이익이 크게 증가하여 가장 우수한 직원 한 명을 선정해서 소정의 보상을 하려고 한다. 다음 〈조건〉을 따를 때, 우수 직원으로 뽑히는 사람은?

조건

• 다음 표는 각 영역별 직원들의 점수이며, 점수는 100점 만점이다.

〈직원평가〉

구분	업무 성과도	근무 태도	봉사 활동
A	75점	85점	90점
B	65점	90점	80점
C	80점	90점	75점
D	75점	80점	100점

• 영역별 평가비중은 업무 성과도 40%, 근무 태도 30%, 봉사 활동 30%이다.
• 평가비중을 고려하여 영역별 점수를 구하고 합한 총점이 가장 높은 직원이 우수 직원으로 선정된다(단, 영업팀은 업무 성과를 중요시하는 만큼 업무 성과도 점수가 70점 미만인 직원은 우수 직원으로 선정될 수 없다).

① A
② B
③ C
④ D

55. 다음은 효과적인 물적자원관리 과정에 대한 글이다. 이와 가장 연관성이 있는 개념은?

물품을 정리하고 보관하고자 할 때, 해당 물품을 앞으로 계속 사용해야 하는지 여부를 먼저 파악해야 한다. 그렇지 않을 경우 가까운 시일 내에 활용하게 될 물품을 창고나 박스 등에서 다시 꺼내야 하는 경우가 발생하기 때문이다. 이러한 과정이 반복되다 보면 물품 보관 상태는 다시 나빠지게 될 것이다. 많은 사람이 이와 유사한 경험을 가지고 있다. 처음부터 철저하게 물품의 활용계획이나 사용 여부를 확인했다면 이러한 시행착오를 줄일 수 있었을 것이다.

① 동일성의 원칙
② 물품 활용의 편리성
③ 물품의 형상
④ 유사성의 원칙

56. 다음 글에서 애슐리 윌런스가 말하고자 하는 올바른 시간관리에 대한 인식으로 적절한 것은?

> "커피 한 잔 사는 데 돈 쓰는 것은 걱정하지만, 수많은 자투리 시간을 우리의 행복을 위해 쓰지 않고 허비하는 데 대해서는 그리 걱정하지 않는다." 하버드 경영대학원 교수인 애슐리 윌런스가 쓴 책에서 한 말이다.
>
> 그의 저서에서 윌런스는 시간 빈곤을 느끼는 사람이 어떤 인지편향을 갖는지를 밝히고 있다. 역설적이게도 시간이 부족하다고 느끼는 사람이야말로 오히려 시간의 소중함을 느끼지 못하는 사람이라고 말한다. 일반적으로 사람들은 사회적으로 중요한 사람은 바쁘고, 바쁜 사람은 사회적으로 중요한 사람이라고 인식하는 경향이 있다. 이는 잘못된 인지편향이다. 이런 생각을 가진 사람은 유독 '바쁘다', '시간이 없다'라는 말을 입에 달고 다닌다. 실제로는 그리 여유시간이 없는 것도 아닌데 시간이 없는 것처럼 보이고 싶은 욕구가 있는 것이다.
>
> 기업에서도 이런 유형의 사람을 쉽게 찾아볼 수 있다. 실상 회사에서 바쁜 척하는 사람들이 고성과를 내거나 효율적인 시간 관리를 하는 경우를 찾아보기는 어렵다. 이런 사람들은 대부분 장시간 근로를 하며, 일을 단순화할 줄 모르고 핵심적으로 일하지도 않는다. 시간을 소중히 여기는 사람은 시간을 많이 쓰지 않고 핵심적으로 일한다. 프로세스를 단순화하고 실행 중심으로 일한다. 그들의 관심은 항상 최소의 시간을 활용하여 최고의 성과를 내는 것에 집중되어 있다. 핵심적으로 일하는 사람은 시간 빈곤을 느끼지 않는다. 행동에 여유가 있고 '바쁘다'는 말을 잘 하지 않는 것이다.

① 실제로 시간 빈곤을 느끼는 사람도 사실은 넉넉한 시간을 가지고 있다.

② 개인 생활과 직장 생활에서의 시간 개념은 매우 다르다.

③ 시간관리를 잘하기 위해서는 스스로 시간이 많다고 느껴야 한다.

④ 시간관리의 핵심은 업무의 효율성에 있다.

57. 다음과 같이 각 작업장에서 A ~ E 공정을 순차적으로 거쳐 제품이 조립되는 생산라인이 있다. 해당 공정 과정에 대한 설명으로 옳지 않은 것은?

> • 공정은 A → B → C → D → E 단계 순으로 진행된다.
> • 공정효율(%)=총 작업시간÷(작업장 수×생산주기시간)×100으로 계산한다.
> • 생산주기시간은 작업공정 중 작업소요시간이 가장 오래 걸리는 공정의 소요시간을 의미한다.
>
> | 공정 | A | B | C | D | E |
> |---|---|---|---|---|---|
> | 소요 시간(분) | 23 | 18 | 5 | 35 | 19 |

① 공정 과정 중에서 생산량에 제약을 주는 것은 D 공정이므로 개선이 필요하다.

② 현재 공정효율은 50% 이상이므로 D 공정의 소요 시간을 단축하도록 노력한다.

③ B 공정에서 작업소요시간이 절반으로 축소될 경우 공정효율은 증가할 것이다.

④ B 공정과 C 공정의 작업장을 병합하여 두 공정에 총 20분이 소요될 경우 공정효율은 증가할 것이다.

58. B 공사는 주어진 〈조건〉에 따라 직원 채용 면접을 진행하고자 한다. 면접자 1인당 최대 면접 시간으로 알맞은 것은? (단, 휴식 시간은 고려하지 않는다)

> **조건**
>
> • 한 그룹의 면접은 4명의 지원자를 대상으로 2명의 면접관이 진행한다.
> • 면접 대상자는 총 64명이다.
> • 면접장은 2개 장소에서 동시에 진행되며, 첫 면접 시작은 9시 30분에 진행한다.
> • 그룹에 배정된 면접 시간은 4명에게 똑같이 할애되어야 한다.
> • 점심식사 시간은 12시부터 13시 30분까지이며, 이 시간에는 면접이 진행되지 않는다.
> • 한 그룹의 면접이 끝날 때마다 결과를 정리할 시간 6분을 배정해야 한다.
> • 면접은 오후 3시에 모두 완료되어야 한다.

① 4분

② 5분

③ 6분

④ 7분

59. 다음은 직원 A ~ G 7명의 고객 문의전화 응대업무 관련 정보이다. 최소 2명이 함께 근무하고 최저 비용으로 하루의 근무 인원을 편성하고자 할 때, 하루의 근무 인원 조합으로 알맞은 것은?

구분	전화 응대업무 가능시간	급여 조건(시급)
직원 A	09 : 00 ~ 15 : 00	8,000원
직원 B	11 : 00 ~ 18 : 00	9,000원
직원 C	09 : 00 ~ 16 : 00	10,000원
직원 D	14 : 00 ~ 16 : 00	10,000원
직원 E	09 : 00 ~ 12 : 00	12,000원
직원 F	15 : 00 ~ 17 : 00	15,000원
직원 G	10 : 00 ~ 18 : 00	25,000원

※ 고객 문의전화 응대 시간은 09 : 00 ~ 18 : 00이며, 점심시간은 고려하지 않는다.

① 직원 A, 직원 B, 직원 C
② 직원 A, 직원 B, 직원 C, 직원 D
③ 직원 A, 직원 B, 직원 C, 직원 D, 직원 E
④ 직원 A, 직원 B, 직원 C, 직원 D, 직원 F, 직원 G

60. 다음 ㉠, ㉡을 준수하지 않았을 때의 문제를 (가) ~ (라)에서 찾아 바르게 짝지은 것은?

> 물품 보관의 효율을 높이기 위해서는 회전율이 높은 제품들은 출입구와 가까운 곳에 보관하고, 상대적으로 회전율이 떨어지는 제품들은 출입구와 멀리 떨어진 곳에 보관하는 것이 현명하다. 이처럼 제품의 회전율에 따라 차등적으로 보관 장소를 결정하는 것을 ㉠회전 대응의 원칙이라 한다. 또한 ㉡선입선출의 원칙은 먼저 보관되었던 물건을 먼저 출고하는 방식이 있다. 이는 제품의 입고일자에 따라 순서대로 출고 시점을 결정하는 방식이다.

> (가) 제품을 분실하기 쉽다.
> (나) 유통 기한이 경과하여 제품을 폐기처분하게 된다.
> (다) 물품 보관 및 사용상의 효율이 떨어진다.
> (라) 재고과다로 이어져 비용을 낭비하게 된다.

	㉠	㉡			㉠	㉡
①	(가)	(나)		②	(가)	(라)
③	(다)	(나)		④	(다)	(라)

✎ 평가시간은 영역별로 제한하지 않으나 각 영역별 20문항 15분을 권장합니다.

📖 제4영역

61. 어떤 일을 A 사원이 혼자 하면 4시간이 소요되고, B 사원 혼자 하면 6시간이 소요된다고 한다. A 사원과 B 사원이 함께 작업할 때, 일이 끝나는 데 걸리는 시간은?

① 1시간 12분 　　　　　　　　② 1시간 24분

③ 2시간 24분 　　　　　　　　④ 2시간 30분

62. 아이스크림 가게에서 월 임대료가 8만 원인 기계를 20대 임대하려고 한다. 기계 한 대당 하루 매출이 1만 원일 때, 한 달 순수익은 얼마인가? (단, 한 달은 30일로 한다)

① 160만 원 　　　　　　　　　② 400만 원

③ 440만 원 　　　　　　　　　④ 600만 원

63. 현재 강의 수위는 대피령 발령 수위보다 1.1m 낮은 상태이며, 폭우가 쏟아지면서 강의 수위가 시간당 20cm씩 높아지고 있다. 대피 경보는 지금으로부터 몇 시간 후에 발령되는가?

① 4시간 50분 　　　　　　　　② 5시간

③ 5시간 20분 　　　　　　　　④ 5시간 30분

64. ○○기업 체육대회에서 7전 4선승제로 배드민턴 경기가 진행되고 있다. 경기에 출전한 A, B는 3번째 경기까지 진행된 결과 A가 2승 1패로 앞서고 있다고 한다. 두 사람이 각각 이길 확률은 서로 $\frac{1}{2}$로 같고 비기는 경우는 없다고 할 때, B가 우승할 확률은?

① $\frac{1}{4}$

② $\frac{3}{16}$

③ $\frac{5}{16}$

④ $\frac{2}{5}$

65. 다음은 한국사능력검정시험에 대한 자료이다. 이에 대한 설명으로 옳지 않은 것은?

〈한국사능력검정시험 응시자 및 합격자 수〉

(단위 : 명)

구분	응시자 수	합격자 수
여자	12,250	2,825
남자	14,560	1,588

① 한국사능력검정시험의 합격률은 15% 이상이다.

② 전체 응시자 중 남자의 비율은 50% 이상이다.

③ 전체 합격자 중 남자의 비율은 40% 이하이다.

④ 전체 합격자 중 여자의 비율은 약 61%이다.

[66 ~ 67] 전기요금계란 전기요금표에 따라 기본요금과 사용량에 따른 전력량 요금을 합한 금액으로, 전기요금 복지할인 대상에게는 대상별 할인요금을 감액한 금액이 전기요금계가 된다. 다음은 7 ~ 8월이 아닐 때 단독주택에 적용되는 전기요금표이다. 이어지는 질문에 답하시오.

기본요금(원/호)		전력량 요금(원/kWh)	
200kWh 이하 사용	910	처음 200kWh까지	93.3
201 ~ 400kWh 사용	1,600	다음 200kWh까지	187.9
400kWh 초과 사용	7,300	400kWh 초과	230.6

66. 대가족 할인 30%(월 16,000원 한도)를 받는 어느 단독주택에서 2월에 320kWh의 전기를 사용했다면, 이 주택의 전기요금계는 얼마인가? (단, 소수점 아래 첫째 자리에서 반올림한다)

① 26,808원
② 29,966원
③ 42,808원
④ 55,650원

67. (66번과 이어짐) 2월에 320kWh의 전기를 사용하고 대가족 할인 30%(월 16,000원 한도)를 받은 어느 단독주택에서 장애인 할인 16,000원이 가능하다는 것을 뒤늦게 알게 되었다. 할인요금은 감액 요금이 큰 금액 한 가지만 적용할 수 있다면, 이 주택의 전기요금계는 어떻게 변화하는가? (단, 소수점 아래 첫째 자리에서 반올림한다)

① 전기요금계는 26,808원이다.
② 전기요금계는 29,966원이다.
③ 전기요금계는 3,158원 증가한다.
④ 전기요금계는 16,000원 감소한다.

68. 다음 그림과 같이 원 모양의 무선청소기가 오른쪽으로 a만큼 평행이동한 후, 위쪽으로 b만큼 평행이동하였다. 이 무선청소기가 지나간 색칠된 부분의 넓이가 $9+\dfrac{5}{4}\pi$라고 할 때, $a+b$의 값은?

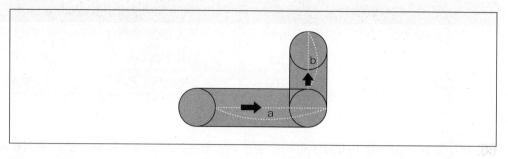

① 5

② 6

③ 7

④ 8

69. 다음은 어느 회사 직원들의 근속 기간을 정리한 자료이다. 근속 기간이 3년 이상 15년 미만인 직원은 몇 명인가?

근속 기간	0 ~ 1년 미만	0 ~ 3년 미만	0 ~ 5년 미만	0 ~ 10년 미만	0 ~ 15년 미만
직원 수(명)	32	126	328	399	(?)

- 근속 기간이 3년 미만인 직원의 수는 전체의 24%이다.
- 근속 기간이 10년 이상 15년 미만인 직원의 수는 근속 기간이 15년 이상인 직원 수의 2배이다.

① 345명

② 349명

③ 353명

④ 357명

70. 다음은 20X0 ~ 20X4년 동안 에너지기술개발 사업에 사용한 정부지원금 및 민간부담금의 현황을 나타낸 자료이다. 이에 대한 올바른 설명을 〈보기〉에서 모두 고른 것은?

(단위 : 백만 원)

구분	총사업비 (A=B+C)	정부지원금		민간부담금					
		금액(B)	비율 (B÷A)	합계		현금부담		현물부담	
				금액 (C=D+E)	비율 (C÷A)	금액 (D)	비율 (D÷C)	금액 (E)	비율 (E÷C)
합계	561,710	408,747	72.8%	152,963	27.2%	48,257	31.5%	104,706	68.5%
20X0년	110,913	79,386	71.6%	31,527	28.4%	7,665	24.3%	23,862	75.7%
20X1년	109,841	77,136	70.2%	32,705	29.8%	8,885	27.2%	23,820	72.8%
20X2년	92,605	69,020	74.5%	23,585	25.5%	5,358	22.7%	18,228	77.3%
20X3년	127,748	94,873	74.3%	32,875	25.7%	12,972	39.5%	19,902	60.5%
20X4년	120,603	88,332	73.2%	32,271	26.8%	13,378	41.5%	18,893	58.5%

보기

㉠ 총 사업비 중 민간부담금의 비율은 20X2년에 가장 낮았다.
㉡ 민간부담금 중 현금부담은 20X3년에 가장 큰 폭으로 상승했다.
㉢ 20X1년 민간부담금 중 현물부담금은 총사업비의 25% 이상이다.
㉣ 20X4년 민간부담금 중 현금부담금은 정부지원금 대비 20% 이상이다.

① ㉠, ㉡   ② ㉠, ㉣
③ ㉡, ㉢   ④ ㉢, ㉣

71. 다음은 20X1년 주요 국가의 석유 생산 및 소비를 나타낸 자료이다. 이에 대한 설명으로 옳지 않은 것은?

구분	석유 생산			구분	석유 소비		
	국가	백만 ton	20X1년 비중(%)		국가	백만 ton	20X1년 비중(%)
	전세계	4,474.4	100.0		전세계	4,662.1	100.0
	OECD	1,198.6	26.8		OECD	2,204.8	47.3
	Non-OECD	3,275.8	73.2		Non-OECD	2,457.3	52.7
	OPEC	1,854.3	41.4		OPEC	-	-
	Non-OPEC	2,620.1	58.6		Non-OPEC	-	-
	유럽연합	72.7	1.6		유럽연합	646.8	13.9
1	미국	669.4	15.0	1	미국	919.7	19.7
2	사우디아라비아	578.3	12.9	2	중국	641.2	13.8
3	러시아	563.3	12.6	3	인도	239.1	5.1
4	캐나다	255.5	5.7	4	일본	182.4	3.9
5	이라크	226.1	5.1	5	사우디아라비아	162.6	3.5
6	이란	220.4	4.9	6	러시아	152.3	3.3
7	중국	189.1	4.2	7	브라질	135.9	2.9
8	아랍에미리트	177.7	4.0	8	한국	128.9	2.8
9	쿠웨이트	148.4	3.3	9	독일	113.2	2.4
10	브라질	140.3	3.1	10	캐나다	110.0	2.4

① 20X1년 한국의 석유 소비량은 OECD 대비 5% 이상이다.

② 20X1년 중국의 석유 생산량은 OECD 대비 15% 이상이다.

③ 20X1년 한국의 석유 소비량은 유럽연합 대비 20% 이상이다.

④ 20X1년 미국은 석유 생산량과 소비량 모두 가장 많은 비중을 차지한다.

72. A 씨가 이번 달에 내야 하는 전기요금이 93,822원이라고 할 때, A 씨의 전력사용량(kWh)과 전력산업기반기금(원)을 합한 값은?

구간	기본요금(원)	전력량 요금(원/kWh)
200kWh 이하	1,030	80
200kWh 초과 ~ 400kWh 이하	1,700	210
400kWh 초과	6,300	360

- 전기요금＝기본요금＋사용요금＋부가가치세＋전력산업기반기금
- 기본요금과 사용요금은 다음과 같은 방법으로 계산한다.
  - ㉮ 전력사용량이 250kWh인 경우
    - 기본요금 : 1,700원
    - 사용요금 : 200(kWh)×80(원/kWh)+50(kWh)×210(원/kWh)
      ＝16,000(원)＋10,500(원)＝26,500(원)
- 부가가치세＝(기본요금＋사용요금)×0.1
- 전력산업기반기금＝(기본요금＋사용요금)×0.04

① 3,192

② 3,365

③ 3,578

④ 3,742

73. 다음은 특정 질병에 대한 6월 6일부터 6월 13일까지의 정보를 나타낸 것이다. 이에 대한 설명으로 옳은 것을 〈보기〉에서 모두 고르면?

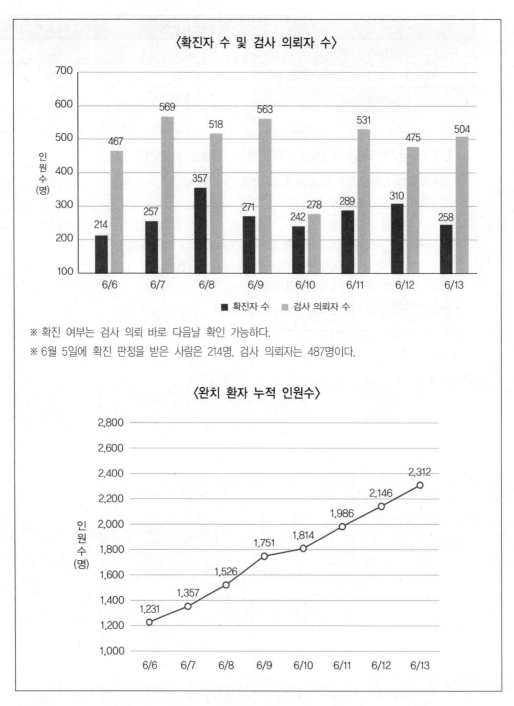

〈확진자 수 및 검사 의뢰자 수〉

※ 확진 여부는 검사 의뢰 바로 다음날 확인 가능하다.
※ 6월 5일에 확진 판정을 받은 사람은 214명, 검사 의뢰자는 487명이다.

〈완치 환자 누적 인원수〉

2회 기출예상

3회 기출예상

4회 기출예상

인성검사

면접가이드

보기

ㄱ. 6월 6일 ～ 13일 중 검사 의뢰자 수가 가장 많은 날짜는 6월 7일이다.

ㄴ. 전날 대비 확진자 수의 증가율이 가장 큰 날짜는 6월 8일이다.

ㄷ. 6월 6일에 음성 판정을 받은 사람은 273명이다.

ㄹ. 6월 7일에서 6월 8일 사이에 완치된 환자 수가 6월 12일에서 6월 13일 사이에 완치된 환자 수보다 적다.

① ㄱ, ㄴ   ② ㄱ, ㄷ

③ ㄱ, ㄴ, ㄷ   ④ ㄴ, ㄷ, ㄹ

74. ○○호텔에서 90개의 수건을 객실에 나누어 배치하려고 한다. 수건을 4개씩 배치하면 수건이 남고 5개씩 배치하면 부족하다고 할 때, 다음 중 ○○호텔의 객실 수가 될 수 없는 것은?

① 18개   ② 19개

③ 20개   ④ 21개

75. 다음 중 자료에 대한 설명으로 옳지 않은 것은?

구분	20X1. 12.	20X2. 7.	20X2. 8.	20X2. 9.	20X2. 10.	20X2. 11.	20X2. 12.
취업자 수 (천 명)	7,030	6,803	6,387	6,900	6,920	6,987	6,833
전년 동월 대비 증감 (천 명)	266	−86	−110	−91	−122	−91	−197
고용률(%)	61.9	60.4	60.0	60.0	60.1	60.4	59.1
(15 ~ 64세)	(67.9)	(65.8)	(65.3)	(65.2)	(65.4)	(65.8)	(64.9)

※ ( )는 15 ~ 64세 고용률이다.

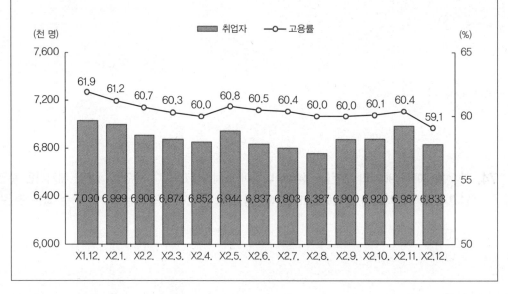

① 조사 기간 중 전월 대비 고용률이 증가한 구간은 총 3개이다.

② 조사 기간 중 전월 대비 고용률이 가장 크게 감소한 구간은 20X2년 11월에서 20X2년 12월 구간이다.

③ 20X2년 12월 고용률은 59.1%로 전년 동월 대비 2.8%p 하락했고, 취업자 수는 683만 3천 명으로 전년 동월 대비 19만 7천 명 감소했다.

④ 20X2년 11월에서 20X2년 12월 사이의 고용률 감소율은 20X1년 12월에서 20X2년 1월 사이의 고용률 감소율의 2배 이상이다.

76. 다음은 어느 나라의 발전원별 발전전원구성을 나타낸 표이다. 이를 바탕으로 작성한 그래프로 옳은 것은?

(단위 : GW, %)

구분		계	원자력	석탄	LNG	신재생	석유	양수
2017년	정격용량	117.0(100)	22.5(19.2)	36.9(31.5)	37.4(32.0)	11.3(9.7)	4.2(3.6)	4.7(4.0)
	피크기여도	107.8(100)	22.5(20.9)	36.1(33.5)	37.4(34.7)	3.1(2.9)	4.0(3.7)	4.7(4.4)
2018년	정격용량	142.3(100)	27.5(19.3)	42.0(29.5)	42.0(29.5)	23.3(16.4)	2.8(2.0)	4.7(3.3)
	피크기여도	122.7(100)	27.5(22.4)	41.0(33.4)	42.0(34.2)	4.8(3.9)	2.7(2.2)	4.7(3.8)
2019년	정격용량	152.8(100)	23.7(15.5)	39.9(26.1)	44.3(29.0)	38.8(25.4)	1.4(0.9)	4.7(3.1)
	피크기여도	119.2(100)	23.3(19.5)	38.9(32.6)	44.3(37.2)	6.7(5.6)	1.3(1.1)	4.7(3.9)
2020년	정격용량	173.8(100)	20.4(11.7)	39.9(23.0)	47.5(27.3)	58.5(33.7)	1.4(0.8)	6.1(3.5)
	피크기여도	123.0(100)	20.4(16.6)	38.9(31.6)	47.5(38.6)	8.8(7.2)	1.3(1.1)	6.1(5.0)
2021년	정격용량	174.5(100)	20.4(11.7)	39.9(22.9)	47.5(27.2)	58.6(33.6)	1.4(0.8)	6.7(3.8)
	피크기여도	123.7(100)	20.4(16.5)	38.9(31.4)	47.5(38.4)	8.8(7.1)	1.4(1.1)	6.7(5.4)

① 연도별 원자력에너지 정격용량

(단위 : GW)

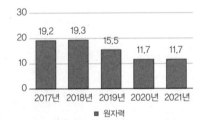

② 연도별 석유에너지 피크기여도 비율

(단위 : %)

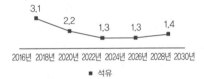

③ 연도별 신재생에너지 정격용량, 피크기여도 비율 비교

(단위 : %)

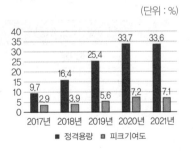

④ 2020년 에너지원별 피크기여도 비율

(단위 : %)

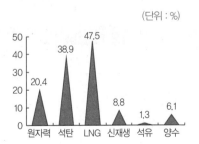

77. ○○공사의 올해 채용인원이 작년보다 19% 감소한 162명일 때, 작년 채용인원은 몇 명인가?

① 186명 　　　　　　　　　　　② 192명

③ 200명 　　　　　　　　　　　④ 214명

78. 지하철에서 25분 동안 내부 온도를 측정하였더니 측정을 시작한 지 t분이 지났을 때의 온도(℃)는 $Y(℃) = 2\sin\dfrac{\pi}{10}(t+5) + 24$ 로 나타났다. 온도가 내려가는 중일 때에는 냉방이 가동 중인 상태라고 할 때 측정을 한 25분 동안 냉방이 가동된 시간은 몇 분인가?

① 5분 　　　　　　　　　　　② 10분

③ 15분 　　　　　　　　　　　④ 20분

79. P 씨는 일주일에 7일 모두 버스로 출퇴근한다. P 씨는 1월 1일 퇴근길에 새로운 버스카드에 5만 원을 충전하여 한 차례 사용했다. 1월 6일부터 다음과 같이 버스 요금이 인상된다고 할 때, 버스카드를 충전하지 않고 언제까지 사용할 수 있는가? (단, 추가요금과 환승은 고려하지 않는다)

1월 1일 버스 요금	1월 6일 버스 요금
1,200원	1,300원

① 1월 19일 　　　　　　　　　　② 1월 20일

③ 1월 21일 　　　　　　　　　　④ 1월 22일

80. ○○기업 윤 사장은 직원들에게 추석 선물을 주기 위해 선물 세트를 구매하여 총 1,389,800원을 지출하였다면, 윤 사장이 구매한 B 선물세트는 몇 개인가?

구분	개당 가격
A 선물세트	23,500원
B 선물세트	31,400원
C 선물세트	27,900원

- ○○기업 직원 수는 52명으로, 추석 선물은 인당 1개씩 준다.
- C 선물세트는 전체 직원 수의 $\frac{1}{4}$ 만큼 구매하였다.

① 14개   ② 13개

③ 12개   ④ 11개

유형별 출제비중

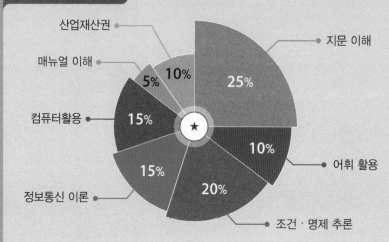

산업재산권
매뉴얼 이해
컴퓨터활용
정보통신 이론
지문 이해
어휘 활용
조건 · 명제 추론

10%
25%
5%
15%
15%
20%
10%

출제분석

한국중부발전 직업기초능력평가 정보통신직은 의사소통능력, 문제해결능력, 정보능력, 기술능력이 출제되었다. 의사소통능력에서는 사자성어, 어휘, 문법 문제와 세부 내용을 이해하고 추론하는 문제가 주로 출제되었으므로, 제시된 글을 읽고 단어의 문맥적 의미와 중심내용을 파악할 수 있어야 한다. 문제해결능력에서는 명제를 바탕으로 결론을 추론하고 조건에 따라 결론을 도출하는 문제가 출제되었으므로, 제시된 조건을 명확하게 파악하는 능력이 필요하다. 정보능력에서는 정보통신 기기 특성과 정보이론, 다양한 소프트웨어의 활용과 특징의 이해를 파악하는 문제가 출제되었으므로, 이론뿐만 아니라 컴퓨터활용에 대한 이해가 필요하다. 기술능력에서는 기술 관련 글이나 매뉴얼을 이해하고 기술 활용 이론에 대해 묻는 문제가 출제되었으므로, 다양한 기술에 익숙해질 수 있게 관련 정보를 찾아 읽어보는 것이 필요하다.

2회 한국중부발전[정보통신]

기출예상문제

영역	총 문항 수
제1영역_의사소통능력	20문항
제2영역_문제해결능력	20문항
제3영역_정보능력	20문항
제4영역_기술능력	20문항

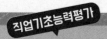

📖 **제1영역**　　　🖋 평가시간은 영역별로 제한하지 않으나 각 영역별 20문항 15분을 권장합니다.

[01 ~ 02] ○○기업은 올해 신입사원을 대상으로 다음과 같은 내용의 강연을 실시하였다. 이어지는 질문에 답하시오.

> 수력발전소는 일단 건설되고 나면 더 이상 직접적인 폐기물은 방출하지 않으며, 이산화탄소도 발생하지 않는다. 수력발전을 위해 만들어지는 호수는 많은 물을 저장해 두기 때문에, 건기에도 말라붙지 않아 안정적으로 전기를 공급할 수 있다. 이런 호수는 저수지로 활용되어 필요한 사람들에게 물을 공급할 수 있는 수원이 되기도 한다. 싼샤 댐 건설의 큰 이점 중 하나는 양쯔강 하류의 빈번한 범람을 막을 수 있다는 점이다.
>
> 수력발전의 가장 큰 단점은 호수를 만들기 위해 인근 전체가 계속 물에 잠기게 된다는 것이다. 이런 환경의 변화로 인근 생태계가 큰 영향을 받을 뿐 아니라, 그 지역에 살던 사람들도 터전을 떠나야만 한다.
>
> 홍수를 막는 것이 항상 장점만 있는 것은 아니다. 예를 들어 나일강은 연중 특정한 시기에 범람하여 물과 함께 떠내려온 퇴적물이 강변의 농지를 비옥하게 만들어 왔다. 그러나 나일강의 중류에 아스완 댐이 건설된 이후 이러한 일이 더는 일어나지 않기 때문에 이곳에 곡식을 키우기가 더 어려워졌다.
>
> 또한 이미 지어진 수력발전소에서 전기를 만들어 내는 과정은 무탄소 발전이지만, 거대한 콘크리트 댐을 건설하는 과정에 큰 비용이 들 뿐 아니라 많은 양의 이산화탄소가 발생한다.

01. 제시된 글에서 설명한 수력발전의 문제점으로 적절하지 않은 것을 모두 고르면?

> ㄱ. 수력발전소는 발전 과정에서 많은 양의 이산화탄소를 발생시킨다.
> ㄴ. 인근 생태계에 영향을 미칠 만큼 환경변화에 영향을 줄 수 있다.
> ㄷ. 홍수 예방이 가능하나, 연중 특정한 시기의 범람은 막을 수 없다.
> ㄹ. 퇴적물이 강변의 농지를 비옥하게 만드는 일이 일어나지 않는다.
> ㅁ. 수력발전소 건설로 인해 그 지역에 살던 사람들이 삶의 터전을 잃는다.

① ㄱ, ㄴ   ② ㄱ, ㄷ
③ ㄴ, ㄹ   ④ ㄷ, ㄹ, ㅁ

02. 제시된 글의 내용과 가장 관련이 있는 사자성어는?

① 소탐대실(小貪大失)   ② 결자해지(結者解之)
③ 사필귀정(事必歸正)   ④ 일장일단(一長一短)

1회 기출예상

2회 기출예상

3회 기출예상

4회 기출예상

인성검사

면접가이드

[03 ~ 04] 다음 권 사원이 ○○발전 게시판에 올릴 글의 초고를 읽고 이어지는 질문에 답하시오.

한국은 UN이 지정한 물 부족 국가라는 말을 모두 한 번쯤은 들어봤을 것이다. 그런데 이 표현은 잘못되었다. ㉠즉 한국은 '물 스트레스 국가'라고 해야 하는데, 이는 1인당 가용 수자원량을 기준으로 1,000 ~ 1,700m³에 해당하는 것이다. 가용 수자원량이 1,000m³ 미만일 때를 물 부족 국가로 분류한다.

㉡우리나라가 물 스트레스 국가인 이유는 실제로 사용 가능한 물의 양이 풍부하지 않다. 우리나라는 여름에만 강수량이 집중되어 7, 8월에 강수량이 높고 다른 기간에는 가뭄에 취약하다. 또한 인구밀도가 높아 물을 활용하기 힘들며 사용하는 물의 양 자체가 많다.

우리나라 1인당 하루 물 사용량은 280L로 세계 평균 1인당 하루 110L의 2.5배에 달한다. ㉢사용 가능한 자원은 적으나 수요가 많다면 곧 물 부족은 현실이 될 것이다. 세계 물의 날을 맞아 물의 소중함에 대해 다시금 새기고, 물 절약을 실천해 보는 것은 어떨까?

㉣물을 아껴 수자원을 절약하기 위해 개인이 할 수 있는 것은 수압을 낮추고 변기에 절수 레버를 설치하는 것, 싱크대에 절수 페달을 설치하는 것, 모아서 빨래하는 것 등이 있다. 생활 속 작은 습관으로 물을 절약하여 우리나라가 물 풍족 국가로 거듭날 수 있도록 하자.

---

03. 권 사원의 초고를 본 상사가 제목을 붙이라고 지시하였을 때, 제목으로 적절한 것은?

① 물 부족 국가와 물 스트레스 국가의 차이점은?

② 물 스트레스 국가가 되는 기준은 무엇인가?

③ 여름철에만 집중된 우리나라 강수량의 문제점

④ 물 스트레스 국가인 한국에서 우리가 할 수 있는 것은?

04. 상사가 밑줄 친 ㉠ ~ ㉣에 대해 할 수 있는 지시로 적절하지 않은 것은?

① ㉠의 '즉'은 적절하지 않으므로 문장의 흐름을 고려하여 '그 대신'으로 수정하세요.

② ㉡은 주술호응이 맞지 않으므로 서술어를 '풍부하지 않기 때문이다.'로 수정하세요.

③ ㉢의 의미를 고려하여 '수요가'를 '공급이'로 수정하세요.

④ ㉣은 의미가 중복되므로 '물을 아껴'를 삭제하세요.

[05 ~ 06] 다음은 ○○공사에서 작성한 보도자료이다. 이어지는 질문에 답하시오.

전기와 소금을 동시에 생산하는 (⑦) 발전시스템 구축

○○공사는 녹색△△연구원, □□소프트웨어와 공동으로 '100kW급 염전 태양광 발전시스템'을 개발했다고 밝혔다. 본 시스템은 수심 5cm 내외의 염전 증발지 바닥에 수중 태양광모듈을 설치하여 소금과 전력을 동시에 생산할 수 있는 태양광 발전시스템이다. 태양광 발전과 염전의 설치 조건은 일사량이 많고 그림자가 없으며 바람이 잘 부는 곳으로 동일하다는 공통점이 있다. 본 연구는 국내 염전 중 약 85%가 전라남도에 밀집하여 지난 2018년 3월부터 전남 무안에 염전 태양광 6kW 프로토타입을 설치 운영한 이후, 이번에 100kW급으로 용량을 늘렸다. ○○공사는 염전 내부에 태양광 설치를 위해 수압에 잘 견디는 태양광 모듈을 설계하고, 태양광－염전 통합운영시스템을 개발했다. 여름철에는 염수에 의한 냉각으로 일반 지상 태양광과 비교하여 발전량이 5% 개선됐고, 태양광 모듈에서 발생하는 복사열로 염수의 증발시간이 줄어서 소금 생산량도 늘었다. 현재까지 태양광 발전시스템 상부에 항상 염수가 접촉해 있음에도 전기안전 및 태양광 모듈 성능저하 등 운영 결함은 없었지만 계속 점검할 계획이다.

○○공사 관계자는 "염전태양광이 본격적으로 보급되면 국내 태양광 발전의 확대는 물론 열악한 염전산업계를 지원하여 주민들의 소득증대에도 기여할 수 있는 전라남도와 ○○공사 간 지역 상생협력 그린뉴딜 사업이 될 것"이라고 밝혔다.

---

05. 다음 중 위 보도자료를 이해한 내용으로 적절하지 않은 것은?

① 염전 태양광 발전시스템은 ○○공사 단독으로 개발하지 않았다.
② 우리나라 염전의 대부분이 특정 지역에 밀집해 있다.
③ 염전 태양광 발전시스템을 활용하면 발전량과 소금 생산량이 반비례 관계가 된다.
④ 염전 태양광 발전시스템은 전기안전 및 태양광 모듈 성능저하의 가능성이 있다.

06. 다음 중 빈칸 ⑦에 들어갈 말로 적절한 것은?

① 일거양득(一擧兩得) ② 절치부심(切齒腐心)
③ 조삼모사(朝三暮四) ④ 권토중래(捲土重來)

[07 ~ 08] 다음 글을 읽고 이어지는 질문에 답하시오.

컴퓨터는 인공 지능의 역사에서 큰 역할을 하였다. 컴퓨터가 등장하여 비로소 인간의 사고 과정, 뇌 구조의 기능, 그 속에서 일어나는 생리 현상에 대한 연구가 촉진되었다. 소프트웨어로 프로그램을 제어할 수 있게 되면서 전자 기계 부품, 즉 하드웨어로 구성된 논리 회로는 과거와 완전히 달라졌다. 그 결과 높은 수준의 복잡성과 유연성 그리고 외부 환경의 변화에 대응해 다음 작업을 판단하고 수행할 수 있는 능력을 지닌 기계가 사람의 지능에 도전하게 되었다.

학자들은 인간이 지닌 것과 같은 지식을 컴퓨터에 어떻게 넣을 것인지 고민했다. 처음에는 인간의 지식 습득 과정을 그대로 답습하면 된다고 생각하였으나 현실 세계의 모든 지식을 컴퓨터에 입력하는 일은 실질적으로 불가능하였다. 그래서 학자들은 인간 두뇌의 신경망을 이용하면 어떤 정보를 기초로 하여 그것을 적시 적소에 활용하게 만들 수 있다고 생각하였다. 이런 생각에서 출발한 이론을 '신경망 이론'이라고 한다.

신경망 이론은 워렌 맥컬록(Warren McCulloch)과 월터 피츠(Walter Pitts)가 처음 제시하였다. 맥컬록과 피츠는 생물학적인 신경망 이론을 단순화해서 논리, 산술, 기호 연산 기능을 구현할 수 있는 신경망 이론을 제시하였다. 그들은 마치 전기 스위치처럼 온(ON)과 오프(OFF)로 작동하는 기본적인 기능이 있는 인공 신경을 그물망 형태로 연결하면, 그것이 사람의 뇌에서 동작하는 간단한 기능을 흉내 낼 수 있다는 것을 이론적으로 증명하였다.

신경망 이론을 발판으로 삼아 미국의 프랭크 로젠블랫(Frank Rosenblant)은 사람처럼 시각적으로 사물을 인지하도록 훈련시킬 수 있는 프로그램인 '퍼셉트론(Perceptron)'을 개발했다. 이 프로그램은 인간의 신경 세포와 비슷한 방식으로 작동한다. 퍼셉트론의 각 단위는 여러 가지 입력 정보를 받아들인다. 이것들이 합쳐져 사전에 정해 놓은 특정한 한계값을 넘어서면 출력이 발생한다. 이것은 많은 가지 돌기가 자극받을 때 신경 세포가 신경 신호를 발산하는 것과 같다. 각각의 단위가 특정 입력 정보에 부여하는 상대적 중요도를 변화시킴으로써 퍼셉트론은 훈련을 통해 올바른 답을 얻을 수 있다. 퍼셉트론은 인공 신경망을 실제로 구현한 최초의 모델이다.

07. 다음 중 제시된 글을 이해한 내용으로 적절하지 않은 것은?

① 컴퓨터의 등장은 인간의 사고 과정과 뇌의 구조 등을 이해하는 데 영향을 끼쳤다.

② 소프트웨어가 프로그램을 제어하기 전과 후의 논리 회로는 완전히 다르다.

③ 맥컬록과 피츠는 생물학적 신경망 이론을 그대로 적용하여 신경망 이론을 제시하였다.

④ 신경망 이론을 발판으로 삼아 퍼셉트론이 개발되었다.

08. '신경망 이론'과 '퍼셉트론'의 발전 과정에 맞게 ㄱ ~ ㄹ의 순서를 바르게 나열한 것은?

> ㄱ. 시각적으로 사물을 인지하도록 훈련시킬 수 있는 프로그램을 만듦.
> ㄴ. 인간 두뇌의 신경망을 이용할 것을 착안함.
> ㄷ. 인공 신경이 논리, 산술, 기호 연산 기능을 구현할 수 있다는 것을 증명함.
> ㄹ. 인간이 지닌 것과 같은 지식을 컴퓨터에 넣을 수 있는 방법을 고민함.

① ㄴ-ㄹ-ㄱ-ㄷ   ② ㄷ-ㄱ-ㄴ-ㄹ

③ ㄹ-ㄴ-ㄷ-ㄱ   ④ ㄹ-ㄷ-ㄴ-ㄱ

[09 ~ 10] 다음 대화를 읽고 이어지는 질문에 답하시오.

> 송 부장 : 자, 모두들 집중해 주세요. 다음 주말에 회사 단합대회를 가질 예정입니다. 모두 참석 가능하신가요?
>
> 김 팀장 : 지금까지 회사 단합대회는 사원들의 의견을 모아 시기, 장소, 내용 등을 결정해 왔는데 올해는 왜 이렇게 갑자기 진행하나요?
>
> 송 부장 : 부서별로 업무 진행 상황이 저마다 달라서 의견을 모을 시간이 부족하여 임원회의를 통해 다음 주말로 결정하였습니다.
>
> 김 팀장 : 조금 시간이 걸리더라도 부서별로 다양한 의견을 들으면 여러 계획안이 나오고 호응도 좋았을 텐데요.
>
> 송 부장 : 그 의견도 옳아요. 하지만 모든 사람들의 의견을 다 듣기에는 시간도 부족하고, 또 자신의 의견이 받아들여지지 않았을 경우 불만을 품는 사람도 있어요.
>
> 유 사원 : 그러면 이번 단합대회는 어디서 무엇을 하나요?
>
> 송 부장 : 작년과 같이 몇 가지 종목으로 체육대회를 한 후, 부서별 장기자랑을 할 예정입니다.
>
> 유 사원 : 단합대회는 회사의 연중 대규모 행사인 만큼 여러 사원들의 의견을 모아 진행하면 더 좋았을 텐데요. 제 지인이 다니는 회사에서는 사원들이 중심이 되어 워크숍을 진행했는데 서로 친목을 다지고 업무 관련 이해도 높이는 좋은 기회였다고 합니다.
>
> 송 부장 : 네, 그렇게 진행하면 좋겠지만 이번에는 사정상 어려웠어요. 다음 달 대규모 인사이동으로 국내외 발령자가 많아질 예정이라, 그 전에 단합대회를 진행하게 되었어요.
>
> 유 사원 : 그런 사정이 있었군요. 알겠습니다.
>
> 김 팀장 : 참석할 수 있도록 일정을 조정해 보겠습니다.

09. 제시된 대화에 대한 설명으로 적절하지 않은 것은?

① 송 부장은 행사 진행을 위한 의견 수렴 시간이 부족한 이유를 설명하고 있다.

② 김 팀장은 자신의 의견이 받아들여지지 않았기 때문에 불참 의사를 표출하고 있다.

③ 송 부장은 다음 주말 회사 단합대회에의 부서원들의 참여를 권하고 있다.

④ 유 사원은 다양한 의견 수렴의 기회가 없는 것에 대한 아쉬움을 표현하고 있다.

10. 제시된 대화를 통해 알 수 있는 사실로 적절한 것은?

① 조직의 상황과 목적에 따라 의사결정 방식이 달라질 수 있다.

② 다수결에 의해 결정하면 모든 구성원의 이해와 협조를 얻을 수 있다.

③ 상위에서 하위 직급으로 전달되는 의사결정에는 구성원들의 불만이 적다.

④ 다른 회사와의 비교는 의사결정을 하는 데 많은 도움을 줄 수 있다.

1회 기출예상

2회 기출예상

3회 기출예상

4회 기출예상

인성검사

면접가이드

[11 ~ 12] 다음 기획재정부의 보도자료를 읽고 이어지는 질문에 답하시오.

20X9년도 통합공시 점검 결과 발표
– 공시오류 최소화 · 공시 품질 지속 개선 –

▫ 기획재정부는 3. 31. (화) 10 : 30 정부서울청사에서 「공공기관운영위원회」를 개최하여 「20X9년도 공공기관 통합공시 점검결과 및 후속조치」를 의결하였다.

◇ 20X9년도 공공기관 통합공시 점검개요 ◇

• (점검근거) 「공공기관의 운영에 관한 법률」 제12조 제3항 등
  ※ 공공기관은 주요 경영정보를 공공기관 경영정보공개시스템(알리오)에 공시, 기획재정부는 기관의 허위 사실 공시 여부 등을 점검
• (점검대상) 331개 공공기관(20X9년 지정 339개 중 3년 연속 무벌점 기관 등 제외)
• (점검항목) 통합공시 42개 항목 중 기관운영 및 재무 관련 18개 항목
  ※ 직원평균보수, 신규채용 및 유연근무 현황, 수입지출 현황, 임직원 채용정보 등
• (점검방법) 노무 · 회계법인과 공동 점검 → 위반 정도에 따라 벌점 부과
• (후속조치) 점검결과를 경영평가에 반영하고 벌점 정도에 따라 '기관주의' 조치, '불성실 공시기관' 지정

▫ 기획재정부는 공공기관 경영정보공개시스템(알리오)에 공개되는 공공기관 공시 데이터의 신뢰성을 제고하기 위해 매년 상 · 하반기 2회에 나누어 점검을 실시하였다.
  ※ (상반기) 직원평균보수, 신규채용 및 유연근무현황, 요약 재무상태표 등
    (하반기) 임직원 수, 임직원채용정보, 수입지출 현황, 납세정보 현황 등

▫ 331개 공공기관의 18개 항목을 점검한 결과,
  • 공시오류(벌점)가 작년보다 감소(20X8년 8.5점 → 20X9년 7.7점)하였다.
  • 불성실공시기관*도 4개 기관으로 작년보다 감소(20X8년 7개 → 20X9년 4개)하였다.
    * 벌점 40점 초과, 2년 연속 벌점 20점을 초과하면서 전년 대비 벌점이 증가한 기관

〈연도별 통합공시 점검결과〉

구분	20X5년	20X6년	20X7년	20X8년	20X9년
전체 기관수(개)	311	319	329	335	331
우수공시기관(개)	16	18	22	35	22
불성실공시기관(개)	8	3	3	7	4
평균벌점(점)	10.8	9.5	7.4	8.5	7.7

- 이는 신규지정 공공기관에 대한 1) 맞춤형 교육 실시, 2) 찾아가는 현장 컨설팅, 3) 우수공시
기관에 대한 인센티브 제공* 등 정부와 공공기관이 함께 공시품질 제고를 위해 노력한 결과
이다.

  * 3년 연속 무벌점 기관은 다음 연도 공시 점검 ㉠ <u>사면</u>

▫ 공기업 · 준정부기관에 대한 점검결과는 기획재정부가 시행하는 공기업 · 준정부기관 경영실적
평가에 ㉡ <u>수록</u>된다.

- 우수 및 불성실 공시기관에 대해서는 공공기관 알리오 홈페이지에 그 지정 사실을 ㉢ <u>게시</u>
한다.

  - 최근 3년간(20X7 ~ 20X9년) 지속적으로 무벌점을 달성한 9개 기관은 차년도 통합공시
  점검에서 제외한다.

  - 불성실공시기관에 대해서는 개선계획서 제출 등 후속조치를 ㉣ <u>청구</u>할 계획이다.

- 기타공공기관 점검결과는 '경영실적 평가'에 반영하도록 주무부처에 통보할 예정이다.

▫ 기획재정부는 국민이 원하는 정보를 보다 정확하고도 신속 편리하게 볼 수 있도록 공공기관 경
영정보 통합공시제도를 개선해 나갈 계획이다.

- 공시항목 · 공시기준 · 방법 등을 개선하여 공공기관이 경영정보를 보다 정확하게 공시할 수
있도록 한다.

- 경영정보 공시가 미흡한 공공기관에 대해 현장 컨설팅을 실시하는 등 점검을 강화하여 공시
품질을 지속적으로 제고해 나가도록 한다.

11. 보도자료의 내용을 바르게 이해한 사원을 모두 고르면?

> 윤 사원 : 기획재정부는 공공기관의 공시 데이터의 신뢰성 제고를 위해 매년 2회에 걸쳐 허위
> 사실 공시 여부 등을 점검하는군.
> 하 사원 : 맞아. 상반기에는 직원평균보수, 신규채용 및 수입지출 현황 등을 점검하고 하반기
> 에는 임직원 수, 납세정보 현황 등을 점검해.
> 정 사원 : 공시오류는 전년 대비 올해 1점 이상 감소한 반면 불성실공시기관은 전년 대비 3개
> 기관이 늘어났군.
> 손 사원 : 우수공시기관은 해마다 꾸준히 증가하고 불성실공시기관은 감소하는 추세를 보이
> 는군.
> 백 사원 : 3년 연속 무벌점 기관은 다음 연도 공시 점검에서 제외되는데 내년에는 총 9개 기관
> 이 점검에서 제외된대.

① 윤 사원, 정 사원   ② 윤 사원, 백 사원

③ 하 사원, 손 사원   ④ 윤 사원, 하 사원, 백 사원

12. 밑줄 친 ㉠ ～ ㉢을 문맥상 올바른 단어의 쓰임에 맞게 고칠 때, 적절하지 않은 것은?

① ㉠ → 면제   ② ㉡ → 반영

③ ㉢ → 개시   ④ ㉣ → 요청

13. 다음은 어느 문서의 일부분이다. 그 내용을 잘못 이해한 사람을 〈보기〉에서 모두 고르면?

> 1. 관련 : 인사정책과(제0236 – 00호)
> 2. 해외 바이어들과의 원만하고 성공적인 협상을 위해 영업부 직원의 보직 변경을 요청하고자 합니다.
> 3. 최근 거래가 급증하고 있는 필리핀에 역량을 집중하기 위해 보직 변경 시 발생하는 TO는 별도의 채용 기안서를 작성할 예정이며 아래 사항을 검토하여 주시기 바랍니다.
>   가. 대상자 : 김○○
>   나. 기존부서 : 해외영업1팀(태국)
>   다. 입사일 : 20X1. 10. 10.
>   라. 이동부서 : 해외영업3팀(필리핀)
>   마. 보직 변경 예정일 : 20X2. 3. 10.

보기

A : 이런 문서를 기안서라고 하는데 사내 공문서라고도 하지.
B : 대상자는 김○○이며 약 2달 후에 대상자의 보직을 변경하려고 하는구나.
C : 기존의 보직을 변경하기 위해 상사에게 검토를 받기 위한 문서인 것 같아.
D : 영업부에서 인사부로 변경하려면 타당한 근거가 있어야 하는데 붙임자료가 없네.

① A, B   ② A, C
③ B, C   ④ B, D

[14 ~ 15] 다음 글을 읽고 이어지는 질문에 답하시오.

　　기술이 일과 직업 그리고 임금에 미치는 영향에 관한 논쟁은 산업 시대의 역사만큼이나 오래되었다. 1810년대 영국 섬유 노동자들은 방직기 도입을 반대하는 시위를 벌였다. 방직기가 노동자들의 일자리를 위협했기 때문이다. 이후로 새로운 기술진보가 나타날 때마다 신기술이 노동을 대규모로 대체할 것인지를 두고 논쟁이었다.

(A) 이 논쟁의 한 축에는 신기술이 노동자를 대체할 가능성이 있다고 믿는 사람들이 있다.

(B) 이 논쟁의 다른 한 축에는 신기술의 등장이 노동자들에게 아무 문제가 없을 것이라고 말하는 사람들이 있다.

　　경제학자 바실리 레온티에프가 기발하게도 말과 사람을 비교함으로써 이 논의의 논점을 분명하게 했다. 수십 년 동안 말의 노동은 기술 변화에 영향을 받지 않을 것처럼 보였다. 조랑말을 이용한 속달 우편 서비스를 전신이 대신하고, 역마차를 철도가 대체할 때도 미국의 말 사육 두수는 끝없이 늘어날 것으로 보였다. 말과 노새는 농장에서뿐만 아니라 빠르게 성장하는 미국 도시의 중심부에서도 사람과 화물을 운송하는 전세마차와 합승마차에 요긴하게 쓰였다. 그러나 내연기관이 도입, 확산되면서 추세가 급격하게 반전되었다. 엔진이 도시에서는 자동차에 사용되고 시골에서는 트랙터에 사용되면서 말은 무용지물이 되었다. 미국의 말 사육 두수는 불과 반세기 만에 거의 88%나 감소했다.

　　비슷한 변화가 인간 노동에도 적용될까? 자율 주행 차량과 무인서비스, 슈퍼컴퓨터가 궁극적으로 인간을 경제에서 몰아낼 기술 진보 물결의 전조일까? 레온티에프는 이 질문에 대한 답이 'yes'라고 생각했다. "가장 중요한 생산 요소로서 인간의 역할은 말의 역할이 처음에 감소하다가 나중에 사라진 것과 같은 방식으로 감소할 것입니다."라고 레온티에프는 덧붙였다.

14. 제시된 글의 밑줄 친 (A)와 (B)의 주장과 이를 뒷받침하는 내용을 〈보기〉에서 골라 적절하게 짝지은 것은?

보기

ㄱ. 해야 하고 할 수 있는 일의 양은 무한하게 증가하므로 고정된 '노동 총량'이란 없다.

ㄴ. 1964년 컴퓨터 시대의 여명기에 사회이론가 그룹은 린든 존슨 당시 미국 대통령에게 서한을 보내, 컴퓨터에 대한 자동 제어가 거의 무한한 생산 능력을 가진 시스템을 낳게 되고 결국 인간고용을 감소시킬 것이라고 경고했다.

ㄷ. 19세기 중반부터 선진국을 중심으로 실질 임금과 일자리 수가 비교적 꾸준히 증가해 왔다는 미국 국립과학 아카데미 보고서의 내용이 있다.

ㄹ. 1930년 전기와 내연기관이 도입된 뒤 케인스는 이러한 혁신이 물질적 번영을 가져오겠지만 동시에 '기술적 실업'을 만연시킬 것으로 예측했다.

---

① (A) - ㄱ, ㄴ

② (A) - ㄴ, ㄷ

③ (B) - ㄱ, ㄷ

④ (B) - ㄴ, ㄹ

15. 제시된 글의 바실리 레온티에프가 주장한 내용에 대한 반박으로 적절한 것은?

① 일부 지역에서 말은 아직도 산업 전반에 쓰이는 동물이다.

② 자율 주행 차량과 슈퍼컴퓨터 등의 발달에는 여전히 제약이 많다.

③ 미국의 상황을 우리나라의 상황에 똑같이 적용할 수 없다.

④ 인간과 말 사이에 중요한 차이점이 많다는 사실을 간과하였다.

1회 기출예상

2회 기출예상

3회 기출예상

4회 기출예상

인성검사

면접가이드

[16 ~ 17] 다음 기사문을 읽고 이어지는 질문에 답하시오.

최근 정부와 소통과정에서 갈등을 겪어온 지자체들이 대규모 해상풍력을 중심으로 그린뉴딜을 실현하고자 해 이목이 집중된다. 울산시는 10일 2030년까지 6GW 이상의 부유식 해상풍력발전단지를 조성한다는 계획을 밝혔다. '울산시 새로운 바람, 부유식 해상풍력'을 울산형 그린뉴딜 사업으로 추진한다는 것이다. 울산시는 수심 200m 이내 넓은 대륙붕과 연중 평균풍속 초속 8m 이상 우수한 자연조건, 신고리원전이나 울산화력 등의 발전소와 연결된 송·배전망 인프라, 여기에 미포산업단지 등 대규모 전력 소비처, 세계적인 조선해양 플랜트 산업 기반을 갖추고 있어 부유식 해상풍력 생산에 최적의 조건을 갖췄다.

울산시는 먼저 2025년까지 사업비 6조 원을 투입해 원자력 발전소 1개 규모와 맞먹는 1GW 이상의 부유식 해상풍력발전단지를 조성하기로 했다. 이후 시범운영을 거쳐 2030년까지는 6GW 이상의 부유식 해상풍력발전단지를 확대 조성한다는 계획이다. 시는 이렇게 하면 약 21만 명 고용효과가 있을 것으로 예상한다. 또 이 사업에 참여하는 5개 민간 투자사 한국지사의 울산 유치와 100여 개 이상 서플라이 체인업체의 울산공장 설립 등도 예상돼 지역경제 활성화에 도움이 될 것으로 기대한다. 이와 함께 연간 698만 2천 톤의 이산화탄소 저감 효과와 정부의 '재생에너지 3020' 해상풍력 분야 목표(12GW)의 50%를 울산시가 담당하며, 명실상부한 그린에너지 도시로 도약할 수 있을 것으로 전망하고 있다.

시는 부유식 해상풍력 클러스터 조성도 검토하고 있다. 기술 개발, 제작 생산, 운영 보수, 인력 양성 등 부유식 해상풍력 추진의 전 주기를 아우르는 연관 시설의 집적화로 비용 감소와 기술혁신을 위한 클러스터를 조성한다는 계획이다. 부유식 해상풍력 클러스터에는 부유식 해상풍력 집적화 산업단지와 연구원, 부유식 해상풍력 시험평가 인증센터, 디지털 관제센터, 부유식 해상풍력 소재부품 기업지원센터, 안전훈련센터 등의 시설이 조성된다. 시는 산업통상자원부가 제3차 추가경정예산에 그린뉴딜 관련 예산으로 4천 639억 원을 편성했고, 해상풍력 부문에는 195억 원이 할당돼 향후 해상풍력 분야에 투자가 집중될 것으로 본다. 따라서 울산시가 추진하는 부유식 해상풍력 육성사업도 더욱 탄력을 받을 수 있을 것으로 기대한다.

송○○ 울산시장은 "전 세계 부유식 해상풍력 시장은 2030년이면 12GW까지 확대할 것으로 예상한다"며 "아직 해당 산업 기술이 세계적으로 상용화 초기 단계이므로, 이른 시일 내 시장에 진입해 산업을 육성하고 세계 시장을 선점해 나가는 것이 무엇보다 중요하다"고 강조했다.

16. 제시된 글의 제목으로 적절한 것은?

① 울산시, 우수한 자연환경 갖춘 것으로 드러나

② 울산시, 지역경제 활성화에 기대감 생겨

③ 울산시, 2030년까지 6GW 부유식 해상풍력발전단지 조성

④ 산업통상자원부, 해상풍력 분야에 집중 투자할 것으로 밝혀

17. 제시된 글을 읽고 ○○발전 직원들이 나눈 다음 대화 중 적절하지 않은 내용은?

① 2030년까지 6GW 부유식 해상풍력발전단지가 조성되면, 약 21만 명의 고용 효과가 있겠구나.

② 정부는 2030년까지 해상풍력 분야의 목표를 12GW로 잡았고 해상풍력 부문에 예산을 195억 원 할당하여 해상풍력 분야를 발전시키려고 하는구나.

③ 울산시는 부유식 풍력발전 생산에 필요한 최적의 자연조건을 갖추었다고 볼 수 있어.

④ 울산시는 부유식 해상풍력 클러스터를 이미 갖추었기 때문에 부유식 풍력발전 생산에 매우 유리하다고 볼 수 있겠다.

[18 ~ 19] 김 사원은 다음 글을 참고하여 빅데이터에 관한 보고서를 작성하고 있다. 이어지는 질문에 답하시오.

미국에는 질병 예방 센터라는 기관이 있는데, 이 기관은 미국의 연방 정부기관인 미국 보건복지부의 산하기관 중 하나이다. 이 센터는 양질의 건강 정보를 제공하고 주 정부의 보건부서 및 여타 기관들과 연계함으로써 공중보건 및 안전을 개선하기 위해, 질병 예방 및 통제 수준을 개선하고 동시에 환경보건, 산업안전보건, 건강증진, 상해예방 및 건강교육 등 다양한 분야의 정책을 담당하고 있다.

이곳에서는 매주 미국 각 지역의 독감 환자 수, 독감 유사 증상 환자 수를 파악해서 보고서를 내는데 지역별 독감 환자 수를 확인하다가 어느 지역에서 환자 수가 급증하면 그 주변을 차단해서 독감이 전국으로 확산되는 것을 막기 위해서이다. 그런데 이 보고서 작성에는 상당한 시간이 걸린다. 먼저 일선에서 근무하는 지역 의사들에게 독감 환자가 오면 동사무소로 보고하도록 하고, 동사무소는 그 정보를 모아서 구청에 보고하고, 구청은 시청에, 시청은 주 정부에, 최종적으로 주 정부는 질병 예방 센터로 넘긴다. 그러면 질병 예방 센터에서 통계를 내서 지역마다 독감 환자 상황에 관한 보고서를 낸다. 이렇게 보고서를 작성하는 데 2주가 걸린다. 하지만 2주면 독감이 미국 전역으로 퍼진 후이기 때문에 독감 예방 대책을 ㉠ 세우는 것이 무의미해진다.

그런데 한 검색 사이트에서 이를 해결할 수 있는 방안을 제시하였다. 사람들이 열이 나거나 몸에 이상이 나타나면 내가 무슨 병에 걸린 건 아닌지 검색한다. 독감에 걸렸다면 '기침', '고열', '해열제' 등 독감과 관련된 증상이나 치료 방법을 검색하게 된다. 그런데 검색 사이트의 서버는 각 검색이 어느 아이피(IP) 주소에서 왔는지 알기 때문에 그것을 분석해서 해당 지역을 찾아낼 수 있다. 실제로 이 검색 사이트가 예측한 독감 환자 수와 질병 예방 센터가 발표한 독감 환자 수는 거의 일치하였다. 이것은 네트워크 이론과 빅데이터를 결합하여 활용하였기 때문에 가능한 결과였다.

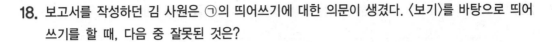

18. 보고서를 작성하던 김 사원은 ㉠의 띄어쓰기에 대한 의문이 생겼다. 〈보기〉를 바탕으로 띄어쓰기를 할 때, 다음 중 잘못된 것은?

보기

　조사는 체언 뒤에 쓰이고 앞말에 붙여 써야 한다. 의존명사는 관형어의 수식을 받으며 앞말과 띄어 쓴다. 의존명사는 체언에 속하므로 조사와 결합하는 특성이 있다. 윗글에서 밑줄 친 ㉠의 '것'은 의존명사이므로 앞말과 띄어 써야 한다.

---

① <u>말하는 대로</u> 되니 긍정적인 생각을 많이 해야 한다.

② <u>나 만큼</u> 직장에서 열심히 일하는 사람은 없을 것이다.

③ 좋은 결과를 기대하며 열심히 일할 <u>수밖에</u> 없다.

④ 직장에서 일할 때 믿을 수 있는 것은 실력과 <u>끈기뿐이다.</u>

19. 김 사원이 제시된 글을 읽고 가질 수 있는 의문으로 적절한 것은?

① 미국 질병 예방 센터에서 지역별 독감 환자 수를 파악하여 보고서를 내는 이유는 무엇인가?

② 검색 사이트는 독감과 관련된 검색어가 어느 지역에서 검색되었는지 어떻게 알 수 있는가?

③ 실제로 독감에 걸리지 않았음에도 불구하고 호기심이나 공포심 등으로 독감을 검색했을 경우는 정확도가 떨어지지 않을까?

④ 미국의 독감 환자 상황에 대한 보고서를 가지고 독감 예방 대책을 세우는 것은 왜 무의미해지는가?

20. 다음은 ○○공사의 견학신청에 대한 안내문이다. 그 내용을 잘못 이해한 것은?

---

1. 견학내용 : 신재생에너지 이해, 산업 동향, 에너지 절약요령 등 홍보영상 관람, 전시물 및 신재생에너지 주요시설 견학을 통하여 다양한 정보를 얻으실 수 있습니다.
   - 연중 무료로 운영되고 있으니 방문하셔서 다양한 정보를 얻으시기 바랍니다.
   - 신청은 견학일로부터 1주 전까지 접수되어야 합니다.
2. 견학가능일
   - 견학일시 : 월 ~ 금요일(주말 및 공휴일, 근로자의 날 제외)
   - 견학시간 : 오전 10시 ~ 오후 5시까지(점심시간(12 : 00 ~ 13 : 00) 제외)
3. 견학대상
   - 견학대상 : 초, 중, 고교생(인솔자 필수 참석) 및 일반인
   - 가능인원 : 최소 10 ~ 30명 내외(상세 인원은 전화상담 후 조정 가능)
4. 견학코스(약 1시간 소요) : 공사 소개 → 홍보영상 시청 → 모형전시실 관람 → 발전소 외부 견학 → 기념사진 촬영
5. 신청방법 : 견학 7일 전 홈페이지 통한 접수(연락 가능한 전화번호 필수 기재)
6. 문의처 : 중부지사 ☎00 - 000 - 0000, 남부지사 ☎00 - 000 - 0000

---

① 하루에 견학 가능한 시간은 총 7시간이군.

② 견학을 하려면 최소한 10명의 인원은 있어야 되겠군.

③ 초, 중, 고교생은 학생들끼리는 관람을 할 수 없겠네.

④ 202X년 8월 24일에 견학하려면 최소한 8월 17일까지는 신청을 해야겠네.

📖 제2영역

✎ 평가시간은 영역별로 제한하지 않으나 각 영역별 20문항 15분을 권장합니다.

21. 다음과 같은 종류의 논리적 오류를 범하고 있는 것은?

> 사람들은 늘 자신의 이익을 우선한다. 사람들은 언제나 이기적이기 때문이다.

① 세상에 귀신은 있어. 귀신이 없다는 절대적 근거가 없기 때문이야.
② 사람들이 가치 있다고 말하는 것들은 모두 돈이야. 내가 만난 사람들은 다 그랬거든.
③ 신이 존재한다는 것은 성서에 적혀 있어. 성서는 신의 말이니까 신은 존재해.
④ 저 사람은 찬물을 싫어하니 반드시 뜨거운 물을 좋아할 거야.

22. ○○기업은 신입사원을 대상으로 건강검진을 실시한다. 같은 날 건강검진을 받은 신입사원 윤슬, 도담, 아름, 들찬, 벼리의 검진 결과에 대한 진술이다. 진술이 모두 참일 때 신입사원의 키를 작은 순서대로 바르게 나열한 것은?

> • 도담이가 가장 작다.
> • 들찬이는 아름이보다 크다.
> • 윤슬이는 들찬이보다 크지만 가장 큰 사람은 아니다.

① 도담 < 벼리 < 아름 < 들찬 < 윤슬
② 도담 < 들찬 < 아름 < 윤슬 < 벼리
③ 도담 < 아름 < 들찬 < 윤슬 < 벼리
④ 도담 < 아름 < 들찬 < 벼리 < 윤슬

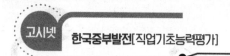
23. 다음 내용이 모두 참일 때, 반드시 참이라고 할 수 없는 것은?

> - 클라이밍을 좋아하는 사람은 고양이를 좋아하지 않는다.
> - 루지를 좋아하는 사람은 달리기를 잘한다.
> - 달리기를 잘하는 사람은 클라이밍을 좋아한다.
> - 고양이를 좋아하는 사람은 서핑을 할 수 있다.

① 고양이를 좋아하는 사람은 클라이밍을 좋아하지 않는다.

② 서핑을 할 수 없는 사람은 달리기를 잘하지 않는다.

③ 달리기를 잘하지 않는 사람은 루지를 좋아하지 않는다.

④ 루지를 좋아하는 사람은 고양이를 좋아하지 않는다.

24. 나래, 미르, 해안 세 명의 직업은 사진작가, 프로그래머, 엔지니어 중 하나이다. 다음 〈정보〉로 부터 추론할 때, 미르의 직업은?

> **정보**
>
> - 세 명의 나이는 모두 다르다.
> - 나래는 미르의 동생과 친구이다.
> - 나래는 사진작가보다 수입이 많다.
> - 프로그래머는 나이가 가장 어리고 수입도 가장 적다.

① 사진작가

② 프로그래머

③ 엔지니어

④ 사진작가 또는 엔지니어

25. 다음 (A) ~ (C)에 해당하는 문제 유형을 옳게 연결한 것은?

> (A) ◇◇헤어숍 직원들에게 고객만족도를 15% 올리라는 임무가 내려왔다.
> (B) ☆☆유치원 황 원장은 김 선생님에게 제기된 학부모들의 불만을 듣고 있다.
> (C) ○○전자의 영업 담당 송 주임에게 남미 시장 진출 사업이 계속될 경우 발생할 가능성이 있는 문제를 파악하라는 지시가 떨어졌다.

	(A)	(B)	(C)
①	설정형 문제	발생형 문제	탐색형 문제
②	탐색형 문제	설정형 문제	발생형 문제
③	설정형 문제	탐색형 문제	발생형 문제
④	탐색형 문제	발생형 문제	설정형 문제

26. 다음과 같은 유형의 사고가 유용한 경우로 옳지 않은 것은?

이슈	Y 통신사의 10대 가입자 수가 지속적으로 줄고 있다.

⇩

가설	10대 청소년들이 가입할 만한 요금제가 없을 것이다.

⇩

분석	요금제별 가입자 수를 분석한다.

⇩

정보원 / 수집방법	요금 담당 부서 / 요금제를 관리하고 있는 부서에 관련 자료를 요청한다.

① 실험, 시행착오, 실패가 비교적 자유롭게 허용되는 경우에 사용한다.

② 여러 사안 및 여러 팀들이 감정적으로 대립하고 있는 경우에 사용한다.

③ 사내 커뮤니케이션이나 정보공유가 제대로 이루어지지 않는 경우에 유용하다.

④ 난해한 문제에 맞닥뜨려 원인을 명확히 알지 못해 찾아야 하는 경우에 유용하다.

27. 다음 〈사례〉에서 갈등 해결을 위해 사용된 전략으로 적절한 것은?

> **사례**
>
> 전남 광양지역에서 주민의 반발로 착공이 지연됐던 알루미늄 제조 공장 조성 사업이 본격화될 것으로 보인다. 대기오염물질이 배출된다는 것을 이유로 반대했던 주민들이 환경관리 감독 강화 약속 등을 받아들인 덕분이다.
>
> 주요 내용은 대기오염 배출 시설로 알려진 용해주조공장 운영 시 국내 환경법과 기준에 따라 필요한 집진 시설과 환경오염방지장치 등을 설치하기로 한 것이 대표적이다. 또한, 원료는 환경오염 유발 재료를 사용하지 않고, 연료는 LNG 천연가스를 사용하도록 했다. 더불어 용해주조설비 운영 시 대기오염물질 배출에 따른 확산지역 예측 모델링 용역을 실시하고 그 결과를 지역 주민에게 공표하기로 했다.

① 수용(Accommodation) ② 경쟁(Competition)
③ 협력(Collaboration) ④ 회피(Avoidance)

28. 다음 대화에서 B와 동일한 논리적 오류를 범하고 있는 것은?

> A : 우리는 환경을 보존하기 위해 더 많은 일을 해야 한다고 생각합니다. 푸른 하늘, 맑은 공기를 가진 청정한 시골을 고속도로로 뒤덮을 게 아니라요.
> B : 그럼 고속도로를 아예 놓지 말자는 말인가요? 그럼 대체 어떻게 돌아다니라는 말인가요?

① 그 영화에 출연하는 배우들은 인기가 정말 많은 배우들이야. 그렇기 때문에 그 영화는 천만 관객을 달성하고 흥행에 성공할 거야.
② 술을 많이 마시면 오래 살 수 있어. 우리 할아버지는 술을 많이 마시는데 오래 살고 계시거든.
③ 넌 내 의견에 반박만 하고 있는데 넌 이만한 의견이라도 낼 실력이 되니?
④ 아이들이 도로에서 노는 것이 위험하다는 말은 아이들을 집 안에 가둬 키우라는 소리야.

29. 다음 글을 바탕으로 한 추론으로 옳지 않은 것은?

> A는 학교에서 문제 수가 총 20개인 시험을 보았다. 채점방식은 한 문제당 정답을 쓴 경우에는 2점, 오답을 쓴 경우에는 −1점, 아무런 답을 쓰지 않은 경우에는 0점을 부여한다. 시험 결과 A는 19점을 받았다.

① A가 오답을 쓴 문제가 반드시 있다.

② A가 정답을 쓴 문제는 9개를 초과한다.

③ A가 답을 쓰지 않은 문제가 반드시 있다.

④ A가 정답을 쓴 문제는 13개를 초과하지 않는다.

30. dpi는 프린터가 인치당 찍을 수 있는 점의 수를 나타낸다. dpi가 다른 프린터로 한 변의 길이가 1inch인 정사각형을 채울 때, 각각의 점의 개수에 대한 설명으로 옳은 것은? (단, 200dpi의 프린터는 한 변의 길이가 1inch인 정사각형을 채울 때 가로 200개, 세로 200개, 총 4만 개의 점을 찍는다)

① 500dpi로 인쇄하면 300dpi로 인쇄할 때보다 150,000개 많은 점을 넣을 수 있다.

② 1,200dpi로 인쇄할 때 점의 개수는 300dpi로 인쇄할 때 점 개수의 16배이다.

③ 600dpi로 인쇄할 때 점의 개수는 200dpi로 인쇄할 때 점 개수의 4배이다.

④ 1,200dpi로 인쇄하면 600dpi로 인쇄할 때보다 360,000개 많은 점을 찍어 넣을 수 있다.

31. 다음은 □□기업의 인기상품인 ○○과자에 관한 인터뷰이다. 답변을 통해 추론할 수 있는 질문으로 적절하지 않은 것은?

1Q. _____

1A. ○○과자 개발은 201X년에 시작됐습니다. 4겹의 과자를 만들면서 여러 겹의 반죽이 달라붙는 문제를 해결하는 것이 난제였습니다. 개발 초기 3겹까지는 반죽이 달라붙는 문제가 해결됐지만 4겹은 차원이 다른 어려움으로 번번이 실패에 부딪히고 있었습니다. 연구 당시 현재 기술로는 4겹 과자를 만드는 것이 불가능하다는 결론을 내고 개발 시작 3년 만에 중단할 수밖에 없었습니다. 하지만 그 이후로도 끊임없이 원료부터 생산기술, 설비까지 고민을 거듭해 오던 중 201X년 2월 '다시 한번 해 보자'는 미션이 떨어졌고 결국 지난해 ○○과자를 출시할 수 있었습니다.

2Q. _____

2A. ○○과자의 성공에 힘입은 □□기업의 올 상반기 연결기준 영업이익은 1,332억 원으로 지난해 상반기에 비해 120% 증가했습니다. 매출도 같은 기간 15.6% 증가한 9,400억 원을 기록했습니다.

3Q. _____

3A. 4겹의 ○○과자 개발에는 성공했지만 이를 대량 생산으로 옮기는 과정에서 또 다른 난관에 봉착하였습니다. 이 위기를 극복하기 위해 동료들과 함께 아이디어를 모으고 연구하며 문제 해결을 할 수 있었습니다. 대략 제품 테스트만 2,000회, 제품 개발부터 출시까지 8년의 시간이 걸렸네요. 과정은 힘들었지만 문제점들을 해결하면서 느꼈던 성취감과 기쁨은 그 어떤 때보다 컸습니다.

4Q. _____

4A. ○○과자는 공정과정이 까다로워 모방품이 쉽게 나올 수 없는 제품입니다. 그래서 더욱더 ○○과자에 대한 자부심이 큽니다. 또한 요즘은 신제품의 '라이프 사이클(Life Cycle)'이 짧아지고 있습니다. 그래서 장수제품 만들기가 갈수록 어려워진다고들 합니다. 저는 오랫동안 소비자들에게 사랑받을 수 있도록 맛있으면서도 쉽게 모방할 수 없는 경쟁력을 갖춘 과자를 개발하는 것이 목표입니다. 더 나아가 국내뿐 아니라 중국, 베트남 등 글로벌 시장에서도 폭넓게 사랑받는 과자를 만들어 내고 싶습니다.

---

① 앞으로의 이루고자 하는 목표는?

② 회사 매출 증대에도 큰 역할을 했을 텐데?

③ 개발과정에서 에피소드도 많았을 것 같은데?

④ 출시하자마자 대박이 났다던데?

www.gosinet.co.kr

1회 기출예상

2회 기출예상

3회 기출예상

4회 기출예상

인성검사

면접가이드

32. 다음은 '브레인라이팅' 기법의 진행 단계이다. 〈보기〉가 이루어지는 단계는?

> **1 단계**
> 주제를 명기하고 진행절차를 확인한다.

> **2 단계**
> 개별적으로 아이디어를 작성하고 돌린다.

> **3 단계**
> 타인의 아이디어를 검토하고 자기 의견을 기입한다.

> **4 단계**
> 작성된 Sheet를 취합 게시한다.

> **5 단계**
> 아이디어를 평가한다.

보기

- Sheet의 II란의 A, B, C 칸에 아이디어를 기입한다. 이미 타인의 아이디어에 편승하는 것도 장려되며 편승이 마땅치 않을 경우 자신의 독자적인 아이디어를 기입하는 것도 장려된다.
- 3분이 경과하면 Sheet를 왼쪽 편에 있는 사람에게 전달한다.
---

① 주제를 명기하고 진행절차를 확인한다.

② 개별적으로 아이디어를 작성하고 돌린다.

③ 타인의 아이디어를 검토하고 자기 의견을 기입한다.

④ 작성된 Sheet를 취합 게시한다.

33. 다음은 맥킨지의 문제해결 기법인 MECE의 적용 절차에 관한 자료이다. (2) ~ (7)에 들어갈 내용을 〈보기〉에서 골라 순서대로 배열한 것은?

〈MECE의 적용 절차〉

(1)	중심 제목에 문제의 핵심을 정리한다.

⇩

(2)	

⇩

(3)	

⇩

(4)	

⇩

(5)	

⇩

(6)	

⇩

(7)	

⇩

(8)	현 상태에서 할 수 있는 최선의 실행 가능한 해결책을 제시한다.

⇩

(9)	최선의 선택이라고 판단하여 제시한 대책이 유효하지 않을 경우 선택하지 않은 방법 중에 최선의 방법을 다시 제시하고 실행한다.

보기

Ⓐ 실행 가능한 요소를 분해할 수 없을 때까지 반복해서 분해한다.
Ⓑ 분해된 요소 중 실행 가능한 요소를 찾아낸다.
Ⓒ 분해된 핵심 요소를 다시 하위 핵심 요소로 분해한다.
Ⓓ 실행 가능한 대책을 제시하여 가설을 정립한다.
Ⓔ 분해된 핵심 요소가 중복과 누락 없이 전체를 포함하고 있는지 확인한다.
Ⓕ 어떤 점이 문제의 핵심 요소인지 여러 가지 분류 기준으로 분해하여 기록한다.

① Ⓒ-Ⓕ-Ⓐ-Ⓑ-Ⓔ-Ⓓ
② Ⓒ-Ⓔ-Ⓐ-Ⓕ-Ⓑ-Ⓓ
③ Ⓕ-Ⓒ-Ⓔ-Ⓑ-Ⓐ-Ⓓ
④ Ⓕ-Ⓔ-Ⓒ-Ⓐ-Ⓑ-Ⓓ

34. A 기업은 이번에 새로 입사하게 된 신입사원 갑을 대상으로 교육을 진행하고자 한다. 다음과 같은 조건에서 선행 과정, 후행 과정을 진행한다고 할 때, 202X년 1월 중 가장 빨리 모든 교육 과정을 이수할 수 있는 날은 언제인가?

교육과정	이수조건	선행과정	후행과정
자기개발	1회 수강		
예산수립	2회 수강		
문서작성	3회 수강	커뮤니케이션	실무운영
실무운영	5회 수강	문서작성	
직업윤리	2회 수강		정보보안
정보보안	2회 수강	직업윤리	
커뮤니케이션	3회 수강	직업윤리	

※ 7개의 교육과정은 매일 실시되며, 토, 일요일에는 휴강한다. 갑은 자신이 원하는 요일에 여러 교육과정을 수강 할 수 있지만 동일한 교육과정은 하루에 1회만 수강할 수 있다.

202X년 1월						
일	월	화	수	목	금	토
			1	2	3	4
5	6	7	8	9	10	11
12	13	14	15	16	17	18
19	20	21	22	23	24	25
26	27	28	29	30	31	

① 1월 17일
② 1월 20일
③ 1월 23일
④ 1월 28일

35. 다음은 P 상품의 20X1년 상반기 온라인과 오프라인 판매량을 나타낸 자료이다. 상반기 판매량은 오프라인 66만 대, 온라인 29만 7천 대일 때, 이에 대한 설명으로 옳지 않은 것은?

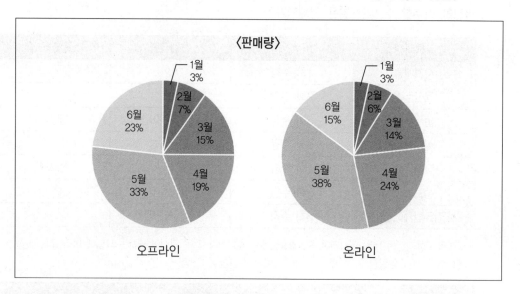

① 온라인 3월 판매량은 41,580대이다.

② 상반기 판매량이 가장 많은 달은 5월이다.

③ 4월은 오프라인보다 온라인 판매량이 더 많다.

④ 오프라인 6월 판매량은 오프라인 5월 판매량 대비 약 30% 감소했다.

36. 다음 글의 (가) ~ (마) 문단을 문맥에 맞게 배열한 것은?

(가) 개기월식 때 달 표면은 지구에 가려지기 때문에 햇빛이 직사광선 형태로 달 표면에 도달할 수는 없다. 그러나 햇빛이 지구 대기를 통과하는 과정에서 빛이 꺾어지는 굴절현상을 일으켜 햇빛의 일부가 달에 도달하게 된다.

(나) 달이 붉은색으로 보이는 것은 지구 대기를 통과하면서 붉은 색으로 변한 햇빛이 달 표면에 반사되기 때문이다. 즉, 햇빛은 지구 대기를 통과하면서 공기의 산란작용에 의해 붉은색으로 변하게 된다.

(다) 달이 지구에 완전히 가려지는 개기월식 때는 달이 보이지 않을 것이라고 생각할 수도 있겠지만, 사실은 그렇지 않다. 달의 모습은 여전히 보이지만 평소와 달리 선명한 붉은색을 띨 뿐이다.

(라) 지구 대기를 통과한 햇빛은 저녁 하늘의 노을과 같은 붉은색을 띠게 된다. 개기월식 때 달이 붉은색으로 보이는 것은 결국 해돋이와 해넘이 때 태양이 붉게 보이는 것과 같은 이치이다.

(마) 오늘은 개기월식이 있는 날이다. 개기월식은 태양과 지구, 달이 일직선상에 위치해 지구의 그림자에 의해 달이 가려지는 현상이다. 이번 개기월식은 오후 6시 14분부터 지구 그림자에 의해 달이 서서히 가려지기 시작해 7시 24분부터 한 시간 동안 달이 완전히 가려지게 된다. 이후 달의 모습이 조금씩 나타나는 부분월식이 시작되고 2시간 10분 후인 9시 34분에는 달의 모습이 모두 보일 것이다.

① (마)-(가)-(나)-(라)-(다)

② (마)-(나)-(가)-(라)-(다)

③ (마)-(다)-(가)-(나)-(라)

④ (마)-(다)-(나)-(가)-(라)

37. 다음 조건과 상황을 바탕으로 할 때, 반드시 참이라고 할 수 없는 진술은?

> 가, 나, 다, 라 네 사람이 OX 퀴즈를 풀었다. 문제는 총 10문제이며, 한 문제당 맞히면 10점을 획득하고 틀리면 5점 감점한다고 한다. 모든 문제를 푼 뒤, 네 사람의 답변과 점수는 다음과 같았다. 단, 답안 내용은 네 사람이 각각 O 또는 X를 적었다는 뜻이며, 정답 또는 오답의 의미는 아니다.
>
> | 문항 | 가의 답안 내용 | 나의 답안 내용 | 다의 답안 내용 | 라의 답안 내용 |
> |---|---|---|---|---|
> | 1 | O | X | X | O |
> | 2 | X | O | O | X |
> | 3 | O | O | O | O |
> | 4 | O | O | X | X |
> | 5 | X | X | O | O |
> | 6 | X | X | X | X |
> | 7 | O | O | O | O |
> | 8 | X | X | X | X |
> | 9 | O | O | O | O |
> | 10 | O | O | O | O |
> | 점수(점) | 55 | 25 | 55 | 85 |

① 1번 문제의 정답은 O이다.　　② 2번 문제의 정답은 X이다.

③ 3번 문제의 정답은 O이다.　　④ '나'는 5개의 문제를 맞혔다.

38. 다음 중 ㉠에 나타난 것과 동일한 오류를 범하고 있는 것은?

> 인간이라면 대부분 만 세 살 정도밖에 안 되는 몽매(蒙昧)한 나이에 전화를 받을 수 있을 정도로 모어(母語)에 유창해진다. 나이가 든 뒤 외국어를 배우기 위해 쩔쩔맨 경험을 생각해 본다면 어린이의 언어 습득이 얼마나 신기한 능력인지를 알 수 있을 것이다. 이런 점에서 ㉠인간의 두뇌 속에는 아주 어린 나이에 언어를 습득할 수 있는 특별한 장치가 있는 것이 아닌가 하는 가설이 제기되었다. 그리고 이러한 가설에 대해서 아무도 반증하지 않는 것을 보니 어린 아이의 두뇌 속에는 특별한 장치가 있는 것이 틀림없다.

① 한라산에 철쭉꽃이 만발했으니 보나마나 한반도 전체에 철쭉꽃이 피었을 것이다.

② 빨리 간다고 해서 좋은 시계는 아니다. 마찬가지로 남보다 한 발 부지런히 앞서 산다고 해서 바람직한 것은 아니다.

③ A 지방 출신 김 씨는 부지런하다. 같은 지방 출신인 이 씨도 그렇고 박 씨도 그렇다. 따라서 A 지방 출신 사람들은 모두 부지런하다.

④ 핵을 금지하자고 주장하는 사람들은 방사능 낙진이 인간의 생명에 위험하다는 것을 증명해 내지 못했다. 그러므로 핵무기 실험계획을 지속해도 괜찮다.

1회 기출예상

2회 기출예상

3회 기출예상

4회 기출예상

인성검사

면접가이드

[39 ~ 40] 다음 자료를 읽고 이어지는 질문에 답하시오.

〈공사입찰공고〉

1. 입찰내용

　가. 공사명 : 사옥 배관교체공사

　나. 공사개요

　　─ 추정가격 : ₩21,500,000(부가세 별도)

　　─ 예비가격기초금액 : ₩23,650,000(부가세 포함)

　　─ 공사기간 : 착공일로부터 25일 이내

　　─ 공사내용 : 폐수처리설비의 일부 부식취약부 배관 재질 변경

2. 입찰참가자격

　가. 건설산업기준법에 의한 기계설비공사업 면허를 보유한 업체

　나. 조달청 나라장터(G2B) 시스템 이용자 등록을 필한 자여야 합니다. 입찰참가자격을 등록하지 않은 자는 국가종합전자조달시스템 입찰자격등록규정에 따라 개찰일 전일까지 조달청에 입찰참가자격 등록을 해 주시기를 바랍니다.

3. 입찰일정

구분	일정	입찰 및 개찰 장소
전자입찰서 접수개시	20XX. 05. 21. 10 : 00	국가종합전자조달시스템 (https://www.g2b.go.kr)
전자입찰서 접수마감	20XX. 05. 30. 10 : 00	
전자입찰서 개찰	20XX. 06. 01. 11 : 00	입찰담당관 PC (낙찰자 결정 직후 온라인 게시)

4. 낙찰자 결정방법

　가. 본 입찰은 최저가낙찰제로, 나라장터 국가종합전자조달시스템 예가작성 프로그램에 의한 예정가격 이하의 입찰자 중에서 개찰 시 최저가격으로 입찰한 자를 낙찰자로 결정합니다.

5. 입찰보증금 및 귀속

　가. 모든 입찰자의 입찰보증금은 전자입찰서상의 지급각서로 갈음합니다.

　나. 낙찰자로 선정된 입찰자가 정당한 이유 없이 소정의 기일 내에 계약을 체결하지 않을 시 입찰보증금(입찰금액의 5%)은 우리 공사에 귀속됩니다.

6. 입찰의 무효

　가. 조달청 입찰참가등록증상의 상호 또는 법인의 명칭 및 대표자(수명이 대표인 경우 대표자 전원의 성명을 모두 등재, 각자 대표도 해당)가 법인등기부등본(개인사업자의 경우 사업자등록증)의 상호 또는 법인의 명칭 및 대표자와 다른 경우에는 입찰참가등록증을 변경등록하고 입찰에 참여하여야 하며, 변경등록하지 않고 참여한 입찰은 무효임을 알려 드리오니 유의하시기 바랍니다.

---

39. ○○기업 건축사업 기획팀에서는 위의 입찰에 신청하기 위하여 준비 회의를 하려고 한다. 회의에 참가하기 전 공고문을 제대로 이해하지 못한 직원을 모두 고른 것은?

- 사원 A : 우리 회사 공사팀이 폐수처리설비 배관 공사를 25일 동안에 완료할 수 있는지 회의 전에 미리 확인해 봐야겠어.
- 과장 B : 조달청 입찰참가자격 등록을 6월 1일까지 해야 한다는 점을 기억해야지.
- 사원 C : 입찰참가자격 등록을 할 때, 혹시 우리 회사 법인의 명칭과 대표가 법인등기부등본과 다르지 않은지, 변경해야 하는지 점검해 보는 것이 좋겠어.
- 대리 D : 모든 입찰자는 입찰등록 시 입찰보증금을 ○○공사에 예치해야 하므로 입찰금액의 5%를 미리 준비해야 한다는 점을 말해 줘야지.

---

① 사원 A, 과장 B

② 사원 A, 사원 C

③ 과장 B, 사원 C

④ 과장 B, 대리 D

40. 사원 A는 제시된 공고문을 바탕으로 해당 사업에 대한 질문에 답변을 해 주어야 한다. 다음 중 A가 답변할 수 없는 질문은?

① 기계설비공사업 면허가 있으면 어떤 회사든지 참가할 수 있는 것이지요?

② 낙찰자를 결정하는 기준은 무엇인가요?

③ 우리 회사가 낙찰될 경우, 낙찰 사실을 언제 알 수 있습니까?

④ 만약 우리 회사가 낙찰되었다면 며칠부터 공사를 시작해야 하는 거지요?

41. 자료, 정보, 지식, 정보처리에 관한 다음 설명 중 적절하지 않은 것은?

① 자료는 정보 작성을 위해 필요한 데이터를 말한다.

② 정보는 특정한 의미를 가진 것으로 다시 생산된 것을 말한다.

③ 정보처리는 자료를 가공하여 이용 가능한 정보로 만드는 과정을 말한다.

④ 맥도너(McDonough)에 따르면 자료⊇정보⊇지식과 같은 포함관계가 형성된다.

42. 보통 정보를 기획할 때는 5W2H 원칙(What, Where, When, Why, Who, How, How Much)을 따른다. 다음 중 정보원을 파악하는 단계로 적절한 것은?

① Who

② Where

③ What

④ How much

43. 다음 중 인터넷을 이용한 정보검색 시 검색엔진의 유형에 해당하지 않는 것은?

① 키워드 검색 방식

② 통합형 검색 방식

③ 단일형 검색 방식

④ 자연어 검색 방식

44. 다음 중 워드프로세서와 구분되는 텍스트에디터의 특성으로 적절한 것을 모두 고르면?

> ㄱ. 문서 자체에 직접 암호화할 수 있다.
> ㄴ. 글자들만 단순히 입력할 수 있다.
> ㄷ. 대부분 이진파일로 문서가 저장된다.
> ㄹ. 불특정 다수에게 배포할 파일로 유리하다.

① ㄱ, ㄴ   ② ㄱ, ㄹ
③ ㄴ, ㄷ   ④ ㄴ, ㄹ

45. 다음 중 정보수집에 능숙해지는 방법으로 적절하지 않은 습관은?

① 숫자를 외우는 것보다 이해하는 것이 좋다.
② 도움이 되는 뉴스의 정보원을 함께 외우는 것이 좋다.
③ 다각적인 분석을 위해 관련 기사를 읽는 것이 좋다.
④ 뉴스를 대충 이해하기보다는 사실을 정확히 외우는 것이 좋다.

46. 필요한 정보를 수집할 수 있는 원천인 정보원(Sources)을 크게 1차 자료와 2차 자료로 구분할 때, 다음 중 1차 자료가 아닌 것은?

① 레터   ② 연구보고서
③ 서지데이터베이스   ④ 출판 전 배포자료

47. 다음 중 데이터베이스의 필요성으로 적절한 것은?

① 데이터를 여러 곳에서 보관할 수 있다.
② 결함이 없는 데이터를 유지하는 것이 훨씬 쉽다.
③ 프로그램의 개발기간이 길어질 수 있다.
④ 모든 사원이 데이터에 대한 읽기와 쓰기 권한을 가져야 한다.

48. ○○공사의 갑, 을, 병, 정 사원이 문서를 작성하고 있다. 다음 네 사원의 행동 중 가장 적절한 행동을 한 사원은?

> 갑 사원 : 이메일로 전달받은 문서가 열리지 않아서 상대방에게 전달받은 그대로 회신하여 문의하였다.
> 을 사원 : 업무의 효율성 증대를 위해 개인적으로 익숙한 프로그램을 설치하여 문서를 작성하였다.
> 병 사원 : 업무의 성과를 높이기 위해 문서작성 시 가공 가능한 상태로 타 부서의 공동 작업자와 파일을 공유하였다.
> 정 사원 : 타 부서로부터 전달받은 Word 파일을 활용하기 위해 비교적 가공하기 쉬운 다른 형태의 파일로 변환하여 문서를 작성하였다.

① 갑 사원   ② 을 사원
③ 병 사원   ④ 정 사원

49. 다음은 현재 우리가 살고 있는 정보사회의 특징에 대한 설명이다. 이에 관한 내용으로 적절하지 않은 것은?

> • 개인 생활을 비롯하여 정치, 경제, 문화 등 사회 전반적인 생활에서 정보에 대한 의존도가 커진다.
> • 정보 통신 기술이 급속도로 발전함에 따라 우리의 일상생활에 유통되는 정보의 양이 급증하고 있다.
> • 지식 노동이 중요해지고 정보와 지식의 질이 가치를 결정하게 된다.
> • 네트워크를 이용한 정보망이 사회 발전의 중요한 기반이 되고, 네트워크를 이용하여 산업 활동이 이루어진다.

① 재택근무, 인터넷 뱅킹, 인터넷 쇼핑 등과 같은 경제 활동이 가능하다.
② 가정 자동화 시스템으로 인해 외부에서도 집 안 시스템 관리가 가능하다.
③ 전자 정부가 실현되어, 주민센터를 직접 방문하지 않아도 인터넷으로 주민등록등본을 발급받을 수 있다.
④ 교육은 시간과 장소에 관계없이 쉽게 받을 수 있으나, 정보화 기기를 능숙하게 다룰 수 있어야 하므로 연령 제한이 있다.

50. 다음 중 파워포인트로 제시된 그림과 같이 "$\sum$" 기호가 포함된 식을 입력하기 위해 사용할 기능으로 적절한 것은?

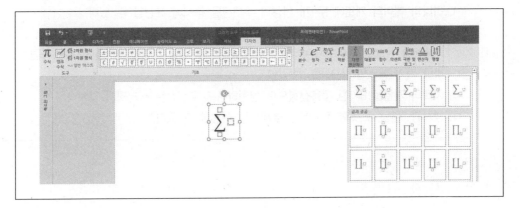

① WordArt
② 수식 도구
③ 하이퍼링크
④ 클립아트

51. 다음은 ○○기업의 데이터베이스를 이용한 업무 작업 순서를 도식화한 것이다. 빈칸 (가)와 (나)에 들어갈 작업 내용을 바르게 연결한 것은?

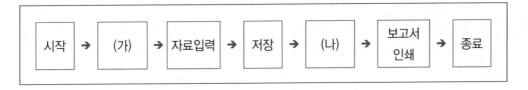

	(가)	(나)
①	데이터베이스 관리	데이터베이스 만들기
②	데이터베이스 만들기	데이터베이스 관리
③	데이터베이스 만들기	자료 검색
④	자료 검색	데이터베이스 만들기

52. 다음 중 스프레드시트(엑셀) 차트의 추세선에 대한 설명으로 적절한 것을 모두 고르면?

> ㄱ. 하나의 데이터 계열에 두 개 이상의 추세선을 동시에 표현할 수 있다.
>
> ㄴ. 추세선은 지수, 선형, 로그, 다항식, 거듭제곱, 이동평균 총 여섯 종류가 있다.
>
> ㄷ. 추세선을 삭제하기 위해서는 차트에서 표시된 추세선을 선택한 후 Delete키를 누르거나 바로 가기 메뉴의 [삭제]를 선택한다.
>
> ㄹ. 차트의 계열을 3차원 꺾은선형으로 변형하여도 추세선은 삭제되지 않는다.
>
> ㅁ. 방사형, 원형, 도넛형 차트에도 추세선을 사용할 수 있다.

① ㄱ, ㄴ, ㄷ   ② ㄱ, ㄴ, ㄹ

③ ㄴ, ㄹ, ㅁ   ④ ㄷ, ㄹ, ㅁ

53. 다음 ○○기업 사원들이 나눈 대화에서 설명하고 있는 기억장치의 종류는?

> A : 하드웨어 기억장치 중 하나인데, 컴퓨터 전원이 갑자기 차단되어도 정보가 지워지지 않아.
>
> B : 이 장치는 전력도 많이 사용하지 않고 사용이 편리해서 컴퓨터, 휴대전화, 디지털 카메라, 내비게이션, 게임기 등 대부분의 전자기기에 많이 사용되고 있어.
>
> C : 휴대가 간편하고 특히 파일을 옮길 때 편리해.
>
> D : 사용자가 필요할 때 언제든지 입력과 수정이 가능한 기억장치야.

① 클라우드 스토리지   ② 플래시 메모리

③ 하드 디스크 드라이브   ④ 캐시 메모리

54. ○○기업 마케팅부에서 국내에서 생산하는 소주 회사별 시장 점유율을 조사하여 그 데이터를 다음과 같이 스프레드시트(엑셀)로 작성하였다. 〈그림 1〉은 연도별 시장 점유율을, 〈그림 2〉는 2022년도 10월을 기준으로 지역별, 회사별 점유율을 나타낸 자료이다. 이를 분석한 결과로 적절하지 않은 것은?

〈그림 1〉

	A	B	C	D	E	F	G
1	연도별 시장 점유율						
2							(단위 : %)
3	구분	2018	2019	2020	2021	2022	비고
4	JL	45	47.3	47.8	48.9	48.7	
5	BB	5.6	5.5	5.5	4.4	3.2	
6	BH	10.2	9.9	9	8.4	9.8	
7	CB	1.7	1.8	1.6	1.2	2.9	
8	DS	7.5	7.3	6.7	5.9	3.4	
9	HIL	1.3	1.3	1.3	1.3	1.3	
10	KBJ	10.3	9.2	7.6	5.9	4.3	
11	KWO	5	5.4	9.4	14.1	16.7	
12	MH	8	7.8	6.7	6.3	5.8	
13	SYA	4.9	4.6	4.4	3.8	3.9	

〈그림 2〉

	B 서울	C 경기	D 강원	E 충북	F 충남	G 경북	H 경남	I 부산	J 전북	K 전남	L 제주	M 전체
1	지역별 시장 점유율											
2												<단위 : % > (2022. 10. 기준)
3	서울	경기	강원	충북	충남	경북	경남	부산	전북	전남	제주	전체
4	71.8	67.5	21.8	55.4	35.6	46.9	23.0	31.6	28.3	12.3	7.8	48.7
5	0	0.1	0	0	0	0.1	66.4	2.5	0	0	0	3.2
6	2.5	0.8	0	1.8	4.2	0.5	0	2.3	9.3	86.2	0	9.8
7	0	0	0	23.7	0	0	0	0	0	0	0	2.9
8	0.6	1.6	0	3.4	2.2	0	0	0	54.1	1.5	0	3.4
9	0.1	0	0	0	0	0	0	0	0	0	92.2	1.3
10	1.8	1.6	0.8	6.3	5.2	41.2	0	0.2	0	0	0	4.3
11	22.1	28.4	77.4	7.1	33.3	11.3	1.3	1.2	3.1	0	0	16.7
12	0.3	0	0	0	0	0	9.3	62.2	0	0	0	5.8
13	0.8	0	0	2.3	19.5	0	0	5.2	0	0	0	3.9

① 2022년 지역별 시장 점유율이 0%인 지역이 8개 이상인 회사는 3곳이다.

② 2022년 지역별 시장 점유율의 편차가 가장 큰 회사는 HIL으로 나타났다.

③ 2018년부터 2022년도까지 KWO의 연도별 시장 점유율은 증가 추세를 보인다.

④ 2022년 시장 점유율 1, 2, 3위는 JL, KWO, KBJ 순이다.

55. ○○기업 경영팀 최 과장은 다음과 같이 표를 바탕으로 워드프로세서(아래한글) 차트를 작성하였다. 작성 과정에 대한 설명으로 옳은 것을 모두 고르면?

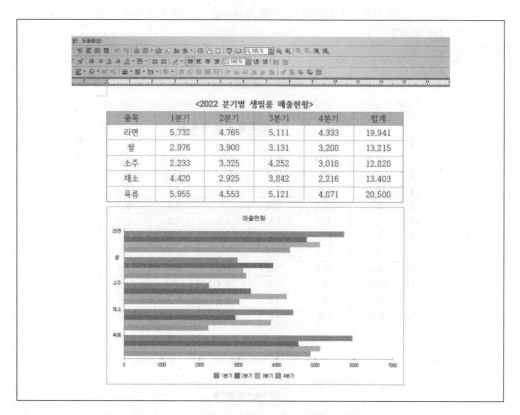

ㄱ. 차트로 만들 셀을 드래그로 선택한 후 [표]-[차트 만들기]를 선택한다.

ㄴ. 차트를 선택하고 가로막대형을 선택하여 해당 차트를 설정한다.

ㄷ. 차트 마법사의 [범례]-[범례 모양]에서 범례의 위치와 글자를 설정한다.

ㄹ. 차트를 선택하고 마우스 오른쪽 버튼을 눌러 [캡션 달기]-[제목 달기]를 선택하고 차트 제목의 글자 크기 및 속성을 지정한다.

ㅁ. 배경색에 그라데이션 효과를 주기 위해 차트를 선택하고 마우스 오른쪽 버튼을 눌러 [차트]-[배경]을 선택하여 그라데이션 효과를 지정한다.

① ㄱ, ㄴ, ㄹ   ② ㄱ, ㄴ, ㅁ

③ ㄴ, ㄷ, ㄹ   ④ ㄴ, ㄹ, ㅁ

56. 다음과 같이 파워포인트로 목차 슬라이드를 작성할 때 사용한 기능에 대한 설명으로 적절하지 않은 것은?

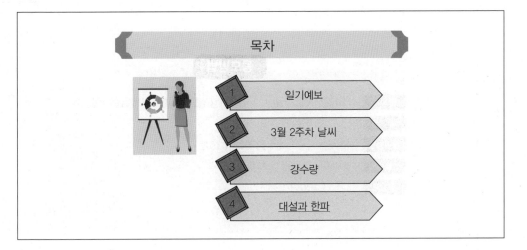

① [삽입]-[그림] 도구를 이용하여 일기예보 관련 사진을 삽입하였다.

② 목차 목록은 [삽입]-[도형] 도구를 이용하여 도형을 추가한 후, 텍스트를 입력하였다.

③ 1번 목록 도형을 작성한 후, 복사-붙여넣기로 전체 목록을 완성하였다.

④ [WordArt] 기능과 [일러스트레이션] 기능을 이용하여 목차를 작성하였다.

57. 워드프로세서(아래한글)로 〈그림 1〉과 같이 '응모방법' 안내 자료를 작성하고 〈그림 2〉와 같이 수정하였다. 수정에 사용된 기능에 대한 설명으로 적절하지 않은 것은?

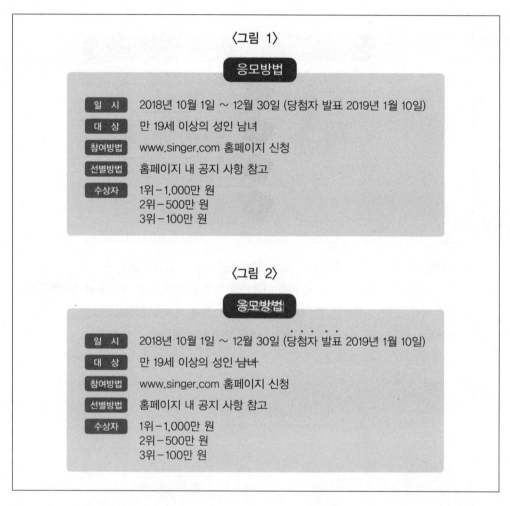

① 〈그림 2〉의 내용에 적용된 그림자, 강조점, 취소선 효과는 모두 [글자 모양] 대화 상자에서 지정할 수 있다.

② '응모방법' 글자의 그림자는 [글자 모양]−[확장]−[그림자]−[연속]을 선택하고 [색]을 지정하여 설정했다.

③ '당첨자 발표' 글자에 있는 강조점은 [글자 모양]−[확장]−[강조점]을 선택하고 글자 위에 점은 점 하나가 찍힌 모양을 선택했다.

④ '남녀' 글자에 취소선을 적용하기 위해 [글자 모양] 대화 상자에서 굵은 점선을 선택했다.

58. 다음은 스프레드시트(엑셀)로 작성한 자료이다. 〈그림 1〉의 대여일 형식을 〈그림 2〉와 같이 '연
-월-일(요일)'로 변경하고자 할 때, 〈그림 3〉의 B 영역에 입력할 내용으로 적절한 것은?

〈그림 1〉

	A	B
1		
2	대여일	시작시간
3	5월 13일	2019. 05. 13. 07:00
4	5월 13일	2019. 05. 13. 06:00
5	5월 13일	2019. 05. 13. 05:00
6	5월 14일	2019. 05. 14. 07:00
7	5월 14일	2019. 05. 14. 07:00
8	5월 15일	2019. 05. 15. 01:00
9	5월 16일	2019. 05. 16. 07:00
10	5월 17일	2019. 05. 17. 01:00
11	5월 17일	2019. 05. 17. 05:00

→

〈그림 2〉

	A	B
1		
2	대여일	시작시간
3	2019-05-13(월)	2019. 05. 13. 07:00
4	2019-05-13(월)	2019. 05. 13. 06:00
5	2019-05-13(월)	2019. 05. 13. 05:00
6	2019-05-14(화)	2019. 05. 14. 01:00
7	2019-05-14(화)	2019. 05. 14. 07:00
8	2019-05-15(수)	2019. 05. 15. 01:00
9	2019-05-16(목)	2019. 05. 16. 07:00
10	2019-05-17(금)	2019. 05. 17. 01:00
11	2019-05-17(금)	2019. 05. 17. 05:00

〈그림 3〉

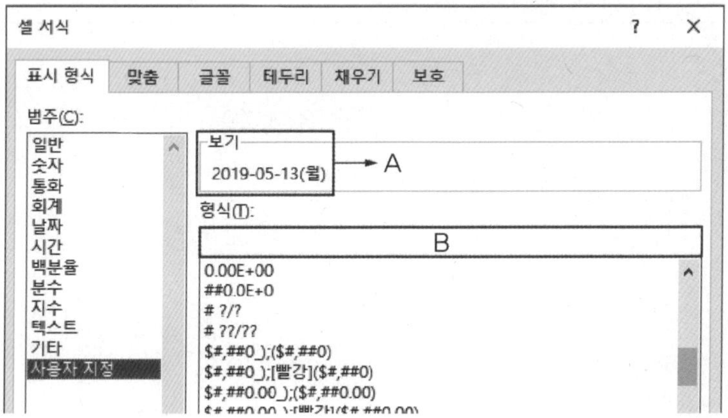

셀 서식   ?   ✕

표시 형식 | 맞춤 | 글꼴 | 테두리 | 채우기 | 보호

범주(C):

일반
숫자
통화
회계
날짜
시간
백분율
분수
지수
텍스트
기타
사용자 지정

보기
2019-05-13(월) → A

형식(T):

B

0.00E+00
##0.0E+0
?/?
??/??
$#,##0_);($#,##0)
$#,##0_);[빨강]($#,##0)
$#,##0.00_);($#,##0.00)
$#,##0.00_);[빨강]($#,##0.00)

① yyyy-mm-dd(aaaa)   ② yyyy-mm-dd(aaa)

③ yyyy-mm-dd(aa)   ④ yyyy-mm-dd(a)

59. 다음과 같이 엑셀 표가 주어졌을 때, 아래 함수를 입력하면 나오는 결과로 옳은 것은?

	A	B	C	D	E	F
1						
2		상품	단가(원)	판매수량	판매금액(원)	
3		다이어리	3,000	30	50,000	
4		볼펜	1,500	100	150,000	
5		지우개	500	55	27,500	
6		텀블러	5,000	10	50,000	
7		필통	5,000	5	25,000	
8		메모지	2,000	60	120,000	
9		A4용지 1묶음	3,000	15	45,000	
10		물티슈	3,000	20	60,000	
11		아이스크림	1,000	50	50,000	
12						

=AVERAGEIF(C3 : C11, "〉=2,000")

① 2,000　　　　　　　　② 2,667

③ 3,500　　　　　　　　④ 4,000

60. 파워포인트에서 자주 쓰이는 단축키를 다음과 같이 정리하였다. 다음 중 단축키에 대한 설명으로 잘못된 것은?

구분	단축키	설명
문자 서식	Ctrl+T	글꼴 서식 창
	Ctrl+Shift+〉	㉠ 글자 키우기
	Ctrl+B	글자 굵게
	Ctrl+U	밑줄
서식	Ctrl+Shift+C	서식 복사
정렬	Ctrl+E	㉡ 가운데 정렬
	Ctrl+J	양쪽 정렬
	Ctrl+L	왼쪽 정렬
프레젠테이션 단축키	F5	㉢ 프레젠테이션 시작
	Shift+F5	현재 페이지부터 프레젠테이션 시작
	Number+Enter	숫자로 지정한 페이지 이동
	Ctrl+P	화살표를 펜으로 변경
	Ctrl+A	펜을 화살표로 변경
	Ctrl+M	㉣ 펜으로 작성한 내용 숨기기/표시하기

① ㉠

② ㉡

③ ㉢

④ ㉣

1회 기출예상
2회 기출예상
3회 기출예상
4회 기출예상
인성검사
면접가이드

✎ 평가시간은 영역별로 제한하지 않으나 각 영역별 20문항 15분을 권장합니다.

61. 특정 분야에서 탁월한 업체의 방식에서 장점을 배워 자사 환경에 맞추어 재창조하는 과정을 벤치마킹이라고 한다. 다음 사례의 A 기업이 사용한 벤치마킹의 종류는?

> 복사기 회사 A 기업은 복사기 시장점유율을 82%까지 차지할 정도로 시장 지배력이 강력한 기업이었으나, B 기업의 시장 진입으로 인해 시장점유율이 50%대로 떨어지는 위기를 맞았다.
> B 기업은 A 기업에 비해 현저히 낮은 가격과 탁월한 기능으로 시장점유율을 늘려갔다. A 기업은 경쟁 당사자인 B 기업의 생산, 판매, 마케팅, 디자인 등을 분석하여 핵심 과제를 설정하고 실행하여 위기를 벗어났다.

① 내부 벤치마킹
② 간접적 벤치마킹
③ 글로벌 벤치마킹
④ 경쟁적 벤치마킹

62. P 공사에 다니는 가 ~ 라 직원은 회사가 실시한 건강검진 결과 뇌심혈관 질환 발병의 위험요인이 있는 것으로 나타났다. 위험요인을 개인적 위험요인과 직업 관련 위험요인으로 구분할 때, 다음 중 개인적 위험요인을 보유한 직원은? (단, 주어진 조건 이외의 것은 고려하지 않는다)

① 가 직원은 고혈압과 당뇨가 있어 위험하다는 지적을 받았다.
② 나 직원은 평소 과도한 업무량에 시달리고 있어 업무를 줄이라는 지적을 받았다.
③ 다 직원은 평소 직장 상사와의 인간관계에서 과도한 스트레스를 받고 있음이 지적되었다.
④ 라 직원은 평소 이황화탄소와 일산화탄소가 너무 많은 작업장에서 일하고 있음이 지적되었다.

63. ○○공사에서 근무하는 김 대리는 '저탄소 녹색도시로 탈바꿈하기 위한 계획'과 관련하여 보고서를 작성 중이다. (A)에 들어갈 계획기법으로 적절한 것은?

구분		계획지표	계획기법
탄소저감	에너지 절약 (Energy Saving)	토지이용	
		녹색교통	(A)
	에너지 순환 (Energy Recycling)	자원순환	
	에너지 창출 (Energy Cleaning)	에너지 창출	
탄소흡수	에너지 절약 (Energy Saving)	공원녹지	
		생태공간	

① 빗물 이용
② 태양광, 태양열, 지열
③ 자연형 하천 조성
④ 자전거 활성화 시스템

64. 다음 중 기술에 관하여 잘못된 내용을 말하고 있는 사람은?

① 이다운 : 기술은 원래 노하우(Know-how)의 개념이 강하였으나 시대가 지남에 따라 노하우와 노와이(Know-why)가 결합하게 되었습니다.

② 주기쁨 : 노하우는 이론적인 지식으로 과학적인 탐구에 의해 얻어집니다.

③ 한여울 : 노와이는 어떻게 기술이 성립하고 작용하는가에 관한 원리적 측면에 중심을 두고 있습니다.

④ 김사랑 : 물리적·사회적인 것으로서 지적인 도구를 특정 목적에 사용하는 지식 체계를 기술이라고 합니다.

65. 다음은 기술능력의 향상을 위한 교육 방법을 정리한 내용이다. 밑줄 친 내용 중 적절하지 않은 것은?

방식	내용
전문연수원을 통한 기술과정 연수	- ① 다년간에 걸친 연수 분야의 노하우를 가지고 체계적이고 현장과 밀착된 교육이 가능하다. - ② 일반적으로 연수비가 자체적으로 교육을 하는 것보다 비싸지만, 고용보험 환급을 받을 수 있다.
E-learning을 활용한 기술교육	- 이메일, 토론방, 자료실 등을 통해 의사교환과 상호작용이 자유롭게 이루어질 수 있다. - ③ 업데이트를 통해 새로운 교육 내용을 신속하게 반영할 수 있어 교육에 소요되는 비용을 절감할 수 있다.
상급학교 진학을 통한 기술교육	- ④ 학문적이면서 최신 기술의 흐름을 반영하고 있는 기술교육이 가능하다. - 원하는 시간에 학습을 할 수 없고 일정 시간을 할애해야 하며, 학습자 스스로가 학습을 조절하거나 통제할 수 없다.
OJT를 활용한 기술교육	- 직장 상사나 선배가 지도·조언을 해 주는 형태로 훈련이 행하여지기 때문에 교육자와 피교육자 사이에 친밀감이 조성된다. - 지도자의 높은 자질이 요구되며 교육훈련 내용의 체계화가 어렵다.

66. 4차 산업혁명의 디지털 전환을 다음 두 가지 유형으로 구분할 때, (A)에 해당하는 사례로 가장 적절한 것은?

구분	유형 I	유형 II
혁신의 성격	존속성	파괴적 혹은 보완적
혁신의 주도	기존 업체(제조업체)	외부의 ICT 기업과 스타트업
주요 사례	(A)	• 파괴적 : (B) • 보완적 : (C)
혁신의 주안점	하드웨어 장비 제조역량과 소프트웨어의 결합	주로 소프트웨어적 혁신

① 핀테크

② O2O

③ 스마트공장

④ 디지털 헬스케어

67. 다음에서 설명하는 '재생에너지'에 해당하지 않는 것은?

> 최근 재생에너지 산업이 화학생명공학 분야에서 유망한 기술로 떠오르고 있다. 재생에너지는 그 기술과 최종에너지의 형태에 따라 여러 가지로 나눌 수 있지만, 1차 에너지원을 이용하여 다시 청정한 에너지를 얻는 것이므로 에너지원이 거의 고갈되지 않아 자원의 부존량은 거의 무한대이다. 재생에너지와 구별해야 할 것이 바로 신에너지이다. 신에너지는 기존의 화석연료를 변환시키거나 수소와 산소 등의 화학 반응을 통하여 얻는 전기와 열을 이용하는 에너지이다.

① 수소에너지
② 수력에너지
③ 태양에너지
④ 바이오에너지

68. 적정기술은 삶의 질을 향상시키는 환경 친화적인 인간 중심의 기술이다. 다음 적정기술과 거대기술 관련 표를 볼 때, ㉠에 들어갈 내용으로 옳지 않은 것은? (단, 빈칸은 고려하지 않는다)

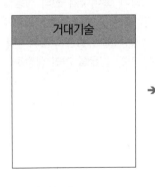

거대기술

→

- 따뜻한 자본주의
- 정보통신기술 발전
- 거대기술의 위험과 기술 민주주의
- MDG, 지속가능한 발전
- 기업의 사회적 책임
- 사회적 경제

→

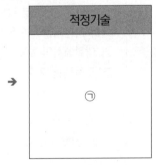

적정기술
㉠

① 민주주의
② 수요자의 필요
③ 단순, 소규모
④ 가치와 편익의 집중

69. 다음 중 기술시스템에 관해 옳지 않은 설명을 한 사람은?

① 가현 : 기술시스템은 미국의 기술사학자 토마스 휴즈에 의해 주장된 것으로 사회는 기술 형성에 영향을 줄 뿐만 아니라 기술로부터 영향을 받는다는 이론이야.

② 나현 : 기술시스템의 경우 시스템의 구성 요소로 기능하는 유·무형의 인공물이 다른 인공물과 긴밀하게 상호작용해.

③ 다현 : 원칙적으로 기술시스템의 하나의 구성요소가 제거되거나 그 성질이 바뀌면 시스템 내부의 다른 요소도 성질이 바뀌어.

④ 라현 : 기술시스템의 구성요소에는 자연자원, 과학 등 기술적인 것들만 포함되고 회사, 투자회사, 법적 제도 등의 사회적인 것은 포함되지 않아.

70. 다음 사례에서 설명하는 실패를 성공으로 만드는 포인트는?

> 국내의 한 제조업체는 '위험 예지 훈련'을 실시하고 있다. 사고가 일어나기 전의 상황을 그림이나 비디오로 보고 다음에 어떤 일이 일어날 것인지, 그리고 그 일을 예방하려면 어떻게 해야 하는지를 집단적으로 토론하는 것이다. 이와 유사한 것이 햄버거로 유명한 M사의 햄버거 대학에서의 교육이다. M사는 대응에 실패하여 고객이 불만을 가진 경우를 미리 상정하여 그 대응법을 가르치고 있다.

① 실패를 학습의 대상으로 삼을 것

② 가상 실패 체험을 통해 성공가능성을 향상시킬 것

③ 단 한 번의 우연한 실패를 위하여 실패 DB를 활용할 것

④ 감성지수를 활용한 실패 정서 관리에 초점을 맞출 것

71. ○○기업 김 사원은 성공한 기술경영자의 사례를 통해 기술경영자의 능력을 배우기로 했다. 다음 사례에서 배울 수 있는 기술경영자의 능력으로 적절한 것은?

> 2012년 AMD의 부사장으로 취임한 리사 수는 적자에 시달리는 회사를 구해 내기 위해 새로운 비즈니스 전략을 고민했다. 가장 먼저 꺼내든 전략은 시장다각화였다. PC 시장에선 반등이 어렵다고 판단한 리사 수는 마이크로소프트(MS)와 소니의 문을 두드렸다. 마이크로소프트와 소니가 개발 중인 차세대 비디오게임기에 AMD의 CPU와 GPU를 공급하겠다고 제안했다.
> 단순히 CPU와 GPU만 공급하는 것으로는 경쟁력이 없다고 판단한 리사 수는 과거 AMD가 실패했던, CPU와 GPU를 통합하여 하나의 칩셋으로 개발한 APU를 제안했다. APU는 성능은 어정쩡했지만 비디오 게임기에는 충분했으며 오히려 비디오 게임기를 작게 만드는 데는 최적의 제품이었다. 결국 MS와 SONY 모두 AMD의 APU를 채택했고, 비디오 게임기가 출시되자마자 불티나게 팔리며, 2013년 AMD는 5분기만에 흑자 전환에 성공하였다.

① 새로운 제품의 개발 시간을 단축할 수 있는 능력
② 기업의 전반적인 전략 목표에 기술을 통합시키는 능력
③ 기술 전문 인력을 운용할 수 있는 능력
④ 빠르고 효과적으로 새로운 기술을 습득하고 기존의 기술에서 탈피하는 능력

72. ○○기업 A 사원은 유사한 역할을 하는 기술 중 하나를 선택하는 데 어려움을 겪고 있다. 이에 B 대리가 할 수 있는 조언으로 옳지 않은 것은?

① 보다 쉽게 구할 수 없는 기술을 선택하는 것이 좋습니다.
② 최신 기술이면서 진부화될 가능성이 적은 기술을 우선 선택해야 합니다.
③ 제품의 성능이나 원가에 미치는 영향력이 적은 기술을 우선적으로 선택해야 합니다.
④ 기업이 생산하는 제품에 보다 광범위하게 활용할 수 있는 기술을 선택할 필요가 있습니다.

1회 기출예상
2회 기출예상
3회 기출예상
4회 기출예상
인성검사
면접가이드

73. 다음 사례에서 침해당한 ⊙의 종류는 무엇인가?

> A 회사 소속 디자이너 전○○ 씨는 A 회사에서 기존에 판매하던 물품의 외관에 탁월한 심미성을 갖춘 디자인을 고민하여 새로운 디자인을 접목했고 그 후 물품의 판매량이 급등했다. 그러나 경쟁사 B 회사에서 이를 모방하여 거의 유사한 디자인을 가진 상품을 출시했고, 이로 인해 A 회사의 해당 물품의 판매량은 감소했다. 전○○ 씨는 ⊙ 산업재산권을 침해당했다고 판단하여 관련 조치를 취할 계획이다.

① 상표권
② 특허권
③ 디자인권
④ 실용신안권

74. 다음 사례에 나타난 산업재해의 직접적 원인은?

> 민 사원은 공장 투입 전 교육 연수에서 우수한 성적을 거둔 신입사원이다. 자신이 다루는 공장의 매뉴얼을 충분히 숙지하고 있으며, 업무에서 한눈을 팔지 않는다. 그는 산업재해가 발생한 날에도 작업 매뉴얼에 따라 기기 가동 준비를 하였으나 기기 가동을 하던 중 작업자의 안전을 위해 설치된 시설물의 결함으로 3m 높이 난간에서 추락하는 사고를 겪었다. 민 사원은 후유증이 심하지 않으나 바로 업무에 복귀하기는 힘든 상황이다.

① 기술적 원인
② 교육적 원인
③ 작업 관리상 원인
④ 불안전한 상태

75. ○○기업은 직원들의 복지 향상을 위해 마사지건을 구입하였다. 구입 일주일 후 경영지원팀 김 사원이 마사지건을 사용하려는데 마사지건이 작동하지 않았다. 다음 사용설명서를 읽고 원인을 파악하려고 할 때, 김 사원이 확인해야 할 사항이 아닌 것은?

[안전 지침]
감전, 화재 및 부상의 위험과 기기의 고장을 줄이기 위해 다음 지침에 따라 본 기기를 사용하여 주십시오.
• 건조하거나 깨끗한 신체 부위, 옷 표면 위로만 사용하시고, 가볍게 압력을 가하여 사용하시되 각 신체 부위당 약 60초 동안 사용하십시오.
• 강도 단계 혹은 가하는 압력과 관계없이 타박상이 발생할 수 있습니다. 통증이 발생할 경우 즉시 사용을 중단하십시오.
• 기기 통풍구에 먼지나 이물질이 끼거나 들어가지 않도록 주의하여 주십시오.
• 기기를 물에 담그거나 통풍구에 물 또는 액체가 들어가지 않도록 하십시오.
• 패키지에 포함된 전용 어댑터를 사용하여 주십시오.
• 기기 사용 전, 기기의 배터리에 이상이 없는지 확인하여 주십시오.
• 자체적으로 기기를 해체하거나 수리하지 마십시오.

[A/S 및 A/S 보내기 전 확인 사항]
• A/S 시 왕복 배송비는 고객 부담입니다.
• 무상 A/S 기간은 1년입니다(단, 고객 과실의 경우 비용이 청구될 수 있습니다).
• 반드시 구성품 모두를 함께 보내 주셔야 합니다.
• 마사지건이 충전되지 않는 경우 어댑터의 자사 정품 여부를 확인해 주십시오.
• 하단 on/off 버튼을 켜고, 상단의 작동버튼을 눌렀는지 확인해 주십시오.
• 충전기가 꽂혀있으면 작동하지 않습니다. 충전기를 빼고 작동시켰는지 확인해 주십시오.
• 제품이 빨리 방전되는 경우, 하단의 on/off 버튼을 off인 상태로 보관하였는지 확인해 주십시오.

① 충전기가 꽂혀 있는지 확인한다.

② 기기에 물이 들어갔는지 확인한다.

③ 정품 어댑터로 충전하였는지 확인한다.

④ 마사지건의 구성품이 모두 있는지 확인한다.

[76 ~ 78] 다음은 H 공사에서 사용하는 에어컨의 사용설명서이다. 이어지는 질문에 답하시오.

〈사용 시 주의사항〉

1. 필터에 먼지가 끼면 냉방 능력이 떨어지고, 전기요금이 많이 나옵니다. 가정에서는 2주에 한 번씩, 식당에서는 1개월에 한 번씩, 그 외의 장소에서는 3개월에 한 번씩 청소해 주는 것이 좋습니다.
2. 창문에서 들어오는 햇빛을 커튼이나 블라인드로 막아 주면 실내 온도가 약 2℃ 정도 떨어집니다.
3. 필요 이상으로 온도를 낮추면 과도한 전기 소모로 인해 전기요금이 많이 나올 뿐만 아니라 고장의 원인이 될 수 있습니다. 설정 온도는 25 ~ 26℃가 적당합니다.
4. 사용 시 자주 켰다 끄지 않습니다. 전기요금이 더 많이 나올 수 있습니다.
5. 냉방 시 온열기기를 사용하면 전기요금이 많이 나올 수 있으므로 삼가야 합니다.
6. 에어컨 바람을 막는 장애물이 없는 곳에 설치해야 합니다.

〈장시간 사용하지 않을 때 제품 보관 방법〉

1. 공기 청정 버튼을 눌러 에어컨 내부의 습기와 곰팡이를 제거합니다. 맑은 날 1시간 이상 해야 합니다.
2. 주전원 스위치를 내리고 전기 플러그를 뽑습니다. 전원을 차단하면 실외기로 전기가 흐르지 않아 천재지변으로부터 안전할 수 있습니다.
3. 부드러운 천을 사용해서 실내기와 실외기를 깨끗하게 청소합니다.

〈A/S 신청 전 확인사항〉

제품에 이상이 생겼을 경우, 서비스 센터에 의뢰하기 전에 다음 사항을 먼저 확인해 주십시오.

증상	확인	조치 방법
운전이 전혀 되지 않음.	주전원 스위치가 내려져 있지 않은가?	주전원 스위치를 올려 주세요.
	전압이 너무 낮지 않은가?	정격 전압 220V를 확인하세요.
	정전이 되지 않았는가?	다른 전기기구를 확인해 보세요.
정상보다 시원하지 않음.	희망 온도가 실내 온도보다 높지 않은가?	희망 온도를 실내 온도보다 낮게 조절하세요.
	제습 또는 공기청정 단독운전을 하고 있지 않은가?	냉방 운전을 선택해 주세요.
	차가운 공기가 실외로 빠져나가고 있지 않은가?	창문을 닫고 창문의 틈새를 막으세요.
	햇빛이 실내로 직접 들어오지 않는가?	커튼, 블라인드 등으로 햇빛을 막으세요.
	실내에 열을 내는 제품이 있는가?	열을 내는 제품과 같이 사용하지 마세요.

www.gosinet.co.kr

gosinet

1회 기출예상

2회 기출예상

3회 기출예상

4회 기출예상

인성검사

면접가이드

	실내기와 실외기 사이의 거리가 너무 멀지 않은가?	배관 길이가 10m 이상이 되면 냉방 능력이 조금씩 떨어집니다. 배관 길이를 조정하세요.
	실외기 앞이 장애물로 막혀 있지 않은가?	실외기의 열 교환이 잘 이루어지도록 장애물을 치우세요.
실내기에서 물이 넘침.	무거운 물건이 호스를 누르고 있지 않은가?	호스를 누르고 있는 물건을 제거하세요.
	배수 호스 끝이 물받이 연결부보다 높게 설치되어 있거나 호스가 꼬여 있지 않은가?	배수 호스는 물이 잘 빠지도록 물받이 연결부보다 반드시 낮게 설치해야 합니다.

76. 총무팀 K 사원이 전기요금을 줄여 보라는 상사의 지시를 따르기 위해 해야 할 일이 아닌 것은?

① 공기 청정 운전을 한다.　　　　　② 필터를 청소한다.

③ 자주 켰다 끄지 않는다.　　　　　④ 냉방 시 온열기기 사용을 삼간다.

77. 여름날 K 사원이 에어컨을 틀었는데 평소보다 시원하지 않았다. 원인을 파악하기 위해 확인해야 하는 사항은?

① 리모컨이 꺼져 있는지 본다.

② 주전원 스위치를 내려 본다.

③ 이상한 소리가 나지 않는지 살펴본다.

④ 햇빛이 실내로 직접 들어오는지 살펴본다.

78. 어느 날 K 사원이 에어컨 실내기에 물이 넘쳐 있는 것을 발견하였다. 다음 중 그 원인을 파악하기 위해 확인해야 하는 사항은?

① 찬 공기가 실외로 빠져나가고 있지 않은지 확인한다.

② 실내기 내부의 물 색깔을 확인한다.

③ 배수 호스 끝과 물받이 연결부의 위치를 확인한다.

④ 실내기 앞이 장애물로 막혀 있는지 확인한다.

[79 ~ 80] 다음 산업재산권에 대한 설명을 읽고 이어지는 질문에 답하시오.

산업재산권이란 특허권, 실용신안권, 디자인권 및 상표권을 총칭하며 산업 활동과 관련된 사람의 정신적 창작물(연구결과)이나 창작된 방법에 대해 인정하는 독점적 권리이다. 산업재산권은 새로운 발명과 고안에 대하여 그 창작자에게 일정 기간 동안 독점 배타적인 권리를 부여하는 대신 이를 일반에게 공개하여야 하며 일정 존속기간이 지나면 이용 · 실시하도록 함으로써 기술진보와 산업발전을 추구한다.

특허권은 발명한 사람이 자기가 발명한 기술을 독점적으로 사용할 수 있는 권리이다. 발명은 '자연법칙을 이용한 기술적 사상(idea)의 창작으로서 기술 수준이 높은 것'을 말한다. 벨이 전기 · 전자를 응용하여 처음으로 전화기를 생각해 낸 것과 같은 대발명의 권리를 확보하는 것을 특허라고 할 수 있다. 특허제도는 발명을 보호, 장려하고 그 이용을 도모함으로써 기술의 발전을 촉진하여 산업발전에 이바지함을 목적으로 한다. 특허의 요건으로는 발명이 성립되어야 하고, 산업상 이용 가능해야 하며, 새로운 것으로 진보적인 발명이라야 하며, 법적으로 특허를 받을 수 없는 사유에 해당하지 않아야 한다.

실용신안은 기술적 창작 수준이 소발명 정도인 실용적인 창작(고안)을 보호하기 위한 제도로서 보호 대상은 특허제도와 다소 다르나 전체적으로 특허제도와 유사한 제도이다. 즉, 실용신안은 발명처럼 고도하지 않은 것으로 물품의 형상, 구조 및 조합이 대상이 된다.

산업재산권법에서 말하는 디자인이란 심미성을 가진 고안으로서 물품의 외관에 미적인 감각을 느낄 수 있게 하는 것이다. 디자인은 물품 자체에 표현되는 것으로 물품을 떠나서는 존재할 수 없다. 따라서 물품이 다르면 동일한 형상의 디자인이라 하더라도 별개의 디자인이 된다. 최근에는 의류나 문구류 등 패션 제품은 물론이고 자동차의 디자인까지 소비자의 관심을 끌기 위한 디자인 개발에 총력을 기울이고 있다.

상표는 제조회사가 자사제품의 신용을 유지하기 위해 제품이나 포장 등에 표시하는 표장으로서의 상호나 마크이다. 현대 사회는 우수한 상표의 선택과 상표 관리가 광고보다 큰 효과를 나타낼 수가 있다. 따라서 상표는 기업의 꽃이라고도 한다.

79. 다음 중 산업재산권으로 보호받을 수 없는 것은?

① 3년간의 연구 끝에 기술 개발에 성공한 항공기 소음 절감 유도용 나노공학 엔진 부품

② K 항공사와 함께 코드 쉐어를 하며 업무 협정을 맺은 4개 항공사의 공식 팀명

③ A사의 경영목표와 전략을 상징하는 승무원들의 복장 디자인과 악세서리 문양

④ 화물 유동량 증가를 유도하기 위한 M사의 인센티브 지급 계획

80. 다음 중 산업재산권에 대한 설명으로 옳지 않은 것은?

① 실용신안은 현재 우리나라를 비롯하여 일본·독일 등 일부 국가에서 운영되고 있으며, 국내산업 보호라는 산업정책적 목적에서 탄생한 제도라고 볼 수 있다.

② 특허권은 기술적 권리의 방어 목적으로 존재하는 것이며, 독점권을 보장받는 것이 아니다.

③ 상표권은 재산권의 일종으로서 특허권 등과 같이 담보에 제공될 수 있으며, 지정상품의 영업과 함께 이전할 수도 있다.

④ 디자인권은 설정등록에 의하여 발생하며 존속기간은 설정등록이 있는 날부터 20년으로 한다.

1회 기출예상

2회 기출예상

3회 기출예상

4회 기출예상

인성검사

면접가이드

유형별 출제비중

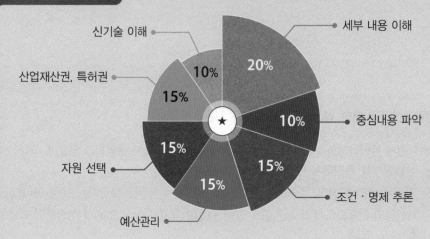

신기술 이해
세부 내용 이해
산업재산권, 특허권
중심내용 파악
자원 선택
조건·명제 추론
예산관리

20%
10%
15%
15%
15%
15%
10%

출제분석

한국중부발전 직업기초능력평가 발전기계직, 발전화학직은 의사소통능력, 문제해결능력, 자원관리능력, 기술능력이 출제되었다. 의사소통능력에서는 제시된 글의 내용을 이해하고 주제 및 중심내용을 파악하는 문제가 주로 출제되었으므로, 글쓴이의 의도를 빠르고 정확하게 파악할 수 있어야 한다. 문제해결능력에서는 조건을 바탕으로 추론하는 문제와 이론을 이해하고 있는지 묻는 이론 문제가 주로 출제되었으므로, 이론을 숙지하고 다양한 결과 추론 문제를 풀어보는 것이 필요하다. 자원관리능력에서는 조건에 따라 계산하여 결과를 도출하거나 자원을 선택하는 문제가 주로 출제되었으므로, 신속하게 조건을 파악하여 결론을 도출하는 연습이 필요하다. 기술능력에서는 산업재해, 특허권과 같은 이론 파악 문제와 특정 기술에 대한 설명글을 읽고 기술의 특성을 파악하는 문제가 출제되었으므로, 기술과 관련된 전반적인 이해력이 요구된다.

3 회 한국중부발전[발전기계, 발전화학]

기출예상문제

영역	총 문항 수
제1영역_의사소통능력	20문항
제2영역_문제해결능력	20문항
제3영역_자원관리능력	20문항
제4영역_기술능력	20문항

📖 **제1영역**

✎ 평가시간은 영역별로 제한하지 않으나 각 영역별 20문항 15분을 권장합니다.

01. 다음 보고서의 문장을 최대한 매끄럽게 수정하고자 할 때, 가장 적절한 것은?

① 타 부서 및 타 기관의 요청에 대하여 신속 및 정확한 대응 및 방안을 제시한다.

→ 타 부서와 타 기관의 요청에 신속하고 정확하게 대응하고 방안을 제시한다.

② 마케팅 계획 및 전략 수립 시 영업부서의 의견을 반영하도록 한다.

→ 마케팅 계획과 전략 수립 시 영업부서의 의견을 반영할 수 있다.

③ 적절한 담당자의 도움을 받아 연구 및 프로젝트 수행을 할 수 있다.

→ 적절한 담당자의 도움으로 연구와 프로젝트 수행을 할 것이다.

④ 프로젝트 진행 과정 판단 미숙으로 문제 발생 확률 예측 실패 야기 가능성을 점검한다.

→ 프로젝트 진행을 잘못 판단하여 문제가 발생할 확률을 예측하지 못하도록 점검한다.

02. 의사소통에서 스트로크(Stroke)는 대안의 존재나 행위를 인정하기 위한 작용이나 행위를 일컫는 말로, 나도 모르게 저절로 경탄이 나오고 그 대상에게는 에너지가 되어 용기와 힘을 주는 말이다. 다음 중 스트로크의 유형에 대한 사례가 적절하지 않은 것은?

	유형	사례
①	긍정적 조건부 스트로크	"그런 아이디어를 생각하다니 넌 천재야."
②	긍정적 조건부 스트로크	"이번 일 하느라 정말 수고했어."
③	부정적 조건부 스트로크	"공부를 하지 않더니 꼴 참 좋다."
④	부정적 조건부 스트로크	"나가! 꼴 보기 싫어."

[03 ~ 04] 다음 기사를 읽고 이어지는 질문에 답하시오.

스마트폰 속 콜탄 0.02g … "(㉠   )"

0.02g, 스마트폰 한 대에 들어가는 탄탈륨의 양이다. 22g가량 쓰이는 알루미늄의 1,100분의 1 수준이다. 이 소량의 자원 때문에 전쟁이 그치지 않았다. 콩고민주공화국(이하 민주콩고)의 얘기다. 콩고에는 전 세계 콜럼바이트-탄타라이트(콜탄)의 70 ~ 80%가 매장돼 있다. '자원의 저주'다.

콜탄은 처리 과정을 거쳐 탄탈륨이 된다. 합금하면 강도가 세지고 전하량도 높아 광학용 분산유리와 TV·절삭공구·항공기 재료 등에 쓰이며 휴대폰에도 들어간다. 콜탄 생산량의 3분의 2는 전자제품의 캐퍼시터를 만드는 데 쓰인다. 캐퍼시터는 전류를 조절해 단말기의 부품이 제 기능을 발휘하도록 만드는 장치다.

지난해 콜탄 1위 생산국은 민주콩고, 2위는 르완다이며 두 나라가 전 세계 생산량의 66%를 차지하고 있다. 미국 지질조사국에 의하면 미국에서만 1년 새 소비량이 27% 늘었다. 지난해 9월 1kg당 값이 224달러였다. 1월의 193달러에서 16%가 올랐다. 스마트폰이 나오기 직전인 2006년 1kg당 70달러에서 300% 넘게 올랐다. 지난해 전 세계 채굴량은 1,800t이다. 이 콜탄이 민주콩고의 내전 장기화에 한몫했다는 주장이 곳곳에서 나왔다. 휴대폰 이용자들이 기기를 바꿀 때마다 콩고 국민 수십 명이 죽는다는 '피 서린 휴대폰(bloody mobile)'이란 표현이 나올 정도다. 콩고 내전은 1996년 시작돼 2003년 공식 종료됐다. 이후로도 크고 작은 분쟁이 그치질 않고 있다. 이 기간에 500만 명이 희생됐다. 전문가 김○○ 교수는 "민주콩고에서는 우간다·르완다와의 접경에서 아직 분쟁이 일어나고 있다"라며 "콜탄이 많이 나오는 동북부 지역도 그중 하나"라고 말했다.

---

03. 윗글의 내용과 일치하지 않는 것은?

① 지난해 콜탄의 전 세계 생산량 1, 2위 국가가 차지하는 비율은 65% 이상이다.
② 처리 과정을 거친 콜탄은 전하량은 높으나 강도는 다소 약하다.
③ 콩고는 아직까지 크고 작은 분쟁이 그치질 않고 있다.
④ 미국의 경우 지난해 콜탄 1kg당 값은 8개월 사이에 16%나 올랐다.

04. 위 기사문의 ㉠에 들어갈 문장으로 가장 적절한 것은?

① 콩고와 르완다가 콜탄을 독점하고 있다.
② 휴대폰 가격이 급등하는 이유가 있었다.
③ 휴대폰을 바꿀 때마다 콩고 주민이 죽는다.
④ 휴대폰의 가장 중요한 소재로 부각되었다.

05. 다음 글을 읽고 제기할 수 있는 반론으로 가장 적절한 것은?

인류가 생존하기 위해 꼭 필요한 것이 있다면 숨 쉴 공기, 마실 물과 먹을 음식이다. 누구도 숨 쉴 공기가 없으면 5분을 넘게 살 수 없으며, 마실 물이 없으면 5일을 넘기기가 어렵고, 먹을 음식이 없으면 5주를 넘기기 어렵다. 이 세 가지는 생존을 위한 필요조건이고, 이것이 충족되면 '생존'의 차원을 넘어서 '삶'을 위한 조건, 즉 쾌적한 환경과 편리한 문명의 혜택 및 마음의 풍요를 위한 문화생활을 찾게 된다.

18세기 말 영국에서 시작된 산업 혁명 이후, 인류는 눈부신 과학 기술의 발전과 산업화의 결과로 풍요로운 물질문명의 혜택을 누리게 되었다. 하지만 산업화로 인해 도시가 비대해지고, 화석 에너지 및 공업용수의 사용이 급속히 늘어나 대기 오염, 식수원 오염 및 토양 오염을 유발하여 쾌적하지 못한, 삶의 질을 저하시키는 수준의 환경오염이 초래되었다. 급기야 1940 ~ 1950년대를 전후하여 공업 선진국의 몇몇 도시에서는 이미 대기 오염에 의한 인명 사고가 발생하기 시작하였다. 대표적인 것은 1952년 12월 영국에서 발생했던 '런던 스모그 사건'이다. 이로 인하여 4,000여 명이 사망하였다고 하니 정말 끔찍한 일이 아닐 수 없다. 이 사건은 환경오염이 삶의 질 차원을 넘어서 인류 생존의 문제로 악화되고 있음을 보여 주는 대표적인 사건으로 기록되었다.

실험실에서 미생물을 배양할 때 어느 시점까지는 자라다가 일정 시점이 지나면 먹이 고갈과 노폐물의 축적으로 성장을 멈추고, 끝내 사멸한다는 것은 익히 알려진 바이다. 인류라고 예외일 수 없다. 만약 인류의 생산 활동의 부산물인 대기 오염, 수질 오염 및 토양 오염을 그대로 방치할 경우 환경 문제는 환경오염의 차원을 넘어 '환경 파괴'로 치달을 것이다. 그 다음의 결과야 불을 보듯 뻔하지 않은가?

20세기 후반에 와서는 측정 기술의 발달에 힘입어 지구 생태계의 보호막인 대기의 오존층이 인류가 발명한 염화플루오린화탄소(CFC ; Chloro Fluoro Carbon, 프레온)라는 합성 물질에 의하여 파괴되고 있고, 대기 중에 탄산가스와 메탄 등의 온실 기체가 꾸준히 증가하고 있다는 사실이 밝혀졌다. 그리고 슈퍼컴퓨터를 이용한 기후 예측 모델에 따르면 대기 중의 탄산가스 농도가 현재와 같은 추세로 증가할 경우 2030년경에는 지구의 평균 기온이 2 ~ 5도 상승하게 되고 그 결과 해수면이 50 ~ 60센티미터 상승할 것으로 예측되고 있다.

이러한 지구 환경의 위기에 대비하여 1992년 6월, 브라질 리우에서 개최된 환경과 개발에 관한 유엔 회의에서는 '환경적으로 건전하고 지속가능한 개발(ESSD ; Environmentally Sound and Sustainable Development)'만이 인류가 나아가야 할 방향임을 천명하였다. 앞으로 성장 위주의 개발 정책은 국제 사회에서 용납되지 않을 것이며 환경 보전과 조화를 이루는 개발, 즉 환경적으로 건전하고 지속 가능한 발달의 실현이 21세기에 인류가 추구해야 할 과제인 것이다.

www.gosinet.co.kr

1회 기출예상

2회 기출예상

3회 기출예상

4회 기출예상

인성검사

면접가이드

① 미래의 환경 보전과 개발은 양립할 수 없다. 환경을 보전하는 개발이 어떻게 가능하겠는가?

② 측정 기술의 발달로 지구의 환경 변화를 예측할 수 있다고 하였지만 그것은 불가능하다. 미래의 일은 신만이 아는 것이다.

③ 산업화와 환경오염의 관계를 추리해 낸 것은 잘못이다. 공업 선진국보다는 개발도상국의 예를 들어 설명해야 논지의 보편성을 인정받을 수 있다.

④ 브라질 리우 선언에서 내건 원칙인 '환경적으로 건전하고 지속가능한 개발'은 하나의 선언이기 때문에 법적 구속력이 없다. 이를 실현하고자 하는 국가가 몇이나 있겠는가?

06. 다음 글에서 언급한 ㉠에 해당하는 사례는?

> 최근 세계경제는 다양한 도전과제에 직면해 있다. 경제적 불평등 심화, 성장 동력 약화, 4차 산업혁명에 따른 기술변화와 기후변화로 인한 자연재해 증가뿐만 아니라 새롭게 등장한 보호무역주의와 금융 리스크에 이르기까지 많은 국가들은 난제를 극복하고 새로운 성장 동력 확보를 위해 노력하고 있다.
>
> 한 국가의 경제적 불평등과 양극화 심화는 개별 국가만의 문제가 아닌 국가 간 개발격차에 따른 세계 공동의 문제가 되고 있다. 이 때문에 OECD, 세계은행 등 국제기구뿐만 아니라 다보스 포럼 등에서 ㉠ 포용적 성장을 주요 의제로 논의하고 있는 상황이다. 경제 성장의 성과를 폭넓게 공유하고, 모든 국민이 최소한의 복지혜택을 받음으로써 노동자들이 실질적 자유를 누리게 하는 것이 포용적 성장의 필수적 요소이다. 포용적 성장이란 시장의 기본적 역할에 충실하면서 성장의 과실을 함께 나누면서도 지속적으로도 성장하자는 패러다임이다. 따라서 종전 대기업 중심의 성장이 아니라 중소기업 및 독립적 소상공인들도 함께 협력하여 성장을 추구하자는 것이다. 이렇듯 포용적 성장은 모든 기업이 성장의 주체가 된다는 점에서 낙수효과(Trickle-down effect)가 아니라 중소기업의 성장이 대기업의 성장을 촉진한다는 분수효과(Trickle-up effect)에 기초를 두고 있다고 볼 수 있다.

① 어느 곳의 부동산 가격이 상승하면 주변 지역의 가격도 덩달아 상승하는 현상

② 근로자의 최저임금 상승에 의한 서민층 경제 안정으로 국민 대다수가 행복해지는 현상

③ 기업이 많은 이익을 거두게 되면 직원들과 이익을 공유하자는 취지의 초과이익공유제

④ 특정 기업의 주가가 상승하면 연관 기업의 주가가 함께 상승하는 현상

[07 ~ 08] 다음 제시된 상황과 자료를 보고 이어지는 질문에 답하시오.

발전사 홍보팀 사원 A는 ○○발전 블로그에 콘텐츠를 게시하는 업무를 담당하고 있다.

〈에너지바우처 사업개요〉

- (개요) 국민 모두가 시원한 여름, 따뜻한 겨울을 보낼 수 있도록 에너지취약계층을 위해 에너지바우처(이용권)을 지급하는 제도
- (지원대상) 「소득기준」과 「가구원 특성기준」을 모두 충족하는 가구
  - 소득기준 : 「국민기초생활보장법」상 생계급여 또는 의료급여 수급자
  - 가구원특성기준 : 수급자(본인) 또는 세대원이 다음 어느 하나에 해당
    (노인) 주민등록기준 1954. 12. 31. 이전 출생자
    (영유아) 주민등록기준 2014. 01. 01. 이후 출생자
    (장애인) 장애인복지법에 따라 등록된 장애인
    (임산부) 임신 중이거나 분만 후 6개월 미만인 여성
    (중증질환자, 희귀질환자, 중증난치질환자) 국민건강보험법시행령에 따른 중증질환, 희귀질환, 중증난치질환을 가진 사람
- (지원내용) 전기, 도시가스, 지역난방, 등유, LPG, 연탄을 구입할 수 있는 전자바우처

구분	1인 가구	2인 가구	3인 이상 가구	지원내용
여름 바우처	5,000원	8,000원	11,500원	• 요금차감(전기)
겨울 바우처	86,000원	120,000원	145,000원	• 요금차감(전기, 도시가스, 지역난방 중 택1) • 국민행복카드(등유, LPG, 연탄, 전기, 도시가스)
총 지원금액	91,000원	128,000원	156,500원	• 총 지원금액으로 월별 지원금액 아님.

※ 여름 바우처 사용 후 잔액은 겨울 바우처로 사용할 수 있음.
※ 현금으로는 지급되지 않음.

- (지원절차) 수급자 본인 혹은 수급자의 가족이 신청접수(읍·면·동) → 선정 및 결정통지(시·군·구) → 바우처 생성 및 카드(실물 / 가상)발급
  ※ 요금차감은 신청 시 신청자가 차감을 원하는 에너지원의 고객번호(납부자 번호)가 필요하며 국민행복카드는 신청 후 신청자가 은행 또는 카드사에 직접 문의(방문 혹은 전화)하여 발급하여 이용
- (신청기간) 2019년 5월 22일 ~ 9월 30일
- (사용기간)
  - 여름 바우처 : 2019년 7월 1일 ~ 9월 30일
  - 겨울 바우처 : 2019년 10월 16일 ~ 2020년 4월 30일

07. 사원 A가 자료를 바탕으로 작성할 콘텐츠 초안의 내용으로 가장 적절한 것은?

〈'여름엔 시원, 겨울엔 따뜻' 에너지바우처〉

에너지바우처란 국민 모두가 시원한 여름, 따뜻한 겨울을 보낼 수 있도록 에너지 취약계층을 위해 에너지 이용권을 지급하는 제도입니다. 에너지바우처는 에너지취약계층을 위한 복지제도인 만큼 지원대상이 지정되어 있습니다. ① 소득기준과 가구원 특성기준을 모두 충족해야 지원 대상이 될 수 있습니다. 우선 소득기준은 「국민기초생활보장법」에 따른 생계급여 또는 의료급여 수급자여야 하고, 수급자 본인이 노인, 영유아, 장애인 및 임산부, 중증질환, 희귀질환, 혹은 중증난치질환을 가진 사람이어야 합니다. 에너지바우처는 원래 겨울철 난방비를 지원하기 위해 마련된 제도였습니다. 그렇기 때문에 ② 여름 바우처의 잔액을 이월하여 겨울에도 사용하실 수 있도록 하고 있으며, 하절기보다 동절기 지원 금액이 15배 이상 더 많다는 것을 확인할 수 있습니다. 이때, ③ 모든 바우처 지원금은 현금으로 지급되지 않으며 요금차감 혹은 국민행복카드와 같은 형태로 지급됩니다. ④ 등유, LPG, 연탄, 도시가스를 주로 사용하시는 분들은 요금차감을, 전기, 도시가스, 지역난방 중 한 가지를 지원받으실 분들은 국민행복카드를 읍·면사무소 및 동 주민센터에 신청하면 됩니다! 참 쉽죠? 대한민국 국민 모두가 따뜻한 겨울 보낼 수 있도록 도와주는 에너지바우처, 정말 고맙고 꼭 필요한 복지제도죠?

1회 기출예상

2회 기출예상

3회 기출예상

4회 기출예상

인성검사

면접가이드

08. 제시된 자료와 다음 공지 내용을 참고하여 사원 A가 작성한 콘텐츠 내용으로 가장 적절한 것은?

제목	에너지바우처 대상가구 확대 시행 안내드립니다.

에너지바우처가 2019년 8월 28일부터 한부모가족·소년소녀가정(보호아동 가정위탁세대 포함)을 추가 지원합니다.

• 추가 대상가구 : 한부모가족, 소년소녀가정 중 「국민기초생활보장법」에 따른 생계 또는 의료 급여 수급자가 포함된 가구

　※ 한부모가족 : 「한부모가족지원법」에 따른 "모" 또는 "부"로, 아동인 자녀를 양육하는 사람

　※ 소년소녀가정 : 보건복지부에서 정한 아동분야 지원대상에 해당하는 사람(「아동복지법」에 의한 가정위탁 보호 아동 포함)

• 신청기간 : 2019년 8월 28일 (수) ~ 10월 11일 (금)

• 신청문의 : 주민등록지 읍·면사무소 또는 동 주민센터

　※ 거동이 불편한 경우 대리인 신청 또는 담당공무원 직권 신청이 가능하도록 변경되었습니다. 이용에 참고 바랍니다.

산업통상자원부는 올해 추가경정예산을 통해 한부모가족을 포함, 소년소녀가정세대와 보호아동가정 위탁세대로 에너지바우처의 지원 대상을 넓힌다고 밝혔습니다. ① 따라서 올해에는 소득기준과 관계없이 한부모가족과 소년소녀가정의 더 많은 사람들이 혜택을 볼 수 있게 되었습니다. ② 2019 ~ 2020년 겨울 에너지바우처를 신청하려면 오는 9월 30일까지 신청을 완료해야 합니다. ③ 지급받은 에너지바우처는 2019년 10월 16일부터 2020년 4월 30일까지 요금차감과 국민행복카드 중 선택하여 약 7개월 동안 사용할 수 있습니다. ④ 이번 에너지바우처 신청부터는 기존과 달리 반드시 수급자 본인이 직접 방문할 필요가 없도록 절차가 완화되었으니 많은 신청 바랍니다.

09. 다음 글에 등장하는 맹 씨의 행동에 어울리는 속담은?

> 춘추 전국 시대에 서 씨 성을 가진 사람이 살았다. 학문을 좋아하는 서 씨는 제나라에 가서 왕을 만났다. 서 씨는 왕에게 "임금님, 나라를 다스릴 때에는 어질고 너그럽게 다스려야 합니다. 그래야 백성들도 평화롭게 살 수 있고, 이웃 나라와도 사이좋게 지낼 수 있습니다. 저는 학문을 많이 닦았으니 임금님께 그 방법을 알려 드리겠습니다."라고 말했다. 제나라의 왕은 학문을 좋아하는 사람이어서 서 씨의 말을 듣고 아주 기뻐하면서 그를 제나라의 정승으로 삼았다.
>
> 서 씨의 친구 중에 맹 씨 성을 가진 사람이 서 씨를 찾아와 출세의 방법을 물어서, 서 씨는 자기가 했던 그대로 이야기를 해 주었다. 맹 씨는 진나라에 가서 왕에게 그 방법대로 이야기하였다. 그런데 진나라의 왕은 전쟁을 좋아하는 사람이어서 그 말을 듣고는 매우 화를 내었다.
>
> "뭐라고? 여러 나라들이 서로 이기려고 싸우는 판에 나더러 어질고 너그럽게 나라를 다스리라고? 너는 우리 진나라를 망하게 하려고 하는구나!" 진나라의 왕은 맹 씨를 곤장을 때려 내쫓아 버렸다.

① 드나드는 개가 꿩을 문다.
② 닭 쫓던 개 지붕 쳐다보듯
③ 눈먼 말 워낭소리 따라간다.
④ 토끼 둘 잡으려다 하나도 못 잡는다.

[10 ~ 11] 다음 제시된 상황과 자료를 보고 이어지는 질문에 답하시오.

경영평가실에서 근무하고 있는 A는 경영평가를 위한 계획을 수립하고 이를 바탕으로 기업의 성과를 분석 및 평가하는 업무를 담당하고 있다.

〈20XX년도 경영평가 실시 계획〉

1. 내부평가방향
   가. 자율, 책임경영을 위한 성과평가 강화
   나. 경영전략, 경영목표와 연계된 평가지표 설정
   다. 평가체계 개선을 통한 평가의 객관성 및 공정성 확보
   라. 평가결과의 활용강화를 통한 성과제고 동기 유발

2. 평가의 시행
   가. 평가시기

구분	대상기간	평가시기	평가대상	비고
중간평가	평가 연도 1 ~ 6월	평가 연도 7월	계량지표	
최종평가	평가 연도 1 ~ 12월	평가 연도 12월	비계량지표	내·외부 평가관
		다음 연도 1 ~ 2월	계량지표	

   나. 평가자료 제출 및 실사
   (1) 평가자료
      • 계량지표
         – 별도의 평가자료가 필요한 경우 제출
      • 비계량지표
         – 평가대상부서에서 제출한 실적보고서(필요 시 증빙서 포함)를 토대로 평가
         – 평가 전 실적내용 설명 기회 부여
         – 내용확인 등이 필요한 경우 설명 요구, 실사 확인 등을 통해 평가
   (2) 계량 / 비계량지표에 대한 실사
      • 실사반 구성 : 경영평가실 위임평가(지프관리)부서 직원
      • 수행기능 : 계량 / 비계량지표에 대한 최종평가 결과의 점검과 확인
      • 실사시기 : 최종평가 이후 결과 확정 전

3. 평가방법

　가. 계량지표 평가방법

　　(1) 목표대실적 평가(목표달성도를 평가할 때 쓰임)

　　　• 목표달성도 $= \dfrac{\text{실적}}{\text{목표}} \times 100$

　　(2) 실적개선도 평가(실적개선에 대한 개선노력도를 평가할 때 쓰임)

　　　• 개선도 $= \dfrac{\text{당년도 실적}}{\text{전년도 실적}} \times 100$

　　(3) 산식 평가

　　　• 목표의 부여 없이 자료별 세부평가기준에 정하는 별도 산식에 의하여 평점을 직접 계산(별도 산식에 대한 근거 자료 제출 필요)

(후략)

10. A는 이번 경영평가와 관련된 질문들에 답변을 하고 있다. 다음 중 옳지 않은 것은?

> Q : 6월 성과에 대한 최종평가는 언제 이루어지나요?
>
> A : ⊙ 비계량지표의 경우 12월, 계량지표의 경우 후년 1 ∼ 2월 중에 진행될 예정입니다.
>
> Q : 계량지표 평가 시 별도로 제출할 서류가 있나요?
>
> A : ⓒ 해당 부서에서 제출한 실적보고서의 증빙서를 제출하시면 됩니다. 평가 전 내용에 대한 설명 기회를 드립니다.
>
> Q : 계량지표의 실사는 언제 시행되나요?
>
> A : ⓒ 최종평가를 마친 후 결과를 확정하기 전에 시행합니다.
>
> Q : 실사반은 어떻게 구성되나요?
>
> A : ⓔ 경영평가실의 위임평가 부서 직원으로 구성됩니다.

① ⊙

② ⓒ

③ ⓒ

④ ⓔ

11. 다음은 경영평가 시 점검 및 확인해야 하는 지표별 평가 결과의 일부이다. 평가 담당자의 말을 참고하여 A가 수정해야 할 오류사항은?

지표명	인사운영만족도(계량지표)
전략목표	직원만족도 제고
평가목적	인사운영의 합리화 및 공정화 도모
평가방법	㉠ 산식평가(직원 800명을 대상으로 상하반기의 설문조사 시행)
제출자료	㉡ 설문조사문항 및 결과보고서(산식 포함)
실사담당	㉢ 경영평가실 및 지프관리부서 직원
실사일자	㉣ 20XX년 12월 20일

평가 담당자 : 총무인사실의 인사운영의 합리화 및 공정화를 도모하기 위해 '인사운영만족도'라는 계량지표를 새로 도입했습니다. 이번 연도에 새로 도입한 지표이기에 따로 달성하고자 하는 목표를 정하지 않고 상하반기 점수의 평균으로 평가하였습니다.

① ㉠　　　　　　　　　　　② ㉡

③ ㉢　　　　　　　　　　　④ ㉣

12. 다음 중 ㉠과 ㉡에 들어갈 어휘를 가장 바르게 연결한 것을 고르면?

> • ○○기업은 임직원에게 자신의 능력을 최대한 발휘할 기회를 (㉠)하기 위해 노력하고 있다.
> • ○○기업이 본격적으로 영업을 (㉡)하자 여러 투자자들의 막대한 관심이 쏠리고 있다.

	㉠	㉡			㉠	㉡
①	제시	마감		②	제공	개시
③	제시	제시		④	제공	마감

13. 다음 글의 주제로 가장 적절한 것은?

어느 날, 스페인의 한 변호사가 자신의 이름을 인터넷에 검색해 보았더니 기억하고 싶지 않은 과거가 결과로 나왔다. 그가 어렵게 살던 시절에 연금을 내지 않아 집이 경매로 넘어갔던 내용의 신문기사였다. 그는 이제 빚도 다 갚았고 과거의 일이니 기사와 검색 결과를 삭제해 달라고 스페인 개인정보보호원에 요청하였다. 이에 스페인 개인정보보호원은 기사는 삭제하지 않지만 검색 결과와 관련된 링크는 삭제하라는 결정을 내렸다. 최근 이 사건에 대해 유럽연합 최고법원인 유럽사법재판소는 "인터넷 검색 결과에 링크된 해당 웹페이지의 정보가 합법적일지라도 그 링크를 삭제할 의무가 있다."고 최종 결정을 내렸다. 즉, '잊혀질 권리'를 인정한 것이다.

'잊혀질 권리'란 인터넷상에서 저장되거나 유통되는 개인정보에 대해 소유권을 강화하고 이에 대한 삭제 · 수정 및 영구적 파기를 요청할 수 있는 권리, 즉 '개인정보 삭제 청구권'이다. 오늘날은 개인정보뿐 아니라 수많은 정보들이 데이터베이스화되어 저장 및 보관되고 누구든지 인터넷 검색만으로 쉽게 정보를 얻을 수 있다. 특히 언론 기사로 인해 생성된 정보는 그 유효기간이 무한대이므로 누구든지 먼 과거의 정보까지도 쉽게 얻을 수 있다. 더군다나 최근에는 온라인에 자신의 사생활을 직접 올려 네트워크를 형성함으로써 개인 정보가 쉽게 공유되고 있어 '잊혀질 권리'를 요구하는 목소리가 더 커지고 있다. 그래서 새롭게 생산되는 모든 정보에 '정보 만료일'을 부여할 필요가 있다는 주장도 나오고 있다.

'잊혀질 권리'를 반대하는 사람들은 역사의 기록이 원활하게 지속되지 않을 수도 있고, 일부 기록 삭제에 투입되는 인력과 비용의 문제가 발생할 수 있다고 말한다. 또 이를 적극적으로 나서서 진행할 기업을 찾는 일도 쉽지 않을 것이며, 본질적으로 인터넷의 개방성이라는 정체성이 불분명해질 것이라고 주장한다.

반대로 상당한 시간이 지났음에도 과거에 있었던 일들이나 정보, 기사를 언제든지 검색할 수 있고 유포할 수 있는 소위 '신상 털기'가 가능해짐을 우려하는 목소리 또한 높다. 개인 정보가 불특정 다수에게 공개되어, 본인도 모르게 누군가에 의해 신원파악이 이루어질 수 있는데 이는 범죄에 악용될 가능성이 매우 높기 때문이다. 본인은 물론 제삼자에게까지 영향이 미쳐 사회적으로 큰 문제를 일으킬 수 있다.

① '잊혀질 권리'로 발생하는 비용 처리 문제
② '잊혀질 권리'의 해결책, '정보 만료일'
③ 인터넷의 본질을 무너뜨리는 '잊혀질 권리'
④ 현대의 새로운 기본권, 인터넷상의 '잊혀질 권리'

1회 기출예상 2회 기출예상 3회 기출예상 4회 기출예상 인성검사 면접가이드

14. 다음 밑줄 친 단어의 유의어로 적절하지 않은 것은?

① 이 옷은 회색보다 흰색에 <u>가깝다</u>. → 유사(類似)하다.

② 그 일은 내부규정에 <u>따라</u> 처리하는 것이 맞다. → 준수(遵守)하다.

③ 그 약은 약성이 강해 노인에게 <u>쓰면</u> 위험합니다. → 투사(投射)하다.

④ 경비원은 공장을 한 바퀴 <u>돌고</u> 기숙사로 향했다. → 순찰(巡察)하다.

[15 ~ 16] 다음 글을 읽고 이어지는 질문에 답하시오.

한 개인이 노동 공급을 조절할 수 있는 방법은 크게 두 가지이다. 그중 첫 번째는 노동 시장에 참여할지 여부를 결정하는 것이다. 개인마다 마음속으로 '최소한 이 정도의 임금은 받아야 한다'라는 마지노선이 있는데 이를 유보임금률이라 하며 제시받은 임금이 이에 미치지 못하면 노동 시장에 진입하지 않는다. 두 번째 방법은 일단 노동 시장에 진입한 후 노동 시간을 조절하는 일이다. 사실 노동 시간 조절은 쉬운 일이 아니다. 일단 기업에 들어가면 자의적으로 근무 시간을 조절하는 일은 거의 불가능하기 때문이다. 하지만 수당을 받기 위해 휴가를 반납하고 일을 하는 식으로 약간의 조정은 가능하다.

노동 시장 진입을 결정하든 진입 후 시간 투입량을 결정하든 비교 대상이 되는 것은 임금과 여가의 가치이다. 즉, 임금보다 여가를 중요하게 생각하는 사람들은 돈을 조금 덜 벌더라도 일을 덜 한 채 여가를 즐길 것이고, 돈을 중요시하는 사람들은 쉬는 시간을 줄여서 일을 더 하게 된다. 이때 세금 부과는 임금을 줄이는 역할을 한다. 이는 일을 덜 하게 하는 방향으로 유도하는 것이다. 세금 부과에 따른 임금의 감소가 노동 시간을 줄이고 여가 시간을 늘리는 대체 효과를 발생시키는 반면 반대의 효과도 생각해 볼 수 있다. 갑자기 세금이 부과되면 똑같이 일해서는 예전과 같은 생활 수준을 유지하기 어려우므로, 쉬는 시간을 줄이고 일을 더 하자는 심리가 발동될 수 있다. 임금 하락에 따른 소득 감소가 여가 시간을 줄이고 노동 시간을 늘리는 소득 효과를 발생시키는 것이다.

결국 (㉠   )은/는 대체 효과와 소득 효과 중 어느 것이 더 큰가에 따라 좌우된다. 실증적으로 세율이 아주 낮을 때는 소득 효과가 대체 효과보다 크다고 알려져 있다. 이때는 세율을 높이더라도 일을 더 해서 소득 수준을 유지하자는 심리가 발동해 근무 시간이 늘게 된다. 하지만 세율이 특정 수준을 넘어서면 대체 효과가 더 크게 발동한다.

15. 제시된 글에서 설명하는 경제 논리가 적용된 사례를 〈보기〉에서 모두 고르면?

보기

가. 근로자의 생활 안정을 위하여 임금의 최저 수준을 정하고 사용자가 그 이상의 임금을 지급하도록 하는 최저임금제를 실시한다.

나. 최근 청년들의 취업 선호도와 방식을 보면, 자신이 원하는 임금을 제공하는 직장에 취업할 때까지 실업 상태로 있는 자발적 실업이 늘고 있다.

다. 기업의 투자 증대 및 가계의 소비 촉진을 유도하기 위한 감세 정책이 경기 침체 극복 방안으로 대두되고 있다.

라. 도로교통 위반 시의 범칙금 인상을 통하여 세수 확대를 도모한다.

① 가, 다   ② 가, 라
③ 나, 다   ④ 나, 라

16. 다음 중 제시된 글의 ㉠에 들어갈 내용으로 적절한 것은?

① 임금에 따른 노동 시간의 결정
② 심리에 따른 노동 시간의 결정
③ 소득세 부과에 따른 노동 시간의 결정
④ 생활 수준에 따른 노동 시간의 결정

17. 다음은 △△은행의 '공정거래 자율준수 운영지침'의 일부를 발췌한 것이다. 이에 대한 설명으로 적절하지 않은 것은?

제2장 자율준수 체계

제1절 통칙

제4조(자율준수조직 및 역할) 자율준수조직 및 역할은 다음 각 호와 같다.

1. 각 사업본부장, 지역본부장, 부점장은 소관업무에 대한 자율준수업무를 통할한다.
2. 자율준수관리부서장은 은행의 자율준수업무를 기획·통할한다.
3. 자율준수담당자는 소속부점에 대한 자율준수업무를 수행한다.

제2절 자율준수관리부서

제6조(자료제출 요구) 자율준수관리부서는 직무수행과 관련하여 필요한 경우 임직원에게 관련 자료의 제출 또는 열람 등을 요구할 수 있다.

제7조(자율준수 지도 및 자문) ① 자율준수관리부서는 소관부서의 자율준수업무에 대하여 필요한 지도 및 자문을 할 수 있다.

② 자율준수관리부서는 자율준수담당자 또는 임직원으로부터 자율준수와 관련한 자문요청을 받은 경우에는 성실히 응하여야 한다.

제3절 자율준수담당자

제8조(부점별 자율준수담당자 직무) ① 부점별 자율준수담당자는 소속부점장을 보좌하여 다음 각 호의 직무를 수행한다.

1. 자율준수 프로그램의 수립 및 실행
2. 자율준수 관련 경영진에 대한 보고
3. 공정거래 관련 법규 및 자율준수 관련 소속부점 직원교육·상담
4. 공정거래 관련 법규 위반사항 발견 시 소속부점장을 경유하여 자율준수관리부서에 보고. 다만, 소속부점장에게 보고하는 것이 곤란하다고 판단되는 때에는 자율준수관리부서에 직접 보고
5. 제1호 내지 제4호 관련 내용의 기록 및 유지

② 자율준수담당자는 자율준수관리부서장이 요청하는 경우 제1항 제1호 내지 제5호의 관련 자료를 제출하여야 하며 관리부서장이 요청하는 경우 제1항 제1호 내지 제5호의 관련 자료를 제출하여야 한다.

---

① 자율준수를 위한 관리부서를 두고 그 부서장은 자율준수업무를 기획·통할한다.

② 자율준수와 관련한 내용을 경영진에 보고하는 것은 자율준수담당자의 직무이다.

③ 자율준수담당자는 경우에 따라 소속부점장을 거치지 않고 자율준수관리부서에 직접 보고할 수 있다.

④ 자율준수담당자와 관리부서장은 타 부점 담당자와 전사적 자율준수관리를 위해 정보를 공유한다.

18. 다음 글에서 나타나는 서술 방식이 아닌 것은?

> 3D 프린팅 기술은 미래 제조 혁신이라고 불리며 관심이 최고조에 이르렀다가 현재는 기술 성숙 단계다. 초기에 나왔던 기술이 점점 깊이 있게 개발되고 있는데, 전문가들은 아직 사업화 단계는 요원하다고 진단하기도 한다.
>
> 의료현장에서 실제로 쓰일 수 있도록 프린팅 재료에 대한 개발도 필요하고, 3D 프린터로 만든 신체 일부를 인간의 몸속에 넣었을 때의 반응에 대한 연구도 더 필요하기 때문이다. 특히 인간의 인체에 사용되기 위한 임상 진행도 필수적이라 실제 상용화가 되기까지는 다소 시간이 걸릴 수 있다.
>
> 한국생산기술연구원 박XX 박사는 "바이오프린팅 기술이 개발되고 있지만 아직까지 상용화되기는 어려운 수준"이라면서 "실제 이식을 하기 위해서는 하이드로젤을 사용해 제작해야 하는데 아직은 인체에 이식할 수 있는 수준이 아니다. 기술이 더 개발되어야 실제 활용이 가능할 것"이라고 말했다. 또 "바로 쓰이기 위해서는 공정, 재료 측면에서 고민해 봐야 할 문제들이 많고, 기술적인 성장뿐 아니라 생체 적합성을 파악하는 것이 관건"이라며 "약물, 화장품 등의 후보물질 테스트 등이 시장에서 활용될 것"이라고 주장했다.

① 인용을 통해 주장에 객관성을 확보하였다.
② 상반되는 의견의 대립 구조를 통해 합리적인 결론을 도출하였다.
③ 주장에 대한 과학적인 근거를 제시하였다.
④ 전문가의 의견을 통해 문제점에 대한 해결 방향을 제시하였다.

19. 다음 중 △△공사의 능력평가사업에 관해 이해한 내용으로 옳지 않은 것은?

국가자격의 관리는 우수한 산업인력 확보와 인적자원의 수준 향상을 위한 정책 도구로 개인에게는 취업 및 직무활동 시 적합한 인재임을 보여 주는 수단이 된다. 이에 정부는 국가 인적자원개발과 국민의 직업능력개발을 촉진하고자 1973년 「국가기술자격법」을 제정하여 각종 자격제도를 정비·관리하고 운영의 효율화를 도모하였다. 이후 1981년 「국가기술자격법」을 개정해 이듬해인 1982년 △△공사를 설립함으로써 자격시험사업을 수행하도록 하였다. 산업현장의 직무 내용에 부합하는 시험문제 출제, 실기시험문제 사전 공개를 통한 실기 능력 향상, 문제은행의 전산화 및 시험평가 방법 개선 등을 통해 자격시험의 공정성을 강화한 것이다.

1990년대에 이르러서는 수험자들에게 편의를 제공하고자 자격시험업무 처리절차와 방법을 간소화하는 한편 상설시험장 설치 및 시험지역의 확대, 업무의 온라인화 등을 통해 수험자 편의 위주의 자격시험이 시행될 수 있도록 노력하였다. 또한 그동안 기술계·기능계로 이분화하였던 등급체계를 단일화하고 사무관리 분야의 국가기술자격 신설 추진계획을 수립하여 부동산, 금융, 증권, 보험, 경영, 노무, 손해사정 등과 관련한 자격종목의 신설 업무를 추진하였다.

2000년대에 이르러 국가자격제도는 신산업, 신기술의 발달과 사회구조의 다양화, 평생능력개발에 대한 인식 제고 등으로 자격종목의 지속적 신설·통합과 함께 시행제도 및 운영체계 등이 크게 개선되었다. 이에 공사는 사업 운영의 효율화, 고객중심의 시험 운영 개선, 합리적인 국가자격시험체계 구축 등의 다양한 노력을 기울이고 있다. 또한 2002년부터는 국가자격체계 운영 및 평가의 기반이 되는 국가직무능력표준(NCS) 개발사업도 정부로부터 위탁받아 수행하고 있다.

2008년부터는 관련법령에 따라 공사에서 시행할 수 있는 근거가 마련된 21개 국가전문자격의 통합 관리를 시작하였다. 기존 국가기술자격 인프라를 활용하여 표준화된 절차와 방법으로 국가전문자격을 관리·시행하고, 자격시험 시행지역의 확대 및 업무프로세스 개선을 통해 전문성을 강화하였다. 특히 2010년에는 국가자격시험사업의 안정적인 수행을 위해 철저한 보안, 숙박 편의 시설 및 인쇄 장비 등이 구비된 출제발간센터를 부산에 건립하였다.

---

① △△공사는 법률에 근거해 국가자격시험사업을 수행하고 있다.

② 자격시험은 필기시험뿐만 아니라 실기시험도 포함한다.

③ 국가직무능력표준(NCS) 개발사업은 △△공사에서 타 기관으로 재위탁되었다.

④ 1990년대 공사는 보험, 경영, 노무, 손해사정 등과 관련한 자격종목의 신설 업무를 담당하였다.

20. 다음 (가) ~ (마)를 문맥에 맞게 재배열한 것은?

(가) 그러나 사실 샌드위치의 기원은 이보다 훨씬 이전인 기원전 1세기로 거슬러 올라간다. 유대교의 현자 힐렐이 유월절 기간에 누룩을 넣지 않고 만든 빵인 무교병 사이에 양고기와 쓴맛의 허브를 넣어서 먹었다는 기록이 있다. 아마도 오늘날 우리가 '샌드위치'라 부르는 음식에 대한 가장 오래된 기록일 것이다. 로마인들은 이 음식을 '힐렐의 간식'이라는 의미의 '씨부스 힐렐리'라고 불렀다. 그리고 샌드위치 백작의 이야기를 통해서도 알 수 있듯이 중동과 근동지역을 포함한 다른 문화권에서는 서구나 유럽에서 인기를 끌기 훨씬 오래전부터 샌드위치와 유사한 형태의 음식을 만들어 먹고 있었다. 그뿐만 아니라 네덜란드에서 만들어진 속을 가득 채운 롤빵 '벨레제 브루제'는 샌드위치 백작이 도박을 배우기도 전인 17세기에 이미 인기를 끌고 있었다.

(나) 이처럼 샌드위치는 가정에서 땅콩버터나 잼, 햄 따위를 넣어 직접 만들어 먹을 수 있는 음식임에도 불구하고 샌드위치 시장은 점점 거대해지고 있다. 베트남의 반미나 스칸디나비아의 스모레브로드 같은 샌드위치는 전 세계 어디에서나 접할 수 있는 음식이 되었다. 이것은 '한 사람을 위한 간식'이 세계인이 사랑하는 음식이 된 좋은 예이다.

(다) 샌드위치가 밤늦게 카드놀이를 즐기던 남자들의 간식에서 모든 사람이 즐겨 찾는 보편적인 음식으로 바뀌기까지는 꽤나 오랜 시간이 필요했다. 그렇다고 해서 샌드위치를 우리가 살고 있는 21세기의 음식이라고 생각하는 것은 큰 착각이다. 1824년에는 《버지니아의 주부들》이라는 책에 굴을 넣어서 먹는 빵이 소개되었으며, 또한 19세기 말에는 이미 샌드위치가 널리 보편화되어 《1887년 백악관 요리》에도 기록되어 있기 때문이다.

(라) 샌드위치 백작 4세인 존 몬테규(John Montague)는 두 조각의 빵 사이에 속을 채운 인기 있는 간식에 자신의 작위(爵位)를 확실하게 남기는 엄청난 업적을 이룩했다. 도박에 심취했던 샌드위치 백작 존 몬테규는 카드게임을 멈추지 않고 허기와 식욕을 충분히 만족시킬 수 있는 음식을 만들기 위해 오랫동안 고민했다. 그는 1762년 중동과 근동지역 여행 중에 이 문제를 간단히 해결할 수 있는 음식을 찾았고 실제로 만들어 먹기 시작했다. 이것이 우리에게 흔히 알려져 있는 샌드위치의 기원이다.

(마) 미국에서는 샌드위치가 대중들에게 널리 알려지고 인기가 높아지면서 그 종류도 이전보다 더욱 다양해졌다. 샌드위치는 가정에서 간편하게 만들 수 있었기에 사람들은 햄 비스킷에서 루벤스 델리까지, 머플레타에서 BLT(베이컨, 상추, 토마토) 샌드위치까지, 루스미트와 치즈스테이크까지 다양한 방법을 시도했다. 뿐만 아니라 빵과 빵 사이 내용물이 아닌 빵 자체에 천착한 시도도 있었다. 풀맨 로프라고 하는 샌드위치 빵은 편리한 직사각형 형태의 단단한 빵으로 기존의 샌드위치용 빵이 먹을 때 빵가루가 무릎에 떨어져 옷이 더러워지는 문제점을 해결할 수 있게 해 주었다.

① (가)-(나)-(다)-(라)-(마)　　② (나)-(다)-(가)-(라)-(마)
③ (다)-(라)-(가)-(마)-(나)　　④ (라)-(가)-(다)-(마)-(나)

21. 문제해결을 위한 사고방식에 관한 다음 대화 내용 중 적절하지 않은 것은?

> ㉠ "복잡한 해결책을 보다 주변에서 얻을 수 있는 단순한 정보로 실마리를 풀어 가는 게 낫지 않겠어요?"
>
> ㉡ "필요한 자원의 확보 계획을 세우고 그것들을 효과적으로 활용할 수 있는 능력이 필요한 거죠."
>
> ㉢ "문제 전체에 집중하기보다 문제를 각각의 요소로 나누어 그 요소의 의미를 도출하고 우선순위를 부여하는 방법이 좋겠어."
>
> ㉣ "그 문제가 다른 문제나 연관 시스템과 어떻게 연결되어 있는지를 파악하는 것도 매우 중요하지."

① ㉠
② ㉡
③ ㉢
④ ㉣

22. 회사 내에서 직원 단합을 위한 체육대회를 개최하였고, 각 부서별 대표 1명 또는 2명씩 총 7명 (A, B, C, D, E, F, G)이 달리기 시합을 진행하였다. 시합 결과를 기록하고 있는 P는 결승선을 통과한 직원의 순서를 다음 〈조건〉과 같이 정리였을 때, 첫 번째로 결승점에 들어온 직원은?

조건
• 네 번째로 들어온 사람은 D이다. • F보다 D가 나중에 들어왔다. • G보다 F가 나중에 들어왔다. • B보다 E가 나중에 들어왔다. • D보다 E가 나중에 들어왔다. • G보다 B가 나중에 들어왔다. • A보다 F가 나중에 들어왔으나 A가 1등은 아니다.

① B
② C
③ E
④ G

23. 다음 R 여행사의 통영 여행 일정표에 대한 해석으로 옳지 않은 것은?

〈여행 일정표〉

시간	상세설명	
1일차	06 : 30	• 시청역 5번 출구 앞 집결 후 출발(당일 출발 예정 시간까지 출발 장소에 나오지 못한 손님에 대해서는 별도의 연락 없이 바로 출발)
	12 : 30	• 경남 거제 도착　　　　　　　　　　• 중식(A 횟집에서 제공)
	14 : 00	• 해금강 해상투어 및 외도해상농원 산책(외도에서는 1시간 30분 동안 각자 자유롭게 산책한 후 선착장으로 돌아오면 됨)
	17 : 30	• 통영으로 이동 • 미륵산 케이블카 탑승(국내 최장의 케이블카를 타고 미륵산 정상에 올라 통영과 한려수도 조망)
	19 : 00	• 통영* 강구안으로 이동 후 야경 감상 • 활어회 시장에서 자유 시간 및 석식(활어회 등으로 각자 자유 석식) * 강구안은 육지로 바다가 들어온 항구이며, 그 근처에서 충무김밥을 맛볼 수 있음.
	21 : 00	• 숙소로 이동(진주 K 호텔)
2일차	06 : 30	• 숙소 출발
	08 : 00	• 거제 저구항에서 여객선 승선 • 소매물도로 이동(소매물도는 작고 예쁜 섬으로 등대섬과 이웃하고 있음. 마을 정상에서 등대섬을 비롯한 주변 바다의 풍경을 조망)
	11 : 30	• 소매물도에서 출발
	13 : 00	• 바람의 언덕으로 이동　　　　　　　• 중식(도시락 제공)
	14 : 30	• 서울로 출발
	20 : 40	• 서울 시청 앞 서소문 도착 및 해산

〈1인당 숙박비〉

구분	2·3인 1실	4인 1실
성인	149,000원	139,000원
어린이	139,000원	139,000원

① 1일차 석식으로 R 여행사에서 충무김밥을 제공한다.

② 미륵산 케이블카를 타기 전에 외도해상농원 산책을 한다.

③ 부모와 어린이 한 명으로 구성된 가족의 경우 숙박비는 437,000원이다.

④ 1일차 오전 6시 반까지 시청역 앞에 모여 거제로 출발하고, 다음 날 저녁 8시 40분에 서울 시청 앞 서소문에서 해산한다.

24. 다음은 P사의 근무 계획과 관련된 내용이다. 가장 적은 부서원이 근무하는 요일은?

> • P사는 토요일을 제외한 나머지 요일에 한 사람 이상 출근해야 한다. 토요일만 휴일이다.
> • 갑(남자)과 을(남자)은 평일에 하루씩 교대로 근무한다.
> • 병(여자)은 평일 중 4일 근무하며, 이번 주에는 화요일에 쉬기로 했다.
> • 정(여자)은 주말 1일과 평일 3일을 근무한다.
> • 무(여자)는 주말 1일과 평일 1일을 근무한다. 이번 주에는 월요일에 반드시 근무하기로 했다.
> • 평일 근무에 있어서 정은 여자 중 특정 1명하고만 근무를 같이 서도록 계획되어 있다.

① 일요일   ② 월요일
③ 화요일   ④ 수요일

25. 다음 글에서 설명하고 있는 문제 유형은?

> 드러나지 않은 문제로, 상황분석이 필요하여 현재 발생하고 있는 문제는 없는지, 향후 발생할 것으로 예측되는 문제는 없는지 등을 파악하는 것이다.

① 설정형 문제   ② 탐색형 문제
③ 발생형 문제   ④ 해결형 문제

26. 다음 그림과 〈조건〉을 참고할 때, 팀 위치에 대한 추론으로 잘못된 것은? (단, 방향은 제시된 방향을 기준으로 한다)

	[3층]	1실	2실	3실
왼쪽	[2층]	4실	5실	6실	오른쪽
	[1층]	7실	8실	9실

〈조건〉

1) 8개 팀(A, B, C, D, E, F, G, H)이 있고, 3개 층을 사용하고 있다.
2) 한 층에는 2개 팀과 휴게실, 나머지 두 층에는 각각 3개 팀을 배치하였다.
3) H 팀과 D 팀은 같은 층이며, H 팀은 D 팀 바로 왼쪽에 배치한다.
4) F 팀과 C 팀은 같은 층이며, F 팀은 C 팀 바로 오른쪽에 배치한다.
5) 휴게실, C 팀은 각 층의 가장 왼쪽 사무실에 배치되었다.
6) 휴게실과 가장 먼 곳에 배치된 팀은 D 팀이다.
7) A 팀은 G 팀보다 낮은 층에 위치하고, A 팀 위에는 E 팀이 있다.
8) B 팀은 H 팀과 같은 층에 위치한다.
9) C 팀과 D 팀은 휴게실보다 낮은 층에 있다.

① 휴게실은 1실에 있다.
② A 팀은 B 팀보다 한 층 위에 있다.
③ D 팀은 2실, E 팀은 3실에 있다.
④ F 팀은 A 팀과 C 팀 사이에 있다.

27. 다음 중 김세돌 9단, 박봉수 9단, 이훈현 9단의 연도별 상호 바둑 대국 결과에 대한 설명으로 옳은 것은? (단, 3인의 상호 대국 수는 동일하다)

〈연도별 대국 결과〉

(단위 : 판)

구분 연도	김세돌		박봉수		이훈현	
	승	패	승	패	승	패
2018년	12	8	9	11	9	11
2019년	12	8	11	9	7	13
2020년	8	12	11	9	11	9
2021년	15	5	6	14	9	11
2022년	13	7	11	9	6	14

① 김세돌 9단이 매년 박봉수 9단에게 6승을 거두었다면, 이훈현 9단에 대한 김세돌 9단의 맞대결 전적이 열세인 해는 2개 년도이다.

② 2020년 김세돌 9단은 모든 맞대결 성적에서 열세이다.

③ 2021년 박봉수 9단은 어느 누구와의 맞대결 성적에서도 우세한 성적을 거두지 못했다.

④ 2018년 박봉수 9단이 이훈현 9단과 5승 5패로 대등한 성적을 거두었다면, 두 사람의 김세돌 9단에 대한 2018년도 대국 성적은 동일하다.

28. 다음 〈사실〉을 참고할 때 제시된 〈결론〉에 대한 설명으로 옳은 것은?

사실

• 순희는 영희보다 나이가 2살 많다.
• 영수는 영희보다 1살 어리다.
• 철수는 넷 중에 가장 나이가 많다.

결론

A. 넷 중에 가장 어린 사람은 영희이다.
B. 철수는 영수보다 나이가 3살 많다.

① A만 항상 옳다. ② B만 항상 옳다.
③ A, B 모두 항상 옳다. ④ A, B 모두 항상 그르다.

29. 박 씨는 A, B, C 세 지역의 물을 성분 분석하였다. 다음 〈보기〉 중 옳은 것은?

〈성분 분석 주의사항〉

• 박 씨가 사용한 성분 분석 키트는 X, Y, Z 세 가지 성분에 대하여 분석 가능하다.
• 키트의 상부에 수질 샘플을 주입하면 각 성분 중 가벼운 성분일수록 밑으로 멀리 내려가고, 무거운 성분일수록 주입부와 가까운 곳에 위치한다.

〈성분 분석 결과〉

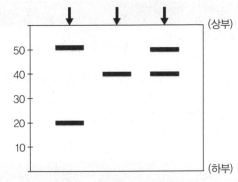

• C 지역의 물은 세 가지 중 한 가지 성분만을 포함하고 있다.
• X 성분은 한 지역에서만 검출되었다.
• A 지역과 B 지역의 물에서는 Z 성분이 동시에 검출되었다.

※ 단, 성분 분석 결과는 지역명과 무관한 순서로 나열되어 있다.

보기

(가) 세 성분의 무게는 Z > Y > X 순이다.
(나) B 지역에서 Y 성분이 검출되었다면 A 지역에서는 X 성분이 검출되었다.

① (가) ② (나)
③ (가), (나) ④ 모두 옳지 않음.

[30 ~ 31] 부가가치세에 대한 다음 자료를 보고 이어지는 질문에 답하시오.

부가가치세란 상품(재화)의 거래나 서비스(용역)의 제공과정에서 얻어지는 부가가치(이윤)에 대한 과세이다. 물건 값에 포함되어 실제로는 최종소비자가 부담하고 사업자가 세무서에 납부한다. 사업자가 납부하는 부가가치세는 매출세액에서 매입세액을 차감하여 계산하므로 과세대상 사업자는 상품을 판매하거나 서비스를 제공할 때 거래금액에 일정금액의 부가가치세를 징수하여야 한다.

〈부가가치세 사업자별 세액 계산〉

구분	기준 금액	세액 계산
일반과세자	연간 매출액 4,800만 원 이상	매출세액(매출액의 10%) − 매입세액 = 납부세액
간이과세자	연간 매출액 4,800만 원 미만	(매출액 × 업종별 부가가치율 × 10%) − 공제세액 = 납부세액 ※ 공제세액 = 세금계산서에 기재된 매입세액 × 해당업종의 부가가치율

〈간이과세자의 업종별 부가가치율〉

업종	부가가치율
전기 · 가스 · 증기 및 수도 사업	5%
소매업, 음식점업, 재생용 재료수집 및 판매업	10%
제조업, 농 · 임 · 어업, 숙박업, 운수 및 통신업	20%
건설업, 부동산임대업, 기타 서비스업	30%

30. 다음 중 부가가치세에 대하여 올바르게 이해하지 못한 것은?

① 판매자는 최종소비자가 지불한 부가가치세를 국가에 대신 납부하는 의무를 가진다.

② 간이과세자는 일반과세자에 비해 부가가치세 납부액이 적을 것이다.

③ 판매자가 거래금액 대비 부가가치세 비율을 설정할 수 있다.

④ 부가가치세는 소득과 관계없이 동일한 세금을 납부하는 간접세에 해당한다.

31. K 씨가 다음 상황에서 납부할 연간 총 부가가치세는 얼마인가?

> K 씨가 운영하는 타이어 공장의 연간 매출액은 4,500만 원, 세금계산서상의 총 매입세액은 130만 원이다.

① 52만 원　　　　　　　　　　② 64만 원
③ 70만 원　　　　　　　　　　④ 75만 원

32. 다음 글을 근거로 판단할 때 프로젝트의 최종 마무리까지 소요되는 시간은? (단, 각 단계 종료 즉시 결과를 메일로 발송하며 메일 송수신이 지연되는 경우는 없다)

> 런던 지사에서 근무하는 김○○ 대리, 시애틀 지사에서 근무하는 박□□ 대리 그리고 서울 본사에서 근무하는 이△△ 과장이 같은 프로젝트를 진행한다. 김 대리가 런던 시각으로 11월 1일 오전 9시에 시작해서 당일 오후 10시에 1단계를 마치면, 1단계의 결과를 받은 박 대리는 시애틀 시간으로 11월 2일 오후 3시에 2단계를 마친다. 2단계 결과를 받은 이 과장은 서울 시간 기준으로 11월 3일 오전 10시에 프로젝트를 최종 마무리한다.
>
> ※ 런던은 GMT+0, 서울은 GMT+9, 시애틀은 GMT−7을 표준시로 사용한다.

① 34시간　　　　　　　　　　② 36시간
③ 40시간　　　　　　　　　　④ 42시간

[33 ~ 34] 다음 자료를 보고 이어지는 질문에 답하시오.

회의록			
회의명	○○기업 사내 절전 관련 1차 회의		
일시	20XX. 05. 01.	장소	본사 세미나실
회의자료	• 여름철 전력 수요 상황표 • 사용 대상 절전 인식의 조사 필요성		
참석자	• 온라인 개발팀 : A 팀장, B 대리 • 인사 관리팀 : C 과장, D 사원, E 사원 • 자원 관리팀 : F 사원, G 사원		
내용	1. 목적 　– 사내 전력 낭비에 대한 인식 제고와 절전 의식 강조 2. 추진 방향 　– 사용물의 절전에 대한 인식을 조사하고 합리적인 절전 방안을 마련 3. 설문조사의 필요성 　– 식사 시간 및 휴식 시간에 컴퓨터 모니터와 전원을 끄지 않는 경우가 많아 해당 원인을 파악하는 조사가 필요함. 　– 사무실 에어컨의 적정온도, 설정온도가 지나치게 낮아서 낭비의 원인이 된다는 지적이 있어 조사가 필요함. 　– 사용하지 않는 프린터기, 복사기 등의 전원이 늘 켜져 있어 실태조사가 필요함. 　– 퇴근 시 사무실의 개인조명 및 전체 조명이 켜져 있는 경우가 자주 보임. 　– 형식적인 보고서로 낭비되는 종이 문제도 기타 안건으로 제시함. 4. 향후 프로젝트 회의 일정 　– 20XX년 5월 14일, 20XX년 5월 28일 예정 5. 협력 부서별 업무 분담 사항 　– 온라인 개발팀 : 컴퓨터 절전용 보안 프로그램 개발 및 전기 사용 수치 공개 검토 　– 자원 관리팀 : 사무실 전기 사용 및 여름철 에어컨 온도에 대한 의견 보고서와 종이 사용에 대한 문제 조사. 퇴근 후 전기시설 점검을 위해 보안팀에 협조 요청 　– 인사 관리팀 : 절전 문제를 직원 인사 점수에 반영할 수 있는지 점검. 절전 성과에 따른 임금 및 인센티브 제공 방안 마련		

33. 회의록을 바탕으로 할 때, 다음 회의까지 각 사원들이 준비해야 할 사항으로 적절하지 않은 것은?

① 온라인 개발팀 A 팀장 : 현재 사내에서 사용하고 있는 보안 프로그램에 절전 기능을 추가할 수 있는지 알아봐야겠어.

② 인사 관리팀 C 과장 : 불시 점검으로 과도하게 전기 사용이 높은 부서에는 해당 수치를 표시하는 계기판을 붙여야겠어.

③ 인사 관리팀 D 사원 : 온라인 개발팀에서 보안 프로그램에 절전 기능을 추가할 때, 협조를 구해 사무기기를 끄지 않은 직원을 자동으로 점검하여 인사점수에 반영할 수 있는지 알아보자.

④ 자원 관리팀 F 사원 : 에어컨 온도의 적정한 수준에 대해서 설문조사를 실시해야겠는걸.

34. ○○기업의 자원 관리팀에서는 전기 및 자원 절약을 위하여 해결책에 대한 설문조사를 진행한 뒤 결과를 정리하였다. 다음의 조사 내용 중 향후 회의에서 보고할 내용으로 가장 적절한 것은?

① 에어컨이 너무 춥다고 하는 사람도 있고 덥다고 하는 사람도 있어 사람들이 겉옷을 다 가져오는 것을 해결책으로 제안합니다.

② 프린터기의 전기낭비는 보고서 때문입니다. 언제 올지 모르는데 꺼 둘 필요가 있나요? 상관들이 보고서를 요구하면 빨리 제출해야 하거든요.

③ 제가 업무 특성상 자리를 비우는 경우가 잦은데요. 잠시 자리를 비울 때마다 전원이 꺼져 있으면 아무래도 주변 동료들이 불성실한 사원이라고 생각할 수 있습니다.

④ 종이 보고서가 아니라 전자 보고서를 쓰면 더 편하긴 한데. 아무래도 상사들이 종이를 선호하는 경향이 있어 종이 보고서를 제출하게 됩니다.

35. 다음 글을 통해 알 수 있는 논리적 오류는?

> 코로나19가 치료된 원인이 의학적으로 증명되지 않았으므로 이는 신이 도운 것이다.

① 무지에 호소하는 오류   ② 거짓 딜레마
③ 복합 질문의 오류   ④ 의도 확대의 오류

36. 원활한 업무를 위해 해결되어야 하는 문제는 일반적으로 창의적 문제와 분석적 문제로 구분된다. 이 중 분석적 문제에 대한 설명으로 옳지 않은 것은?

① 미래의 문제로 예견될 것에 대한 문제 탐구로, 문제 자체가 명확하다.

② 해답의 수가 적으며 한정적이다.

③ 객관적, 이성적이고 정성적인 특징을 갖는다.

④ 귀납, 분석과 같이 논리적인 방법으로 해결한다.

37. 다음 사례에서 알 수 있는 문제해결의 방해요인은?

> 공사를 진행할 때의 일이었습니다. 콘크리트로 만드는 스타비트가 18만 개 필요한 상황이었는데 하루에 200개씩, 총 900일 동안 생산해야 했습니다. 현장에 가보니 레미콘 트럭에서 직접 거푸집으로 콘크리트를 부어넣는 게 아니라 먼저 트럭에서 크레인 버킷으로 일단 콘크리트를 쏟아낸 다음에 그것을 다시 거푸집으로 옮기고 있었습니다. 두 단계면 될 일을 세 단계에 걸쳐서 하니 그만큼 시간이 더 걸리고 있었습니다. 왜 이런 식으로 복잡하게 하느냐고 물으니, 레미콘 트럭의 배출구 높이와 거푸집 높이가 맞지 않기 때문이라는 대답이 돌아왔습니다. 이를 안 회장님은 당장 레미콘 트럭의 배출구를 개조하라고 하였고, 그 이후 스타비트의 1일 생산량이 200개에서 500개로 대폭 늘어났습니다.

① 쉽게 떠올릴 수 있는 단순한 정보에 의지하는 경우

② 선입관이나 고정관념에 얽매이는 경우

③ 너무 많은 자료를 모으려고 하는 경우

④ 비용적인 문제에만 치중한 경우

38. A 제품을 생산하는 공정에는 총 4단계의 오류 점검 단계가 있다. 갑, 을, 병, 정 네 사람이 각각 순서대로 1단계, 2단계, 3단계, 4단계를 점검한다. 점검 결과, 총 4단계 중 단 한 단계에서만 오류가 발견되었다. 다음 보고 내용에서 네 사람 중 한 명만 거짓을 말하고 있다면, 거짓을 말한 사람과 오류가 있는 단계를 차례로 바르게 나열한 것은?

> 갑 : 3단계에서 오류가 있었습니다.
> 을 : 저는 오류를 발견하지 못했습니다.
> 병 : 2단계에서 오류가 있었습니다.
> 정 : 4단계에는 오류가 전혀 없었습니다.

	거짓을 말한 사람	오류가 있는 단계		거짓을 말한 사람	오류가 있는 단계
①	갑	2단계	②	을	2단계
③	병	2단계	④	병	3단계

39. 다음 기사글을 읽고 추론한 내용으로 적절하지 않은 것은?

> 정부는 그동안 경제 성장을 위해 국제 수준보다 낮은 환경 기준을 적용했다. 그러나 이러한 소극적 대응이 단기적으로는 유리하지만 장기적으로는 수출 및 기업 경쟁력을 약화시킬 수 있다는 판단에 따라 경제 성장과 환경 문제를 동시에 고려하는 정책을 추진하겠다고 밝혔다. 계획 중인 정책 중 하나는 정부가 환경친화적인 새로운 에너지의 개발 및 보급을 추진하겠다는 것이다.
>
> (하략)

① 산업구조를 에너지 절약형으로 개선할 필요가 있다.
② 국제 환경 기준에 미달하는 제품은 수출하기가 점점 어려워질 것이다.
③ 환경을 고려한 기업 활동을 함으로써 시행 초기에 생산 비용을 줄일 수 있을 것이다.
④ 앞으로 정부에서 좀 더 강화된 환경 기준을 적용할 것으로 예상된다.

40. 다음 영업사원 김 씨가 〈보기〉와 같은 상황에서 작성한 이메일 내용 중 문제해결 방법이 다른 한 가지는?

> **보기**
>
> A 기업 김 씨는 B사에 전기용품을 납품하고 있는 영업사원이다. B사에서는 장기간 꾸준하게 발주를 해 주었고 김 씨는 그 덕에 우수한 실적을 유지할 수 있었다. 그러나 최근 B사의 구매 담당자가 물품 납품 가격을 인하해 줄 것을 요구하였다. 하지만 요청하는 가격의 인하폭이 너무 커서 도저히 감당할 수 없는 상황이다. 이에 김 씨는 B사 구매 담당자에게 장문의 이메일을 발송하였고, 이메일을 본 B사의 구매 담당자는 결국 가격 인하 요구를 철회하였다.

① 그렇게 큰 폭으로 가격을 인하하면 귀사와 거래를 지속할 수 있는 방법이 없습니다.

② 그 정도 인하폭은 물리적으로 불가능한 것은 아닙니다. 그러나 그렇게 인하할 경우 그 어떤 공급자라도 원자재 품질을 그대로 유지하기 어렵습니다. 이는 결국 귀사가 공급받는 제품의 품질과도 직결되는 문제가 될 겁니다. 제가 우려하는 게 바로 그 부분입니다.

③ 그 가격을 수용하게 되면 전 이익 목표를 달성하기 위해 다른 거래처를 또 다시 확보해야만 합니다. 그간 거래관계를 감안해서 제 사정도 좀 이해해 주시기 바랍니다.

④ 그 정도 인하폭은 제가 결정할 수 있는 범위를 벗어나는군요. 아무리 제 담당 업무이지만 저희 회사 손익 구조를 다시 한 번 파악한 후 팀장님께 보고 드려 결과를 말씀드리도록 하겠습니다.

📖 **제3영역**

✎ 평가시간은 영역별로 제한하지 않으나 각 영역별 20문항 15분을 권장합니다.

41. 시간자원에 대한 다음 대화 중 가장 적절하지 않은 의견은?

① 시간은 전혀 융통성 없이 멈추지 않고 흐르기만 할 뿐이야.
② 누구에게 빌리거나 나중을 위해 저축해 둘 수 없는 것이 시간인 것 같아.
③ 시간은 항상 누구에게나 똑같은 속도로 흐르지만 각자가 느끼는 바가 다를 뿐이지.
④ 시간은 누구에게나 같은 값어치로 다가오고 언제나 같은 밀도를 제공한다는 점에서 매우 중요해.

42. A는 자사에 사무용품을 조달하는 업무를 담당하고 있으며 매월 정기적으로 복사용지 4박스, 포스트잇 6묶음, 프린트 토너 2개, 볼펜 6묶음을 구입해야 한다. 다음 〈조건〉을 고려할 때, 4월에 이달 치 필요한 사무용품을 모두 구입하는 가장 저렴한 방법은? (단, 행사가 적용되는 경우에도 필요한 만큼만 물품 구매가 가능하다)

업체 \ 종류	프린트 토너 (원/개)	복사용지 (원/박스)	포스트잇 (원/묶음)	볼펜 (원/묶음)
M사	15,000	20,000	3,000	1,500
C사	16,000	18,000	1,500	2,500
A사	18,000	21,000	2,000	2,000

조건

• M사 : 매월 5일에 20% 할인이 적용된다. 단, 매월 단기 이벤트로 월과 일의 숫자가 같은 날(예 3월 3일)에 30% 할인이 적용된다. 온라인으로 구입 가능하며, 최종결제액이 10만 원 미만일 경우 배송비 5,000원이 부과된다.

• C사 : 현재 오픈 이벤트로 모든 품목에 10% 할인이 적용된다. 온라인으로 구입 가능하며, 10만 원 미만 주문 시 배송료 3,000원이 부과된다. 매월 5일에는 무료배송을 실시한다.

• A사 : 매월 11일에 복사용지에 한하여 1+1 이벤트를 실시하여 복사용지 1박스 구입 시 1박스를 무료 증정한다. 온라인으로 구입 가능하며 결제 금액에 따른 배송비가 부과되지 않지만, 1+1 이벤트 상품을 구입할 경우 배송비가 10,000원 부과된다.

① 4월 5일에 M사에서 주문
② 4월 4일에 M사에서 주문
③ 4월 5일에 C사에서 주문
④ 4월 11일에 A사에서 주문

43. 다음과 같은 (가), (나) 두 상황에 대한 설명 중 올바르지 않은 것은?

> (가) 이번 제품개발 프로젝트의 성공 여부에 회사의 운명이 걸려 있는 만큼 반드시 성공을 이루어 내기 위하여 개발팀장은 처음부터 충분하고 여유 있는 개발비용을 책정하였다. 개발팀장은 실제 예상되는 비용보다 과하게 책정된 점을 모르지 않았지만, 프로젝트 성공을 위해서 비용 투입이 장애가 되어서는 안 된다는 확고한 생각을 가지고 있었다.
>
> (나) 개발팀장은 계획 단계부터 제품개발 프로젝트에 책정된 개발비용이 실제 지출되어야 할 비용보다 낮다는 것을 깨달았다. 이로 인해 제품개발이 완료된 시점에서 판매가격 또한 원래의 계획에 맞춰 낮게 책정되었기 때문에 제품의 판매량이 증가함에 따라 손실액도 커지게 되는 악순환이 반복될 수밖에 없었다.

① (가)의 경우 과다한 개발비용 책정으로 인해 제품의 경쟁력이 약화될 수 있다.

② (가)와 같이 개발 책정 비용이 많으면 예산 운용이 자칫 방만해질 수 있다.

③ (나)의 경우 낮은 비용 책정이 적자 발생으로 이어질 수 있다.

④ (나)의 경우 장기적으로는 손실이 발생하지만 개발 자체로는 이익이 된다고 볼 수 있다.

44. 다음은 물적자원의 관리 과정에 따라 발생할 수 있는 결과를 나타낸 것이다. 이를 참고할 때, 기업의 물적자원을 효과적으로 관리한 사례는?

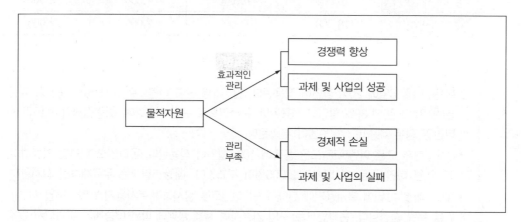

① 김 대리는 타 부서보다 소모품을 많이 구매했기 때문에 기업 경쟁력 향상에 도움을 주었다.

② 영업부에 근무하는 진 사원은 거래처에서 반품된 물품을 복구하는 데 집중하고 있다.

③ 우 사원은 자신이 사용하고 있는 개인 노트북을 분실해 손실이 발생했다.

④ 손 사원은 회사차량을 점검하면서 교체 시기보다 훨씬 자주 엔진오일을 교체한다.

45. 다음은 신입사원들의 프로필을 간략하게 정리한 표이다. 인사팀에서 이 정보를 종합적으로 고려하여 부서배치를 한 결과로 가장 적절하지 않은 것은?

사원	전공	외국어	특이사항	면접 메모
A	무역학	영어	타사 영업부서 경력	밝고 긍정적, 적극적인 성격
B	경영학	영어	공모전 수상 경력	말을 차분하고 논리적으로 잘함
C	회계학	–	AFPK, 전산세무회계 자격증	침착하고 조용한 성격
D	국제경영학	영어, 중국어	해외영업, 지사 근무 희망	외국어 구사 능력이 뛰어남

① A – 국내 영업팀   ② B – 기획팀

③ C – 회계팀   ④ D – 총무팀

46. 다음 (가) ~ (라)는 자원관리 기본과정의 각 단계에 대한 설명이다. 이를 과정의 순서에 맞게 재배열한 것은?

> (가) 자원을 실제 필요한 업무에 할당하여 계획을 세워야 한다. 여기에서 중요한 것은 업무나 활동의 우선순위를 고려하는 것이다. 최종적인 목적을 이루는 데 가장 핵심이 되는 것에 우선순위를 두고 계획을 세우는 것이다. 만약 확보한 자원이 실제 활동 추진에 비해 부족할 경우 우선순위가 높은 것에 중심을 두고 계획하는 것이 바람직하다.
>
> (나) 확보된 자원을 활용하여 계획에 맞는 업무를 수행해 나가야 한다. 물론 계획에 얽매일 필요는 없지만 최대한 계획대로 수행하는 것이 바람직하다. 불가피하게 수정해야 하는 경우에는 전체 계획에 미칠 수 있는 영향을 고려해야 한다.
>
> (다) 실제 상황에서 그 자원을 확보하여야 한다. 수집 시 가능하다면 필요한 양보다 좀 더 여유 있게 확보해야 한다. 실제 준비나 활동을 하는 데 있어서 계획과 차이를 보이는 경우가 빈번하기 때문에 여유 있게 확보하는 것이 안전하다.
>
> (라) 업무를 추진하는 데 있어서 어떤 자원이 필요하며, 또 얼마만큼 필요한지를 파악하는 단계이다. 자원은 크게 시간, 예산, 물적자원, 인적자원으로 나누어지지만 실제 업무 수행에서는 이보다 더 구체적으로 나눌 필요가 있다. 구체적으로 어떤 활동을 할 것이며, 이 활동에 어느 정도의 시간, 돈, 물적 · 인적자원이 필요한지를 파악한다.

① (가) – (다) – (나) – (라)   ② (다) – (라) – (나) – (가)

③ (라) – (다) – (가) – (나)   ④ (라) – (다) – (나) – (가)

[47 ~ 48] ○○공단 A 지사는 자체적으로 전기를 생산할 것인지를 결정한다. 이를 위해서 다음과 같은 자료를 참고하여 실제로 지출한 시장가격이 아닌 회계가격을 기준으로 전기 10kW당 생산비를 계산해야 한다. 이어지는 질문에 답하시오.

보기

회계가격＝시장가격×회계가격비율
전기 10kW당 생산비 : 10,000원

구분	시장가격	회계가격비율	회계가격
1. 자본비용	6,000원		
1) 발전기 구입비	3,000원	0.90	
2) 발전소 건설비	2,000원	(A)	
(1) 수입 설비	1,000원	0.80	
(2) 인건비	1,000원	0.90	
3) 기타 비용	1,000원		(B)
(1) 수입 설비	700원	0.80	
(2) 인건비	300원	0.90	
2. 운영비용	4,000원		
1) 연료비	1,000원	0.70	
2) 유지비	3,000원		
(1) 부품구입비	1,000원	0.60	
(2) 인건비	1,000원	0.90	
(3) 기타 비용	1,000원	0.60	
합계	10,000원		(C)

47. (A)와 (B)에 들어갈 값을 구하여 순서대로 바르게 연결한 것은?

	(A)	(B)		(A)	(B)
①	0.82	830원	②	0.82	850원
③	0.85	830원	④	0.85	870원

48. (C)에 들어갈 값은 얼마인가?

① 7,950원 ② 7,990원

③ 8,010원 ④ 8,030원

49. 다음은 SMART 법칙에 따른 목표 설정표이다. ㉠ ~ ㉣ 중 가장 적절하지 않은 것은?

구분	내용
S(Specific) 구체적으로	㉠ 나는 영어실력 향상을 위해 토익 점수 900점을 달성할 것이다.
M(Measurable) 측정 가능하도록	㉡ 나는 5일 동안 100페이지 분량의 보고서를 작성한다.
A(Action-oriented) 행동 지향적으로	㉢ 업무 성과 향상을 위해 고민한다.
R(Realistic) 현실성 있게	㉣ 두 달 동안 한 권 이상의 책을 읽는다.
T(Time Limited) 시간적 제약이 있게	이번 주 금요일까지 월말 보고서 작성을 마무리 한다.

① ㉠ ② ㉡

③ ㉢ ④ ㉣

www.gosinet.co.kr gosinet

1회 기출예상

2회 기출예상

3회 기출예상

4회 기출예상

인성검사

면접가이드

50. K사의 머그컵 발주일이 3월 26일일 때, 다음 자료를 바탕으로 K사가 선택할 수 있는 가장 경쟁력 있는 공급처는?

> 원두커피를 판매하는 K사는 신제품 출시에 따라 프로모션용으로 고객에게 제공할 머그컵을 공급받으려 한다. 원하는 머그컵 내역과 공급처 현황은 다음과 같다.

〈상품 내역〉

- 품목 : 머그컵
- 크기 : 500ml 용량
- 구매 수량 : 1,000개(세라믹, 유리, 스테인리스 재료 중 선택)
- 프로모션 행사일 : 4월 5일(행사 전날까지 납품받아야 함)

〈상품 종류 및 단가〉

(단위 : 원/개)

원재료	포장비용	제조비용
세라믹	50	3,000
유리	50	2,000
스테인리스	25	3,500

〈공급처별 현황〉

구분	A 공장	B 공장	C 공장	D 공장
생산가능품	스테인리스	유리	세라믹	유리
운임	10만 원	12만 원	8만 원	15만 원
작업일수	5일	11일	7일	9일

① A 공장

② B 공장

③ C 공장

④ D 공장

51. 다음은 협력업체의 선정 기준과 신청 업체 현황이다. C와 D 업체가 실적 항목에서 만점을 받았고 나머지 업체의 실적 항목 점수가 같다면, 선정 기준에 따라 선정될 업체는?

〈협력업체 선정 기준〉

구분	배점	채점 기준	
사업 기간	30점	8년 미만	만점의 40%
		8년 이상 ~ 15년 미만	만점의 80%
		15년 이상	만점
실적	20점	–	
기술 인력 보유 현황	20점	5명 미만	만점의 30%
		5명 이상 ~ 10명 미만	만점의 50%
		10명 이상	만점
비용 절감 계획	30점	1% 미만	만점의 30%
		1% 이상 ~ 3% 미만	만점의 70%
		3% 이상	만점
계	100점	–	

※ 점수가 가장 높은 업체를 선정하며 동점인 경우 사업 기간이 긴 업체, 기술 인력이 많은 업체 순으로 선정한다.

〈신청 업체 현황〉

구분	A 업체	B 업체	C 업체	D 업체
사업 기간	12년	19년	4년	7년
기술 인력	4명	9명	19명	11명
비용 절감	2.8%	3.2%	0.6%	0.4%

① A 업체   ② B 업체   ③ C 업체   ④ D 업체

52. 다음 중 업무 시간계획을 짤 때 유의할 사항으로 적절하지 않은 것은?

① 시간계획은 목표 달성을 위한 과정이므로 유연하게 계획하는 것이 좋다.

② 계획 수립 시 여유시간과 정리할 시간도 확보해야 한다.

③ 단순 행동만을 계획하는 것이 아니라 기대되는 성과나 행동의 목표도 기록해야 한다.

④ 계획을 짤 때는 현실적으로 가능한 것보다 다소 상향조정해서 수립한다.

[53 ~ 54] 다음은 ○○기업의 박찬욱 과장이 □□기업 이차원 차장으로부터 받은 이메일이다. 이어지는 질문에 답하시오.

To	Parkchanook@email.com	일자	20XX년 2월 2일
From	leechaone@email.com		
제목	A 제품, C 제품 부품 주문 문의		

안녕하세요, 박찬욱 과장님.
　□□기업 구매지원팀 이차원 차장입니다. 저희 회사 제품에 대한 부품 구매 건으로 연락드립니다.
　저희 회사는 이번 상반기 A 제품 150개, C 제품 100개 생산 예정이며, 늦어도 2월 20일까지 부품이 저희 공장에 도착하였으면 합니다.
　만약 모든 부품 생산이 시일 내에 불가하면 A 제품에 들어가는 부품을 우선적으로 생산해 주셨으면 합니다. 확인 후 다시 연락 주시길 바랍니다.
　감사합니다.

〈제품 1개 생산 시 필요한 부품 개수〉

구분	A 제품	B 제품	C 제품	D 제품
㉠ 부품	2개	2개	–	4개
㉡ 부품	2개	–	6개	3개
㉢ 부품	–	1개	3개	3개
㉣ 부품	1개	1개	–	–

〈부품별 재고 및 생산 현황〉

구분	㉠ 부품	㉡ 부품	㉢ 부품	㉣ 부품
현재 재고	350개	700개	400개	120개
1일 생산 가능 수량	10개	20개	15개	10개
개당 제품 원가	1,000원	500원	800원	1,000원

53. □□기업이 요청한 주문량을 ○○기업이 모두 생산 가능할 경우, 주문량에 대한 총 제품원가는?

① 1,040,000원　　　　　　　　② 1,080,000원
③ 1,140,000원　　　　　　　　④ 1,180,000원

54. 다음과 같은 조건을 참고할 때, ○○기업에 대한 설명으로 옳지 않은 것은?

> • 현재 ○○기업은 대기된 주문이 없는 상황이다.
> • 부품 생산은 2월 3일부터 가능하며, 부품 운송일은 총 2일이 소요된다.
> • 교대근무를 통해 주말에도 생산한다.

① 부품 생산부터 운송까지 걸리는 소요일수는 총 12일이다.
② 만약 현재 ⓛ 부품 재고가 600개라면 시일 내에 모든 납품이 가능하다.
③ 만약 현재 ⓒ 부품 재고가 없다면 C 제품에 필요한 부품은 모두 생산할 수 없다.
④ 만약 현재 ⓒ 부품 재고가 없어도 모든 제품을 시일 내에 납품할 수 있다.

55. 다음 글에서 설명하는 자원의 특성은?

> 피크 오일(Peak Oil)이란 인류가 석유를 채굴해 소비하는 과정에서 그 최대 매장량의 정점을 지나쳐 줄어드는 시점을 의미한다. 즉, 피크 오일이 지나는 시점부터 석유의 생산량이 급격히 감소하는 종 모양의 그래프를 그리게 된다는 예측이다. 1956년 미국의 지질학자 킹 허버트에 의해 발표된 이 이론은 19세기 말부터 본격적으로 사용되기 시작한 석유연료의 고갈을 경고하였고, 이를 바탕으로 앞으로 인류가 사용할 수 있는 석유는 약 40년 분량이라는 예측이 지배적이다.
>
> 하지만 그로부터 50년이 지난 현재까지도 인류가 사용할 수 있는 석유의 양은 약 40년 분량이라는 예측 수치가 변하지 않고 있다. 오히려 한 해 300억 배럴이 넘는 석유가 채굴되는 가운데 석유의 매장측정량이 지속적으로 증가하고 있다. 미대륙을 중심으로 개발되고 있는 셰일 오일(Shale Oil) 채취 기술 등 인류의 석유 채굴기술이 발달하면서, 인류가 사용할 수 있는 석유의 양이 소비량에 따라 함께 증가하고 있는 것이다.
>
> 다만, 석유자원이 유한하다는 사실만큼은 흔들리지 않는다. 석유자원이 유한하다는 것은 사실이며, 피크 오일이 기술의 발달로 뒤로 늦춰지는 것에 불과하다는 것이 최근의 정설이다.

① 자원의 유한성   ② 자원의 편재성
③ 자원의 상대성   ④ 자원의 가변성

56. 다음 내용을 실행하는 자원관리 단계는?

> 일반적으로 시간, 예산, 물적자원, 인적자원을 계획한 양보다 여유 있게 확보한다.

① 이용 가능한 자원 수집　　　　　　　② 계획에 따른 수행
③ 자원 활용 및 관리　　　　　　　　　④ 자원 활용 계획 수립

57. 박 대리는 예산관리업무를 맡고 있으며 그중 비용항목을 정리하고 관리하는 업무를 주로 하고 있다. 다음 중 비용의 성격이 다른 것은?

① 보험료 납부　　　　　　　　　　　② 영업팀 출장 교통비
③ 팀원들의 급여　　　　　　　　　　④ 팀원이 사용할 컴퓨터 구입비

58. 시간낭비의 요인 중 외적요인에 해당하는 것을 〈보기〉에서 모두 고르면?

> 보기
>
> ㉠ 교통 혼잡　　　　　　　　　㉡ 고객의 방문으로 인한 면담
> ㉢ 거절하지 못하는 우유부단함　㉣ 단순 변심으로 인한 일정 연기
> ㉤ 계획의 부족

① ㉠, ㉡　　　　　　　　　　　　② ㉠, ㉣
③ ㉡, ㉤　　　　　　　　　　　　④ ㉢, ㉤

59. 다음 사례에서 짐작할 수 있는 물품관리처 직원 A의 물품 보관상 문제점은?

> 혹서기와 혹한기 전에는 항상 물품관리처 직원들이 주의를 기울여야 한다. 가스의 수요량 변동이 심하여 혹시 있을지 모르는 수요 예측 오류에 대한 대처를 원활히 해야 하기 때문이다. 각종 크고 작은 설비의 오류나 기계장치의 오작동에 대비하여 필요한 기자재 여유분을 항상 보관해야 하는 것도 반드시 확인해야 할 사항이다.
>
> 다가오는 혹한기를 대비하여 기자재 재고 물량을 정리하던 A는 자재 창고의 공간 부족으로 기자재 보관 장소를 구분하였다. 신규로 입고된 자재는 창고 안에 보관하고, 1년 이상 재고로 보유하던 기자재는 실외 야적장에 공간을 마련하여 보관해 두었다. 또한 부피가 커 공간을 많이 필요로 하는 물품들은 야적장에, 소규모 부품들은 창고 안에 보관하였다.

① 물품 특성과 쓰임새를 고려하여 보관 장소를 선정하지 않았다.

② 야적장 보안 시스템을 정비해 두지 않았다.

③ 물품의 정확한 크기를 확인하지 않았다.

④ 모든 보관품의 리스트를 일목요연하게 준비하지 못했다.

60. 다음 중 인적자원에 관한 설명으로 적절하지 않은 내용을 모두 고른 것은?

> ㉠ 인적자원은 모방될 수 없는 자원이다.
> ㉡ 자원기반이론에서는 인적자원을 물질적인 자원으로 간주한다.
> ㉢ 인적자원의 속성은 무한한 부가가치에 있다.
> ㉣ 인적자원의 가치는 경제학에서 말하는 'rent'로 설명할 수 없다.
> ㉤ 모방장벽을 구축하기 위해서는 조직역량인 사람관리와 인적자원관리시스템을 잘 관리하는 것이 중요하다.

① ㉠, ㉢

② ㉡, ㉣

③ ㉠, ㉢, ㉤

④ ㉡, ㉢, ㉣

61. 다음 사례의 ○○기업이 위기극복을 위해 선택한 전략에 대한 설명을 〈보기〉에서 모두 고른 것은?

○○기업은 최근 자금 유동성 확보 실패로 인해 만기 도래 어음에 대한 상환이 어려워지면서 현금 확보를 위해 다방면으로 지원처를 찾는 한편, 임원 및 직원들의 급여를 한시적으로 50%만 지급하고 있으며, 생산 시설을 얼마 전에 확보한 베트남 부지로 옮겨 현지 근로자들을 고용하여 제품을 생산하고 있다. 또한 비용 절감을 위해 성능이 떨어지고 잦은 고장을 일으키던 내부 자체 전산망을 철거하고, 외부 업체에 전산 시스템 구축을 의뢰하여 저비용으로 시스템을 구축하고 전문성은 높이게 되었다.

보기

㉠ 기업·조직의 서비스나 기능을 조직 안에서 총괄적으로 제공하는 방식
㉡ 경영 효과 및 효율의 극대화를 위해 기업의 일부 프로세스를 제3자에게 위탁해 처리하는 것
㉢ 축소한 인력과 조직규모 등을 다시 확대함으로써 기업의 장기적 발전을 꾀하는 전략
㉣ 기업 경쟁력을 제고하기 위한 방법의 하나로 타사에서 배우는 혁신 기법
㉤ 기업업무의 일부를 한 나라에서 해외 기업으로 옮기는 과정으로, 인건비가 상대적으로 낮은 해외에서 작업이 이루어지도록 함으로써 조직 내 직무를 폐지

① ㉠, ㉢
② ㉡, ㉤
③ ㉢, ㉤
④ ㉣, ㉤

62. 다음 사례에서 A사가 기술 개발을 실패하게 된 근본적 원인은 무엇인가?

> A사가 개발하고자 한 기술은 3D로 사물을 측정하고 표현하는 소프트웨어 기술로, 기존 기술 대비 소요시간 단축 및 오류를 보정하여 측정의 신뢰성과 정확성을 높일 수 있는 기술이다. 다양한 응용 분야의 수요로 성장속도가 빠른 산업이 될 것으로 판단되었으며, 아울러 웰빙 관심 증가에 따른 비만 관련 시장에서 성장이 예상되었다.
>
> A사의 경영자는 50대 초반으로 경영학을 전공하였고, 회계컨설턴트, 금융기관 임원 등의 개발하려는 기술과 무관한 경력을 가지고 있다. A사의 기술 개발은 내부 개발이 아니라 산학협력 형태로 추진되었다. 외부 연구 과제를 수행한 경험밖에 없어서 기술 개발은 내부적으로 소화할 수 없었기 때문이다. 경영자는 상품화할 기술에 대한 완벽한 이해가 부족한 상태에서 시장 조사에만 전념하였고 기술 개발은 산학 협력업체 및 대학에 일임하고 기술 혁신에만 매진하였다.
>
> 경영자의 경력 특성으로 초기 투자자 중심의 엔젤클럽이 존재하였고, 자기자본비율은 50% 정도였다. 그러나 기술 개발이 지연되면서 이들 조직이 와해되어 추가적인 자금조달능력이 취약해졌다. 또한, 기술 개발 결과물이 실험실에서 성공했음에도 시연장에서는 작동되지 않았는데, 이는 기업 내부의 관리력이 부족했기 때문으로 판단된다.
>
> A사가 개발하고자 한 기술이 상품화되려면 측정장비를 위한 기술, 측정 자체 기술, 측정된 데이터를 처리하고 표현하는 응용화 기술이 필요하다. 그러나 경영자는 측정기술만 있으면 상품화하는데 문제가 없다고 판단하였고, 이 점은 사전타당성 평가팀에서도 간과하였다. 하지만 상품화가 지연되기 시작하면서 주변 기술의 필요성을 인지하게 되었다. 이러한 상황에서 자금난에 봉착하자 투자자 유치를 위한 전시회를 계획하였는데 시연에 실패하여 투자유치가 무산되었고, 금융기관의 대출자금에 대한 회수가 시작되면서 기업부도가 발생하였다.

① 경영자의 가치관 불량　　　　　　② 기술개발팀의 조사 부족
③ 경영자의 무지와 오판　　　　　　④ 조건의 변화

63. 다음 글의 글쓴이가 바람직하다고 판단할 만한 유형의 사람으로 가장 적절한 경우는?

> 기업 활동 중에서 기술을 효과적으로 획득 · 관리 · 활용하기 위한 모든 경영지원 활동을 총괄하는 사람을 CTO라고 부른다. 시장에서 상품의 차별화로 경쟁하였던 일본기업에서는 대부분 CTO가 CEO가 되는 경우가 많다. 한국에서는 기업의 주요 자금원이 정부의 정책자금이었으므로 기업의 경영권을 가진 사람 중심으로 운영되어왔고, 기술 경영은 경영의 지원활동에 그쳤다.
>
> 21세기의 두 가지 큰 변화는 금융개혁과 시장개방이다. 금융개혁을 통하여 기업은 자금을 시장에서 직접 조달하게 되었고, 개방된 시장에서는 기업의 독자적인 기술이 없으면 경쟁우위를 차지하기 힘들다. 특정 기업에 대한 정책적 보호가 없는 자유시장에서 기업은 경쟁을 위하여 독자적인 핵심경쟁력을 구축하여야 한다. 따라서 기업경영은 핵심역량을 구축하는 기술경영이 중심이 된다. 효율적인 기술의 획득 · 관리 · 활용이 바로 기업의 경쟁우위가 된다.

① 기술직과의 의사소통능력이 있는 A
② 기술을 기업의 사업 전략 목표에 통합시키는 능력을 지닌 B
③ 혁신적인 환경을 조성할 수 있는 C
④ 기술의 운용 능력이나 문제해결능력이 있는 D

64. 다음 〈보기〉에서 설명하는 기술로 옳은 것은?

> **보기**
>
> 인간의 지능으로 할 수 있는 사고, 학습, 자기개발 등을 컴퓨터가 할 수 있도록 방법을 연구하는 컴퓨터 공학 및 정보기술의 한 분야로서, 컴퓨터가 인간의 지능적인 행동을 모방할 수 있도록 하는 것이다.
>
> 그 자체로 존재하는 것이 아니라, 자연언어처리, 전문가시스템, 이론증명 등의 컴퓨터 과학의 다른 분야와 직접적으로 많은 관련을 맺고 있다. 특히 현대에는 정보기술의 여러 분야에서 이러한 요소를 도입하여 활용하려는 시도가 매우 활발하게 이루어지고 있고, 수학적 정리, 의학 분야에서의 환자 진료 등에서도 활용되고 있다.

① 블록체인   ② 사물인터넷(IoT)
③ 로봇   ④ 인공지능(AI)

65. 다음은 '홀로렌즈2' 기술에 대한 설명이다. 빈칸 ㉠에 들어갈 말로 가장 적절한 것은?

M사가 기업용 디바이스로 출시된 '홀로렌즈2'를 국내에 선보이며 본격 시장에 진출했다. 이를 통해 국내의 폭넓은 생태계 구축을 위한 고객사 및 파트너와 협력을 강화하고자 한다. '홀로렌즈2'는 현실 세계에 3차원 가상물체를 겹쳐 보여주는 증강현실이 적용된 AR 글래스이다. 세계 최초의 웨어러블 홀로그래픽 컴퓨터인 '홀로렌즈2'의 기술은 AI가 내장된 '지능형 엣지 디바이스'로서, 클라우드 애저(Azure)를 통해 홀로그램으로 구현된 작업 내역을 팀원들에게 공유할 수 있다. 이를 기반으로 대규모 프로젝트나 원거리 소통이 필요한 상황에서 사람들이 정보를 함께 볼 수 있는 환경을 구축해 준다.

산업 현장에 '홀로렌즈2'를 적용하면 언택트(Untact) (㉠)의 효율을 높일 수 있다고 M사 측은 설명했다. 원격 지원으로 멀리 떨어져 있어도 여러 부서에서 원활한 소통이 가능하며, 교육 및 과제 지침을 3D 홀로그램으로 제공함으로써 직원이 새로운 기술을 더 빨리 습득하게 돕고, 공유 네트워킹이 잘 되어있어 직원들이 서로 의견을 나누기에 편하다. 또한 디지털 정보를 물리적 현실 위에 구현해 실제 모델 구축 전 제품 설계나 객실 배치를 시뮬레이션 해볼 수 있을 뿐만 아니라 작업 환경에서 얻은 인사이트를 바로 적용함으로써 운영 효율성도 개선할 수 있다.

언택트 (㉠)의 효과는 가시적 성과로 이어진다. M사에 따르면 혼합현실을 도입한 80%의 기업이 태스크포스(TF)팀 간 업무 효율 향상을 경험했다. 또한 혼합현실을 통해 가이드와 데이터를 제공함으로써 생산성은 25% 향상되고 오류는 전무했다고 설명했다. 공장 근로자들에게는 혼합현실 기반 가이드라인을 제공하여 복잡한 작업을 쉽게 이해하도록 돕고 역량 강화를 지원함으로써 조직의 경쟁력을 높일 수도 있다.

M사 한국지사의 이○○ 대표는 "우리가 지금 살고 있는 인텔리전트 엣지와 인텔리전트 클라우드 시대에 혼합 현실과 인공지능을 더하고, 새로운 수준의 애플리케이션을 통합한다면 뉴노멀 시대의 새로운 비즈니스 패러다임을 제시할 것"이라며, "이동이 제한되고 대면 접촉이 어려운 시기인 만큼 '홀로렌즈2'를 통해 원활한 업무와 교육을 지원하고, 생산성 향상에 기여할 수 있길 바란다."라고 말했다.

---

① 분석　　　　　　　　　　　② 협업

③ 트렌드　　　　　　　　　　④ 창의성

66. 다음 글을 읽고 사회적 변화에 대비하는 바람직한 기업의 태도에 관하여 제시한 의견으로 가장 적절하지 않은 것은?

> AA기업은 2021년에도 코로나로 인한 산업의 양극화가 지속되고, 이를 극복하기 위한 디지털 전환이 가속될 것이라고 분석했다. 더불어 언택트 문화의 일상화 및 비대면 커뮤니케이션의 확산이 이루어질 것이라고 제시했다.
>
> 또한 초개인화 시대가 펼쳐짐으로써 소비를 자아 표현의 수단으로 삼는 가치 소비의 증가를 예측했다. 얕은 관계를 추구하는 문화로 인해 넓어진 선택의 폭과 소비자들의 관심을 빠르게 얻기 위한 경량화된 플랫폼 및 짧은 트렌드 순환에 대한 대응 역량 역시 주요 쟁점이다.
>
> 기업은 변화 속에서 다양화되는 사용자 경험을 축적 및 적용하고, 축적된 데이터를 활용해 체계적인 의사결정 체계를 수립해야 한다. 클라우드 환경 및 AI 기술을 통한 초자동화 기반으로 비대면 근무 환경 구축이 필요한 때다.
>
> AA기업은 이러한 사회적 변화를 지원하기 위해 기업이 주목해야 할 다섯 가지 기술 트렌드를 제시했다. 실제 세계의 디지털화를 가속화하는 '디지털 액셀레이션(Digital Acceleration)', 어떤 상황에서도 업무와 협업을 할 수 있는 환경인 '로케이션 프리(Location Free)', 사람과 AI를 넘어 AI와 AI가 협업을 이루는 'AI 콜라보레이션(AI Collaboration)', 데이터 폭증에 따른 '변함없는 데이터의 중요성(Data still Matter)', 인프라와 플랫폼 간의 최적화·연계·통합을 이루는 '플랫폼 확장(Platform Expansion)'이 그것이다. 이를 중심으로 올해 디지털 혁신을 준비 중인 기업들의 파트너가 되겠다는 의지를 밝혔다.

① A : 기존에는 수기로 문서를 작성하여 보관하는 등 아날로그적 방식을 유지해 왔었는데, 코로나19로 인해 컴퓨터 문서화 작업 및 자료 송수신, 언택트 회의로 문서 공유가 활발해짐에 따라 문서의 보안이 중요해졌어요. 회사에서는 수시로 문서의 보안화를 검사하고 전략적인 관리를 해야 합니다.

② B : 저희 회사 특성상 밤낮으로 계속 진행되어야 하는 작업들이 있어요. 사람이 교대로 관리하기는 하지만 기계가 전반적인 작업들을 수행하지요. 그러나 코로나19로 인해 회사가 한 번씩 폐쇄되고 재택근무가 활성화되면서 사람이 관리를 하지 못하는 상황이 오더라도 기계가 원활하게 작동될 수 있도록 대비해야 할 필요성이 커졌어요. 기업은 다양한 AI·클라우드 기술로 업무 및 기계의 자동화를 이룰 수 있도록 노력해야 합니다.

③ C : 코로나19로 인터넷 및 어플리케이션을 통한 정보 공유가 매우 활발해지면서 소비자들의 관심사도 빠르게 변화하고 있어요. 소비자가 트렌드를 빠르고 쉽게 인지할 수 있는 경로들이 많아지면서 우리 기업도 소비자의 관심사 변화에 대한 대응을 어떻게 할 것인지 고민을 많이 해볼 필요가 있어요. 자주 온라인 설문조사를 실시하고 대응 전략팀을 별도로 구성하여 운영하는 것도 좋은 방법 중 하나겠지요.

④ D : 소비자는 손쉽게 핸드폰으로 정보를 공유하고, 기업들은 이러한 소비자의 경험을 데이터화하여 광고합니다. 어플리케이션 속 소비자들의 활발한 의사소통, 리뷰의 일반화가 진행되면서 기업은 소비자의 데이터를 체계적으로 관리할 필요가 있어요. 단순히 제품 자체로만 광고하는 것은 효과가 없습니다. 사용자의 경험을 데이터로 정확히 분석하여 관리, 운영할 수 있도록 기존과는 다른 방식의 체계적인 의사결정 방법을 논의할 필요가 있어요.

67. 다음 글에 나타난 리더들이 지양하는 기술선택 방법으로 가장 적절한 것은?

> 많은 CIO, IT리더, CISO는 개발 부서에 도구 및 구성요소 선택에 대한 백지 의사결정 권한을 제공하는 것을 경고한다. 제한이 너무 많고, 승인 과정이 복잡해 혁신이 느려져 재능 있는 개발자들이 불만을 갖게 된다는 점에 동의하는 리더가 다수이다. 따라서 CIO, IT리더, CISO는 기술 선택, 업그레이드, 패치에 관한 명확하고 쉽게 따를 수 있는 규칙과 합리적인 정책을 정의해야 한다.

① 상향식 기술선택   ② 하향식 기술선택

③ 직접적 기술선택   ④ 정형적 기술선택

68. 반도체 회사 구매팀에서 근무하는 이 씨는 최근 반도체 생산량을 늘린다는 소식을 접하여 늘어날 수요에 대응하기 위해 관련 재료를 파악 중이다. 다음을 참고할 때, 이 씨가 확보해야 하는 재료는 무엇인가?

> • 산소 다음으로 지표면에서 가장 많이 존재하는 원소이다.
> • 규소는 자연계에서 원소 상태로 존재하지 않으며, 주로 산소와 결합된 산화물이나 규산염 상태로 존재한다.
> • 모래와 수정의 주성분인 이산화규소 형태이다.

① 코발트   ② 셀렌화 알루미늄

③ 알루미늄   ④ 실리콘

69. 다음 매뉴얼을 참고할 때, 세탁기 고장 진단 코드 중 급수 시간 초과 및 탈수 동작 시 코드 점등에 대해 조치한 사항으로 적절하지 않은 것은?

코드	진단	해결방법
DC (문 열림 점검)	세탁기 문이 열린 것으로 진단됩니다.	문을 닫은 후 [동작/일시정지] 버튼을 눌러 재동작시키세요.
LC (누수 점검)	누수 점검이 필요한 것으로 진단됩니다.	• 배수 필터부의 누수를 확인하신 후 2 ~ 3분 후에 전원을 다시 켜서 처음부터 동작시키세요. • 제품에 따라 배수 기능이 자동으로 동작되고 배수 동작 중에는 전원 및 동작 버튼이 작동하지 않을 수 있습니다.
FC (팬모터 점검)	팬모터 점검이 필요한 것으로 진단됩니다.	2 ~ 3분 후에 전원을 다시 켜서 처음부터 동작시키세요.
TC (급수 시간 초과 점검)	급수 시간 초과 증상이 있는 것으로 진단됩니다.	• 급수 연결 상태(수도꼭지 잠김)를 확인하세요. • [동작/일시정지] 버튼을 눌러 재동작시키거나, 2 ~ 3분 후에 전원을 다시 켜서 처음부터 동작시키세요. • 제품에 따라 배수 기능이 자동으로 동작되고, 배수 동작 중에는 전원 및 동작 버튼이 작동하지 않을 수 있습니다.
SC (배수 점검)	배수 점검이 필요한 것으로 진단됩니다.	• 배수 필터를 청소하였는지 확인하세요. • 배수 필터를 청소하신 후에 [동작/일시정지] 버튼을 눌러 재동작시키거나, 전원을 다시 켜서 처음부터 동작시키세요.
HC (세탁 히터 과열 점검)	세탁 히터 점검이 필요한 것으로 진단됩니다.	점검이 필요할 수 있으니 서비스 센터에 문의하세요.
UC (탈수 동작 점검)	탈수 동작 점검이 필요한 것으로 진단됩니다.	• 세탁물의 양이 적거나 한쪽으로 치우쳐 있을 수 있습니다. • 세탁물의 균형을 맞춰 주시거나 추가하신 후 [동작/일시정지] 버튼을 눌러 재동작시키거나 전원을 다시 켜서 처음부터 동작시키세요.
OC (물 넘침 점검)	세탁기의 물이 넘친 것으로 진단됩니다.	급수 밸브를 잠그고 서비스 센터로 연락하세요.

① 급수 밸브를 잠그고 서비스 센터로 전화한다.

② 급수 연결 상태를 확인한다.

③ 세탁물의 균형을 맞춘 후 [동작/일시정지] 버튼을 눌러 재동작시킨다.

④ 전원을 끄고 2 ~ 3분 후에 전원을 다시 켜서 처음부터 동작시킨다.

70. 다음 그림과 같은 가늘고 긴 대롱 모양의 탄소 원자들이 뭉친 물질로서 그래핀이라는 탄소 원자 한 층으로 이루어진 막을 벽으로 하며, 길고 속이 빈 튜브 모양의 물질이 있다. 이 물질은 뛰어난 전기 전도성이 있는데, 이러한 성질을 이용하여 적용하기에 적절하지 않은 분야는?

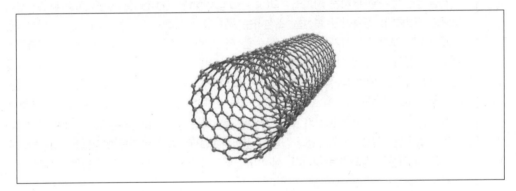

① 나노 주사기

② TV 브라운 관

③ 스마트 섬유

④ 나노 램프

1회 기출예상

2회 기출예상

3회 기출예상

4회 기출예상

인성검사

면접가이드

71. 다음은 애자일로 신기술 POC(Proof of Concepts, 개념증명)를 더욱 혁신적으로 진행하기 위한 방법에 관한 글이다. 이에 대한 이해로 적절하지 않은 것은?

광범위한 POC를 계획하고 실행하면 특히 머신러닝, 인공 지능, 사물 인터넷, 블록체인 같은 새로운 기술을 검증할 때 추가로 문제가 발생한다. POC는 기본적인 기능, 선택된 플랫폼, 기술 적용, 적용된 비즈니스 요건에 대한 실험이다. 부서는 이 모든 차원과 그 의존성에 따라 발견 과정을 반복하여 비즈니스적 가치, 해결책, 기술적 접근방식을 검증해야 한다.

대부분의 애자일 이니셔티브는 고객 및 이해관계자와 비전, 우선순위, 요건을 설정하는 프로덕트 오너가 주도한다. 하지만 신기술 POC에서는 제품 소유자가 이해관계에 있을 수 있는 사람에게 과도한 결과를 약속하지 않으면서 발견 과정에 참여시켜야 한다. 이와 동시에 이해관계자가 성공, 속도 문제, 실패를 통한 실험 여정에 참여하기로 동의해야 한다.

신기술을 다룰 때 이해관계자는 요건이나 수용 기준을 쉽게 제공할 수 없으며, 애자일 부서도 업무를 정확히 예측할 수 없다. 신기술을 다루는 것이 발견 과정이다. 애자일 부서는 기술의 역량을 검증하고 스프린트 검토에서 결과를 시연하여 이해관계자에게 알려준다. 그리고 애자일 부서와 이해관계자는 우선순위를 설정할 실험을 진행하고 결정할지 여부와 그 방법을 평가할 수 있다.

성공적인 애자일 부서는 자기조직화(Self-organizing) 원칙을 잘 활용하고, 애자일 관리 도구를 조정하며 실험적인 혁신을 조성하는 문화를 형성하는 방법을 알고 있다. 장기적인 POC에서는 애자일 부서가 주 단위 또는 좀 더 짧은 스프린트에서 좀 더 공격적인 주기를 계획하고 싶어 할 수 있다. 부서들이 단기 실험에 매진하고 이해관계자들이 빈번한 피드백을 검토하며 제공할 때는 더 짧은 스프린트가 효과적이다. 이런 POC는 실행 복잡성이 더 적은 경우가 많고, 신속한 피드백 루프를 통해 더욱 신속한 과정 교정 및 의사결정이 가능하다.

복잡한 POC에서 합격 불합격 수용 기준을 정의하는 것은 어려울 수 있다. 이런 실험에서 대안은 잘못된 실험을 선택하거나 실험의 결과가 목표로 삼은 성과를 벗어났을 때를 알려주는 실패의 기준을 정의하는 것이다. 실험이 실패로 확인되면 부서는 이 실험을 끝내고 다른 접근방식의 우선순위를 설정할 수 있다.

매우 전략적인 POC의 경우에는 기술 선택 및 구현을 두고 여러 조직을 경쟁시킬 수도 있다. 여러 부서가 각기 다른 기술, 접근방식, 솔루션을 적용하는 짧은 해커톤을 시작하는 것도 하나의 방법이다.

① 실패를 그냥 지나치는 것이 아니라 그 원인에 대해서 탐색하며 실패에 긍정적인 태도를 지니는 것이 중요하다.

② 기술 개발을 할 때 여러 조직을 동시에 운영하여 적절한 경쟁을 유도하는 것도 필요하다.

③ 단기 실험에 매진할 때에는 빈번한 피드백과 긴 스프린트가 효과적이기 때문에 신속한 피드백 교정 작업을 할 수 있도록 하는 것이 중요하다.

④ 프로덕트 오너에게 요구되는 역량 중 하나는 기술 혁신에 있어 우선순위를 설정하고 방법을 평가하는 것이다.

72. 산업재해에 관한 다음 자료를 참고할 때, 〈보기〉에서 유 과장이 제시한 내용은 산업재해의 예방과 대책의 단계 중 어느 단계에 해당하는가?

〈산업재해 개요〉

경기도 평택시 ○○ 공장 내 프레스 자동화공정에서 가공물과 하금형 사이에 끼인 스크랩을 제거하던 중 상금형과 하금형 사이에 머리가 끼어 사망

〈재해 발생 원인〉

• 프레스 금형 내 스크랩 제거작업 전 운전정지 및 안전블록 설치 등 조치 미실시

　– 프레스 금형 내 스크랩 제거 시 슬라이드가 작동되어 작업자가 끼일 위험이 있음에도 별도의 운전정지 및 안전블록 설치 없이 작업을 실시함.

• 표준작업안전수칙(절차서) 미수립

　– 작업 절차 및 작업 전 안전조치사항, 작업 중 발생할 수 있는 위험요인과 이에 대한 방호조치 등을 포함한 작업안전수칙이 수립되지 않음.

보기

이 사원 : 위 내용은 이번 평택 공장에서 일어난 재해에 대한 개요와 원인입니다.

유 과장 : 이번 사건을 계기로 프레스 금형 내 스크랩 제거작업 전 운전정지 및 안전블록 설치 등의 조치를 실시하도록 하고, 표준작업안전수칙을 작성하고 게시하여 직원들이 알 수 있도록 교육하세요.

이 사원 : 알겠습니다. 조치하겠습니다.

---

① 기술 공고화　　　　　　　② 안전 관리 조직

③ 시정책 적용 및 뒤처리　　④ 원인 분석

73. 기술혁신의 전 과정이 성공적으로 수행되기 위해서는 혁신에 참여하는 핵심 인력들에 의해 다섯 가지의 핵심적인 역할이 원활히 수행되어야 한다. 다음 각 기술혁신 과정에 해당하는 '혁신 활동' 과 '필요한 자질과 능력'을 나타낸 표에서 B에 들어갈 내용으로 적절한 것은?

기술혁신 과정	혁신 활동	필요한 자질과 능력
A	• 아이디어를 창출하고 가능성을 검증 • 일을 수행하는 새로운 방법 고안 • 혁신적인 진보를 위한 탐색	• 각 분야의 전문지식 • 추상화와 개념화 능력 • 새로운 분야의 일을 즐김.
B	• 아이디어의 전파 • 혁신을 위한 자원 확보 • 아이디어 실현을 위한 헌신	• 정력적이고 위험을 감수함. • 아이디어의 응용에 관심
C	• 리더십 발휘 • 프로젝트의 기획 및 조직 • 프로젝트의 효과적인 진행 감독	• 의사결정능력 • 업무 수행 방법에 대한 지식
D	• 조직 외부의 정보를 내부 구성원들에게 전달 • 조직 내 정보원 기능	• 높은 수준의 기술적 역량 • 원만한 대인관계능력
E	• 혁신에 대한 격려와 안내 • 불필요한 제약에서 프로젝트 보호 • 혁신에 대한 자원 획득을 지원	조직의 주요 의사결정에 대한 영향력

① 정보 수문장(Gate Keeping)

② 프로젝트 관리(Project Leading)

③ 챔피언(Entrepreneuring or Championing)

④ 아이디어 창안(Idea Generation)

74. 다음 〈대화〉와 A ~ D 제품의 정보를 참고할 때, 사원이 고객에게 추천할 제품으로 가장 적절한 것은?

〈대화〉

고객 : 안녕하세요. 이 매장에서 전기차를 전문으로 한다고 해서 왔습니다.

사원 : 네, 안녕하세요. 어떤 성능의 전기차를 추천해 드릴까요?

고객 : 저희 상가 주차장이 기계식 주차장이어서 높이가 1.6m밖에 되지 않아요.

사원 : 네, 주로 충전하실 장소에선 어떤 형태의 충전을 지원하나요?

고객 : 충전은 DC형태 밖에 지원하지 않더라고요.

사원 : 네, 어느 정도의 가격대 혹은 어느 정도의 주행 가능 거리를 원하시나요?

고객 : 가격대는 중요하지 않고, 최대 주행 가능 거리는 400km 이상이면 좋겠습니다.

사원 : 추가로 원하는 사항이 있으신가요?

고객 : 아무래도 고가의 장비이다 보니, 보증 기간이 3년 이상 되었으면 좋겠습니다.

구분	A 제품	B 제품	C 제품	D 제품
크기(mm) (전장 · 전폭 · 전고)	4,750*1,535* 1,470	4,375*1,805* 1,570	4,165*1,765* 1,610	4,180*1,800* 1,580
충전 방식	AC 3상	DC콤보	DC콤보	DC콤보
보증	5년	4년/4만 km	3년/6만 km	4년/4만 km
최대 주행거리(km)	230	380	420	405
가격(만원)	3,700	4,790	4,590	4,650

① A 제품 ② B 제품

③ C 제품 ④ D 제품

75. 다음 대화에서 나타난 각 사례별 산업재해의 근본적인 원인으로 적절한 것을 모두 고르면?

> 정 팀장 : 최근에 평택 공장에서 화재가 발생했었죠?
>
> 김 사원 : 네, 직접 가서 확인해 본 결과 전기 시설물의 누전으로 인해 화재가 발생하였고, 화재로 인해 부상을 당한 직원이 4명입니다.
>
> 정 팀장 : 이번 화재로 부상을 당한 직원 4명은 산업재해로 처리하고, 더 이상 이런 일이 생기지 않도록 조치를 잘 부탁드립니다.
>
> 김 사원 : 네, 그리고 어제 안성 공장에서 직원 한 명이 기계에서 파편이 튀어 부상을 입었습니다.
>
> 정 팀장 : 기계가 작동하는데 직원이 그 주변에 있는 게 말이 됩니까?
>
> 김 사원 : 신입 직원이었는데 안전지식이 부족했던 것 같습니다. 확인해보니 해당 직원이 입사한 후 담당자가 안전교육을 진행한 적이 없다고 합니다.
>
> 정 팀장 : 일단 담당자랑 오후에 통화할 테니까 정확한 상황과 직원 상태를 조사해서 보고하세요.
>
> 김 사원 : 알겠습니다.

> ㉠ 불안전한 행동 ㉡ 작업관리상 원인
> ㉢ 교육적 원인 ㉣ 기술적 원인

① ㉠, ㉡ ② ㉠, ㉢

③ ㉡, ㉣ ④ ㉢, ㉣

76. 다음 글에서 설명하고 있는 기술관리자에게 필요한 능력은?

> 조직에서의 문제를 이야기할 때, 사람들은 "의사소통에 문제가 있다."라는 말을 자주 쓴다. 집단을 구성하여 하나의 프로젝트를 수행할 때도 상호 간에 의도를 알지 못하여 혼선이 생기고 불화가 발생하여 그 프로젝트가 실패로 끝나는 경우가 종종 있다. 그러므로 효과적인 의사소통 능력은 기술관리자에게 필수적이다. 거의 모든 중요한 관리자의 기능은 상사와 부하 간의 효과적인 의사소통에 의해 좌우된다.
>
> 종업원들의 동기부여를 위해서 관리자는 목표를 설정하고 어떻게 하면 정확하게 직무를 수행할 수 있는가를 커뮤니케이션하여야 한다. 효과적인 인사고과를 실시하기 위해서도 관리자는 조직 구성원들에게 업적에 대한 피드백을 제공하고 그 평가에 대한 정당성을 입증하여야 한다.
>
> 커뮤니케이션이란, 라틴어의 'communis'에서 유래한 것으로 'common(공동의)'이란 뜻을 가지고 있다. 커뮤니케이션이란 '전달자와 수신자 사이의 정보의 교환, 개인을 포함한 집단 간의 의미의 전달' 또는 '일반적인 상징을 통한 정보나 의사의 전달'이라고 정의되기도 한다. 여기에서 상징이란 언어적인 것과 비언어적인 것을 모두 포함한다. 요컨대 커뮤니케이션이란 의사나 정보를 가지고 있는 자가 이것을 받아들이려는 타인에게 전달하고 그 의사나 정보가 타인에 의해 해석되는 것을 말한다.
>
> 경영의 모든 과정에는 직·간접적으로 커뮤니케이션이 개입된다. 계획을 수립하거나 조직을 구성할 때, 지시를 하거나 통제를 할 때 커뮤니케이션이 기본이 된다. 만약 관리자의 경영이념이나 철학을 구성원에게 전할 때에도 그 내용이 바르게 전달되지 않는다면 내용이 아무리 훌륭하다 할지라도 생명력을 잃게 되고 말 것이다. 따라서 효과적인 커뮤니케이션은 관리활동의 기본이 될 뿐만 아니라 조직 성공의 기초가 된다.
>
> 커뮤니케이션이 한층 강조되는 것은 경영에 있어서 그것이 사실전달의 수단이면서 동시에 의미전달의 수단이기 때문이다. 즉, 커뮤니케이션은 사실적 정보를 전달하는 역할을 할 뿐만 아니라, 구성원들이 가지고 있는 정보해석의 결과나 의미, 그리고 문화적 가치관, 조직의 가치관 등을 조직의 구석구석에까지 전파하는 역할을 한다.

① 기술시스템에 대한 이해 능력
② 기술이나 추세에 대한 이해 능력
③ 기술직과 의사소통을 할 수 있는 능력
④ 혁신적 환경을 조성할 수 있는 능력

1회 기출예상 | 2회 기출예상 | 3회 기출예상 | 4회 기출예상 | 인성검사 | 면접가이드

77. 다음 글에서 설명하는 기술 시스템에 대한 내용으로 가장 적절한 것은?

> RFID란 무선주파수 인식이라고도 하며, 반도체 칩이 내장된 태그(Tag), 라벨(Label), 카드(Card) 등의 저장된 데이터를 무선주파수를 이용하여 비접촉으로 읽어내는 인식시스템이다. 전원을 필요로 하는 능동형과 리더기의 전자기장에 의해 작동되는 수동형으로 나눌 수 있다. RFID는 태그, 안테나, 리더기 등으로 구성되는데, 태그와 안테나는 정보를 무선으로 수 미터에서 수십 미터까지 보내며, 리더기는 이 신호를 받아 상품 정보를 해독한 후 컴퓨터로 보낸다. 컴퓨터 시스템은 리더기가 보낸 자료를 인식하며 절차에 따라 처리한다. 따라서 태그가 달린 모든 상품은 언제 어디서나 자동적으로 확인 또는 추적이 가능하며, 태그는 메모리를 내장하여 정보의 갱신 및 수정이 가능하다.

① 수신 범위가 짧고, 태그와 리더의 역할을 수시로 변경할 수 있는 시스템이다.

② 가입자 정보를 탑재한 부분과 주소록 등을 저장할 수 있는 부분이 결합된 형태의 시스템이다.

③ 휴대정보 단말기 등을 네트워크에 연결하여 데이터 통신을 할 때 필요한 대상을 지정하는 문자열을 갖는 시스템이다.

④ 극소형 칩에 상품 정보를 저장하고 전파를 송수신하는 도선 장치를 달아 무선으로 데이터를 송신하는 시스템이다.

78. 다음은 최근 IT업계에서 주목하고 있는 새로운 통신 기술에 대한 글이다. 빈칸의 ㉠에 들어갈 용어로 적절한 것은?

> 스마트폰부터 자동차까지 최근 IT업계에 '위치'가 화두다. 예전에는 스마트폰 GPS 등을 활용해 외부에서 지도 위치 정보를 찾는 등에 머물렀다면, 이제는 실내외를 막론하고 사용 물건의 세밀한 위치를 활용해 보다 편리한 스마트 환경 구현에 나섰다.
>
> 그 중심에는 다소 생소할 수도 있는 (㉠) 기술이 있다. 스마트폰 등 생활 속 기기에 이미 탑재되기 시작했다. 그리고 이를 활용한 스마트 태그나 자동차 스마트 키 등 응용 제품들이 속속 나오는 추세다. (㉠)는 사실 신기술은 아니다. 과거 와이파이나 블루투스 등에 밀려 관심을 끌지 못하다 최근 다시 그 필요성이 커지며 재조명 받고 있다. 500MHz 이상 광대역 주파수를 사용하는 (㉠)는 매우 짧은 파장의 신호로 통신해 거리와 방향 오차가 작다. 와이파이나 블루투스와 다르게 cm 단위까지 측정할 수 있다. 전송 거리도 최대 100m로 길다. 특정 등록된 기기 간에서만 거리를 측정할 수 있어 보안에 강하다는 장점도 있다.

① UWB(초광대역 무선통신) ② CDMA(코드 분할 다중접속)
③ VHF(초단파) ④ NFC(근거리 무선통신)

79. 사고 발생 시 탑승자를 보호하기 위해 제작된 자동차 안전장치에 대한 다음 글의 밑줄 친 ㉠ ~ ㉢ 중 적절하지 않은 내용은?

> AA기업에서 제작된 안전장치는 자동차 차체가 충격 에너지를 상당 부분 흡수하여 탑승자에 가해지는 힘을 감소시키는 부분과 다양한 보호 장치를 통해 탑승자를 보호하는 부분으로 나뉜다. 최근에는 제동 장치의 성능 개선으로 갑자기 정지할 때도 운전자가 자동차를 확실하게 통제할 수 있게 되면서 사고 발생률이 줄어들었다. ㉠앞면 유리는 샌드위치 형식으로 만들어져 두 유리 사이에 있는 필름에 의해 잘 부서지지 않게 설계되었다. ㉡전방 크럼플 존(Crumple Zone)은 부서지면서 충돌에 따른 충격을 분산시키고 자동차의 속도가 줄어들도록 한다. ㉢사이드 임팩트 바는 충돌 사고 발생 시에 후면의 충격에 따른 탑승자의 부상을 방지하기 위해 문의 바깥쪽에 설치된 강철 구조물이다. 에어백은 충돌이 발생하면 100분의 1초 사이에 팽창하여 탑승자를 보호한다. ㉢안전벨트는 자동차가 갑자기 멈출 때 착용자를 단단하게 압박하여 보호하는 자동 잠금식 안전벨트이다. 자동차의 지붕은 찌그러지면서 탑승자를 누르지 않도록 단단한 강철로 만들어져 있다. 또한 컴퓨터 시스템이 신속하게 브레이크를 작동함으로써 브레이크가 잠겨 바퀴가 미끄러지거나 핸들 조작이 불가능해지는 것을 막는 잠김 방지 브레이크(ABS) 장치가 설치되어 있다.

① ㉠

② ㉡

③ ㉢

④ ㉢

1회 기출예상

2회 기출예상

3회 기출예상

4회 기출예상

인성검사

면접가이드

80. 다음 글의 '아이클라우드 키체인'에 대한 설명으로 가장 적절한 것은?

아이폰을 사용한다면 '아이클라우드 계정'이 있을 것이고 아이클라우드 계정이 있다면 아이클라우드 키체인 기능도 사용할 수 있다. 이 기능이 활성화돼 있는지 보려면 아이폰이나 아이패드의 설정에서 이름을 탭하거나 맥의 시스템 설정에서 애플 ID를 클릭하고 아이클라우드 항목을 확인하면 된다. 키체인 항목까지 스크롤을 내린 후 토글이 녹색으로 돼 있는지 확인한다. 맥에서는 토글 대신 체크 상태를 확인하면 된다.

아이클라우드 키체인을 사용하면 아이디와 암호를 입력하지 않고도 웹사이트에 빠르게 로그인할 수 있다. 아이디와 암호를 기억할 필요도 없다. 아이폰과 아이패드에서는 '설정>암호>암호 자동 완성'으로 이동한 후 토글을 활성화하고 아이클라우드 키체인을 체크하면 된다. 이제 지원하는 암호 필드가 있을 때마다 페이스 ID 혹은 터치 ID가 나타날 것이다. 맥에서도 아이클라우드 키체인 자동 완성 기능을 사용할 수 있다. 단, 사파리 브라우저에서만 된다. 사파리 환경설정으로 이동해 자동 완성 탭으로 이동한다. 연락처와 사용자 이름 및 암호, 신용 카드 등 몇 가지 선택사항이 있는데, 원하는 항목을 골라 체크하면 된다.

아이클라우드 키체인은 사용자가 사이트나 계정에 처음 접속할 때 해당 정보를 자동으로 저장하지만, 저장 알림 팝업이 나올 때까지 기다리지 않고 아이클라우드에 새 계정을 추가하는 방법도 있다. 서드파티 암호 관리자처럼 아이폰이나 아이패드 설정의 암호 탭에서 수동으로 추가할 수 있다. '+' 기호를 누르고 저장하려는 웹사이트에 맞춰 사용자명과 암호를 입력하면 된다. 맥에서는 사파리에서 암호 프로필을 수동으로 만들 수 있다. 사파리 환경설정으로 이동해 암호 탭을 누른 후 '추가' 버튼을 누르면 된다. 웹사이트 URL과 사용자 이름, 암호를 입력해 프로필을 만들 수 있다.

iOS 기기의 아이클라우드 키체인에 더해, 맥에서 키체인 액세스라고 부르는 기능이 있다. 시스템 키와 루트를 확인하고 일부 키체인 요소를 내보내기 해 다른 애플리케이션에서 사용할 수 있는 애플리케이션으로 아이클라우드 키체인보다 강력하다. 이 애플리케이션을 이용하면 저장된 암호와는 별개로 기억해야 할 사항을 적은 보안 노트도 만들 수 있다. 노트 애플리케이션에서 특정 노트에 암호를 거는 것과 비슷하다. 키체인 액세스 애플리케이션에 노트를 만들 수 있고, 맥 암호를 입력해야만 내용을 볼 수 있다.

아이클라우드는 애플의 서비스지만, 아이폰과 일반 PC를 사용해도 이 암호를 사용할 수 있다. 일단 윈도우용 아이클라우드를 다운로드한 후 최신 버전인지 확인한다. 이제 크롬 스토어에서 확장 기능을 다운로드해 설치한 후 여기에도 로그인한다. 일단 인증 코드를 입력하면 크롬에서 방문한 사이트를 마치 맥에서 사파리를 사용하는 것처럼 아이클라우드 키체인의 암호를 이용해 로그인할 수 있다.

① 맥에서 아이클라우드 키체인 자동 완성 기능을 사용할 수 있으며 사파리 브라우저를 이용하면 된다.

② 아이클라우드 키체인은 사용자가 사이트나 계정을 처음 접속할 때 해당 정보를 수동으로 저장 하는 기능이며, '환경설정'의 암호 탭에서 '+' 기호를 누르고 저장하려는 웹사이트에 맞춰 사용 자명과 암호를 입력하면 된다.

③ 아이클라우드 키체인 기능이 활성화되어 있는지 확인하려면, 아이폰의 설정에서 이름을 탭하거 나 맥의 '시스템 환경 설정>애플 ID'를 누르고 '기능>키체인' 항목을 확인하면 된다.

④ 아이클라우드는 애플의 서비스이기 때문에 아이폰, 아이패드, 맥에서만 사용 가능하며 윈도우를 사용한 일반 PC에서는 적용이 불가능하다.

www.gosinet.co.kr gosinet

1회 기출예상

2회 기출예상

3회 기출예상

4회 기출예상

인성검사

면접가이드

유형별 출제비중

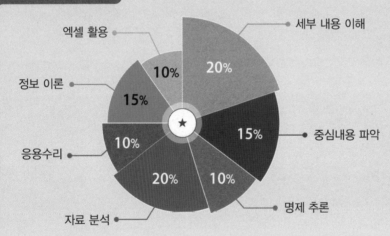

- 엑셀 활용 — 10%
- 정보 이론 — 15%
- 응용수리 — 10%
- 자료 분석 — 20%
- 세부 내용 이해 — 20%
- 중심내용 파악 — 15%
- 명제 추론 — 10%

출제분석

한국중부발전 직업기초능력평가 건축직, 토목직은 의사소통능력, 문제해결능력, 수리능력, 정보능력이 출제되었다. 의사소통능력에서는 어휘, 어법 문제와 글의 세부적인 내용을 이해하고 중심내용을 파악하는 문제가 주로 출제되었으므로, 평소 다양한 주제의 글을 읽고 그 내용과 어휘의 맥락상 의미를 파악하는 연습이 필요하다. 문제해결능력에서는 명제 추론 문제와 자료를 분석하고 결론을 도출하는 문제가 출제되었으므로, 제시된 자료와 조건을 신속하고 명확하게 파악할 수 있도록 연습이 필요하다. 수리능력에서는 확률, 금액계산, 거리·속력·시간 등의 기본적인 응용수리 문제와 도표 자료 분석 문제가 출제되었으므로, 다양한 문제 풀이 연습을 통해 풀이 시간을 단축할 수 있어야 한다. 정보능력에서는 정보 이론에 대한 이해를 묻는 문제와 스프레드시트 활용 문제가 주로 출제되었으므로, 이와 관련된 이론 학습이 필요하다.

4회 한국중부발전[건축, 토목]

기출예상문제

영역	총 문항 수
제1영역_의사소통능력	20문항
제2영역_문제해결능력	20문항
제3영역_수리능력	20문항
제4영역_정보능력	20문항

📖 **제1영역**

✎ 평가시간은 영역별로 제한하지 않으나 각 영역별 20문항 15분을 권장합니다.

01. 다음은 △△발전 기획팀 박 과장이 홍보팀 전 사원의 시무식 참석 요청을 위해 보낸 업무메일이다. 메일을 수정하기 위한 조언으로 적절하지 않은 것은?

받는 사람	홍보실 팀장
참조	홍보실 ○○○ 차장, ○○○ 과장, ○○○ 사원
제목	새해를 맞이하는 △△발전
내용	새해를 맞이한 △△발전 여러분!! 새해 복 많이 받으십시오. 새해를 맞아 국민으로부터 신뢰받는 안전한 공공기관이 되기 위해 전 임직원이 의지를 다지기 위한 시무식을 마련했습니다. 장소는 본사 컨벤션홀이고, 사장님의 신년사와 임직원 상호 악수례 행사가 마련되어 있으니 꼭 참석하여 주시기 바랍니다. 기획팀 박○○ 과장 드림.

① 메일의 목적이 잘 드러나도록 제목을 바꾸는 게 좋겠어.

② 시무식에서 어떤 행사가 진행되는지에 대한 안내가 없으니 추가할 필요가 있겠군.

③ 홍보팀 전 사원을 대상으로 하는 업무메일이니 받는 사람과 참조란에 추가할 사람이 있는지 확인해 봐야겠군.

④ 날짜와 시간이 없으니 시무식에 임직원들이 참석할 수 있도록 관련 정보를 추가하는 게 좋겠어.

02. 다음 중 (나)에서 (가)의 밑줄 친 ㉠에 해당하는 단어의 개수는?

> (가) 규범에 맞지 않는 언어와 비윤리적인 언어 사용은 사회 구성원들 사이의 소통을 단절시키고 사회적 갈등이나 차별을 야기할 수 있다. 매체를 통한 의사소통에서도 상대방을 존중하고 배려하는 언어를 사용해야 하고 무례한 표현이나 욕설, 비속어, ㉠<u>지나친 줄임말</u> 등은 삼가야 한다. 과도한 맞춤법 파괴, 예절에 맞지 않는 표현 등도 지양해야 한다.
>
> (나) 교수님, 지난주에 내주신 숙제 있잖아요? 그거 저번에 대박 힘들게 했던 건데 또 해야 한다니 정말 멘붕이네요. 하지만 다음 섬에 나온다고 해서 빨리 멜로 보내야 겠다 생각했어요. 그래서 맥날에서 햄버거 먹으면서 저희 반 인싸 영수가 강추한 카페에 들어가 봤는데 생각보다 자료가 없는 거예요. 얼렁 하고 시픈데요, 참고할 수 있는 곳을 가르쳐주신다면 레알 감사할 것 같아요. 그럼, 낼 뵈어요 ~ ㅎㅎ

① 4개   ② 5개   ③ 6개   ④ 7개

03. 다음 글의 주장을 뒷받침하는 예시가 아닌 것은?

> 과학자들 사이에서 남녀의 차이가 발생하는 원인에 대한 논쟁은 많지만, 차이가 있다는 사실에 대해서는 별다른 이견이 없다. 이는 '평균적인' 남성과 '평균적인' 여성을 가리킨다. 언제나 평균에 대한 예외가 있지만 이런 예외가 있다고 해서 일반적이고 평균적인 규칙이 타당하지 않은 것은 아니다.
>
> 남녀 사이에 가장 큰 차이가 발견된 영역은 공간지각능력이다. 이것은 어떤 사물의 모양과 위치, 배치, 비례를 머릿속에 정확히 그릴 수 있는 능력으로, 3차원의 기계 부품을 조립하는 검사로 평가한다. 이 과제에서 평균적인 남자보다 더 좋은 성적을 낸 여성은 전체 4분의 1에 불과했다. 측정 결과 최상위권에 속하는 사람은 남성이 여성보다 두 배 더 많았다.
>
> 남성의 뇌가 사물이나 이론을 다루는 데 유리하다면, 여성의 뇌는 모든 감각의 자극에 더 예민하게 반응하도록 조직되어 있다. 언어능력 검사에서 여성은 남성보다 더 높은 점수를 받는다. 여성은 남성보다 정보를 더 쉽게 연결하며, 인간관계와 의사소통에 우선순위를 둔다. 사회적인 문화가 이러한 여성의 강점을 더 강화시킬 수 있으나, 그 강점들은 어디까지나 선천적인 것이다.

① 사회문화   ② 공간지각능력
③ 언어능력   ④ 인간관계

[04 ~ 05] 다음 글을 읽고 이어지는 질문에 답하시오.

결핵은 원래 동물에게서 발생한 질병이 사람에게 전파된 인수 공통 전염병 중 하나다. 수천 년 전의 것으로 짐작되는 사람의 뼈에서 그 흔적이 발견된 것으로 보아 결핵은 인류의 탄생과 함께 발생한 것으로 추정된다. 이집트에서 발견된 미라에 결핵의 흔적이 있고, 고대 인도인과 중국인들도 결핵에 관한 내용으로 추정되는 기록을 남겨 놓았다. 의학의 아버지 히포크라테스도 폐결핵으로 보이는 질병을 소개했고, 아리스토텔레스는 결핵이 공기를 통해 전파된다고 처음으로 주장하였다.

근대 유럽에서는 중하류층보다 상류층에서 결핵 환자들이 많이 나타났다. 이는 상류층에 속하는 사람들이 집단적인 사교 생활을 하면서 서로에게 병을 전염시킬 확률이 높았기 때문으로 보인다.

산업 혁명 이후에는 농촌을 벗어나 도시로 밀려드는 사람들의 행렬이 이어졌다. 이들을 모두 수용할 준비가 안 된 도시에서 거주하는 사람들은 위생 상태가 불량한 가운데 집단생활을 이루었다. 산업화와 도시화는 대기 오염을 동반했고, 위생 상태가 엉망인 거주지에 열악한 노동 조건까지 더해져 결핵은 상류층보다 하류층에서 더 유행하는 질병이 되었다. 중세 말기를 풍미하며 중세를 멸망시킨 주범으로 평가되는 페스트에 빗대 '백색의 페스트'라는 별명까지 등장했다.

질병의 존재는 알고 있지만 그에 관한 지식은 전무한 상태에서 인류는 19세기를 맞이했다. 1842년 영국의 에드윈 채드윅은 노동자들의 위생 상태가 결핵과 같은 각종 감염병 유행의 가장 큰 원인임을 지적하며 위생의 중요성을 환기했고, 1865년 프랑스의 외과의사 J. A. 빌맹은 결핵으로 사망한 사람의 병소를 토끼의 몸에 주입하는 실험을 통해 결핵이 감염병임을 증명했다. 이어 1882년 독일의 세균학자인 로베르트 코흐는 결핵의 원인균을 분리하는 데 성공함으로써 인류가 결핵으로부터 벗어날 수 있는 실마리를 제공했다.

www.gosinet.co.kr

1회 기출예상

2회 기출예상

3회 기출예상

4회 기출예상

인성검사

면접가이드

04. 제시된 글의 전개방식으로 적절한 것을 〈보기〉에서 모두 고르면?

보기

ⓐ 중심 화제가 발견된 과정을 중심으로 글을 전개하고 있다.

ⓑ 시간의 흐름에 따라 내용을 전개하고 있다.

ⓒ 상대방의 주장을 반박하면서 자신의 주장을 뒷받침하고 있다.

ⓓ 내용을 점층적으로 심화시켜 예상 밖의 주제를 도출하고 있다.

① ⓐ

② ⓒ

③ ⓐ, ⓑ

④ ⓐ, ⓑ, ⓓ

05. 제시된 글을 읽고 알 수 있는 내용으로 적절하지 않은 것은?

① 결핵은 페스트보다 더 무서운 질병이었다.

② 결핵 이외에도 인수 공통 전염병이 더 존재한다.

③ 결핵 발병률은 인구 밀도와 위생 상태의 영향을 받는다.

④ 결핵은 세균에 의해 발생하는 질병이다.

06. ○○공사의 신입사원 대상 OJT에서 진행된 다음 강의의 핵심 내용으로 가장 적절한 것은?

> 판매되는 석유는 반드시 청정해야 하므로 특정 구매자들이 원하는 퇴적물과 물 함유량에 대한 사양을 충족시켜야 한다. 석유업계에서는 이러한 오염물질들은 BS&W(Basic Sediment and Water)라고 부르며, 때때로 좀 더 간단히 S&W(Sediment and Water)라고도 부른다. 기준이 되는 제한은 무게 기준으로 0.1 ~ 0.3%이다.
>
> 모래, 물, 퇴적물 그리고 다른 오염물질들을 제거하는 방법들은 석유 처리(Oil Treating)라는 명칭으로 불린다. 석유 처리의 기본은 중력을 이용하여 석유로부터 오염물질을 분리하는 것이다.
>
> 물은 석유나 가스의 생산에서 부피가 가장 큰 오염물질이다. 어떤 경우에는 특히 오래된 유전에서 석유 1배럴당 10배럴 이상의 물이 나온다. 많은 경우에 이 물의 대부분은 유탁액(Emulsion) 상태로 지표에 나오는데 이 상태로는 귀찮게도 기본적인 분리기에서는 잘 분리되지 않는다.
>
> 유탁액은 물과 기름이라는 서로 다른 성질의 액체가 혼합된 것으로 물속에 석유가 들어 있는 수중유 형태의 유탁액과 흔치 않지만 기름 속에 물이 들어 있는 유중수형태의 유탁액이 있다. 물과 석유를 분리하는 데는 긴 침전 시간이 걸려 비경제적이기 때문에 유전 현장에는 유탁액 분리 장치가 필요하다.

① 석유 처리   ② 가스 처리

③ 열처리 분리   ④ 석유의 오염물질

07. 다음 중 제시된 글에서 설명하는 문법적 오류가 없는 문장은?

> 단풍이 절정이다. 지난 주말 전국의 이름난 산들은 단풍을 즐기려는 사람들로 북새통을 이뤘다고 한다. 여기서 문제 하나, "단풍이 곱게 물들었다"와 "단풍이 곱게 들었다" 중 어느 것이 나은 표현일까? 아마도 전자를 택한 사람이 많으리라 예상한다. '단풍이 들었다'고 하는 것보다 '단풍이 물들었다'고 하는 것이 더욱 구체적으로 느껴지기 때문이다. 그러나 "단풍이 곱게 들었다"라고 하는 것이 적절한 표현이다.
>
> 이는 '단풍'의 의미 때문이다. '단풍(丹楓)'은 기후 변화로 잎이 붉은빛이나 누런빛으로 변하는 현상을 뜻한다. 즉 잎이 붉은 색깔로 물든 것이 단풍이다. 따라서 단풍은 '물들다' 보다 '들다'와 결합하는 것이 더욱 자연스럽다. "단풍이 한창 들었다", "울긋불긋 단풍이 들었다"처럼 표현하는 것이 좋다. 굳이 '물들었다'를 사용하고 싶으면 "잎이 곱게 물들었다"라고 하면 된다.
>
> 이처럼 단어도 사람과 같이 저마다 타고난 속성이 있어 서로 잘 어울리는 짝이 있다. 앞말의 특성 때문에 뒷말의 선택에 제약이 있다고 해서 이런 것을 '의미상 선택 제약'이라고 한다.
>
> 그렇다면 다시 문제 하나, 지금은 단풍이 한창이지만 곧 있으면 단풍 든 잎이 떨어지게 된다. 이럴 땐 "낙엽이 떨어진다"라고 해야 할까? "낙엽이 진다"라고 해야 할까? 정답은 '진다'이다.
>
> '낙엽(落葉)'은 한자어로 나뭇잎이 떨어짐 또는 떨어진 나뭇잎을 뜻한다. 단어 자체에 '떨어지다(落)'라는 의미를 포함하고 있다. "낙엽이 떨어진다"라고 표현하면 앞뒤로 의미가 중복된다. 따라서 "낙엽이 진다"라고 하는 것이 더욱 적절한 표현이다.

① 내일 점심시간에 역전 앞에서 만나자.

② 돌아가신 선친께서는 참외를 참 좋아하셨지요.

③ 우리 내면속에는 괴물이 숨 쉬고 있다.

④ 가까운 곳에 산책할 수 있는 공원이 있어서 좋다.

[08 ~ 10] 다음 글을 읽고 이어지는 질문에 답하시오.

(가) 패러다임은 미국의 과학 사학자 겸 과학 철학자 토머스 쿤이 그의 명저 「과학 혁명의 구조」에서 제창한 개념으로, 과학자들이 세상을 바라보고, 조작하고, 이해하는 틀입니다. 서로 다른 패러다임을 가진 사람들은 서로 다른 세상에 사는 사람들과 같습니다. 패러다임이 다른 사람들은 같은 것을 보고도 다른 식으로 해석합니다. 전근대인에게는 우주가 영적이고 신비로운 유기체지만, 근대인에게 우주는 복잡한 기계에 가깝습니다. 서로 다른 패러다임을 가진 사람들이 보고 경험하는 세계는 서로 다른 것이지요. 그렇지만 패러다임을 세계관이라고만 생각하면 안 됩니다. 패러다임은 추상적인 세계관이라기보다, 과학자들의 연구를 이끌어 주는 모범적인 문제 풀이 방식같이 훨씬 구체적인 것입니다. 패러다임에는 모델, 이론, 법칙, 가설 같은 이론적인 요소만이 아니라, 실험의 방식, 기구, 표준과 같은 물질적이고 실험적인 요소도 얽혀 있습니다.

(나) 일단 과학자 사회가 하나의 패러다임을 받아들이면, 그 패러다임은 어떤 문제가 의미 있는 과학적 문제인지, 문제를 어떻게 풀어야 하는지, 여러 답안 가운데 어떤 답이 더 훌륭한 답인지에 대한 기준과 지침을 제공합니다. 쿤은 하나의 패러다임이 지배하는 과학을 '정상(定常)과학'이라고 불렀습니다. 정상과학은 패러다임이 제시하는 틀 속으로 연구대상을 넣으려는 시도입니다. 패러다임으로부터 이미 제시된 현상과 이론을 더욱 명료히 하는 것이 정상과학의 지향점이라 할 수 있죠. 그렇지만 이것은 과학연구에 있어서 결점이 될 수도 있습니다. 패러다임으로 설명되지 않는 변칙적인 문제들이 연이어 등장하면 정상과학은 위기 국면으로 진입하게 되고, 새로운 패러다임이 등장해서 기존 패러다임을 대체하는 과학 혁명이 뒤따릅니다. 쿤은 과학이 정상과학 상태에서 위기를 맞고, 과학 혁명을 겪으며 새로운 정상과학으로 발전한다고 보았습니다.

(다) 패러다임에 기초한 정상과학에는 흥미로운 과학 철학적 특성이 두 가지 있습니다. 우선 하나는 연구지침이 되는 패러다임 자체에 대한 의심이나 반증은 이루어지지 않는다는 것입니다. 만일 우리가 기계공학 연구를 수행한다고 해봅시다. 열역학이나 유체역학처럼 기계공학의 근간이 되는 이론 자체에 대해서 우리는 추호의 의심도 하지 않습니다. '어쩌면 열역학 제2법칙이 틀린 건 아닐까?'하는 고민을 전혀 하지 않는다는 거죠. 마찬가지로 패러다임과 잘 맞지 않는 사례들이 나타났을 경우 역시 중요하지 않은 것으로 취급하거나 패러다임 안으로 포섭시켜 버립니다. 일례로 뉴턴의 고전 물리학 패러다임은 수많은 현상을 성공적으로 설명했지만 천왕성 궤도에 대해서는 예상치의 두 배에 달하는 오차로 과학자들이 골머리를 앓았습니다. 하지만 과학자 대다수는 뉴턴 역학을 포기하지 않고 다른 방법을 모색했습니다. 이처럼 패러다임은 예상과 다른 한두 가지의 ㉠<u>반증</u> 사례로는 폐기되지 않습니다. 반증이 과학의 핵심이라는 생각은 실제 과학 활동에 잘 ㉡<u>부합</u>하지 않습니다.

(라) 동전 던지기에서 앞면이 연속적으로 나오는 일이 드물게 나타나듯, 과학 연구에도 드문 사건에 해당하는 비정상과학적 연구방식이 존재합니다. 쿤은 그 방식에서 '과학 혁명'이 일어날 수 있다고 하였는데, 바로 여기서 패러다임의 두 번째 과학 철학적 특성이 나타납니다. 두 개의 패러다임이 공존하는 과학혁명기에는 과거의 패러다임을 계속 고수하는 과학자와 새로운 패러다임을 받아들인 과학자 사이에 합리적인 소통이 어렵다는 것입니다. 과거의 패러다임은 많은 자연 현상을 성공적으로 설명해 왔지만, 한두 가지의 변칙적인 현상을 설명하지 못합니다. 반면 새로운 패러다임은 한두 가지의 변칙적인 ⓒ현상은 잘 설명하지만, 일반적으로 잘 알려진 다른 현상들에 대해서는 기존의 패러다임만큼 잘 설명하지 못하는 ⓓ경우가 많습니다. 많은 성공을 거두었던 과거의 패러다임은 약간의 문제에 직면하는 것이고, 새로운 패러다임은 미래의 가능성을 보여 주면서도 불확실성을 안고 있는 것이지요. 따라서 과거의 패러다임에서 연구를 수행했던 구세대의 과학자들은 이것을 쉽게 버리지 못합니다. 새로운 패러다임은 젊은 과학자들, 주류에서 조금 벗어나 있는 변방의 과학자들이 받아들이게 됩니다.

08. 윗글 (가) ~ (라)의 주제로 적절하지 않은 것은?

① (가) : 패러다임의 정의
② (나) : 정상과학과 과학 혁명
③ (다) : 패러다임의 가변성
④ (라) : 기존 패러다임과 새로운 패러다임의 충돌

09. 윗글을 바르게 이해한 것은?

① 패러다임은 과학자에게 모범답안을 제시해주는 추상적인 틀이다.
② 새로운 패러다임의 등장으로 과학 혁명이 발생하면 정상과학은 퇴색하게 된다.
③ 천왕성 궤도의 발견으로 패러다임의 전환이 일어났다.
④ 새로운 패러다임은 기존의 패러다임에 비해 설명할 수 있는 현상이 적다.

10. 다음 중 밑줄 친 ㉠~㉣의 문맥적 의미와 가장 가깝게 단어를 사용한 것은?

① ㉠ : 그들이 조용히 있는 것은 더 큰 음모를 꾸미고 있다는 <u>반증</u>입니다.

② ㉡ : 양○○ 후보야말로 개혁에 <u>부합</u>하는 인물입니다.

③ ㉢ : <u>현상</u>을 타파하여 앞으로 나아가자.

④ ㉣ : 그 사람이 한 행동은 <u>경우</u>에 맞지 않는 행동이야.

11. 다음 보도 자료의 제목으로 가장 적절한 것은?

> ○○공단이 B 전기협회 등 5개 단체와 공동 추진한 '202X년 시민홍보협력사업'이 다양한 비대면 사업을 추진하고 에너지정책 및 사업에 대한 시민 참여 기반을 확대했다는 평가를 받고 있다.
>
> 지난해 3월 공모를 통해 선정된 5개 비영리기관은 ▲고효율 제품 10% 환급 ▲온·오프라인 고효율 제품 구매 서약 ▲영유아대상 온라인 교육 ▲에너지복지 시민서포터즈 운영 등 실질적인 사업모델을 발굴하여 에너지 사용 문화를 개선했다.
>
> 먼저 A 소비자연대는 고효율 제품 구매가이드를 시민들에게 배포하고 온·오프라인으로 고효율 제품 구매 동참서약을 받았다. 또 기업들과 함께 공동 펀드를 조성하여 서약을 한 시민을 대상으로 제품 구매금액의 10%를 환급했다. 지원받은 시민들에게는 전력측정기를 보급하여 월별 전력사용량 모니터링을 통해 고효율 제품에 대한 인식을 제고했다.
>
> B 전기협회는 에너지복지 정책 및 보급 확산을 위한 에너지복지 시민 서포터즈 운영을 통해 에너지 취약계층 지원과 에너지바우처 우수사례 공모전, 정책토론 등 에너지복지 저변 확대에 기여했다.
>
> 또한 C 에너지협회는 △△지역 영유아 에너지 교육 전문 강사를 양성한 뒤 코로나19 상황을 고려한 온라인 화상교육 프로그램을 마련하여 미래세대에 대한 녹색생활 실천 교육을 총 133회 시행하고 경력단절 여성들을 위한 일자리를 창출했다.
>
> 이 밖에도 D 공익네트워크와 E 시민모임은 적정온도 캠페인을 비대면으로 전환했으며 전국 주요 상권 내 시민 1,000명을 대상으로 인식조사를 실시했다. 조사에 응한 시민 가운데 76% 정도의 응답자가 에너지절약 문제에 관심이 있는 것으로 나타났다.
>
> ○○공단 관계자는 "에너지 효율과 저탄소 생활 실천에 대한 국민의 자발적 참여가 전 사회적으로 확산될 수 있도록 시민단체와 협력해 노력할 계획"이라며 "내년도 시민홍보협력사업은 이달 안에 공모할 예정"이라고 밝혔다.

① 월별 전력사용량 모니터링을 통해 고효율 제품 인식 제고

② 에너지 사용 문화 개선을 위한 사업모델 발굴

③ 미래세대를 위한 녹색생활 실천 교육 프로그램 운영

④ 시민홍보협력사업을 통한 에너지 절약 시민참여 기반 확대

12. 다음 글의 ㉠ ～ ㉣에 해당하는 용어를 바르게 나열한 것은?

천연가스와 같은 기존 화석연료의 온실가스 배출을 줄이는 CCUS 기술이 주목받고 있다. CCUS는 'Carbon Capture Utilization and Storage'의 약자로, 이산화탄소 (㉠) · (㉢) · (㉣)기술을 의미한다.

(㉠)기술은 화학용매나 흡수제 또는 물리적 분리 방식을 통해 배출원에서 CO를 분리하는 과정으로 크게 연소 전 처리, 화학적 방법을 활용한 연소 후 처리, 그리고 연소 시 산소를 주입하는 산소 활용 연소 후 처리로 구분된다.

포집된 CO를 저장 장소까지 육상 · 해저 파이프라인 및 선박을 활용해 운반하는 (㉡)기술은 기존의 가스연료의 운반 방식과 기술적으로 유사하다. 이 때문에 기존의 설비를 활용할 수 있어 본격적 기술개발이 이뤄진다면 다른 CCUS 기술 대비 비용절감 및 보급 확산이 용이할 것으로 예상된다.

온실가스 저감을 위한 방안으로 최근 주목받고 있는 CO_2 (㉢)기술은 다양한 물질의 다품종 소량 생산기술에 적합한 기술로 평가되고 있다. 현재까지 제시된 기술을 적용하게 되면 연간 약 37억 톤에 해당하는 CO_2를 감축할 수 있을 것으로 기대되고 있으며 이는 전체 총배출량의 약 10%에 해당한다. 기술적 난도가 높고 사용 용도가 제한적이지만 화학적 전환을 통해 기존 화석연료를 활용해 생산하던 화학제품이나 건축자재, 연료화 등의 이용이 가능해 새로운 자원으로 다양하게 활용될 것으로 기대하고 있다.

포집/운송된 CO_2의 (㉣)기술은 크게 대수층 (㉣)과 유전 · 가스전 (㉣)으로 구분된다. 대수층은 전 세계 대부분 지역에 존재하기 때문에 저장가능 용량이 크고 경제성이 우수하여 이미 여러 국가에서 시행하고 있다. 유전 · 가스전의 경우 우리나라는 아직 개발 경험이 부족하고, 실제 운영 중인 국내 유전 · 가스전이 거의 없기 때문에 원유 회수율 증진 기술의 활용이 어려워 기술개발의 중요성이 큰 상황이다.

	㉠	㉡	㉢	㉣
①	포집	수송	활용	저장
②	저장	활용	수송	포집
③	활용	수송	포집	저장
④	포집	저장	활용	수송

[13 ~ 15] 다음 강연 내용을 읽고 이어지는 질문에 답하시오.

전기를 사용하지 못한다면 어떤 일이 일어날까요? 일단 저녁에는 너무 어두워 활동할 수가 없을 것입니다. 해가 지면 할 수 있는 일이라곤 잠자는 것 빼고는 없을 것 같군요. 식수는 또 어떻고요. 물을 정수하고 수도 시설을 유지·관리하는 데도 전기가 필요하지요. 개발도상국에서는 정수된 물을 구하는 것이 매우 어렵습니다. 물을 정수하는 것과 정수된 물을 가정에 보내기 위해 상하수도 시설을 설치하는 데 드는 비용이 매우 비싸기 때문입니다. 그 결과 더러운 물을 마신 사람들이 각종 질병으로 사망하는 일이 빈번하게 일어납니다.

부족한 것은 전기와 정수된 물뿐만이 아닙니다. 그 외에도 여러 기술을 사용할 수 없는데요, 돈이 없어 불편함을 겪거나 죽을 수밖에 없는 그들에게 현대의 최첨단 과학이란 참 부질없어 보이기까지 합니다.

그렇다면 그들은 가난하다는 이유로 불편함과 죽음의 공포 속에서 사는 것을 당연히 여겨야 할까요? 아닙니다. 기술의 혜택을 상대적으로 많이 누리는 우리가 그들을 도와줘야 합니다. '적정기술'은 이렇게 빈곤층과 소외 계층의 삶의 질을 개선하기 위한 취지로 도입된 기술입니다.

적정기술의 개념은 경제학자 슈마허가 만들어낸 '중간기술(Intermediate Technology)'이라는 용어에서 시작되었습니다. 당시 슈마허는 소외된 지역의 문제들을 해결하기 위해서는 거대한 첨단 기술보다는 지금 당장 이들의 삶을 개선시킬 기술이 필요하다는 생각을 하였습니다. 그는 선진국과 제3세계의 빈부 양극화 문제를 고민하던 중 간디의 자립 경제 운동과 불교 철학에서 영감을 받아 올바른 개발이 달성되기 위해서는 중간 규모의 기술이 필요하다고 주장하였습니다.

대규모 자본을 기반으로 대량의 제품을 생산하는 거대 기술과 달리 중간기술은 적은 자본과 비교적 간단한 기술을 활용하여 그 지역 사람들에 의해 이루어지는 소규모 생산 활동입니다. 따라서 중간기술은 훨씬 값싸고 제약이 적으며 기술이 사용되는 과정에서 인간이 소외되지 않고 노동을 통해 기쁨과 보람을 느낄 수 있는 '인간의 얼굴을 한 기술'인 것입니다. 이처럼 적정 기술이 되기 위해서는 적은 비용이 들어야하고 가능하면 현지에서 나는 재료를 사용하여 특정 분야의 지식이 없어도 이용할 수 있어야 합니다.

그럼 적정기술의 실제 사례와 그 속에 담긴 과학 원리를 한번 살펴볼까요? 시력이 나빠 잘 보이지 않는데 안경 없이 생활해야 한다면 어떨까요? 생각만 해도 답답할 것 같습니다. 우리는 이런 답답함을 간단하게 해결할 수 있지만, 흐릿한 세상을 당연하게 받아들이고 사는 사람들도 있습니다. 그 수가 무려 전 세계에 10억 명에 달한다고 합니다. 비싼 돈을 들여서 안경을 맞추고 싶어도, 전문적으로 시력 검사를 하는 검안사의 수가 매우 부족해 자신에게 맞는 안경을 사는 것이 여간 어려운 일이 아니라고 합니다.

이들에게 또렷한 세상을 선물한 산타 할아버지 같은 기업이 있습니다. 그들은 '스스로 도수를 조절할 수 있는 안경'을 개발했습니다. 우리는 근시에는 빛을 퍼뜨려 주는 오목 렌즈를, 원시에는 빛을 모아주는 볼록 렌즈를 사용해야 한다는 것을 과학 시간에 배웠습니다. 원시인 사람도 근시인 사람도 스스로 도수를 조절할 수 있는 안경이 정말 가능할까요? 안경의 렌즈는 딱딱한데 그것을 어떻게 순식간에 조절할 수 있을까요?

개발자들은 이가 없으면 잇몸으로, 즉 고체가 불가능하면 액체로 렌즈를 만들면 된다고 생각했습니다. 안경의 양다리에 있는 액체를 주사기로 조절해 투여하면 투명한 막 사이로 실리콘 오일이 들어와 막의 볼록한 정도를 바꿀 수 있도록 만든 것이죠. 막을 통해 들어오는 빛의 굴절 역시 바뀌는데요. 이를 이용하면 오일을 얼마나 주입하느냐에 따라 안경 도수를 언제든지 바꿀 수 있습니다. 또 실리콘 오일은 증발이 잘 안 되어 안경을 한 번 사면 반영구적으로 사용할 수 있습니다. 이 안경의 가격은 15달러이지만 가격을 5달러 이하로 낮추기 위해 부단히 노력하고 있다고 합니다. 이외에도 많은 기업과 과학자가 더 나은 환경을 만드는 기술 개발에 힘쓰고 있습니다. 또 많은 일반인도 기부를 통해 개발도상국 사람들이 가난과 질병에서 벗어날 수 있도록 돕고 있지요. 세상에는 함께 살아간다는 것의 의미를 깨닫게 해 주는 과학 기술이 많습니다. 여러분도 과학을 공부해 어려운 이들을 도울 수 있는 획기적인 발명품들을 만들어 보세요.

13. 위 강연의 전개방식에 대한 설명으로 옳은 것은?

① 적정기술의 조건과 성공 사례를 통하여 적정 기술의 가치와 중요성을 말하고 있다.
② 적정기술의 실제 사례를 소개하며, 최첨단 과학 기술의 발전과 개발이 인류에게 절실한 이유를 분석하고 있다.
③ 적정기술의 장단점을 분석하고 한계점을 언급한 뒤 개선할 점에 대해 말하고 있다.
④ 적정기술의 유래와 그 변화 과정을 설명하고 각 나라의 적용 사례를 소개하고 있다.

14. 위 강연을 통해 알 수 있는 사실은?

① 첨단 과학의 부작용
② 도수 조절 안경에 사용된 기술적 원리
③ 도수 조절 안경의 원가를 더 절감하는 방법
④ 불교 철학의 전파력

15. 위 강연에서 말한 '적정기술'의 예시로 적절하지 않은 것을 고르면?

① 페달을 밟아 작동시키는 수동 세탁기
② 조명으로 사용가능한 축구공 소켓
③ 더러운 물을 여과시켜 주는 필터가 장착된 빨대
④ 누구나 무료로 국제 전화를 이용할 수 있게 하는 위성통신 기술

[16 ~ 17] 다음 채용공고를 읽고 이어지는 질문에 답하시오.

〈202X H 에너지공사 단기근로자 채용공고〉

1. (⊙)

• 공사명 : △△시 H 에너지공사

• 채용부서 및 인원

고용형태	채용부서	채용분야	채용인원	채용 접수기간	비고
단기근로자	기계1부	정비보조	3명	202X. 10. 18. ~ 202X. 10. 24.	

• 접수방법 : 이메일 접수(1234@email.co.kr) 또는 현장 방문접수(당일 12시 접수분까지)

　☞ 문의처 : H 에너지공사 기계1부 황○○ (010-0000-0000)

　※ 계약기간은 당사사정에 따라 변경 가능함.

　※ 단, 금번 채용근로자는 「공공부문 정규직 전환 가이드라인(2018. 4. 20.)」상의 정규직 대상이 아님.

2. (ⓒ)

• 채용신분 : 단기근로자

• 보수/복리후생 : 단기계약근로자 기본단가 책정에 따라 상담 후 결정/4대 보험 가입

• 근무시간 : 1일 8시간 (월~금, 09 : 00 ~ 18 : 00)

• 근무지 : △△시 △△읍 △△로 123-123

3. (ⓒ)

• 응시자격

채용분야	채용인원	응시자격
정비보조원	3명	학력, 연령, 성별 제한 없음.

• 우대사유

구분	대상	우대사항
보훈대상자	• 「국가유공자 등 예우 및 지원에 관한 법률」 제29조의 규정에 의한 취업보호대상자 • 「국가유공자 등 예우 및 지원에 관한 법률」 제31조 제3항에 의거, 채용인원이 3명 이하인 경우 보훈대상자 미적용(단, 응시자의 수가 선발예정인원과 같거나 그보다 적은 경우에는 그러하지 아니함)	• 전형단계별 가점 부여 : 만점의 5 ~ 10%

- 결격사유 : 인사규정 제9조(채용결격사유)에 해당하지 아니한 자

인사규정 제9조(채용결격사유)

1. 피성년후견인 또는 피한정후견인 (개정 2015. 5. 19.)
2. 파산자로서 복권되지 아니한 자
3. 금고이상의 형을 받고 집행이 종료되거나 집행을 받지 아니하기로 확정된 후 5년이 경과되지 아니한 자
4. 금고이상의 형을 받고 집행유예기간이 만료된 후 2년이 경과되지 아니한 자
5. 금고이상의 형의 선고유예를 받고 그 유예기간 중에 있는 자
6. 징계에 의해 해임처분을 받은 후 5년이 경과되지 아니한 자
7. 법원의 판결 또는 법률에 의해 자격이 상실되거나 정지된 자
8. 「병역법」 제76조에서 정한 병역의무 불이행자 (개정 2015. 10. 08.)
9. 삭제 (2015. 5. 19.)
10. 제8조의 규정에 따른 채용구비 서류에 허위사실이 발견된 자
11. 신체검사결과 불합격으로 판정된 자
12. 「부패방지 및 국민권익위원회의 설치와 운영에 관한 법률」 제82조에 따른 비위면직자 등의 취업제한 적용을 받은 날로부터 5년이 경과하지 아니한 자 (개정 2015. 5. 19., 2018. 7. 05.)

(이하 생략)

---

4. (㉣)

- 서류전형(적/부) → 면접전형 → 신체검사 → 최종합격자 발표(개인별 통보)
- 접수기간(공시기간) : 202X. 10. 18.(화) ~ 202X. 10. 24.(월) 12 : 00
- 서류전형 합격자 발표 : 202X. 10. 25.(화) 10 : 00 ~
- 면접전형 : 202X. 10. 26.(수) 10 : 00 ~
  면접전형 합격자 발표 : 202X. 10. 26.(수)
- 신체검사 : 202X. 10. 27.(목)
- 채용예정일 : 202X. 10. 30.(일)

5. 제출서류
1) 입사지원 시 제출서류
  - 블라인드 입사지원서
  - 개인정보동의서 ("첨부2")
  ※ pdf파일 형식 제출
2) 최종합격 시 제출서류
  - 우대사항 증빙서류(해당자에 한함)
  - 자격/경력사항 증빙 사본(해당자에 한함)
  - 본인 명의 통장사본

6. 면접전형 동점자 처리 기준

가. 1순위 : 보훈

나. 2순위 : 면접전형 평가항목 4개 중 태도, 실무지식/적응력, 표현력/이해력, 사회성/근무만족도
   순으로 각 항목 면접위원들의 총점 고득점자순

7. 블라인드 채용 안내

가. 입사지원서 상 사진등록란, 학교명 · 전공 · 주소 · 생년월일 기재란 없음

나. 학교명, 특정단체명이 드러나는 이메일 주소 기재 금지

다. 입사지원서 작성 시 개인인적사항(출신학교, 가족관계 등) 관련 내용 기재 금지

라. 입사지원서에 기재한 성명, 연락처(휴대전화, 이메일 주소 등), 지역인재 등은 면접전형 시 블라
   인드 처리되며, 블라인드 채용 가이드라인을 준수하여 편견요인에 대한 개인정보는 심사위원
   에게 제공되지 않습니다.

16. 채용공고를 통해 알 수 있는 사실로 적절한 것은?

① 보훈대상자 우대 여부는 응시자 수에 따라 결정된다.

② 입사지원서 작성 시 학교명과 주소를 정확하게 기재해야 한다.

③ 최종합격자 발표는 회사 홈페이지를 통해 확인이 가능하다.

④ 입사지원 시 우대사항 적용을 받기 위해서는 증빙서류를 첨부해야한다.

17. 빈칸 ㉠ ~ ㉣에 들어갈 말로 적절하지 않은 것은?

① ㉠ 채용현황   ② ㉡ 근무조건

③ ㉢ 지원자격   ④ ㉣ 면접절차

18. 다음 기사의 내용을 바르게 이해하지 않은 것은?

정부, RE100 시행 초읽기... 신재생에너지법 일부 개정안 행정 예고

정부가 소비전력 100%를 재생에너지로 대체하는 RE100 이행을 위한 구체적 근거를 마련했다. 녹색프리미엄 요금을 포함, 관련 규정을 정비해 내년 국내에서 RE100 이행이 초읽기에 들어갔다. RE100은 '재생에너지(Renewable Energy) 100%'의 약자로, 기업이 사용하는 전력량의 100%를 풍력·태양광 등 재생에너지로 전환하는 국제 캠페인이며 연간 100GWh 이상 사용하는 전력 다소비 기업이 대상이다. RE100은 영국 런던의 다국적 비영리기구인 '더클라이밋 그룹'에서 발족된 것으로, 정부의 강제가 아닌 기업들의 자발적 참여로 이루어진 일종의 캠페인이라는 점에서 의미가 깊다.

23일 정부에 따르면 산업통상자원부는 최근 RE100 이행을 위한 '신·재생에너지 설비의 지원 등에 관한 규정 일부개정(안)'을 행정 예고했다. 내달 7일까지 의견을 받고 이후 규정을 개정할 계획이다. 개정안은 국내에서 RE100을 이행하기 위한 근거를 확립했다. RE100 이행 전담기관 및 운영기관을 지정하고, 재생에너지 사용수단 신설 및 확인서 발급 절차도 규정했다. 또 재생에너지 사용에 따른 온실가스 감축 실적 인정을 규정했다. 특히 녹색프리미엄 재원 활용과 이를 위한 재생에너지 사용 심의위원회를 구성하기 위한 규정을 명시했다. 녹색프리미엄제는 ○○공사가 구입한 재생에너지 전력에 대해 프리미엄을 부과하고 일반 전기요금 대비 높은 가격으로 판매하는 방식이다. 녹색프리미엄을 이용하는 기업은 재생에너지를 사용했다는 인정을 받을 수 있다. 녹색프리미엄 제도에서 나온 재원은 △재생에너지 설치지원 사업 △재생에너지 보급 확대를 위한 금융지원 사업 △재생에너지를 활용한 복지지원 사업 △재생에너지 관련 기반구축 사업 △기타 장관이 재생에너지 사용 활성화를 위하여 필요하다고 인정하는 사업에 재투자할 예정이다. 202X년 기준으로 RE100에 가입한 전 세계 기업은 구글, 애플, 제너럴모터스(GM), 이케아 등 349곳이다. 지역별로는 유럽과 미국이 가장 많다. 이 중 한국 기업은 14곳이다. 산업부 관계자는 "이번 개정안은 기본적으로 RE100 이행을 위한 기본 근거를 마련하는 것"이라면서 "내년부터 제도가 본격적으로 작동하기 위한 토대를 만들겠다."라고 밝혔다.

한편 일각에선 RE100이 탄소중립이라는 명분을 앞세워 일찌감치 제조업에서 서비스업으로 산업 축을 이동한 미국, 유럽의 아시아를 향한 '사다리 걷어차기'라는 비판도 제기된다. 국제기구가 아니라 유럽의 비영리 단체가 만든 RE100 캠페인에 지나치게 휘둘릴 필요가 없다는 말이 나오는 이유다. 또한 재생에너지 발전 여건이 열악하고 제조업 비중이 높은 한국의 산업 구조상 RE100을 강제할 경우 핵심 사업장을 해외로 옮겨야 하는 딜레마에 빠질 수 있다는 지적도 나오고 있다.

---

① 이번 개정안이 발효되면 재생에너지 사용에 따른 온실가스 감축 실적이 인정될 것이다.

② 녹색프리미엄 제도에서 나온 재원은 다른 사업에 재투자가 불가능하다.

③ 한국은 산업구조상 다른 나라에 비해 재생에너지 개발 및 전환이 힘든 여건이다.

④ RE100은 기업의 사용 전력량 100%를 재생에너지로 전환하는 캠페인으로, 전력을 사용하는 모든 기업들이 대상이다.

www.gosinet.co.kr

1회 기출예상

2회 기출예상

3회 기출예상

4회 기출예상

인성검사

면접가이드

[19 ~ 20] 다음 글을 읽고 이어지는 질문에 답하시오.

우리는 하고 싶은 일, 해야 할 일을 더 잘하기 위해 지식이 필요하다. 지식은 개인의 소득과 삶의 질을 높이고 국가를 발전시키는 힘이다. 경제학의 내생적 성장이론은 지식의 축적을 장기 경제 성장률을 높이는 가장 중요한 요인으로 본다. 지식은 기술 진보와 '인적 자본'을 확대하여 생산성을 높인다.

지식이 중요하다면 우리는 어떤 지식을, 어떻게 쌓아야 할까? 이 시대의 지식 쌓기는 새로운 방식을 요구한다. 첫째, 필요한 지식을 찾아 활용할 수 있는 능력을 키워야 한다. 디지털 시대는 많은 지식을 외워 머리에 넣어 둘 필요가 없다. 인터넷에 언어, 요리, 법률, 의학, 운동 등 다양한 정보와 지식이 넘쳐난다. 디지털 정보와 기기를 활용하는 능력과 과학 지식을 익혀 디지털 지식의 보물 창고를 열 수 있어야 한다. 더불어, 습득한 정보를 언제든 필요할 때 꺼내 쓸 수 있도록 잘 정리해 두는 기술도 필요하다. 한 가지 주제를 오랫동안 탐구하는 데 있어서도 자신만의 지식 저장 기술을 익혀두면 가지를 하나씩 만들어 지식을 확장시킬 수 있고 다른 주제와의 연결점을 찾아 완전히 새로운 아이디어를 창출해낼 수 있다.

둘째, ⊙ 낡고 불필요한 지식을 파괴하고 새로운 지식을 받아들여야 한다. 디지털 전환과 산업구조의 재편으로 세상이 빠르게 바뀌면서 개인과 사회가 축적한 삶의 지식과 경험의 가치는 줄어든다. 부모와 직장 선배의 오랜 경험에서 우러난 충고가 젊은 세대에게는 잔소리인 경우가 많다. 삼강오륜에 얽매여 장유유서, 부부유별을 고집하는 사람은 세상의 변화에 뒤처진다. 실력보다 나이, 성별, 출신에 따른 질서를 우선으로 하는 사회에서 창조적인 지식이 나오기 힘들다. 경제학자 조지프 슘페터는 기술 혁신으로 낡은 것을 파괴하고 새로운 것을 만드는 '창조적 파괴'가 자본주의 경제의 역동성이라고 했다. 권력을 독점하는 지배계층과 시장을 지배하고 신규 진입을 막는 대기업과 노동조합의 힘을 줄이고 '공정한 경쟁' 사회를 만들어야 젊은 세대와 혁신 기업이 클 수 있다.

셋째, 올바른 지식과 정보를 분별할 수 있는 비판적 사고력을 키워야 한다. 정보혁명을 맞이하여 언제 어디서든 원하는 정보를 얻을 수 있는 환경이 갖춰졌지만 그만큼 잘못된 정보에 쉽게 노출될 수 있음을 명심해야 한다. 그렇다면 흘러넘치는 정보 속에서 가짜뉴스와 왜곡된 사실들을 어떻게 걸러낼 수 있을까. 이때 필요한 능력이 바로 '미디어 리터러시(Media Literacy)'다. 미디어 리터러시란 단순한 정보 검색 능력을 넘어 정보를 비판적으로 이해하고 평가할 수 있는 능력을 말한다. 이미 선진국이나 미디어 관련 국제기구에선 21세기 미래 핵심 역량으로 꼽히고 있다. 참된 지식 습득을 위해선 비판적 독해 능력을 길러 콘텐츠가 제공하는 그대로 받아들이지 않고 내용에 대해 한 번 더 비판적으로 생각하고 이해하려는 습관을 길러야 한다. 예컨대 조금이라도 미심쩍은 정보라고 생각된다면 다른 기사를 검색해 보거나 타인에게 질문하는 등 여러 경로를 통해 해당 내용의 진위를 확인해 보는 것이다. 정보를 곧이곧대로 받아들이지 않는 것이 미디어 리터러시의 핵심이다. 물론 이런 능력은 단기에 습득할 수 없기 때문에 오랜 시간 반복하여 내재화하는 연습이 필요하다.

19. 제시된 글을 바르게 이해하지 않은 것은?

① 디지털 시대에는 많은 지식을 머릿속에 저장해 두어야 한다.

② 기성세력을 타파해야 혁신이 일어날 수 있다.

③ 정보를 받아들이는 데 있어 능동적인 자세가 필요하다.

④ 지식을 확장하기 위해선 정보를 잘 정리하는 능력도 필요하다.

20. 제시된 글의 밑줄 친 ㉠과 관련된 고사성어로 적절한 것은?

① 온고지신(溫故知新)　　　　② 제구포신(除舊布新)

③ 금상첨화(錦上添花)　　　　④ 읍참마속(泣斬馬謖)

www.gosinet.co.kr gosinet

1회 기출예상

2회 기출예상

3회 기출예상

4회 기출예상

인성검사

면접가이드

21. 다음은 K 발전에 최종 합격한 신입사원들의 점수와 희망부서를 나타낸 자료이다. 〈조건〉을 참고할 때 신입사원 중 최고득점자가 배정 받게 될 부서는?

(단위 : 점)

합격자	서류심사	필기시험	1차 면접	2차 면접	희망부서
A	85	80	45	45	경영지원팀
B	70	90	40	35	발전환경팀
C	90	75	45	40	경영기획팀
D	90	80	30	45	안전보건팀
E	80	85	40	50	재무팀

조건

• 각 채용절차에서 만점 기준은 서류심사 100점, 필기시험은 100점, 1차 면접과 2차 면접은 각각 50점으로 한다.
• 각 채용절차의 점수 반영 비율은 서류심사 10%, 필기시험 40%, 면접(1, 2차 면접 점수의 합) 50%이다.
• 비율을 반영한 각 채용절차 점수의 총합이 가장 높은 경우 최고득점자가 된다.
• 최고득점자는 반드시 희망부서에 배정하고, 나머지 합격자는 희망부서와 면접 결과를 바탕으로 업무적합도를 판단하여 결정한다.

① 경영지원팀   ② 발전환경팀
③ 안전보건팀   ④ 재무팀

22. 다음은 □□발전의 〈유연근무제 지침〉과 재무팀 사원들이 제출한 근무계획표이다. 이를 참고할 때, 직원 A ~ E 중 근무계획이 승인될 수 있는 사람을 모두 고른 것은?

〈유연근무제 지침〉

• 개념 : 주 40시간을 근무하되, 근무시간을 유연하게 관리하여 1주일에 5일 이하로 근무하는 제도
• 복무관리
  – 점심 및 저녁시간 운영 : 근무의 시작 및 종료시각에 관계없이 점심시간은 12 : 00 ~ 13 : 00, 저녁시간은 18 : 00 ~ 19 : 00인 각 1시간으로 하고, 근무시간에는 포함하지 않음.
  – 근무시간 제약 : 근무일의 경우 1일 최대 근무시간은 12시간으로 하고, 최소 근무시간은 5시간으로 함.
  – 하루 중 근무시간으로 인정하는 시간대는 06 : 00 ~ 24 : 00로 한정함.
  ※ 단, 유연근무제 지침에 부합하는 근무계획만 승인됨.

〈재무팀 근무계획표〉

구분	월	화	수	목	금
A	09 : 00 ~ 18 : 00	–	09 : 00 ~ 20 : 00	08 : 00 ~ 20 : 00	07 : 00 ~ 22 : 00
B	07 : 00 ~ 21 : 00	08 : 00 ~ 21 : 00	–	07 : 00 ~ 21 : 00	06 : 00 ~ 11 : 00
C	–	07 : 00 ~ 21 : 00	06 : 00 ~ 16 : 00	09 : 00 ~ 18 : 00	09 : 00 ~ 18 : 00
D	08 : 00 ~ 12 : 00	09 : 00 ~ 18 : 00	13 : 00 ~ 20 : 00	08 : 00 ~ 18 : 00	08 : 00 ~ 22 : 00
E	10 : 00 ~ 18 : 00	09 : 00 ~ 18 : 00	08 : 00 ~ 18 : 00	09 : 00 ~ 18 : 00	09 : 00 ~ 18 : 00

① A, C
② B, E
③ D, E
④ C, E

[23 ~ 24] 다음 글을 읽고 이어지는 질문에 답하시오.

GDP란 일정 기간 동안 한 나라의 국경 안에서 생산된 모든 최종생산물의 시장가치로, 한 국가의 경제수준을 나타내는 지표이다. 외국인이든 우리나라 사람이든 국적을 불문하고 우리나라 국경 내에서 이루어진 모든 생산 활동을 포함하는 개념이다. 즉, GDP는 한 국가의 영역 내에서 가계, 기업, 정부 등 모든 경제 주체가 일정기간 동안 생산 활동에 참여하여 창출한 부가가치 또는 최종생산물을 시장가격으로 평가한 합계다. 여기엔 국내에 거주하는 비거주자(외국인)에게 지불되는 소득과 국내 거주자가 외국에 용역을 제공함으로써 수취한 소득이 포함된다.

GDP는 당해 연도 및 기준년도 중 어느 해의 시장가격을 이용하여 생산액을 평가하느냐에 따라 명목 및 실질 GDP로 구분된다. 명목 GDP는 생산액을 당해 연도 시장가격으로 평가한 것으로 물가상승분이 반영된 것이고, 실질 GDP는 생산량에 기준년도의 시장가격을 곱해서 계산하므로 가격 변동은 제거되고 생산량 변동만을 반영하게 된다. 이와 같이 GDP를 명목과 실질로 구분하여 추계하는 것은 각각의 용도가 다르기 때문이다. 국민경제의 전체적인 규모나 구조변동 등을 분석하고자 할 때에는 명목계열을 사용하며, 경제성장, 경기변동 등 국민경제의 실질적인 생산 활동 동향 등을 알아보려 할 때에는 실질계열을 이용한다.

GDP는 현재 경제성장률 등 생산의 중심지표로 사용되며, 세계은행(IBRD)과 경제협력개발기구(OECD) 통계조사의 자료로 이용되고 있다. 경제성장률이란 일정기간 동안 각 경제활동부문이 만들어낸 부가가치가 전년에 비해 얼마나 증가하였는지를 보기 위한 지표로서, 한 나라의 경제성과를 측정하는 중요한 척도이며 실질 GDP의 증감률로 나타낸다.

---

23. 윗글을 참고할 때, 한국 GDP에 해당하지 않는 것은?

① 한국 유명 아이돌의 해외 콘서트 소득

② 미국 자동차 회사가 한국에서 생산한 자동차 판매량

③ 한국에서 제조된 액정을 포함하여 한국에서 판매되는 스마트폰

④ 한국에서 일하는 파키스탄 노동자의 임금

24. 제시된 글을 읽고 나눈 대화 중 적절하지 않은 것은?

① A : GDP는 명목 GDP와 실질 GDP로 나눌 수 있어. 이 중에서 명목 GDP는 생산액을 당해 연도 시장가격으로 평가한 것이기 때문에 물가상승분이 반영되어 있어.

② B : 그럼 해당 연도에 물가가 상승하면 명목 GDP가 상승하겠구나.

③ C : 반면 실질 GDP는 그 해의 생산물에 기준으로 정한 연도의 가격을 곱해 구할 수 있어.

④ D : 그럼 경제활동의 실질적 변화 여부를 측정하기 위해서는 가격 변동을 빼고 구한 명목 GDP 가 이용될 테니 경제성장률 측정에도 명목 GDP가 쓰이겠네.

25. ○○기업의 인사팀장은 신입사원 A ~ H 8명을 법무팀, 영업팀, 재무팀에 각각 3명, 3명, 2명씩 배치하려고 한다. 다음 〈배치 조건〉을 따를 때, 옳은 설명을 고르면?

〈배치 조건〉

• A는 회계사 자격증이 있으므로 재무팀에 배치한다.
• B와 C는 반드시 같은 부서에 배치한다.
• D와 E는 같은 부서에 배치하지 않는다.
• E는 영업팀에 배치한다.
• F가 배치되는 부서의 인원은 총 2명이다.
• G가 배치된 부서에는 A 또는 E가 배치되어야 한다.

---

① A는 법무팀에 배치한다.　　　　　② D는 영업팀에 배치한다.

③ C는 재무팀에 배치한다.　　　　　④ H는 영업팀에 배치한다.

26. 다음 글을 통해 추론할 수 있는 내용으로 옳지 않은 것은?

> 흔히 공간(Space)과 장소(Place)는 같은 개념으로 사용된다. 이 둘은 미묘하지만 분명한 차이가 있다. 중국계 미국인 지리학자인 이 푸 투안은 그 기준을 '가치'로 보았다. 투안 박사에 따르면 공간은 장소보다 추상적이다. 처음에는 별 특징이 없던 공간이 우리가 그곳을 더 잘 알게 되고 그곳에 가치를 부여하게 되면서 비로소 장소가 된다. 다시 말해, 물리적인 공간에 인간의 경험과 가치, 기억을 더하면 비로소 개념적인 장소가 되는 것이다.
>
> 인간에겐 공간 철학이 있다. 인간은 광활하고 널찍하며 여유 있는 공간만 좋아하는 것이 아니다. 드넓은 사막의 부시맨은 스스로 원해서 모여 산다. 다른 사람의 살 냄새를 그리워하기 때문이다. 노동자들이 중산층보다 더 빽빽한 거주 공간에 사는 것은 꼭 경제적인 이유 때문은 아니다. 다른 사람과 가까이서 지내기를 원하는 인간적인 본능 때문이다.
>
> 사람은 다른 이들과의 밀착과 접촉, 그리고 끊이지 않는 사람 소리를 견딜 뿐 아니라 심지어 좋아하기까지 한다. 칠레에선 노동자들에게 새 주택단지를 제공했더니 이전에 좁은 집에 살던 때처럼 거실에 다 같이 모여 지냈다고 한다. 중산층이 사는 교외의 넓고 쾌적한 집을 차갑게 여기고 오래된 동네의 활기와 느낌을 선호하는 사람도 한둘이 아니다. 마찬가지로 사람들은 복잡한 해변, 인파가 몰린 록페스티벌 등에서 서로 통하는 이들과 함께 있을 때 마음과 정신이 확장된다. 이것이 공간의 심리학이다.
>
> 투안 박사는 오랫동안 살던 집은 공간을 넘어 장소가 된다고 말한다. 오랫동안 욕구를 충족하고 탈 없도록 보살핌을 받았던 따뜻한 양육의 기억이 함께하기 때문이다. 어린 시절 느꼈던 안전함과 안락함을 반추할 수 있는 곳이다. 인간이 집에 애착을 보이는 배경에는 이러한 친밀한 보살핌의 경험과 기억이 자리잡고 있다.
>
> 고향도 마찬가지다. 인간은 기본적으로 태어나고 자란 땅에 대한 경건한 마음이 있어 고향을 '삶의 자양분을 제공한 어머니의 품'으로 여긴다. 이런 애틋한 감정 때문에 고향이 다른 문화권으로 넘어가도 감정은 변치 않는다. 제1차 세계대전 뒤 오스트리아에서 이탈리아로 주인이 바뀐 남티롤(독일어 사용자 62%, 이탈리아어 사용자 23%)이 그 예다. 1953년 남티롤 연감에는 독일어로 고향을 뜻하는 하이마트(Heimat)를 '우리 종족과 인종에게 생명을 부여한 성스러운 대지', '우리가 경험한 풍경' '가족과 도시·마을의 역사로 가득 채워진 곳'으로 표현했다. 여기에서 보듯 고향은 정치나 역사와 무관하게 인간에게 언제 어디서나 고요한 애착의 대상이 된다. 많은 사람이 외부 세계의 부유함과 경이로움에 관심을 두지 않고 고향을 지키거나 그리워하는 이유다.

① 장소라는 개념은 물리적인 공간에 인간의 경험적 데이터가 축적되어야 형성된다.
② 사람들은 복잡한 공간보다는 교외의 넓고 쾌적한 공간을 좋아한다.
③ 노동자들이 중산층보다 더 모여 사는 이유로는 다른 사람과 가까이 지내기를 원하는 본능도 있다.
④ 고향에 대한 감정은 문화권이 바뀌어도 달라지지 않는다.

www.gosinet.co.kr

1회 기출예상
2회 기출예상
3회 기출예상
4회 기출예상
인성검사
면접가이드

27. 다음 글의 핵심 주장으로 가장 적절한 것은?

> 지난 몇 년 사이에 범죄자를 엄하게 벌해야 피해자의 인권을 보장할 수 있다는 논리가 등장했다. 그러면서 인권운동을 향한 비난이 나오기 시작했다. 흉악범죄자의 인권을 존중해 주자고 하면, 그 즉시 "피해자 인권은 안중에 없고, 범죄자 인권만 중요한가."라는 불만이 터져 나왔다. 과연 흉악범의 인권을 보장해주면 안 되는 것일까. 흉악범의 인권을 존중해주면 그가 저지른 만행을 용서해 주는 셈이 되는 걸까.
>
> 여기서 한 가지 중요한 전제를 짚고 넘어가자. 범죄자 인권 존중은 죄를 용서해 주는 것이 아니며, 처벌을 면제해 주자는 것도 아니다. 그리고 인권은 온정주의와 동의어가 아니다. 흉악범의 인권을 존중하자는 것을 그 사람이 지은 죄를 무조건 용서해 주자는 뜻으로 받아들이면 안 된다. 인권 운동은 흉악범죄자의 죄를 용서해 주자는 운동이 아니라, 법에 나와 있는 원칙과 절차를 지키면서 처벌을 하자는 주장이다.
>
> 이는 아주 간단한 사실이면서도 흔히 오해되는 점이다. 왜 이런 오해가 생겼을까. 혹시 "죄는 미워해도 사람은 미워하지 말라."라는 격언 때문이 아닐까. 이 격언은 도덕적인 인간관을 표현한 것이라 할 수 있지만, "사람을 미워하지 말라."라는 가르침이 인권과 동일한 것은 아니다. 범죄자를 미워하거나 미워하지 않는 것이 인권과 직접 연결되지는 않는다. 아주 극단적으로 말한다면, 그 사람을 미워하면서도 그의 인권을 존중하자고 주장할 수 있다.

① 피해자의 인권을 위해 엄벌주의가 필요하다.
② 흉악범죄자에 대한 대중의 감정이 그들의 인권 의식에 부정적인 영향을 미친다.
③ 범죄자에 대한 감정과 범죄자의 인권에 대한 의식을 구별할 필요성이 있다.
④ 범죄자와 그가 저지른 죄는 별개이니 범죄자의 인권은 보호받아야 마땅하다.

28. 마케팅팀 직원 A ~ E는 서로의 실적에 대하여 〈보기〉와 같이 주장하는데, 이 중 4명은 진실을 말하고 1명은 거짓을 말하고 있다. 다음 중 확실하게 거짓을 말하지 않은 사람은? (단, 실적이 같은 사람은 없다.)

보기

- A : C는 D보다 많다.
- B : C는 E보다 많다.
- C : A는 E보다 많다.
- D : D는 A보다 많다.
- E : B는 D보다 많다.

① A
② B
③ C
④ D

[29 ~ 30] 다음 글을 읽고 이어지는 질문에 답하시오.

MVNO(Mobile Virtual Network Operator)는 가상이동통신망사업자라고도 하며, 이동통신서비스를 제공하기 위한 필수적인 주파수를 보유하지 않고 주파수를 보유하고 있는 이동통신망사업자(MNO ; Mobile Network Operator)의 망을 빌려 독자적인 이동통신서비스를 제공하는 사업자를 의미한다.

MVNO가 탄생하게 된 배경을 살펴보면, 이동통신서비스의 경우 유선과 달리 한정된 수의 주파수를 이용해야 하여서 시장에 진입할 수 있는 사업자 수가 현실적으로 제한되어 있다. 그러나 무선통신시장의 경쟁을 활성화하기 위해서는 지속적으로 신규 사업자의 시장 진입을 통한 시장의 자극이 필요하다. 따라서 주파수의 제한을 받지 않고, 무선통신시장에 신규 사업자의 진입과 유사한 효과를 확보할 수 있는 방안 중의 하나로 MVNO가 관심을 모았다.

MVNO는 대체 불가능한 이동통신설비(기지국, 기지국 제어기, 무선전송 등)를 기존 이동통신사인 MNO로부터 임대하여 자신이 보유한 대체 가능한 설비(가입자 관리, SIM 카드, 교환국, 마케팅 등)와 결합하여 서비스를 제공하면서 브랜드, 요금체제, 상품 등을 독자적으로 구축해 이동통신시장에 진입하였다. MVNO는 이동통신서비스의 경쟁 활성화를 유도해 이용자 선택권을 확대하면서 가격 경쟁을 이끌어내 소비자에게 돌아가는 혜택을 제고하기 위한 목적에서 출발했다. 또한 ㉠<u>자동차 제조업체나 금융권, 콘텐츠 제공업체(CP)가 이동통신서비스와 결합해 다양한 혜택을 제공하려는 비즈니스 목적도 주요 배경이다.</u>

해외에서 MVNO는 유럽을 중심으로 크게 활성화되었으며 영국, 네덜란드, 스칸디나비아 국가 등 유럽 무선통신시장에서 요금 인하 등의 성과를 거두며 성공적으로 운영되고 있다. 국내에서도 MVNO 논의가 계속돼 왔다. 2004년 6월 정보통신부가 이동통신 경쟁정책 차원에서 MVNO 제도 도입을 검토하기 위해 한국정보통신정책연구원(KISDI)과 통신 사업자를 중심으로 관련 전담반을 세웠고, 시장전망, 경쟁에 미치는 영향, 사업자 형태 등을 검토한 후 도입되었다. 2012년 방송통신위원회는 MVNO라는 생소한 개념을 소비자에게 쉽게 알리기 위해 알뜰폰이라는 홍보용어를 제정해 사용하고 있다.

MVNO의 가장 큰 장점은 저렴한 통신요금이라고 할 수 있다. 기존에 구축되어 있는 이동통신망을 활용하는 덕분에 통신망 구축에 들어가는 많은 비용과 시간을 절약할 수 있으며, 그 덕분에 동일한 통화품질을 유지하면서 동시에 저렴한 가격으로 서비스를 제공할 수 있는 것이다. 그러나 규모가 작은 사업자라 요금 절감 외에 단말기 보조금이나 멤버십 서비스, 고객센터의 품질 등에서 부족한 점이 있다.

www.gosinet.co.kr

1회 기출예상

2회 기출예상

3회 기출예상

4회 기출예상

인성검사

면접가이드

29. 다음 중 MVNO에 대한 설명으로 옳지 않은 것은?

① MVNO는 신규 사업자가 시장에 진입하는 것과 유사한 효과를 유발하여 무선통신시장의 경쟁을 활성화하기 위해 등장했다고 할 수 있다.

② MVNO는 이동통신망사업자로부터 임대한 대체 불가능한 이동통신설비와 자신이 보유한 대체 가능한 설비를 결합하여 독자적인 브랜드, 요금체제, 상품 등을 구축하였다.

③ MVNO가 MNO와 통화품질은 동일하면서도 저렴한 요금 책정이 가능한 이유는 단말기 보조금이나 멤버십, 이벤트와 같은 서비스가 부족하기 때문이다.

④ 무선통신서비스가 사용할 수 있는 주파수는 유한하다.

30. 다음 중 밑줄 친 ㉠에 해당하는 사례로 적절하지 않은 것은?

① 동영상 서비스 플랫폼과 제휴하여 콘텐츠 이용요금 감면 혜택 제공

② 자동차 제조업체의 텔레매틱스 서비스 4년간 무상 제공

③ MNO가 제공하는 OTT 서비스를 동일한 가격으로 제공

④ 제휴한 금융업체를 통한 통신비 자동이체 신청 시 6개월 간 데이터 무제한 서비스 제공

[31 ~ 32] 다음은 선진 해외 도시 탐방 결과 보고서에 덧붙인 글이다. 이어지는 질문에 답하시오.

오늘날 대부분의 도시에서는 데이터가 기업과 공공기관, 비영리기관, 개인 데이터베이스에 분산되어 있으며 표준화가 잘 이루어지지 않고 있다. 그러나 도시의 트렌드를 파악하고 대응하기 위해서는 교통 흐름, 인간의 움직임, 개인 거래, 에너지 사용량의 변화, 보안 활동 등 주요 요소에 대한 여러 계층의 데이터를 집합시킬 필요가 있다.

자동화될 공공 서비스, 유연한 교통 흐름, 스마트한 보안, 최적화된 도시계획을 가능하게 하는 기하급수적 기술을 이용하기 위해서는 정보 흐름의 실시간 분석이 필수적이다. 그리고 이미 전 세계의 첨단 도시들은 스마트 주차에서 폐기물 관리까지 여러 분야에서 다양한 표준을 결합하여 실행 가능한 방법을 도출해 내는 중앙집중식 데이터 플랫폼을 구축하고 있다.

대표적인 예가 중국의 난징(Nanjing)이다. 난징시는 1,000대의 택시와 7,000대의 버스, 100만 대 이상의 승용차에 센서를 부착하여 물리적 네트워크와 가상 네트워크를 통해 데이터를 매일 수집하고 있다. 수집된 데이터는 난징 정보센터에 전송되고 전문가들은 교통정보를 분석하여 통근자들의 스마트폰에 새로운 교통 경로를 전송한다. 이러한 실시간 데이터는 자본 집약적인 도로와 대중교통 재건설의 필요성을 낮추고 기존 자산의 가치를 극대화하여 수백만 명의 시간을 절약하고 생산성을 높여준다.

센서의 보급과 도시 사물인터넷의 증가는 교통 흐름 통제를 넘어 전체 인프라 시스템을 실시간으로 관찰할 수 있게 한다. 이탈리아의 □□철도기업은 모든 열차에 센서를 설치하여 각 열차의 상태를 실시간으로 관찰하고 바로 업데이트할 수 있도록 유도하고 있다. 또한 센서에 시스템 이상 반응이 감지되면 고장이 발생하기 전에 문제를 해결할 수 있다. 열차 고장으로 인한 교통 혼란은 과거의 일이 되었다. 로스앤젤레스는 5,000킬로미터에 이르는 거리에 센서를 탑재한 새로운 LED 등을 설치했다. 가로등이 오작동하거나 밝기가 낮아지면 즉시 고칠 수 있어 큰 결함이 발생되기 전에 문제를 해결할 수 있다.

전자상거래 분야의 거대 기업인 △△의 본사가 있는 항저우시는 현재 지구상에서 가장 빠른 데이터 반응 도시를 구축하기 위한 시티브레인 프로젝트를 시작했다. 도시 전역에 설치된 카메라와 센서를 통해 중앙집중식 인공지능 허브는 도로 상태에서 날씨, 교통사고와 시민 건강에 관한 응급 사항에 이르는 모든 데이터를 처리한다. 항저우시의 시티브레인은 800만 명의 인구를 관찰하고 1,000개가 넘는 신호등을 동시에 조정하고 관리한다. 앰뷸런스가 충돌하지 않도록 경로를 안내하고 신호를 조정하며 사고율에 따라 교통경찰을 배치한다. 시범운영 결과 시티브레인 시스템은 이미 앰뷸런스 출동 시간과 통근 시간을 절반으로 줄이는 유의미한 결과를 냈다.

센서와 인공지능의 결합은 도로 감시와 교통 흐름, 교통사고 이외에도 군중을 모니터하고 인간의 움직임을 분석할 수 있다. 중국의 센스타임과 같은 회사들은 현재 자동차 번호판과 사람의 얼굴을 식별할 수 있을 뿐만 아니라 군중의 움직임과 수배 중인 범죄자를 찾아낼 수 있는 소프트웨어를 운영하고 있다.

31. 제시된 글이 설명하고 있는 사례를 이해한 내용으로 적절한 것은?

① 5G 통신 네트워크를 통한 그린시티 구축에 성공한 도시를 소개하고 있다.

② 현대 도시의 트렌드 변화를 소개하고 있다.

③ 센서를 통해 사물인터넷을 성공적으로 구현한 스마트도시 사례를 소개하고 있다.

④ 실시간 데이터와 자본 집약적인 도로가 결합되었을 때 변화하는 도시의 사례를 소개하고 있다.

32. 제시된 글과 〈보기〉의 연관성으로 적절한 것은?

> **보기**
>
> 급속한 도시화로 많은 문제들이 생겨나면서 더 이상 전통적인 방식으로는 대응이 어려운 상황이다. 거기에 코로나19와 같은 감염병과 기후변화로 인한 각종 자연재해까지 더해져 더욱 심각한 도시의 위기가 초래되고 있다.
>
> 이런 가운데 재난에 대한 회복력 강화와 지속가능한 성장, 기후변화 대응을 위해 떠오르고 있는 것이 바로 인공지능과 빅데이터다. 과학적 방법론을 적용한 빅데이터의 활용은 어반 사이언스(Urban Sciences)와 어반 인포메틱스(Urban Informatics)에 활용되어 다양한 도시 문제들을 해결하는 데 앞장서고 있다.
>
> 도시과학은 현대 도시가 직면하고 있는 복잡하고 다양한 문제를 다학제적인 접근을 통해 연구하는 분야이며, 어반 인포메틱스는 수학이나 암호학, 빅데이터 등을 활용해 도시 문제를 개선하는 학문 분야다. 실제로 뉴욕시에선 200만 건이 넘는 시민들의 경험 공유 데이터를 통해 리포팅 패턴을 연구해서 주민들의 우려와 문제를 해결하는 데 사용했다. 최근에는 와이파이나 GPS 위치 추적기 등 지리적 위치 시스템을 통해 많은 정보를 추적할 수 있기 때문에, 이를 이용한 자연재해의 영향력도 예측할 것으로 보고 있다.
>
> 이처럼 새로운 기술 변화와 함께 과거에는 불가능했던 여러 정보들을 토대로 도시 관리와 도시 정책 수립이 가능해지고 있다.

① 빅데이터가 도시 문제의 해결 방안으로 부상하고 있음을 부연하고 있다.

② 도시가 발전하기 위해 도시공학의 학문적 뒷받침이 필요함을 지적하려고 한다.

③ 빅데이터의 활용으로 지능화되는 새로운 도시의 사례를 소개하려고 한다.

④ GPS를 이용한 다학제적 접근을 통해 미래의 자연재해를 막을 수 있음을 설명하려 한다.

[33 ~ 34] 다음 글을 읽고 이어지는 질문에 답하시오.

파레토 법칙은 20%의 상품이 총 매출의 80%를 창출하고, 20%의 충성스러운 고객들이 총 매출의 80%를 차지한다는 의미로, 결과의 80%의 원인은 나머지 20%에서 일어난다는 이론이다. 80 대 20 법칙 또는 2080 법칙이라 부르기도 한다. 이는 비즈니스 분야에서 황금률로 받아들여져 마케팅의 기본 토대가 되었다. 인기상품을 고객들에게 잘 보이는 곳에 진열하여 판매하거나 소수의 우수고객 또는 우량고객을 우대하는 등의 마케팅 기법이 모두 여기에 근거한 것이다.

롱테일 법칙은 파레토 법칙과는 반대로 80%의 주목받지 못하는 다수가 20%의 핵심적인 소수보다 더 큰 가치를 창출하는 현상을 말한다. 이 때문에 '역(逆) 파레토 법칙'이라고도 한다. 이 용어는 2004년 10월 미국의 인터넷 비즈니스 관련 잡지 《와이어드(Wired)》의 편집장 크리스 앤더슨(Chris Anderson)이 처음 사용하였다. 앤더슨에 따르면, 상품을 많이 팔리는 순서대로 가로축에 늘어놓고 각각의 판매량을 세로축에 표시하여 선으로 연결했더니 잘 팔리는 상품들을 연결한 선은 급경사를 이루며 폭락한 반면, 적게 팔리는 상품들을 연결한 선은 마치 공룡의 '긴 꼬리(Long Tail)'처럼 낮지만 길게 이어지는 모습을 보여준다는 것이다. 그리고 이 꼬리 부분에 해당하는 상품들의 총 판매량이 인기상품의 판매량을 압도하는 결과를 보여준다.

예컨대 미국의 대형 온라인 서점사이트 ○○○닷컴의 경우 오프라인 서점에서 찾기 힘든 비주류 단행본이나 희귀본의 전체 판매량이 전체 수익 가운데 절반 이상을 차지한다. 인터넷 포털 사이트 △△ 역시 주 수익원은 《포춘》에서 선정한 거대 기업들이 아닌 꽃배달 업체나 제과점과 같은 자잘한 광고주이다.

33. 윗글에서 설명한 롱테일 법칙을 그래프로 가장 바르게 나타낸 것은?

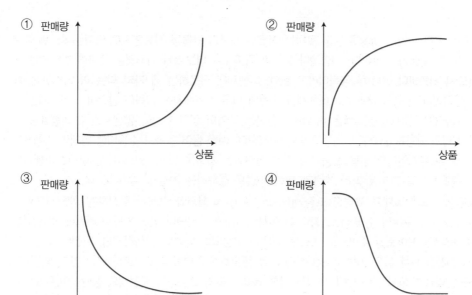

34. 다음 중 롱테일 법칙에 대해 추론한 내용으로 옳지 않은 것은?

① 많은 상품으로 경쟁을 해야 하므로 위험을 분산시킬 수 있다.

② 잠재적으로 모든 상품이 히트 상품이 될 수도 있다.

③ 인터넷의 발달로 인해 큰 효과를 볼 수 있었다.

④ 다수의 저효율 상품에 대한 집중적인 자원 배분을 통해 점유율 및 매출을 확대할 수 있다.

www.gosinet.co.kr **gosi**net

1회 기출예상

2회 기출예상

3회 기출예상

4회 기출예상

인성검사

면접가이드

[35 ~ 37] 다음 글을 읽고 이어지는 질문에 답하시오.

새와는 달리 인간이 하늘을 날지 못하는 이유는 지구가 사물을 지표면으로 당기는 힘, 즉 중력을 극복하지 못했기 때문이다. 생명체나 물체가 공중으로 떠오르기 위해서는 중력에 반대되는 힘이 반드시 필요하다. 이것을 양력이라고 한다. 비행체에 작용하는 네 가지 힘은 이 양력과 중력, 추력, 항력이다. 중력을 극복하고 비행체를 공중에 띄우기 위해서는 양력이 필요하고 비행체를 앞으로 나아가게 하는 힘인 추력은 여기에 저항하는 공기의 힘인 항력을 발생시킨다. 비행체는 이 네 가지 힘의 균형과 변화에 따라 움직임을 달리한다. 예를 들어 등속도 수평비행 상태인 비행체가 같은 고도를 유지한다면 양력과 중력이 같은 상태라는 사실을 알 수 있으며, 등속도로 비행하는 것을 통해 관성의 법칙에 따라 추력과 항력이 같은 상태라는 사실을 알 수 있다.

비행체는 크게 날개가 고정된 고정익(Fixed Wing) 비행체와 날개가 회전하는 회전익(Rotary Wing) 비행체로 구분할 수 있다. 고정익 비행체는 날개가 고정되어 있어 반드시 추력에 의해 앞으로 전진해야만 에어포일 주변으로 흐르는 기류가 형성되어 양력이 발생하지만, 회전익 비행체는 로터의 회전을 통해 유도 기류(Induced Flow)를 형성하여 양력을 얻으므로 추력이 먼저 작용하지 않아도 양력을 발생시킬 수 있다. 이러한 비행 특성에 따라 고정익과 회전익의 장단점이 뚜렷하게 구분된다. 회전익 비행체는 수직 이착륙과 정지비행을 할 수 있다는 장점과 속도가 상대적으로 느리다는 단점을 가지고 있다. 반대로 고정익 비행체는 추력을 비행의 필수 요소로 사용함으로써 회전익에 비해 속도가 빠르다는 장점이 있지만, 수직 이착륙과 정지비행을 할 수 없다는 단점이 있다.

회전익 비행체 중 하나인 드론은 통상 네 개 이상의 짝수 로터를 장착하며, 각각의 로터에 의한 반작용을 상쇄시키기 위해 인접한 로터는 각기 다른 방향으로 회전한다. 그 구분을 위해 로터의 회전 방향이 시계 반대 방향이면 정피치, 시계 방향이면 역피치라고 부르기도 한다. 로터가 4개인 쿼드콥터 드론의 로터를 우측 전방부터 시계 반대 방향 순서로 1번부터 매기면, 1번 · 3번 로터와 2번 · 4번 로터가 같은 방향으로 회전한다.

모든 비행체는 세 개의 축을 중심으로 회전 운동한다. 비행체의 앞과 뒤를 연결한 선을 x축(세로축), 좌와 우를 연결한 선을 y축(가로축), 아래와 위를 연결한 선을 z축(수직축)이라고 하자. 이때 x축을 중심으로 한 회전운동을 롤링(Rolling), y축을 중심으로 한 회전운동을 피칭(Pitching), z축을 중심으로 한 회전운동을 요잉(Yawing)이라고 한다. 드론은 기체가 기울어진 방향으로 이동하기 때문에 피칭 운동을 통해 전후로 이동하고, 롤링 운동을 통해 좌우로 이동하며, 요잉 운동을 통해 기수를 돌린다. 특히, 드론은 로터의 분당 회전수, 즉 회전속도를 통해 양력을 조절하기 때문에 기체의 전방 좌우 로터가 천천히 들면 양력이 감소하고, 후방 좌우 로터가 빨리 돌면 양력이 증가하므로 기체가 앞쪽으로 기울게 된다.

35. 제시된 글을 참고할 때, ㉠ ~ ㉢에 들어갈 말을 적절하게 연결한 것은?

> 드론은 기체를 앞으로 나아가게 하는 (㉠) 없이 로터의 회전을 통해 기체를 들어 올리는 (㉡)을 얻을 수 있다. 드론은 통상 짝수로 된 로터를 장착하며, 로터가 4개인 쿼드콥터 드론의 로터를 우측 전방부터 시계 반대 방향 순서로 1번부터 매기면, 1번 · 3번 로터와 2번 · 4번 로터가 (㉢) 방향으로 회전한다.

	㉠	㉡	㉢
①	추력	양력	같은
②	양력	추력	같은
③	추력	양력	다른
④	양력	항력	다른

36. 제시된 글을 참고할 때, 다음 그림과 같은 구조로 된 드론이 좌측으로 이동할 경우 로터의 회전 속도로 옳은 것은?

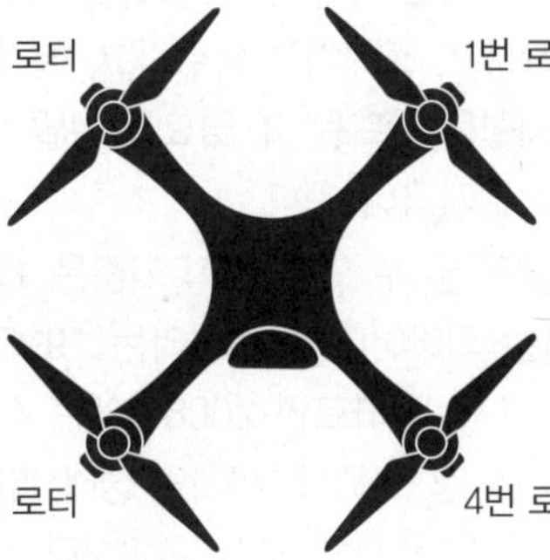

	1번 로터	2번 로터	3번 로터	4번 로터
①	저속	저속	고속	고속
②	고속	고속	저속	저속
③	저속	고속	고속	저속
④	고속	저속	저속	고속

37. 다음 중 제시된 글의 주제로 가장 적절한 것은?

① 비행체의 종류와 작동원리

② 비행체의 네 가지 힘

③ 드론의 기능과 작동원리

④ 회전익과 고정익의 장단점

38. 다음 글을 분석한 내용으로 옳지 않은 것은?

> 사람은 누구나 자연에서 물질과 에너지 자원을 얻어 경제 활동을 하고 그 경제에서 생겨나는 쓰레기를 다시 자연으로 배출한다. 1996년, 캐나다의 경제학자 마티스 바커나겔과 윌리엄 리스는 이렇게 인간이 살아가면서 자연에 남기는 영향들을 발자국에 빗대어 '생태 발자국'이라는 이름을 붙였다. 생태 발자국은 인간에게 필요한 의식주, 에너지 등의 생산과 폐기물의 발생 및 처리에 들어가는 비용을 토지의 면적으로 환산한 수치다. 헥타르(ha) 또는 지구의 개수로 수치화되는데, 그 수치가 클수록 지구에 해를 많이 끼친다는 의미이다.
>
> 생태 발자국을 계산하려면 먼저 대상 지역에 사는 평균적인 한 사람의 소비생활을 음식, 주거, 교통, 소비재, 서비스 등으로 구분해야 한다. 그리고 이런 소비생활을 유지하는 데 들어가는 공간, 즉 음식을 생산하고, 쓰레기를 흡수하고, 에너지를 만들어 내는 데 필요한 길이나 건물, 그리고 다른 기반 시설을 만드는 데 필요한 논밭과 목초지, 숲 등 모든 공간의 면적을 계산하여 더한 값이 생태 발자국이 된다.
>
> 지구가 기본적으로 감당해 낼 수 있는 면적 기준은 1인당 1.8헥타르다. 이 면적이 넓을수록 환경 문제가 심각하다는 의미이다. 우리나라는 1995년부터 이 기준점을 넘기 시작했고, 『2012 살아 있는 지구 보고서』에 따르면 2008년에는 4.6헥타르에 이르러 149개 나라 가운데 스물아홉 번째로 높은 수치를 보였다. 세계의 생태 발자국 평균 수치인 2.7헥타르보다 1.7배 정도가 높고, 2004년 녹색 연합의 조사 결과보다 더 늘어났다.

① 생태 발자국을 측정하는 방법에 대한 설명이 나타나 있다.

② 생태 발자국의 수치가 클수록 자연에 많은 영향을 남긴 것이다.

③ 자신이 주장하는 가설에 대한 전제와 이를 증명하는 논거로 구성되어 있다.

④ 우리나라는 1995년부터 환경 문제가 감당할 수 없는 수준이 되어버렸다.

39. 다음은 H 공사의 복지 포인트 제도에 대한 내용이다. 영업팀 직원들의 인적사항이 제시된 표와 같을 때, 복지 포인트 점수가 가장 높은 사람은?

〈2023년 H 공사 복지 포인트 제도〉

- 기본 포인트 : 1,000점
- 근속연수별 포인트 : 현시점(2023. 05. 01.) 기준 근속 1년당 100점 가산(단, 월 단위는 생략)
  - 예) 3년 6개월 근무 시 300점 가산
- 배우자 포인트 : 100점 가산
- 부양가족 포인트 : 1인당 50점 가산(직계존속 및 배우자의 부모를 포함하되 반드시 주민등록등본상 동거인이어야 함)
  - ※ 증빙서류 제출 : 주민등록등본
- 복지 포인트 사용 시기 : 매년 3월 1일부터 동년 12월 31일까지
- 복지 포인트 효력 발생 및 소멸 : 매년 1월 1일 효력이 발생하며 동년 12월 31일까지 사용하지 않은 복지 포인트는 자동소멸
  - ※ 2023년 효력 발생 기준일 : 2023년 1월 1일

구분	배우자	부양가족	입사일자	동거여부
양 사원	무	부·모	2019. 4. 1.	부·모-동거
이 부장	유	부·모	1999. 7. 1.	부·모-비동거
권 차장	유	부, 자녀 3명	2002. 3. 30.	부-비동거, 자녀 3명-동거
정 과장	유	부·모, 자녀 2명	2000. 9. 1.	부·모-동거, 자녀 2명-동거

① 양 사원 ② 이 부장
③ 권 차장 ④ 정 과장

www.gosinet.co.kr gosinet

1회 기출예상
2회 기출예상
3회 기출예상
4회 기출예상
인성검사
면접가이드

40. 다음 ○○항공 수하물 규정에 따라 수하물을 바르게 처리한 것은?

〈수하물 규정 안내〉

| 기내 수하물 허용량 | 기내 휴대 가능 수하물 |

기내 수하물 허용량

성인 소아 → 1개

국내/국제 전 노선   10kg 이내

기내 수하물 허용 규격

A+B+C 길이의 합
: 115cm 이하
(손잡이와 바퀴 포함)

A

표준규격 :
A 55cm, B 40cm,
C 20cm

B   C

기내 휴대 가능 수하물

크로스백 or 작은 배낭 1개
(35×15×40cm 범위 내)

+

DUTY FREE

면세 쇼핑백 1개

+

기내 허용 크기 캐리어 1개

※ 단, 휴대가능한 수하물의 경우라도 기내 공간부족, 항공사 사정 등에 따라 위탁수하물로 처리될 수 있습니다.

※ 가방(소형), 외투 등 의류, 모포/덮개, 소형 디지털 기기, 적량의 도서, 유아용품(유모차 별도), 기타 보조기구(별도 운송)

• 무료 위탁 수하물 안내

▸ 위탁 수하물이란 고객이 출발지 공항에서 항공사에 탁송 의뢰하여 목적지 공항에서 수취하는 수하물을 말합니다.

▸ 안전한 수하물 위탁을 위해 가방(짐)은 항공사에서 지정한 크기와 무게에 따라 준비하여 주시기 바랍니다.

▸ 위탁 수하물 1개의 크기가 203cm(가로×세로×높이의 합)를 초과할 경우 위탁 수하물로서의 운송이 거절될 수 있습니다.

▸ 위탁 수하물 1개의 무게는 추가 금액 지불 시 최대 32kg까지 가능하며, 초과 시에는 분리하여 포장해 주셔야 합니다.

▸ 타인의 짐을 본인의 짐으로 위탁하는 것은 항공기 보안 및 안전상의 문제로 금지되어 있으며 무게 합산은 불가합니다.

항공권 운임	비즈니스	이코노미
국내선	무게 : 20kg 이내 크기 : 3면의 합 203cm 이내	무게 : 15kg 이내 크기 : 3면의 합 203cm이내
국제선	무게 : 20kg 이내 크기 : 3면의 합 203cm 이내	무게 : 15kg 이내 크기 : 3면의 합 203cm이내

- 초과 수하물 안내
  - ▸ 무료 수하물 허용량 초과 시, 아래 초과 수하물 요금이 부과됩니다.
  - ▸ 국내선
    - – 무게당 추가 요금 : 2,000원/kg
  - ▸ 국제선
    - – 비즈니스 추가 요금
      21kg ~ 32kg : 50,000KRW / 50USD
    - – 이코노미 추가 요금
      16kg ~ 20kg : 30,000KRW / 30USD
      21kg ~ 32kg : 50,000KRW / 50USD
    - – 개수 초과 요금
      50,000KRW/1개, 50USD/1개

① 박 과장은 홍콩 지사로 출장가기 위해 추가 요금을 지불하고 34kg의 수하물을 위탁했다.

② 이 차장은 아내와 소아 1명과 함께 제주도 여행을 가면서 3면의 길이의 합이 110cm이고 무게가 12kg인 캐리어를 들고 기내에 탑승하였다.

③ 박 부장은 박람회 참관을 위해 뉴욕행 이코노미 좌석을 예약했다. 공항에 도착한 후 무게가 각각 14kg, 26kg인 캐리어 두 개를 위탁하기 위해 추가 요금으로 80,000원을 지불했다.

④ 정 사원은 부인과 함께 필리핀 여행을 마치고 돌아오는 길에 작은 배낭 1개를 메고, 면세 쇼핑백 1개와 3면의 길이의 합이 115cm인 캐리어를 들고 기내에 탑승하였다.

↳ 평가시간은 영역별로 제한하지 않으나 각 영역별 20문항 15분을 권장합니다.

41. 거래처 관리 업무를 담당하는 김, 이, 박 사원은 A ~ E 5개의 새로운 거래처를 2개, 2개, 1개씩 나누어 관리하기로 하였다. 이때 김 사원이 E 거래처 하나만을 관리하게 될 확률은?

① $\frac{1}{12}$

② $\frac{1}{15}$

③ $\frac{1}{18}$

④ $\frac{1}{21}$

42. A사는 갑, 을, 병 3개의 거래처에서 재료를 납품 받고 납품 한 달 후 금액을 지급한다. 그런데 이번 달에는 납품 금액 전부를 지급하는 것이 불가능하게 되어 갑, 을, 병 3개의 거래처에 각각 2,500만 원의 35%, 42%, 23%에 해당하는 금액만 지급하였고 이는 각 거래처에 지급해야 할 납품 금액의 70%, 80%, 92%라고 할 때, A사가 3개의 거래처에 지급하지 못한 납품 금액의 합계는?

① 658.5만 원

② 662.5만 원

③ 678.5만 원

④ 687.5만 원

43. H씨는 귤 50상자 중 45상자는 원가에 20%의 이익을 붙여서 판매하였고, 이후 마감 시간이 다 되어 나머지 5상자는 기존에 판매하던 가격의 70% 가격으로 할인하여 판매하였다. 50상자를 모두 판매한 후 H씨가 127,100원의 이익을 얻었다면, 한 상자의 원가는 얼마인가?

① 15,500원

② 16,000원

③ 16,500원

④ 17,000원

44. ○○기업은 경력 2년 미만인 사원들을 대상으로 소그룹 회의를 진행하고자 회의실을 예약했다. 1개의 회의실에 6명씩 배정하면 1명이 남고, 7명씩 배정하면 마지막 회의실에는 4명만 배정되고 1개의 회의실이 남게 된다고 할 때, ○○기업의 경력 2년 미만인 사원은 몇 명인가?

① 58명

② 61명

③ 67명

④ 79명

45. 현재 거래되고 있는 달러와 원화, 바트의 고시환율이 1달러당 1,133원, 1달러당 31.60바트라고 할 때, 1,600원은 약 몇 바트인가? (단, 소수점 이하 셋째 자리에서 반올림한다)

① 46.56바트

② 45.16바트

③ 44.56바트

④ 43.16바트

46. 김 씨는 2주 전 마우스 1개와 책상 매트 2개를 34,100원에 구매하였고, 1주 전 동일한 제품의 마우스 4개와 매트 3개를 87,400원에 구매하였다. 이후 200,000원으로 19,150원짜리 키보드 2개와 동일한 매트를 최대한으로 구매하고자 할 때, 김 씨가 받을 거스름돈은 얼마인가? (단, 모든 제품의 가격은 고정되어 있다)

① 6,700원

② 6,000원

③ 5,400원

④ 4,900원

47. 무역회사 사원 정 씨는 A 상품을 표시 가격보다 10만 원 싸게 구입하고, 구입 가격의 20%를 수수료로 받았다. 또 다른 무역회사 사원 박 씨는 같은 상품을 표시 가격보다 20만 원 싸게 구입하고, 구입 가격의 30%를 수수료로 받았다. 정 씨와 박 씨가 받은 수수료가 같다면, A 상품의 표시 가격은 얼마인가?

① 35만 원

② 40만 원

③ 45만 원

④ 50만 원

48. AA기업의 한 가전제품은 4,000mAh의 배터리 용량을 가지고 있고, 사용 시 소모되는 배터리 용량은 1분당 25mAh이다. 해당 제품을 사용한 지 90분이 지난 후 남은 배터리 용량은 기존 배터리 용량의 몇 %인가? (단, 소수점 이하 첫째 자리에서 반올림한다)

① 44%   ② 50%

③ 58%   ④ 66%

49. 다음 C사의 연도별 직원 현황을 나타낸 자료에 대한 설명으로 옳은 것을 모두 고르면? (단, 직원 수는 소수점 아래 첫째 자리에서, 정직원 비율은 소수점 아래 둘째 자리에서 반올림한다)

〈연도별 직원 현황〉

(단위 : 명)

구분	20X1년	20X2년	20X3년	20X4년	20X5년	20X6년
전체 직원 수	4,253	( )	4,997	4,705	( )	4,678
정직원 수	3,157	3,395	3,520	( )	3,294	3,309
정직원 비율(%)	74.2	73.9	( )	74.0	73.5	70.7

※ 정직원 비율 = $\dfrac{정직원 \ 수}{전체 \ 직원 \ 수} \times 100$

※ 전체 직원 수 = 정직원 수 + 계약직 지원 수

ⓐ 정직원 비율이 가장 높은 해는 20X1년이다.
ⓑ 전체 직원 수가 가장 적은 해는 20X1년이다.
ⓒ 계약직 직원 수가 가장 많은 해는 20X6년이다.
ⓓ 20X2 ~ 20X6년 중 전년 대비 전체 직원 수 증가율이 가장 큰 해는 20X3년이다.

① ㉠, ㉡, ㉢   ② ㉠, ㉡, ㉣

③ ㉠, ㉢, ㉣   ④ ㉡, ㉢, ㉣

50. 다음 실업자 수 및 실업률 추이에 대한 자료를 이해한 내용으로 적절하지 않은 것은?

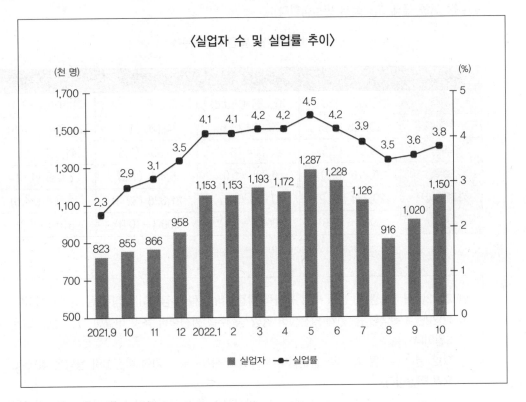

① 2022년 3월의 실업자 수는 1,193천 명이다.

② 2022년 8월부터 10월까지 실업자 수는 꾸준히 증가했다.

③ 2022년 5월의 실업자 수는 6개월 전의 실업자 수보다 2배 이상이다.

④ 2022년 5월의 실업률이 가장 높은 수치를 보인다.

51. 다음 발전원별 발전설비 용량 관련 자료를 이해한 내용으로 옳은 것을 모두 고르면? (단, 증감률은 소수점 이하 둘째 자리에서 반올림한다)

〈발전원별 발전설비 용량〉

(단위 : MW, %)

구분	2022년 1월	2022년 2월	2022년 3월	2022년 4월
기력	37,006 (−3.8)	37,884 (−3.2)	38,016(−3.6)	38,930 (−3.4)
원자력	23,658 (0.0)	23,994 (1.6)	24,120 (1.8)	25,897 (−0.5)
복합	39,917 (2.5)	40,334 (3.6)	40,992 (2.8)	41,003 (3.0)
수력	6,276 (0.0)	6,305 (1.0)	6,420 (1.2)	6,539 (1.5)
대체에너지	20,284 (30.2)	20,980 (31.7)	21,328 (32.3)	21,564 (34.0)
기타	596 (−10.5)	604 (−9.4)	606 (−10.0)	610 (−8.8)

※ ( ) : 전년 동월 대비 증감률을 표시한 것이며, −는 감소를 의미함.

> ㉠ 2022년 2 ~ 4월 중 전월 대비 원자력 발전설비 용량 증감률이 가장 작은 달은 3월이다.
> ㉡ 2022년 1 ~ 4월 중 전체 발전설비 용량 중 수력 발전설비 용량 비율이 가장 높은 달은 3월이다.
> ㉢ 2021년 1 ~ 4월 중 기력 발전설비 용량이 가장 큰 달의 기력 발전설비 용량은 40,000 MW 이상이다.
> ㉣ 대체에너지의 2022년 5월의 전월대비 발전설비 용량 증가율이 1.4%이고, 2021년 5월 발전설비 용량이 16,350MW이라면, 2022년 5월의 전년 동월 대비 증감률은 30% 이상 이다.

① ㉠, ㉡

② ㉠, ㉡, ㉣

③ ㉠, ㉢, ㉣

④ ㉡, ㉢, ㉣

52. 다음은 2022년 국내 5G 누적 가입자 현황을 나타낸 자료이다. 이에 대한 설명으로 옳은 것은? (단, 2021년 12월의 누적 가입자 수는 563만 명이다)

(단위 : 만 명)

월	1월	2월	3월	4월	5월	6월
누적 가입자 수	578	698	785	807	862	890
월	7월	8월	9월	10월	11월	12월
누적 가입자 수	912	945	996	1,124	1,193	1,283

※ 해당 월의 누적 가입자 수=전월 누적 가입자 수+해당 월의 신규 가입자 수

① 2022년 1 ~ 12월 1년 동안의 신규 가입자 수는 총 730만 명 이상이다.

② 2022년 하반기 중 전월 대비 누적 가입자 수 증감률이 가장 작았던 달은 7월이다.

③ 2022년 1 ~ 12월 중 신규 가입자 수가 가장 많았던 달은 2월이다.

④ 2023년 1월의 전월 대비 누적 가입자 수 증가율이 10% 이상이 되려면, 2023년 1월의 신규 가입자 수는 130만 명 이상이어야 한다.

53. 다음은 202X년 5월 A ~ F 지역의 계약종별 전력 판매량을 나타낸 자료이다. 이를 이해한 내용으로 적절한 것은?

(단위 : MWh)

계약구분 \ 지역	A	B	C	D	E	F
주택용	405,226	259,675	376,523	179,907	185,307	336,078
일반용	467,190	307,134	401,685	347,598	247,042	436,832
교육용	39,782	24,069	31,007	30,241	27,598	55,789
산업용	786,450	576,910	803,547	679,678	978,145	1,065,412
기타	45,974	32,851	45,364	40,327	38,754	33,065

① 주택용, 일반용, 교육용, 산업용 전력 판매량 합계가 가장 많은 지역은 A이다.

② 주택용 전력 판매량 대비 일반용 전력 판매량의 비율이 가장 낮은 지역은 C이다.

③ 교육용 전력 판매량이 가장 많은 지역과 가장 적은 지역의 기타 전력 판매량의 차이는 220MWh 이상이다.

④ 일반용 전력 판매량 대비 산업용 전력 판매량의 비율이 가장 큰 지역은 F이다.

54. 다음은 한 정책에 대해 찬반 여부를 조사한 자료이다. 조사 대상자의 70%가 기혼, 30%가 미혼일 때, 정책에 찬성하는 사람 중 기혼인 사람의 비율은? (단, 비율은 소수점 이하 첫째 자리에서 반올림한다)

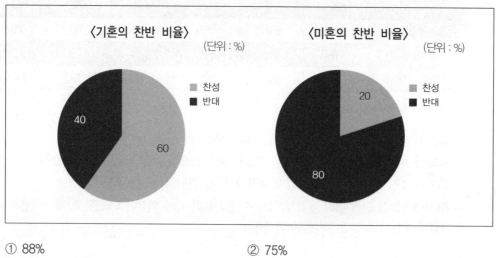

① 88%
② 75%
③ 64%
④ 53%

55. 급수관과 배수관이 있는 빈 물탱크에 물을 가득 채우려 한다. 이때, 급수관과 배수관을 모두 열면 12시간이 걸리고, 급수관은 그대로 열어두고 배수관으로 빠져나가는 물의 양을 기존의 $\frac{2}{3}$로 줄이면 6시간이 걸린다. 이때 배수관을 완전히 잠그고 급수관만 그대로 열어둔다면, 빈 물탱크에 물을 가득 채우는 데 걸리는 시간은?

① 2시간 30분
② 3시간
③ 3시간 30분
④ 4시간

56. 총 길이가 15km인 원형 트랙을 자동차로 4시간 동안 한 방향으로 돌았다. 처음 2시간 동안 6회, 다음 1시간 동안 4회, 마지막 1시간 동안 2회를 돌았다면 자동차의 평균속력은 얼마인가?

① 45km/h
② 47.5km/h
③ 50km/h
④ 52.5km/h

57. H의 집에서 회사까지의 실제 직선거리는 16km인데, 지도상에는 직선거리 1km가 2.5cm로 표시되어 있다. 회사에서 거래처까지의 직선거리가 지도상에서 5.2cm로 표시되어 있다면, 회사에서 거래처까지의 실제 직선거리는 얼마인가?

① 31.58km ② 32.48km

③ 32.88km ④ 33.28km

58. 다음은 R 국의 연도별 온실가스 배출현황을 나타낸 자료이다. (가)와 (나)의 수치를 합한 값으로 옳은 것은? (단, 비율과 증감률은 소수점 아래 둘째 자리에서, 배출량은 소수점 아래 첫째 자리에서 반올림하여 나타낸다)

〈2016년, 2019년의 온실가스 배출량〉

구분	2016년	2019년
배출량(백만 톤 CO₂eq)	684	729

〈2016년 대비 연도별 온실가스 배출량 비율〉

구분	2017년	2018년	2019년	2020년	2021년
비율(%)	105.0	103.1	106.6	(가)	107.4

〈2018년 ~ 2021년의 전년 대비 온실가스 배출량 증감률〉

구분	2018년	2019년	2020년	2021년
증감률(%)	(나)	3.4	1.8	-1.0

① 106.7 ② 106.9

③ 107.1 ④ 107.3

59. 다음은 지역별, 소득계층별 점유형태를 조사한 자료이다. 이에 대한 설명으로 옳은 것은?

〈지역별 소득계층별 점유형태〉

(단위 : %)

지역	소득구분	계	자가	전세	보증부월세	월세	무상
수도권	전체	100.0	50.0	21.5	21.9	3.0	3.7
	저소득층	100.0	34.2	17.1	35.3	7.4	6.0
	중소득층	100.0	51.5	25.3	19.3	1.0	3.0
	고소득층	100.0	70.2	20.4	7.3	0.4	1.8
광역시	전체	100.0	60.4	11.7	21.7	3.1	3.1
	저소득층	100.0	42.8	9.4	36.6	7.0	4.2
	중소득층	100.0	65.0	14.3	16.7	1.1	2.9
	고소득층	100.0	83.1	10.4	4.7	0.2	1.7
도지역	전체	100.0	68.8	7.5	15.0	4.0	4.8
	저소득층	100.0	62.8	4.5	18.7	7.2	6.8
	중소득층	100.0	69.7	10.3	14.7	1.7	3.7
	고소득층	100.0	82.9	8.7	5.4	0.8	2.1

① 모든 지역에서 소득이 높을수록 '월세'의 비율이 높고, '전체'의 '월세' 비율이 가장 낮은 지역은 광역시이다.

② 모든 지역에서 소득이 낮을수록 '자가'의 비율이 낮고, '전체'의 '자가' 비율이 가장 높은 지역은 광역시이다.

③ 모든 지역에서 소득이 높을수록 '무상'의 비율이 낮고, '전체'의 '무상' 비율이 가장 낮은 지역은 광역시이다.

④ 모든 지역에서 '전세'의 비율은 중소득층이 가장 높고, '전체'의 '전세' 비율이 가장 높은 지역은 광역시이다.

60. 다음은 2019 ～ 2022년의 4년 동안 ○○여행사를 통해 여행을 다녀온 전체 여행객의 여행지 및 연령에 대해 조사한 자료이다. 이에 대한 설명으로 옳지 않은 것은? (단, ○○여행사를 통해 2번 이상 여행을 다녀온 여행객은 없다)

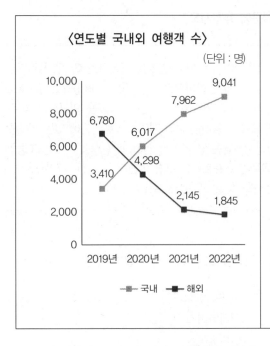

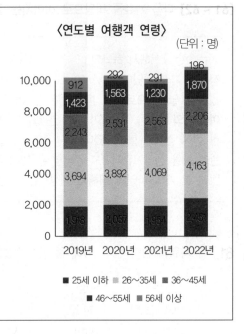

① 전체 여행객 중 25세 이하 여행객의 비율은 해마다 증가하고 있다.

② 2019 ～ 2022년의 전체 여행객 중 56세 이상 여행객 비율은 매년 10% 이하이다.

③ 2019 ～ 2022년 중 전체 여행객 수가 가장 많았던 해는 2022년이다.

④ 제시된 연령대 중 여행객 수가 해마다 증가하고 있는 연령대는 26 ～ 35세뿐이다.

1회 기출예상 · 2회 기출예상 · 3회 기출예상 · 4회 기출예상 · 인성검사 · 면접가이드

제4영역 ✎ 평가시간은 영역별로 제한하지 않으나 각 영역별 20문항 15분을 권장합니다.

[61 ~ 62] 다음 자료를 바탕으로 이어지는 질문에 답하시오.

(㉠)에서 하나의 (㉡)은/는 독립적이며 어떠한 업무를 처리하는 데 필요한 모든 정보를 가지고 있다. (㉡)도 (㉢)의 집합이므로 (㉣)(이)라고 볼 수도 있으나, 일반적으로 (㉣)은/는 여러 개의 서로 연관된 (㉡)을/를 의미한다. 이런 여러 개의 (㉡)이/가 서로 연관되어 있으므로, 사용자는 여러 개의 (㉡)에 있는 정보를 한 번에 검색해 볼 수 있다. (㉣) 관리시스템은 (㉢)와/과 (㉡), 그들의 관계 등을 생성·유지하고 검색할 수 있게 해주는 소프트웨어이다. 반면에 (㉠)은/는 한 번에 한 개의 파일에 대해서 생성·유지·검색을 할 수 있는 소프트웨어이다.

61. 위 자료의 빈칸 ㉠ ~ ㉣에 들어갈 적절한 단어를 모두 바르게 연결한 것은?

	㉠	㉡	㉢	㉣
①	파일시스템	파일	데이터	데이터베이스
②	파일시스템	데이터	파일	데이터베이스
③	데이터시스템	데이터	파일	파일시스템
④	데이터시스템	파일	데이터	파일시스템

62. 위 자료의 빈칸 ㉣에 들어가는 용어에 대한 설명으로 옳지 않은 것은?

① 사용자에 대한 개별권한 부여를 통해 보안 등급을 정할 수 있어 ㉢의 안정성을 높인다.

② 방대한 ㉢을 가지고 있어 원하는 ㉢의 검색이 어려워진다.

③ ㉣의 이용 시 ㉢의 중복을 줄여 유지비용도 줄일 수 있다.

④ ㉢의 조직적인 저장을 통해 ㉡을 사용하여 프로그램을 개발할 때 그 기간이 단축된다.

www.gosinet.co.kr gosinet

1회 기출예상
2회 기출예상
3회 기출예상
4회 기출예상
인성검사
면접가이드

63. 다음 〈보기〉에서 [F4]셀에 '=IF(D4>E4, "불가능", "가능")' 수식을 입력했을 때, 나오는 값으로 적절한 것은?

보기

	A	B	C	D	E	F
1	재고현황					
2						
3	구분	재고량	주문필요개수	필요예산	배당예산	구매여부
4	마우스	15개	5개	100,000	120,000	
5	수첩	37개	13개	40,000	50,000	
6	홍보팸플릿	50개	25개	50,000	30,000	
7	A4용지	20박스	10박스	200,000	150,000	
8	태블릿PC	8개	2개	1,800,000	2,000,000	
9	독서대	25개	0개	0	50,000	

① 불가능
② 가능
③ #VALUE?
④ #NULL!

64. 다음 글을 참고할 때 '자료'와 '정보', '지식'에 대한 설명으로 옳은 것은?

○○화장품 회사에 재직 중인 H는 담당 부장으로부터 20대를 주요 타깃으로 하는 신상품 기획서를 제출하라는 업무 지시를 받았다. 현재 H는 고객의 주소와 성별, 이름, 나이, 전화번호, 구매이력, 화장품 활용 횟수 목록에 관한 자료를 보유하고 있다. H는 이 항목들을 통해 20대가 선호하는 화장품 종류를 정리하여 화장품 사용 횟수를 집계하고, 20대의 보유 화장품 종류, 성별에 따른 선호 화장품 성분, 사용법 등을 분석하였다.

분석 결과 20대 여성은 티트리 성분을 선호하며, 20대 남성은 올인원 스타일의 화장품을 선호하는 것을 알 수 있었다. 티트리란 공기를 상쾌하게 정화하는 역할을 하는 허브의 한 종류로, 불쾌한 냄새를 제거해 주어 탈취제, 공기정화제, 비누 등에 넣어 사용한다. 올인원이란 둘 이상을 하나로 만든 일체형 제품으로, 예를 들어 스킨과 로션, 에센스 등의 기능을 하나의 제품에 모두 담은 것이다. H는 이를 토대로 20대를 주요 타깃으로 하는 신상품에 대한 기획서를 성공적으로 작성할 수 있었다.

① H가 작성한 기획서는 '자료'라고 볼 수 있다.
② H의 분석 결과는 특정한 목적을 달성하기 위해 가공한 '자료'이다.
③ H가 보유하고 있는 고객의 주소와 성별, 이름, 전화번호 등은 '정보'이다.
④ H가 정리한 20대의 보유 화장품 종류, 20대 성별에 따른 선호 화장품 성분 및 사용법은 '정보'이다.

65. A 전자의 황 대리는 신제품 개발을 위해 스마트폰 디자인에 대한 20대의 선호도를 조사하라는 지시를 받았다. 다음 황 대리가 정보 수집을 위해 5W2H 원칙을 기반으로 작성한 계획서 중 잘못 작성된 요소는?

〈정보 수집 계획서〉			
작성자	황○○	작성일	20X2년 6월 13일
		WHEN	20X2년 6월 10일 ~ 6월 12일
WHAT	– 시중에 판매되고 있는 스마트폰 기종별 디자인, 재질 – 20대 소비자들이 선호하는 스마트폰의 형태		
WHERE	– 스마트폰 디자인에 대한 기사 – 경쟁사와 A 전자 스마트폰 디자인 분석 칼럼 – 기존 스마트폰 고객의 연령대별 선호도 조사 자료		
WHO	20대 소비자		
HOW MUCH	별도의 비용 요구되지 않음.		

① HOW MUCH ② WHO
③ WHERE ④ WHAT

66. 네티켓은 통신망을 뜻하는 네트워크와 예절을 뜻하는 에티켓의 합성어로, 네티즌들이 사이버 공간에서 지켜야 할 예절을 의미한다. 다음 중 네티켓을 제대로 지키지 않은 것은?

① 게시판을 사용할 때에는 글의 내용을 포괄적으로 담고 있는 제목을 사용한다.

② 전자우편을 작성할 때에는 메시지 끝에 성명, 직위, 단체명, 메일주소, 전화번호 등을 잊지 않고 작성한다.

③ 전자우편을 사용할 때에는 그 사람과 실시간으로 피드백을 주고받을 수 없기 때문에 메시지의 내용을 최대한 자세히 적는다.

④ 온라인 대화를 할 때에는 온라인상이라 하더라도 사람과 실제로 마주 보고 이야기한다는 마음가짐을 가져야 한다.

67. 다음 한 회사에서 생산된 자동차 21대의 코드 목록과 코드 부여 방식을 참고할 때, 적절하지 않은 설명은?

자동차 코드 목록		
RV-12-BIS-0321	SUV-10-CTU-0421	RV-06-ATL-0222
MPV-03-CHI-0220	RV-12-CGQ-0522	RV-10-ATL-0319
MPV-09-CTU-0321	CUV-10-CHI-0622	RV-07-CTU-0420
RV-07-CHI-0220	RV-08-CGQ-0521	MPV-03-CTU-0319
RV-10-CTU-0318	SUV-10-CGQ-0322	CUV-08-CHI-0420
RV-01-CTU-0420	RV-01-CHI-0419	RV-05-CTU-0522
SUV-10-CTU-0319	MPV-09-CTU-0522	RV-01-CHI-0521

코드	도시(국가)	코드	자동차 종류
AXT	아키타(JAPAN)	RV	레저용 차량
ATL	애틀랜타(USA)	SUV	스포츠 레저용 차량
BIS	베이징(CHINA)	MPV	다목적 이용가능 차량
CGQ	장춘(CHINA)	CUV	다목적 혼합용 차량
CTU	성도(CHINA)		
CHI	시카고(USA)		

코드 부여 방식	[자동차 종류]-[모델 번호]-[수출 도시]-[제조연월]
예시	RV-24-CHI-0320 2020년 3월에 제조되었고 미국 시카고로 수출될 24번 레저용 차량

① 2020년 4월에 제조되었고 미국 시카고로 수출될 8번 다목적 혼합용 차량이 있다.

② 자동차들은 모두 다섯 개 국가로 수출될 예정이다.

③ 자동차 중 2022년에 제조된 차량이 가장 많고 2018년에 제조된 것이 가장 적으며, 그 차이는 5대이다.

④ 자동차 종류 중 '레저용 차량'이 가장 많다.

68. 다음 보안수칙을 참고할 때, 해당 보안수칙을 적절하게 적용하지 않은 업체는?

〈공유기 제품 생산 시 적용해야 할 보안수칙〉

- 접근 통제
  - 공유기 관리자 페이지에 대한 원격 접속을 기본적으로 허용하지 않아야 한다.
  - 공유기 관리자 페이지 접속 시 ID와 비밀번호(PW) 없이는 접속할 수 없도록 해야 한다.
  - 무선(Wi-Fi) 인증 시에도 비밀번호 없이는 접속할 수 없도록 비밀번호 사용을 기본 설정해야 한다.
  - 공유기 관리자 페이지 및 무선 인증 시 제품의 최초 ID와 PW는 제품마다 다르게 하거나 비밀번호를 설정해야만 사용할 수 있게 해야 한다.

- 서비스 보안관리
  - 모든 비밀번호(최초, 변경 모두 해당)는 영문, 숫자, 특수문자를 포함하여 8자 이상으로 하여야 한다. 또한 비밀번호 설정 창을 통해 복잡도가 높은 문구로 설정하도록 사용자에게 안내하여야 한다.
  - 불필요한 외부 접속 포트나 Telnet, FTP 등의 서비스는 비활성화한다. 반드시 필요한 경우 비밀번호를 설정해야만 사용 가능하도록 한다.
  - 고객 지원 목적의 접속포트를 제거한다. 만약 접속포트가 필요하다면 접근 IP 제한 등 추가적인 보안조치 방안을 마련한다. 공유기에 유지, 보수 등을 위한 백도어 기능을 포함하지 않도록 한다.
  - 모든 관리자 페이지는 인증 후에 접근할 수 있도록 세션 인증 등을 구현한다. 세션 인증 구현 시 예측 가능한 세션 ID 값을 사용하지 않도록 한다.
  - 관리자 페이지에서 시스템 명령어 실행 기능을 제공하지 않도록 한다. 다만, 반드시 필요할 경우 지정한 특정 명령어만 실행하도록 제한한다.

- 암호화
  무선 암호화 방식은 보안강도가 높은 WPA2가 기본 설정되도록 하여야 한다.

- 펌웨어 보안
  - 공유기 펌웨어 업데이트가 발생하는 경우 사용자가 인지할 수 있는 방안을 마련해야 한다.
  - 공유기 펌웨어 업데이트 시 파일 고유 해시값을 비교하여 변조 여부에 대한 무결성 검증을 실시할 수 있도록 한다. 무결성 검증 시 SHA-256 이상의 알고리즘을 사용하도록 한다.

---

① A사 : 우리 제품은 높은 보안력을 자랑합니다. 모든 비밀번호는 설정 시 대소문자 영문, 숫자, 특수문자를 포함하여 8자 이상으로 구성하도록 안내하고 있으며, 무선 암호화 방식은 WPA2 방식으로 하여 보안강도를 높였습니다. 또한 기본적으로 공유기 관리에 대한 원격 조정과 공유기에 대한 외부 접속 포트 또한 모두 불가능합니다.

② B사 : 우리 회사의 제품은 최초 Wi-Fi 인증 연결 시 이용자의 아이디와 비밀번호가 모두 다르게 설정되어 있어 공유기를 구입할 때 이용자가 입력한 이메일로 최초 아이디와 비밀번호가 발송되도록 설계되었습니다. 또한 공유기의 펌웨어가 업데이트되면 회사의 사이트와 공유기 관리자 페이지 중앙에 명시되며, 각 이용자의 이메일로 관련 사항이 발송됩니다.

③ C사 : 보안을 강조하고자 보안강도가 가장 높은 암호화 방식을 채택하고 있으며, 이용자들의 아이디와 비밀번호 모두 특수기호, 영문, 숫자 등을 포함하여 총 16자 이상으로 구성하도록 하였습니다. 또한, 이를 충족하지 않을 시에는 일괄적으로 메인 화면으로 돌아가도록 시스템을 체계화하였습니다. 각종 외부의 서비스에 접속할 때에도 동일한 비밀번호 시스템을 적용하여 보안에 철저한 주의를 기울였습니다.

④ D사 : 공유기 관리자 페이지는 각 관리자마다 다른 페이지에 접속할 수 있도록 여러 페이지를 운영 중이며, 인증 절차를 거쳐야지만 접근이 가능합니다. 또한, 관리자 페이지와 공유기 모두 비밀번호를 부여받지 않으면 절대로 접속이 불가능하기 때문에 보안이 무척 뛰어납니다.

69. 다음 중 정보 분석의 절차로 적절한 것은?

① 분석과제의 발생 → 과제의 분석 → 조사항목의 선정 → 관련 정보의 수집 → 수집정보의 분류 → 항목별 분석 → 자료조사 → 종합·결론 → 활용 정리

② 분석과제의 발생 → 과제의 분석 → 조사항목의 선정 → 관련 정보의 수집 → 수집정보의 분류 → 자료조사 → 항목별 분석 → 종합·결론 → 활용 정리

③ 분석과제의 발생 → 과제의 분석 → 조사항목의 선정 → 관련 정보의 수집 → 자료조사 → 수집정보의 분류 → 항목별 분석 → 종합·결론 → 활용·정리

④ 분석과제의 발생 → 과제의 분석 → 관련 정보의 수집 → 조사항목의 선정 → 수집정보의 분류 → 자료조사 → 항목별 분석 → 종합·결론 → 활용 정리

70. 다음 글을 읽고 데이터 표준화의 장점에 관하여 추론한 내용으로 적절하지 않은 것은?

> 데이터 표준화는 시스템별로 산재해 있는 데이터 정보 요소에 대한 명칭, 정의, 형식, 규칙에 대한 원칙을 수립하여 이를 전사적으로 적용하는 것을 의미한다.
> 한 예로 ○○회사는 회사 내 시스템 연계 시 데이터 불일치가 발생한다. 뿐만 아니라 팀 간 사용하는 표준 용어가 달라 데이터 의미를 파악하는 데 쓸데없는 시간을 소모하는 경우가 많다. 또한 표준화가 결여된 데이터로 인해 정보시스템의 변경과 비용, 유지보수의 어려움이 따른다. 이때 필요한 것이 데이터 표준화라고 할 수 있다.

① 데이터 정보 명칭의 통일로 인해 명확한 의사소통이 가능해진다.

② 정보시스템 간 데이터 변환, 정체 비용 감소를 기대할 수 있다.

③ 일괄된 데이터 형식·규칙의 적용으로 인해 데이터 품질 향상을 기대할 수 있다.

④ 데이터 표준 정책 없이 단위 시스템 위주로 표준 정책을 수립해 프로젝트를 진행할 수 있다.

71. 다음 엑셀파일에서 2021년도와 2022년도에 생산한 재료들을 모두 합한 총 생산량을 구하고자 할 때, 입력해야 하는 함수식은?

	A	B	C	D
1	품목	2021년	2022년	증감률
2	총계	302,500	337,200	0.11
3	본딩와이어	23,000	26,000	0.13

① =SUM(B1,C1)

② =SUM(B3,C3)

③ =SUM(B2,C2)

④ =SUM(B2,C3)

72. 다음 VR/AR 기술에 대한 이해로 적절한 것은?

〈VR/AR 기술의 정의 및 특징〉

가상현실 (Virtual Reality, VR)	가상현실은 실제 현실의 특정 환경, 상황, 또는 가상의 시나리오를 컴퓨터 모델링을 통해 구축하고 이러한 가상 환경에서 사용자가 상호작용할 수 있도록 돕는 시스템 및 관련 기술로, 사용자의 시야각 전체를 가상 영상으로 채울 수 있는 HMD(Head-Mounted Display)를 주로 활용한다. 이외에도 프로젝션 기술을 활용한 CAVE(Cave Automatic Virtual Environment)가 있다. 또한 가상현실 속 몰입감 향상을 위해서는 자율성(Autonomy; 다양한 이벤트와 자극에 자율적으로 반응할 수 있음), 상호작용(Interaction; 가상현실에서의 객체 또는 환경과 상호작용할 수 있음), 현존감(Presence; 다감각 자극 경험을 제공)이 중요하다.
증강현실 (Augmented Reality, AR)	증강현실은 실제 환경에 컴퓨터 모델링을 통해 생성한 가상의 오브젝트(예 물체, 텍스트, 비디오)를 겹쳐보이게 하여 공간과 상황에 대한 가상 정보를 제공하는 시스템 및 관련 기술이다. HMD(Head-Mounted Display) 이외에도 다양한 기기(예 스마트폰, 프로젝션 기술 등)를 활용하며, 현실과 가상의 연속된 프레임의 어느 중간 단계를 구현하는 기술로써 사용자의 현실 환경에 실시간으로 가상 정보를 제공하는 특징이 있다.

① 가상현실은 몰입도를 위해 상호작용과 자율성을 제한해야 할 필요가 있다.

② 증강현실 속 몰입감 향상을 위해서는 자율성과 상호작용, 현존감이 중요하다.

③ 현실과 가상의 연속된 프레임의 어느 중간 단계를 구현하는 기술을 증강현실이라고 한다.

④ 실제 환경에 컴퓨터 모델링을 통해 생성한 가상의 오브젝트를 구현해 공간과 상황에 대한 가상 정보를 제공해 주는 기술을 가상현실이라고 한다.

1회 기출예상

2회 기출예상

3회 기출예상

4회 기출예상

인성검사

면접가이드

73. 다음 자료를 참고할 때, 〈보기〉에서 옳은 내용을 모두 고른 것은?

〈다크웹 관련 이슈 분석 보고서〉

1. 다크웹(Dark Web) : 특정 웹브라우저로 제한된 사용자만 접속 가능한 인터넷 영역
   인터넷은 누구나 쉽게 접근 가능한 표면웹(Surface Web)과 학술 데이터베이스 등 일부 제한된 사용자만 접근 가능한 딥웹(Deep Web)으로 구분되며, 다크웹은 딥웹의 일종

2. 다크웹의 특징
   - 익명성의 철저한 보장
   - 접근 제한성 : Tor(The Onion Router) 브라우저와 같은 특정 브라우저를 통해서만 접근 가능
   - 은닉성 : 웹사이트의 개설과 폐쇄 반복

3. 현황
   - 국내 다크웹 접속자는 하루 평균 1만 3천 명 수준
   - 전 세계적으로 다크웹 이용자와 접속 트래픽 도메인 수 등이 모두 증가하는 추세
   - 개인금융정보, 악성코드, 위조화폐, 범죄 기기 등의 거래, 사이비공격 모의 진행을 위한 공간으로 활용
   - 이용자 감시회피 등의 기술수준이 높아 탐지 및 추적이 어려움.

4. 전망 및 대응방안
   - 다크웹의 서비스 종류나 이용자 수는 지속적으로 증가할 전망
   - 다크웹에 게시되는 정보가 확대됨에 따라 국내 이용자 수도 증가할 것으로 전망
   - 지속적인 모니터링을 통해 다크웹으로부터 수집된 정보 공유 필요
   - 다크웹을 통한 금융사고 예방을 위한 모니터링, 정부와 민간 협력 및 국가 간 공조 필수

보기

㉠ 표면웹과 딥웹은 접근성에서 차이를 보인다.
㉡ 다크웹을 통한 피해 예방을 위해 모니터링을 강화해야 한다.
㉢ 익명성이 보장되므로 마약 밀매와 같은 불법적인 행위가 일어날 수 있다.
㉣ 다크웹은 이용자 감시회피 등의 기술수준이 높아 탐지 및 추적이 용이하다.
㉤ 지속적 모니터링을 통해 다크웹으로부터 얻은 정보를 국가 간에 공유해야 한다.

① ㉠, ㉣
② ㉠, ㉡, ㉤
③ ㉡, ㉢, ㉣
④ ㉠, ㉡, ㉢, ㉤

www.gosinet.co.kr
gosinet

1회 기출예상

2회 기출예상

3회 기출예상

4회 기출예상

인성검사

면접가이드

[74 ~ 75] 다음은 ○○발전 인사운영부 김 팀장이 박 사원에게 보낸 메신저 내용이다. 이어지는 질문에 답하시오.

박 사원! 부탁할 일이 있어요. ㉠이번 주 내로 상반기 공채에서 채용할 인원을 확정하기 위해 자료가 필요합니다. 박 사원이 ㉡지금부터 조사를 시작해서 오늘 퇴근 전에 요약본을 제출해주었으면 합니다. ㉢2020년도부터 최근 3년 간 신입공채 지원자 수와 최종 합격자 수를 지원 분야별로 요약하고, 경쟁률까지 포함하여 표로 정리하면 됩니다. 채용분야는 사무, 기계, 전기, 화학, 토목에 대해서만 요약하면 됩니다. ㉣채용일정과 최종합격자 수에 대한 자료는 이 대리에게 요청해 두었으니 받아오시면 됩니다.

74. 다음 중 지시사항과 5W2H가 적절하지 않게 연결된 것은?

① ㉠ How
② ㉡ WHEN
③ ㉢ WHAT
④ ㉣ WHERE

75. 다음 중 김 팀장이 지시한 사항 중 ㉢을 작성한 내용으로 적절한 것은?

①

	지원 분야	지원자 수	최종 합격자 수
2020년도 공채결과	사무	8	2
	기계	10	2
	전기	4	1
	화학	20	4
	토목	30	5
2021년도 공채결과	사무	16	4
	기계	6	1
	전기	8	2
	화학	34	8
	토목	38	6
2022년도 공채결과	사무	10	1
	기계	12	3
	전기	8	1
	화학	45	6
	토목	48	8

②

	지원 분야	지원자 수	최종 합격자 수	경쟁률
2019년도 공채결과	사무	8	2	4 : 1
	기계	10	2	5 : 1
	전기	4	1	4 : 1
	화학	20	4	5 : 1
	토목	30	5	6 : 1
2020년도 공채결과	사무	16	4	4 : 1
	기계	6	1	6 : 1
	전기	8	2	4 : 1
	화학	34	8	4.25 : 1
	토목	38	6	6.3 : 1
2021년도 공채결과	사무	10	1	10 : 1
	기계	12	3	4 : 1
	전기	8	1	8 : 1
	화학	45	6	7.5 : 1
	토목	4	8	6 : 1

③

	지원 분야	지원자 수	최종 합격자 수	경쟁률
2020년도 공채결과	사무	8	2	4 : 1
	기계	10	2	5 : 1
	전기	4	1	4 : 1
	화학	20	4	5 : 1
	토목	30	5	6 : 1
2021년도 공채결과	사무	16	4	4 : 1
	기계	6	1	6 : 1
	전기	8	2	4 : 1
	화학	34	8	4.25 : 1
	토목	38	6	6.3 : 1
2022년도 공채결과	사무	10	1	10 : 1
	기계	12	3	4 : 1
	전기	8	1	8 : 1
	화학	45	6	7.5 : 1
	토목	48	8	6 : 1

④

지원 분야	지원자 수	최종 합격자 수	경쟁률	비고
사무	8	2	4 : 1	
기계	10	2	5 : 1	
전기	4	1	4 : 1	
화학	20	4	5 : 1	
토목	30	5	6 : 1	
사무	16	4	4 : 1	
기계	6	1	6 : 1	
전기	8	2	4 : 1	
화학	34	8	4.25 : 1	
토목	38	6	6.3 : 1	
사무	10	1	10 : 1	
기계	12	3	4 : 1	
전기	8	1	8 : 1	
화학	45	6	7.5 : 1	
토목	48	8	6 : 1	

[76 ~ 77] 정보화 기술의 변천에 관한 다음 자료를 보고 이어지는 질문에 답하시오.

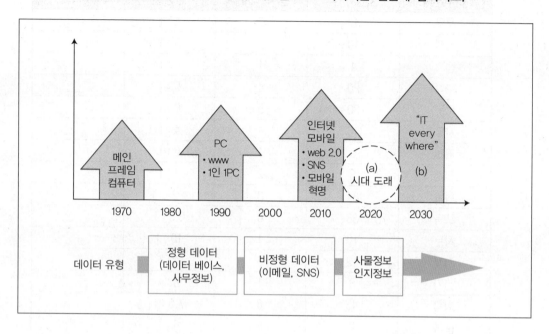

76. 다음은 (a)에 대한 설명이다. (a)에 들어갈 말로 알맞은 것은?

> 지난 20X3년 서울시는 심야시간대 택시 승차거부로 인한 불편을 해결하고 심야 근로자의 교통을 확대하기 위해 심야버스 노선 정책을 지원했다. 정부는 적은 비용의 합리적인 노선을 만들고자 했고, 이에 따라 통신회사 A 기업과의 협력 아래 (a)을(를) 통한 노선 수립을 추진해 서울 올빼미 버스의 탄생을 알렸다. 서울시는 자정에서부터 5시 사이에 서울 시내 유동인구 현황을 토대로, A 기업이 보유한 심야 시간대 통화 데이터(CDR, Call Detail Record)와 결합하여 심야버스의 최적 노선을 도출해 냈다.

① 빅데이터   ② 사물통신
③ 대형인터넷   ④ 인공지능

77. (b)에 해당하는 정보화 사회의 모습으로 적절하지 않은 것은?

① 가전제품 회사 H는 집안의 모든 가전제품을 음성과 터치로 제어할 수 있는 사물인터넷 플랫폼 'H 스마트홈'을 출시한다고 밝혔다. 인공지능 스피커와 연동해 집안의 가전들을 컨트롤할 수 있으며 음성 엔진으로 인공지능 스피커 없이 휴대폰으로도 음성명령이 가능하다. H 회사 대표 H 씨는 "H 스마트홈은 누구나 쉽고 편리하게 스마트라이프를 즐길 수 있도록 개발한 제품"이라며 "사물인터넷이 멀고 어렵게 느껴졌던 사람도 간편하게 스마트홈을 구축해 대한민국 국민 모든 가정이 스마트해질 것"이라고 밝혔다.

② IT(정보기술) 업계가 모바일에서 활로를 찾고 있다. 휴대폰이나 개인휴대단말기(PDA)로 간편하게 인터넷을 활용할 수 있는 모바일(무선) 인터넷 서비스 가입자가 폭발적으로 늘어나는 점을 겨냥, 새로운 시장과 수익기반 창출로 불황을 극복해보자는 전략이다. 이동통신 회사 A는 "현재 모바일 전자상거래는 공연티켓 예매나 할인쿠폰 제공, 꽃 배달 등 초보적인 단계"라며 "오는 6월 현행보다 속도가 최고 10배 빠르고 컬러 화면을 볼 수 있는 2.5세대 이동전화 서비스가 시작되면 시장 규모가 폭발적으로 늘어날 것"이라고 밝혔다.

③ VR은 컴퓨터로 만들어 놓은 가상의 세계에서 사람이 실제와 같은 체험을 할 수 있도록 하는 최첨단 기술이다. 최근 국내 이동통신 3사는 5G 시대를 맞이해 VR 단말기와 이용 요금제를 결합한 상품을 내놓고 있다. 또한 국내 이동통신 3사는 VR 전략 핵심인 콘텐츠 확보에도 힘을 쏟고 있다. 이동통신 3사가 VR 투자를 늘리면서 관련 콘텐츠는 5G 시대 핵심 서비스로 자리잡을 전망이다.

④ 컴퓨터 파일을 저장할 때 작업한 컴퓨터 내부에 있는 공간이 아니라 인터넷을 통하여 중앙컴퓨터에 저장할 수 있는데, 이 공간을 클라우드라고 한다. IT회사 A의 프로그램 디렉터는 "퍼블릭(공유) 클라우드 서비스 채택이 계속 급속히 증가하고 있다. 전문 서비스, 통신, 유통/소매 기업은 전통적인 애플리케이션 소프트웨어, 인프라에서 고객 경험과 운영 주도형 디지털 변혁 전략을 강화하고 있다"라고 전했다.

www.gosinet.co.kr gosinet

1회 기출예상

2회 기출예상

3회 기출예상

4회 기출예상

인성검사

면접가이드

[78 ~ 79] 다음 〈규칙〉과 프로그래밍 명령어를 보고 이어지는 질문에 답하시오.

규칙

- len() 함수는 문자열의 길이를 나타낸다.
- 따옴표는 문자열에 포함하지 않는다.
- 띄어쓰기는 문자열에 포함한다.
- 변수2 = 변수1[ ] 수식으로 원하는 변수의 문자열에서 원하는 위치의 문자를 추출할 수 있다.
- 추출한 문자들은 '+' 기호로 연결할 수 있다.
- 문자의 위치는 문자열의 왼쪽을 기준으로 0부터 시작된다.

〉〉〉 A = 'Hello World'
〉〉〉 B = 'Nice to meet you'
〉〉〉 C = len(A)*len(B)
〉〉〉 New_A = A[㉠]+B[㉡]+B[㉢]+A[㉣]

78. 위 자료를 참고할 때, 변수 C의 결과로 옳은 것은?

① 130 ② 150
③ 176 ④ 234

79. 위 자료를 바탕으로 "New_A = 'Home'"을 만들고자 할 때, ㉠ ~ ㉣에 들어갈 올바른 숫자는?

	㉠	㉡	㉢	㉣
①	0	5	7	4
②	0	6	8	1
③	1	4	6	7
④	1	6	7	1

80. 다음의 자료들을 각 기준에 따라 분류한 목록으로 적절하지 않은 것은?

A : 조각 예술의 역사(강의용)_08.ppt	B : 세계의 예술가(참고용)_08.pdf
C : 교육과 법(강의용)_04.ppt	D : 자연과 예술(배포용)_04.pdf
E : 조각 예술의 역사(배포용)_08.hwp	F : 생활 속 법(강의용)_04.hwp

※ 자료는 파일명만을 나타낸 것이며, 파일명은 '제목(용도)_작성 월(月).확장자'의 형태로 이루어져 있다.

기준	목록
① 유형적 기준	A, B / C, D / E, F
② 시간적 기준	A, B, E / C, D, F
③ 기능적 기준	A, C, F / B / D, E
④ 주제적 기준	A, E / B, D / C, F

인성검사란? 개개인이 가지고 있는 사고와 태도 및 행동 특성을 정형화된 검사를 통해 측정하여 해당 직무에 적합한 인재인지를 파악하는 검사를 말한다.

파트 **2**

한국중부발전
인성검사

인성검사의 이해

1 인성검사, 왜 필요한가?

채용기업은 지원자가 '직무적합성'을 지닌 사람인지를 인성검사와 NCS기반 필기시험을 통해 판단한다. 인성검사에서 말하는 인성(人性)이란 그 사람의 성품, 즉 각 개인이 가지는 사고와 태도 및 행동 특성을 의미한다. 인성은 사람의 생김새처럼 사람마다 다르기 때문에 몇 가지 유형으로 분류하고 이에 맞추어 판단한다는 것 자체가 억지스럽고 어불성설일지 모른다. 그럼에도 불구하고 기업들의 입장에서는 입사를 희망하는 사람이 어떤 성품을 가졌는지 정보가 필요하다. 그래야 해당 기업의 인재상에 적합하고 담당할 업무에 적격한 인재를 채용할 수 있기 때문이다.

지원자의 성격이 외향적인지 아니면 내향적인지, 어떤 직무와 어울리는지, 조직에서 다른 사람과 원만하게 생활할 수 있는지, 업무 수행 중 문제가 생겼을 때 어떻게 대처하고 해결할 수 있는지에 대한 전반적인 개성은 자기소개서를 통해서나 면접을 통해서도 어느 정도 파악할 수 있다. 그러나 이것들만으로 인성을 충분히 파악할 수 없기 때문에 객관화되고 정형화된 인성검사로 지원자의 성격을 판단하고 있다.

채용기업은 필기시험을 높은 점수로 통과한 지원자라 하더라도 해당 기업과 거리가 있는 성품을 가졌다면 탈락시키게 된다. 일반적으로 필기시험 통과자 중 인성검사로 탈락하는 비율이 10% 내외가 된다고 알려져 있다. 물론 인성검사를 탈락하였다 하더라도 특별히 인성에 문제가 있는 사람이 아니라면 절망할 필요는 없다. 자신을 되돌아보고 다음 기회를 대비하면 되기 때문이다. 탈락한 기업이 원하는 인재상이 아니었다면 맞는 기업을 찾으면 되고, 경쟁자가 많았기 때문이라면 자신을 다듬어 경쟁력을 높이면 될 것이다.

2 인성검사의 특징

우리나라 대다수의 채용기업은 인재개발 및 인적자원을 연구하는 한국행동과학연구소(KIRBS), 에스에이치알(SHR), 한국사회적성개발원(KSAD), 한국인재개발진흥원(KPDI) 등 전문기관에 인성검사를 의뢰하고 있다.

이 기관들의 인성검사 개발 목적은 비슷하지만 기관마다 검사 유형이나 평가 척도는 약간의 차이가 있다. 또 지원하는 기업이 어느 기관에서 개발한 검사지로 인성검사를 시행하는지는 사전에 알 수 없다. 그렇지만 공통으로 적용하는 척도와 기준에 따라 구성된 여러 형태의 인성검사지로 사전 테스트를 해 보고 자신의 인성이 어떻게 평가되는가를 미리 알아보는 것은 가능하다.

인성검사는 필기시험 당일 직무능력평가와 함께 실시하는 경우와 직무능력평가 합격자에 한하여 면접과 함께 실시하는 경우가 있다. 인성검사의 문항은 100문항 내외에서부터 최대 500문항까지 다양하다. 인성검사에 주어지는 시간은 문항 수에 비례하여 30 ~ 100분 정도가 된다.

문항 자체는 단순한 질문으로 어려울 것은 없지만 제시된 상황에서 본인의 행동을 정하는 것이 쉽지만은 않다. 문항 수가 많을 경우 이에 비례하여 시간도 길게 주어지지만 단순하고 유사하며 반복되는 질문에 방심하여 집중하지 못하고 실수하는 경우가 있으므로 컨디션 관리와 집중력 유지에 노력하여야 한다. 특히 같거나 유사한 물음에 다른 답을 하는 경우가 가장 위험하다.

3 인성검사 척도 및 구성

1 미네소타 다면적 인성검사(MMPI)

MMPI(Minnesota Multiphasic Personality Inventory)는 1943년 미국 미네소타 대학교수인 해서웨이와 매킨리가 개발한 대표적인 자기 보고형 성향 검사로서 오늘날 가장 대표적으로 사용되는 객관적 심리검사 중 하나이다. MMPI는 약 550여 개의 문항으로 구성되며 각 문항을 읽고 '예(YES)' 또는 '아니오(NO)'로 대답하게 되어 있다.

MMPI는 4개의 타당도 척도와 10개의 임상척도로 구분된다. 500개가 넘는 문항들 중 중복되는 문항들이 포함되어 있는데 내용이 똑같은 문항도 10문항 이상 포함되어 있다. 이 반복 문항들은 응시자가 얼마나 일관성 있게 검사에 임했는지를 판단하는 지표로 사용된다.

구분	척도명	약자	주요 내용
타당도 척도 (바른 태도로 임했는지, 신뢰할 수 있는 결론인지 등을 판단)	무응답 척도 (Can not say)	?	응답하지 않은 문항과 복수로 답한 문항들의 총합으로 빠진 문항을 최소한으로 줄이는 것이 중요하다.
	허구 척도 (Lie)	L	자신을 좋은 사람으로 보이게 하려고 고의적으로 정직하지 못한 답을 판단하는 척도이다. 허구 척도가 높으면 장점까지 인정받지 못하는 결과가 발생한다.
	신뢰 척도 (Frequency)	F	검사 문항에 빗나간 답을 한 경향을 평가하는 척도로 정상적인 집단의 10% 이하의 응답을 기준으로 일반적인 경향과 다른 정도를 측정한다.
	교정 척도 (Defensiveness)	K	정신적 장애가 있음에도 다른 척도에서 정상적인 면을 보이는 사람을 구별하는 척도로 허구 척도보다 높은 고차원으로 거짓 응답을 하는 경향이 나타난다.
임상척도 (정상적 행동과 그렇지 않은 행동의 종류를 구분하는 척도로, 척도마다 다른 기준으로 점수가 매겨짐)	건강염려증 (Hypochondriasis)	Hs	신체에 대한 지나친 집착이나 신경질적 혹은 병적 불안을 측정하는 척도로 이러한 건강염려증이 타인에게 어떤 영향을 미치는지도 측정한다.
	우울증 (Depression)	D	슬픔·비관 정도를 측정하는 척도로 타인과의 관계 또는 본인 상태에 대한 주관적 감정을 나타낸다.
	히스테리 (Hysteria)	Hy	갈등을 부정하는 정도를 측정하는 척도로 신체 증상을 호소하는 경우와 적대감을 부인하며 우회적인 방식으로 드러내는 경우 등이 있다.
	반사회성 (Psychopathic Deviate)	Pd	가정 및 사회에 대한 불신과 불만을 측정하는 척도로 비도덕적 혹은 반사회적 성향 등을 판단한다.
	남성-여성특성 (Masculinity-Feminity)	Mf	남녀가 보이는 흥미와 취향, 적극성과 수동성 등을 측정하는 척도로 성에 따른 유연한 사고와 융통성 등을 평가한다.

	편집증 (Paranoia)	Pa	과대 망상, 피해 망상, 의심 등 편집증에 대한 정도를 측정하는 척도로 열등감, 비사교적 행동, 타인에 대한 불만과 같은 내용을 질문한다.
	강박증 (Psychasthenia)	Pt	과대 근심, 강박관념, 죄책감, 공포, 불안감, 정리정돈 등을 측정하는 척도로 만성 불안 등을 나타낸다.
	정신분열증 (Schizophrenia)	Sc	정신적 혼란을 측정하는 척도로 자폐적 성향이나 타인과의 감정 교류, 충동 억제불능, 성적 관심, 사회적 고립 등을 평가한다.
	경조증 (Hypomania)	Ma	정신적 에너지를 측정하는 척도로 생각의 다양성 및 과장성, 행동의 불안정성, 흥분성 등을 나타낸다.
	사회적 내향성 (Social introversion)	Si	대인관계 기피, 사회적 접촉 회피, 비사회성 등의 요인을 측정하는 척도로 외향성 및 내향성을 구분한다.

2 캘리포니아 성격검사(CPI)

CPI(California Psychological Inventory)는 캘리포니아 대학의 연구팀이 개발한 성검사로 MMPI와 함께 세계에서 가장 널리 사용되고 있는 인성검사 툴이다. CPI는 다양한 인성 요인을 통해 지원자가 답변한 응답 왜곡 가능성, 조직 역량 등을 측정한다. MMPI가 주로 정서적 측면을 진단하는 특징을 보인다면, CPI는 정상적인 사람의 심리적 특성을 주로 진단한다.

CPI는 약 480개 문항으로 구성되어 있으며 다음과 같은 18개의 척도로 구분된다.

구분	척도명	주요 내용
제1군 척도 (대인관계 적절성 측정)	지배성(Do)	리더십, 통솔력, 대인관계에서의 주도권을 측정한다.
	지위능력성(Cs)	내부에 잠재되어 있는 내적 포부, 자기 확신 등을 측정한다.
	사교성(Sy)	참여 기질이 활달한 사람과 그렇지 않은 사람을 구분한다.
	사회적 자발성(Sp)	사회 안에서의 안정감, 자발성, 사교성 등을 측정한다.
	자기 수용성(Sa)	개인적 가치관, 자기 확신, 자기 수용력 등을 측정한다.
	행복감(Wb)	생활의 만족감, 행복감을 측정하며 긍정적인 사람으로 보이고자 거짓 응답하는 사람을 구분하는 용도로도 사용된다.
제2군 척도 (성격과 사회화, 책임감 측정)	책임감(Re)	법과 질서에 대한 양심, 책임감, 신뢰성 등을 측정한다.
	사회성(So)	가치 내면화 정도, 사회 이탈 행동 가능성 등을 측정한다.
	자기 통제성(Sc)	자기조절, 자기통제의 적절성, 충동 억제력 등을 측정한다.
	관용성(To)	사회적 신념, 편견과 고정관념 등에 대한 태도를 측정한다.
	호감성(Gi)	타인이 자신을 어떻게 보는지에 대한 민감도를 측정하며, 좋은 사람으로 보이고자 거짓 응답하는 사람을 구분한다.
	임의성(Cm)	사회에 보수적 태도를 보이고 생각 없이 적당히 응답한 사람을 판단하는 척도로 사용된다.

제3군 척도 (인지적, 학업적 특성 측정)	순응적 성취(Ac)	성취동기, 내면의 인식, 조직 내 성취 욕구 등을 측정한다.
	독립적 성취(Ai)	독립적 사고, 창의성, 자기실현을 위한 능력 등을 측정한다.
	지적 효율성(Le)	지적 능률, 지능과 연관이 있는 성격 특성 등을 측정한다.
제4군 척도 (제1~3군과 무관한 척도의 혼합)	심리적 예민성(Py)	타인의 감정 및 경험에 대해 공감하는 정도를 측정한다.
	융통성(Fx)	개인적 사고와 사회적 행동에 대한 유연성을 측정한다.
	여향성(Fe)	남녀 비교에 따른 흥미의 남향성 및 여향성을 측정한다.

3 SHL 직업성격검사(OPQ)

OPQ(Occupational Personality Questionnaire)는 세계적으로 많은 외국 기업에서 널리 사용하는 CEB 사의 SHL 직무능력검사에 포함된 직업성격검사이다. 4개의 질문이 한 세트로 되어 있고 총 68세트 정도 출제 되고 있다. 4개의 질문 안에서 '자기에게 가장 잘 맞는 것'과 '자기에게 가장 맞지 않는 것'을 1개씩 골라 '예', '아니오'로 체크하는 방식이다. 단순하게 모든 척도가 높다고 좋은 것은 아니며, 척도가 낮은 편이 좋은 경우도 있다.

기업에 따라 척도의 평가 기준은 다르다. 희망하는 기업의 특성을 연구하고, 채용 기준을 예측하는 것이 중요하다.

척도	내용	질문 예
설득력	사람을 설득하는 것을 좋아하는 경향	- 새로운 것을 사람에게 권하는 것을 잘한다. - 교섭하는 것에 걱정이 없다. - 기획하고 판매하는 것에 자신이 있다.
지도력	사람을 지도하는 것을 좋아하는 경향	- 사람을 다루는 것을 잘한다. - 팀을 아우르는 것을 잘한다. - 사람에게 지시하는 것을 잘한다.
독자성	다른 사람의 영향을 받지 않고, 스스로 생각해서 행동하는 것을 좋아하는 경향	- 모든 것을 자신의 생각대로 하는 편이다. - 주변의 평가는 신경 쓰지 않는다. - 유혹에 강한 편이다.
외향성	외향적이고 사교적인 경향	- 다른 사람의 주목을 끄는 것을 좋아한다. - 사람들이 모인 곳에서 중심이 되는 편이다. - 담소를 나눌 때 주변을 즐겁게 해 준다.
우호성	친구가 많고, 대세의 사람이 되는 것을 좋아하는 경향	- 친구와 함께 있는 것을 좋아한다. - 무엇이라도 얘기할 수 있는 친구가 많다. - 친구와 함께 무언가를 하는 것이 많다.
사회성	세상 물정에 밝고 사람 앞에서도 낯을 가리지 않는 성격	- 자신감이 있고 유쾌하게 발표할 수 있다. - 공적인 곳에서 인사하는 것을 잘한다. - 사람들 앞에서 발표하는 것이 어렵지 않다.

겸손성	사람에 대해서 겸손하게 행동하고 누구라도 똑같이 사귀는 경향	- 자신의 성과를 그다지 내세우지 않는다. - 절제를 잘하는 편이다. - 사회적인 지위에 무관심하다.
협의성	사람들에게 의견을 물으면서 일을 진행하는 경향	- 사람들의 의견을 구하며 일하는 편이다. - 타인의 의견을 묻고 일을 진행시킨다. - 친구와 상담해서 계획을 세운다.
돌봄	측은해 하는 마음이 있고, 사람을 돌봐 주는 것을 좋아하는 경향	- 개인적인 상담에 친절하게 답해 준다. - 다른 사람의 상담을 진행하는 경우가 많다. - 후배의 어려움을 돌보는 것을 좋아한다.
구체적인 사물에 대한 관심	물건을 고치거나 만드는 것을 좋아하는 경향	- 고장 난 물건을 수리하는 것이 재미있다. - 상태가 안 좋은 기계도 잘 사용한다. - 말하기보다는 행동하기를 좋아한다.
데이터에 대한 관심	데이터를 정리해서 생각하는 것을 좋아하는 경향	- 통계 등의 데이터를 분석하는 것을 좋아한다. - 표를 만들거나 정리하는 것을 좋아한다. - 숫자를 다루는 것을 좋아한다.
미적가치에 대한 관심	미적인 것이나 예술적인 것을 좋아하는 경향	- 디자인에 관심이 있다. - 미술이나 음악을 좋아한다. - 미적인 감각에 자신이 있다.
인간에 대한 관심	사람의 행동에 동기나 배경을 분석하는 것을 좋아하는 경향	- 다른 사람을 분석하는 편이다. - 타인의 행동을 보면 동기를 알 수 있다. - 다른 사람의 행동을 잘 관찰한다.
정통성	이미 있는 가치관을 소중히 여기고, 익숙한 방법으로 사물을 대하는 것을 좋아하는 경향	- 실적이 보장되는 확실한 방법을 취한다. - 낡은 가치관을 존중하는 편이다. - 보수적인 편이다.
변화 지향	변화를 추구하고, 변화를 받아들이는 것을 좋아하는 경향	- 새로운 것을 하는 것을 좋아한다. - 해외여행을 좋아한다. - 경험이 없더라도 시도해 보는 것을 좋아한다.
개념성	지식에 대한 욕구가 있고, 논리적으로 생각하는 것을 좋아하는 경향	- 개념적인 사고가 가능하다. - 분석적인 사고를 좋아한다. - 순서를 만들고 단계에 따라 생각한다.
창조성	새로운 분야에 대한 공부를 하는 것을 좋아하는 경향	- 새로운 것을 추구한다. - 독창성이 있다. - 신선한 아이디어를 낸다.
계획성	앞을 생각해서 사물을 예상하고, 계획적으로 실행하는 것을 좋아하는 경향	- 과거를 돌이켜보며 계획을 세운다. - 앞날을 예상하며 행동한다. - 실수를 돌아보며 대책을 강구하는 편이다.

치밀함	정확한 순서를 세워 진행하는 것을 좋아하는 경향	– 사소한 실수는 거의 하지 않는다. – 정확하게 요구되는 것을 좋아한다. – 사소한 것에도 주의하는 편이다.
꼼꼼함	어떤 일이든 마지막까지 꼼꼼하게 마무리 짓는 경향	– 맡은 일을 마지막까지 해결한다. – 마감 시한은 반드시 지킨다. – 시작한 일은 중간에 그만두지 않는다.
여유	평소에 릴랙스하고, 스트레스에 잘 대처하는 경향	– 감정의 회복이 빠르다. – 분별없이 함부로 행동하지 않는다. – 스트레스에 잘 대처한다.
근심 · 걱정	어떤 일이 잘 진행되지 않으면 불안을 느끼고, 중요한 일을 앞두면 긴장하는 경향	– 예정대로 잘되지 않으면 근심 · 걱정이 많다. – 신경 쓰이는 일이 있으면 불안하다. – 중요한 만남 전에는 기분이 편하지 않다.
호방함	사람들이 자신을 어떻게 생각하는지를 신경 쓰지 않는 경향	– 사람들이 자신을 어떻게 생각하는지 그다지 신경 쓰지 않는다. – 상처받아도 동요하지 않고 아무렇지 않은 태도를 취한다. – 사람들의 비판에 크게 영향받지 않는다.
억제력	감정을 표현하지 않는 경향	– 쉽게 감정적으로 되지 않는다. – 분노를 억누른다. – 격분하지 않는다.
낙관적	사물을 낙관적으로 보는 경향	– 낙관적으로 생각하고 일을 진행시킨다. – 문제가 일어나도 낙관적으로 생각한다.
비판적	비판적으로 사물을 생각하고, 이론 · 문장 등의 오류에 신경 쓰는 경향	– 이론의 모순을 찾아낸다. – 계획이 갖춰지지 않은 것이 신경 쓰인다. – 누구도 신경 쓰지 않는 오류를 찾아낸다.
행동력	운동을 좋아하고, 민첩하게 행동하는 경향	– 동작이 날렵하다. – 여가를 활동적으로 보낸다. – 몸을 움직이는 것을 좋아한다.
경쟁성	지는 것을 싫어하는 경향	– 승부를 겨루게 되면 지는 것을 싫어한다. – 상대를 이기는 것을 좋아한다. – 싸워 보지 않고 포기하는 것을 싫어한다.
출세 지향	출세하는 것을 중요하게 생각하고, 야심적인 목표를 향해 노력하는 경향	– 출세 지향적인 성격이다. – 곤란한 목표도 달성할 수 있다. – 실력으로 평가받는 사회가 좋다.
결단력	빠르게 판단하는 경향	– 답을 빠르게 찾아낸다. – 문제에 대한 빠른 상황 파악이 가능하다. – 위험을 감수하고도 결단을 내리는 편이다.

1회 기출예상

2회 기출예상

3회 기출예상

4회 기출예상

인성검사

면접가이드

👥 4 인성검사 합격 전략

1 포장하지 않은 솔직한 답변

"다른 사람을 험담한 적이 한 번도 없다.", "물건을 훔치고 싶다고 생각해 본 적이 없다."

이 질문에 당신은 '그렇다', '아니다' 중 무엇을 선택할 것인가? 채용기업이 인성검사를 실시하는 가장 큰 이유는 '이 사람이 어떤 성향을 가진 사람인가'를 효율적으로 파악하기 위해서이다.

인성검사는 도덕적 가치가 빼어나게 높은 사람을 판별하려는 것도 아니고, 성인군자를 가려내기 위함도 아니다. 인간의 보편적 성향과 상식적 사고를 고려할 때, 도덕적 질문에 지나치게 겸손한 답변을 체크하면 오히려 솔직하지 못한 것으로 간주되거나 인성을 제대로 판단하지 못해 무효 처리가 되기도 한다. 자신의 성격을 포장하여 작위적인 답변을 하지 않도록 솔직하게 임하는 것이 예기치 않은 결과를 피하는 첫 번째 전략이 된다.

2 필터링 함정을 피하고 일관성 유지

앞서 강조한 솔직함은 일관성과 연결된다. 인성검사를 구성하는 많은 척도는 여러 형태의 문장 속에 동일한 요소를 적용해 반복되기도 한다. 예컨대 '나는 매우 활동적인 사람이다'와 '나는 운동을 매우 좋아한다'라는 질문에 '그렇다'고 체크한 사람이 '휴일에는 집에서 조용히 쉬며 독서하는 것이 좋다'에도 '그렇다'고 체크한다면 일관성이 없다고 평가될 수 있다.

그러나 일관성 있는 답변에만 매달리면 '이 사람이 같은 답변만 체크하기 위해 이 부분만 신경 썼구나'하는 필터링 함정에 빠질 수도 있다. 비슷하게 보이는 문장이 무조건 같은 내용이라고 판단하여 똑같이 답하는 것도 주의해야 한다. 일관성보다 중요한 것은 솔직함이다. 솔직함이 전제되지 않은 일관성은 허위 척도 필터링에서 드러나게 되어 있다. 유사한 질문의 응답이 터무니없이 다르거나 양극단에 치우치지 않는 정도라면 약간의 차이는 크게 문제되지 않는다. 중요한 것은 솔직함과 일관성이 하나의 연장선에 있다는 점을 명심하자.

3 지원한 직무와 연관성을 고려

다양한 분야의 많은 계열사와 큰 조직을 통솔하는 대기업은 여러 사람이 조직적으로 움직이는 만큼 각 직무에 걸맞은 능력을 갖춘 인재가 필요하다. 그래서 기업은 매년 신규채용으로 입사한 신입사원들의 젊은 패기와 참신한 능력을 성장 동력으로 활용한다.

기업은 사교성 있고 활달한 사람만을 원하지 않는다. 해당 직군과 직무에 따라 필요로 하는 사원의 능력과 개성이 다르기 때문에, 지원자가 희망하는 계열사나 부서의 직무가 무엇인지 제대로 파악하여 자신의 성향과 맞는지에 대한 고민은 반드시 필요하다. 같은 질문이라도 기업이 원하는 인재상이나 부서의 직무에 따라 판단 척도가 달라질 수 있다.

4 평상심 유지와 컨디션 관리

역시 솔직함과 연결된 내용이다. 한 질문에 오래 고민하고 신경 쓰면 불필요한 생각이 개입될 소지가 크다. 이는 직관을 떠나 이성적 판단에 따라 포장할 위험이 높아진다는 뜻이기도 하다. 긴 시간 생각하지 말고 자신의 평상시 생각과 감정대로 답하는 것이 중요하며, 가능한 건너뛰지 말고 모든 질문에 답하도록 한다. 300 ~ 400개 정도 문항을 출제하는 기업이 많기 때문에, 끝까지 집중하여 임하는 것이 중요하다.

특히 적성검사와 같은 날 실시하는 경우, 적성검사를 마친 후 연이어 보기 때문에 신체적 · 정신적으로 피로한 상태에서 자세가 흐트러질 수도 있다. 따라서 컨디션을 유지하면서 문항당 7 ~ 10초 이상 쓰지 않도록 하고, 문항 수가 많을 때는 답안지에 바로바로 표기하자.

02 인성검사 연습

🔍 1 인성검사 출제유형

인성검사는 기업이 추구하는 내부 기준에 따라 적합한 인재를 찾기 위해 가치관과 태도를 측정하는 것이다. 응시자 개인의 사고와 태도·행동 특성 및 유사 질문의 반복을 통해 거짓말 척도 등으로 기업의 인재상에 적합한지를 판단하므로 문항에 대한 정답은 없다.

🔍 2 문항군 개별 항목 체크

1 100개 내외의 문항군으로 구성된 검사지에 자신에게 해당되는 '① 정말그렇다 ② 그렇다 ③ 아니다 ④ 정말 아니다'에 표시한다. 아래를 참고하여 문항 내용이 자신의 평소 생각이나 행동에 조금이라도 더 가까운 쪽으로 한 문항도 빠짐없이 응답한다.

■ 다르거나 비슷하지 않다.	→	① 아니다
■ 약간 같거나 비슷하다.	→	② 약간 그렇다
■ 대체로 같거나 비슷하다.	→	③ 대체로 그렇다
■ 매우 같거나 비슷하다.	→	④ 매우 그렇다

번호	문항	아니다	정말 아니다	정말 그렇다	그렇다
1	내가 한 행동에 대해 절대 후회하지 않는다.	①	●	③	④
2	내 기분이 나쁘더라도 모임의 분위기에 맞춰 행동하려고 노력한다.	①	②	●	④
3	나보다 사정이 급한 사람이 있을 때는 순서를 양보해 준다.	①	②	③	●

2 각 문항의 내용을 읽고 평소 자신의 생각 및 행동과 유사하거나 일치하면 '예', 다르거나 일치하지 않으면 '아니오'에 표시한다.

1	나는 수줍음을 많이 타는 편이다.	○ 예	○ 아니오
2	나는 과거의 실수가 자꾸만 생각나곤 한다.	○ 예	○ 아니오
3	나는 사람들과 서로 일상사에 대해 이야기하는 것이 쑥스럽다.	○ 예	○ 아니오

3 구성된 검사지에 문항 수가 많으면 일관된 답변이 어려울 수도 있으므로 최대한 꾸밈없이 자신의 가치관과 신념을 바탕으로 솔직하게 답하도록 노력한다.

1. 직관적으로 솔직하게 답한다.
2. 모든 문제를 신중하게 풀도록 한다.
3. 비교적 일관성을 유지할 수 있도록 한다.
4. 평소의 경험과 선호도를 자연스럽게 답한다.
5. 각 문항에 너무 골똘히 생각하거나 고민하지 않는다.
6. 지원한 분야와 나의 성격의 연관성을 미리 생각하고 분석해 본다.

3 모의 연습

[01~100] 모든 문항에는 옳고 그른 답이 없습니다. 다음 문항을 잘 읽고 ① ~ ④ 중 본인에게 해당되는 부분에 표시해 주십시오.

| 주의사항 | 자신의 모습 그대로 솔직하게 응답하십시오. 솔직하고 성의 있게 응답하지 않을 경우 결과가 무효 처리됩니다.

번호	문항	아니다	정말 아니다	정말 그렇다	그렇다
1	내가 한 행동에 대해 절대 후회하지 않는다.	①	②	③	④
2	내 기분이 나쁘더라도 모임의 분위기에 맞춰 행동하려고 노력한다.	①	②	③	④
3	나보다 사정이 급한 사람이 있을 때는 순서를 양보해 준다.	①	②	③	④
4	내가 가진 지식을 다른 분야의 아이디어와 연결하여 활용한다.	①	②	③	④
5	절실해 보이는 사람에게 내가 가진 것을 양보할 수 있다.	①	②	③	④
6	나는 그 어떤 상황에서도 거짓말은 하지 않는다.	①	②	③	④
7	어차피 누군가가 해야 할 일이라면 내가 먼저 한다.	①	②	③	④
8	사소한 절차를 어기더라도 일을 빨리 진행하는 것이 우선이다.	①	②	③	④
9	사회적 관습이 잘 지켜져야 바람직한 사회이다.	①	②	③	④
10	나는 항상 상대방의 말을 끝까지 집중해서 듣는다.	①	②	③	④
11	나는 상황의 변화를 빠르게 인지한다.	①	②	③	④
12	정해진 원칙과 계획대로만 일을 진행해야 실수를 하지 않는다.	①	②	③	④
13	책임이 두려워 내 잘못을 다른 사람의 탓으로 돌린 적이 있다.	①	②	③	④

14	나는 여러 사람들과 함께 일하는 것이 좋다.	①	②	③	④
15	나는 누구의 지시를 받는 것보다 스스로 해야 할 일을 찾아서 해야 한다.	①	②	③	④
16	나는 어떤 사람에게든 똑같이 대한다.	①	②	③	④
17	나는 언제나 모두의 이익을 생각하면서 일한다.	①	②	③	④
18	친구가 평소와는 다른 행동을 하면 바로 알아챈다.	①	②	③	④
19	어려운 내용은 이해하는 데 너무 오래 걸려서 싫다.	①	②	③	④
20	나는 누구와도 어렵지 않게 어울릴 수 있다.	①	②	③	④
21	나의 부족한 점을 남들에게 숨기지 않는다.	①	②	③	④
22	비록 나와 관계없는 사람일지라도 도움을 요청하면 도와준다.	①	②	③	④
23	여러 사람들과 가깝게 지내는 것은 불편하다.	①	②	③	④
24	나는 사람들의 감정 상태를 잘 알아차린다.	①	②	③	④
25	나는 상대방이 나보다 먼저 하고 싶어 하는 말이 있는지 살핀다.	①	②	③	④
26	내 이익을 위해 편법을 사용할 수 있다면 그렇게 하겠다.	①	②	③	④
27	궁금했던 내용을 잘 알기 위해 공부하는 것은 즐거운 일이다.	①	②	③	④
28	팀 활동을 할 때는 나의 일보다 팀의 일이 우선순위에 있다.	①	②	③	④
29	나는 팀 과제에서 팀원들이 문제를 해결하도록 이끌 수 있다.	①	②	③	④
30	잘못을 숨기기보다는 솔직히 말하고 질타를 받는 것이 낫다.	①	②	③	④
31	문제 해결에 필요한 시간이 어느 정도인지를 생각하고 계획을 세운다.	①	②	③	④
32	필요하다면 편법을 사용할 수 있는 융통성이 필요하다.	①	②	③	④
33	다른 사람들은 나에게 도움을 많이 요청한다.	①	②	③	④
34	나는 아무리 힘들어도 해야 할 일을 미루지 않는다.	①	②	③	④
35	나는 이루고자 하는 명확한 목표가 있다.	①	②	③	④
36	나는 가족, 친구들과 사이가 아주 가깝다.	①	②	③	④
37	아무리 어려운 일이 있더라도 약속은 반드시 지킨다.	①	②	③	④
38	상대방의 행동이 내 마음에 들지 않더라도 어느 정도 참을 수 있다.	①	②	③	④
39	잘못은 드러나지만 않는다면 괜찮다.	①	②	③	④
40	나는 복잡한 문제의 핵심을 잘 파악한다.	①	②	③	④
41	나의 실수나 잘못을 순순히 인정한다.	①	②	③	④
42	나는 새로운 시도를 해 보는 것을 좋아한다.	①	②	③	④
43	하기 싫은 일을 맡아도 막상 시작하면 그 일에 몰두한다.	①	②	③	④
44	내가 알게 된 새로운 정보나 노하우를 남에게 공유하고 싶지 않다.	①	②	③	④
45	나는 상대방의 행동의 의도나 이유를 잘 파악한다.	①	②	③	④

1회 기출예상
2회 기출예상
3회 기출예상
4회 기출예상
인성검사
면접가이드

46	나는 혼자 하는 일을 더 좋아한다.	①	②	③	④
47	내가 생각해 낸 아이디어가 현실로 바뀌는 것은 매우 흥미로운 일이다.	①	②	③	④
48	나는 불규칙한 것보다 규칙적인 것을 좋아한다.	①	②	③	④
49	나는 어떤 일이든 할 때는 최선을 다한다.	①	②	③	④
50	나는 실수나 잘못을 잘 인정한다.	①	②	③	④
51	나는 결과가 어떨지 정확히 알 수 없어도 성공 가능성이 있다면 시작해 본다.	①	②	③	④
52	나는 대화할 때 상대방이 이해하기 쉽게 설명할 수 있다.	①	②	③	④
53	나는 내 주변의 모든 사람들을 좋아한다.	①	②	③	④
54	나는 배우겠다고 결심한 것이 있으면 아무리 바쁘더라도 시간을 낼 수 있다.	①	②	③	④
55	나 자신에게는 엄격하지만 다른 사람에게는 너그럽다.	①	②	③	④
56	나는 질서와 규율을 너무 강조하는 조직을 싫어한다.	①	②	③	④
57	나는 내 자신의 능력을 믿는다.	①	②	③	④
58	나는 매사에 행동을 조심하기 때문에 다른 사람들에게 나쁘게 평가받지 않는다.	①	②	③	④
59	다른 사람들 앞에서 내 자랑을 쉽게 할 수 있다.	①	②	③	④
60	나는 나의 개인적인 감정이 일에 영향을 주지 않도록 한다.	①	②	③	④
61	나는 문제의 원인을 단정하기에 앞서 다양한 가능성을 더 생각한다.	①	②	③	④
62	나는 아무리 화가 나도 평정심을 유지하려 노력한다.	①	②	③	④
63	나는 나른 사람들이 나를 어떻게 평가하는지 궁금하다.	①	②	③	④
64	나는 바쁘더라도 할 일이 많은 것이 좋다.	①	②	③	④
65	무엇이든 노력하면 해낼 수 있다고 믿는다.	①	②	③	④
66	나의 가치관을 남에게 내세우지 않는다.	①	②	③	④
67	나는 스스로 한 약속을 무슨 일이 있어도 지킨다.	①	②	③	④
68	나와 다른 의견도 있는 그대로 받아들인다.	①	②	③	④
69	나는 남들보다 뛰어난 능력이 있다.	①	②	③	④
70	사람들이 얘기하는 나의 행동 중에는 내가 전혀 기억하지 못하는 것도 종종 있다.	①	②	③	④
71	다양한 분야에 관심을 갖기보다 특정 분야에 집중하고 싶다.	①	②	③	④
72	나쁜 행동을 한 사람은 반드시 처벌을 받아야 한다.	①	②	③	④
73	보수는 각자가 기여한 정도에 따라 달리 받아야 한다.	①	②	③	④
74	특별한 대가나 혜택이 없다면 거래처로부터 접대나 향응을 받을 수 있다.	①	②	③	④

75	다른 사람의 필요에 대해 민감하다.	①	②	③	④
76	경험해보지 못한 다양한 문화와 언어를 익히길 좋아한다.	①	②	③	④
77	언제나 계획한 대로 실천한다.	①	②	③	④
78	머릿속에서 정리되지 않으면 결코 행동하지 않는다.	①	②	③	④
79	다른 사람들이 무심코 보아 넘기는 것에도 관심을 갖는다.	①	②	③	④
80	권위나 관습에 따르는 것을 싫어한다.	①	②	③	④
81	다른 사람의 느낌이 어떤가에 별로 관심이 없다.	①	②	③	④
82	완벽한 해결책보다는 실용적인 해결책을 찾는 것이 더 낫다.	①	②	③	④
83	새로운 일보다 내가 잘 아는 일을 하기를 좋아한다.	①	②	③	④
84	사람을 감동시키는 재주가 있다.	①	②	③	④
85	잘할 수 없는 일은 무조건 피하는 게 현명하다.	①	②	③	④
86	일주일에 몇 번씩 나에게 끔찍한 일이 일어날 것 같은 느낌이 든다.	①	②	③	④
87	도전적인 분야보다 비교적 검증되고 안정된 분야를 선호한다.	①	②	③	④
88	성급하게 결정을 내려 후회할 때가 많다.	①	②	③	④
89	이리저리 옮겨 다니며 사는 것이 좋다.	①	②	③	④
90	타인의 표정을 통해 마음을 읽을 수 있다.	①	②	③	④
91	내 생활 여건은 아주 좋은 편이다.	①	②	③	④
92	부정적인 말을 들으면 정말 싫다.	①	②	③	④
93	대부분 새로운 일보다 익숙한 일에 집중한다.	①	②	③	④
94	즉흥적으로 결정을 내리는 일은 거의 없다.	①	②	③	④
95	다시 태어나도 나는 지금처럼 살아갈 것이다.	①	②	③	④
96	청렴하게 살면 오히려 손해를 보게 된다고 생각한다.	①	②	③	④
97	쉬운 일(분야)보다 어렵고 힘든 일(분야)에 더 매력을 느낀다.	①	②	③	④
98	충동구매를 잘하는 편이다.	①	②	③	④
99	나 자신에 대해 불평한 적이 없다.	①	②	③	④
100	현실적 환경보다는 미래의 삶에 대해 더 많이 고민한다.	①	②	③	④

1회 기출예상
2회 기출예상
3회 기출예상
4회 기출예상
인성검사
면접가이드

[1~200] 모든 문항에 대한 정답이 없습니다. 문항을 읽고 평소 자신의 생각과 유사하거나 일치하면 '예(ⓨ)', 다르거나 일치하지 않으면 '아니오(ⓝ)'에 표시해 주시기 바랍니다.

- 본 검사는 200문항으로 구성되어 있으며 제한시간은 20분입니다.
- 특정 문항에 어떻게 응답할지 고민하며 많은 시간을 보내지 말고 가능하면 빨리 표시하시기 바랍니다.

문번	질문	응답	
		예	아니오
		ⓨ	ⓝ
1	나는 많은 것을 성취하고 싶다.	ⓨ	ⓝ
2	나는 변화가 많으면 혼란스럽다.	ⓨ	ⓝ
3	나는 내가 하고 싶은 일과 해야 할 일이 무엇인지 명확히 알고 있다.	ⓨ	ⓝ
4	내가 원하는 대로 일이 되지 않을 때 화가 많이 난다.	ⓨ	ⓝ
5	요즘 같은 세상에서는 누구든 믿을 수 없다.	ⓨ	ⓝ
6	나는 할 말은 반드시 하고 사는 사람이다.	ⓨ	ⓝ
7	나는 외국인 친구를 사귀기 위해 노력해 본 적이 있다.	ⓨ	ⓝ
8	나는 새로운 아이디어를 내는 것이 어렵다.	ⓨ	ⓝ
9	나는 노력한 만큼 인정받지 못하는 것 같다.	ⓨ	ⓝ
10	나는 사람들과 서로의 일상사에 대해 이야기하는 것이 자연스럽다.	ⓨ	ⓝ
11	나는 자꾸만 생각나는 과거의 실수가 있다.	ⓨ	ⓝ
12	나는 수줍음을 많이 타는 편이다	ⓨ	ⓝ
13	내 주변 사람들 중 뒤에서 나에 대한 안 좋은 이야기를 하는 사람이 있다.	ⓨ	ⓝ
14	나의 가족들과는 합리적인 대화가 잘되지 않는다.	ⓨ	ⓝ
15	나는 일이 잘못되었을 때 변명이나 불평을 하지 않는다.	ⓨ	ⓝ
16	나는 스트레스를 받으면 몸에 이상이 온다.	ⓨ	ⓝ
17	나는 재치 있다는 소리를 많이 듣는다.	ⓨ	ⓝ
18	많은 사람들은 잘 보이기 위해 마음에도 없는 거짓말을 한다.	ⓨ	ⓝ
19	다른 사람들을 위협적으로 대한 적이 있다.	ⓨ	ⓝ
20	나는 학창시절에 부지런하다는 이야기를 자주 들었다.	ⓨ	ⓝ
21	나는 쉽게 화를 내지만 쉽게 풀기도 한다.	ⓨ	ⓝ

22	나는 특별한 이유 없이 누군가가 미워질 때가 있다.	Ⓨ	Ⓝ
23	학창시절 마음 맞는 친구가 거의 없었다.	Ⓨ	Ⓝ
24	나는 용서하지 못하고 있는 사람들이 있다.	Ⓨ	Ⓝ
25	남이 나에게 피해를 입힌다면 나도 가만히 있지 않을 것이다.	Ⓨ	Ⓝ
26	나는 내 스스로에게 항상 솔직하다.	Ⓨ	Ⓝ
27	내가 속한 집단에서 인정받기 위해 교칙에 위배되는 행동을 한 적 있다.	Ⓨ	Ⓝ
28	내가 내는 세금으로 혜택을 받는 것은 하나도 없다.	Ⓨ	Ⓝ
29	나는 내가 한 결정에 대해 절대 후회하지 않는다.	Ⓨ	Ⓝ
30	나는 나의 외모 중 고치고 싶은 곳이 있다.	Ⓨ	Ⓝ
31	나는 시험 기간이 되면 학습 계획표를 작성했었다.	Ⓨ	Ⓝ
32	나는 궁금한 것이 많다.	Ⓨ	Ⓝ
33	나에게 의도적으로 피해를 입힌 사람은 용서할 수 없다.	Ⓨ	Ⓝ
34	많은 사람들이 모인 자리에 가면 대개 혼자 앉아 있거나 단둘이 얘기하는 경우가 많다.	Ⓨ	Ⓝ
35	나는 의견충돌이 있을 때 목소리가 점점 커지는 경향이 있다.	Ⓨ	Ⓝ
36	나는 누군가 내 것을 빼앗아 가면 참지 못한다.	Ⓨ	Ⓝ
37	나는 외국인과도 함께 팀을 이루어 일할 수 있다.	Ⓨ	Ⓝ
38	나는 스트레스를 잘 받지 않는다.	Ⓨ	Ⓝ
39	나는 웬만하면 위험한 일은 피하고 싶다.	Ⓨ	Ⓝ
40	나는 어떤 문제를 바로잡기 위해 주도적으로 나서곤 한다.	Ⓨ	Ⓝ
41	나는 새로운 사람들을 만나는 것이 좋다.	Ⓨ	Ⓝ
42	나는 계산이 틀리지 않았는지 여러 번 확인한다.	Ⓨ	Ⓝ
43	나는 내가 아닌 다른 사람이었으면 할 때가 많다.	Ⓨ	Ⓝ
44	나는 종종 터질 듯한 분노를 느낀다.	Ⓨ	Ⓝ
45	나도 남들처럼 든든한 배경이 있었다면 지금보다 훨씬 나은 위치에 있었을 것이다.	Ⓨ	Ⓝ
46	나는 종종 싸움에 휘말린다.	Ⓨ	Ⓝ
47	나의 능력과 무관하게 불이익을 받은 적이 있다.	Ⓨ	Ⓝ
48	누군가 내 의견을 반박하면 물러서지 않고 논쟁을 벌인다.	Ⓨ	Ⓝ

1회 기출예상

2회 기출예상

3회 기출예상

4회 기출예상

인성검사

면접가이드

49	나는 내가 왜 그렇게 화가 났는지 잘 모를 때가 있다.	Ⓨ	Ⓝ
50	나는 상대방이 화를 내면 더욱 화가 난다.	Ⓨ	Ⓝ
51	나는 반대의견을 이야기하더라도 상대방을 무시하는 말은 하지 않으려고 한다.	Ⓨ	Ⓝ
52	나는 학창시절 내가 속한 집단(동아리)에서 누구보다 충성도가 높은 사람이었다.	Ⓨ	Ⓝ
53	나는 새로운 집단에서 친구를 쉽게 사귀는 편이다.	Ⓨ	Ⓝ
54	나는 다른 사람을 챙기는 태도가 몸에 배어 있다.	Ⓨ	Ⓝ
55	나는 항상 겸손하려 노력한다.	Ⓨ	Ⓝ
56	나는 매사에 적극적으로 참여한다.	Ⓨ	Ⓝ
57	나의 가족들과는 어떤 주제를 놓고도 서로 대화가 잘 통한다.	Ⓨ	Ⓝ
58	나는 사람들과 어울리는 일에서 삶의 활력을 얻는다.	Ⓨ	Ⓝ
59	나는 무전 여행을 해 보고 싶다.	Ⓨ	Ⓝ
60	나는 내가 속한 집단을 전적으로 신뢰한다.	Ⓨ	Ⓝ
61	나는 논쟁 중에 상대방이 나에 대해 부정적인 인상을 가지지 않을까 내심 걱정한다.	Ⓨ	Ⓝ
62	사람들은 지키지도 못할 말을 너무 쉽게 하는 경향이 있다.	Ⓨ	Ⓝ
63	나중에 어떤 결과가 있을지를 생각하지 않고 행동에 옮기는 편이다.	Ⓨ	Ⓝ
64	나는 다른 사람들을 잘 웃긴다.	Ⓨ	Ⓝ
65	내 외모 때문에 부모님을 원망한 적이 있다.	Ⓨ	Ⓝ
66	나는 늘 다니던 길로만 다닌다.	Ⓨ	Ⓝ
67	나는 사람들 앞에서 발표하는 것이 두렵지 않다.	Ⓨ	Ⓝ
68	나는 다른 사람의 기분을 잘 알아차린다.	Ⓨ	Ⓝ
69	나는 과거의 일로 죄책감이 들곤 한다.	Ⓨ	Ⓝ
70	나는 다른 사람들 문제에 신경 쓰고 싶지 않다.	Ⓨ	Ⓝ
71	나는 화를 잘 참지 못한다.	Ⓨ	Ⓝ
72	나는 내 일에 대한 중장기적인 비전과 그에 맞는 계획을 가지고 있다.	Ⓨ	Ⓝ
73	나는 새로운 생각을 하는 것을 좋아한다.	Ⓨ	Ⓝ
74	나는 새로운 사람을 소개받는 자리가 불편하지 않다.	Ⓨ	Ⓝ
75	나는 리더 역할이 좋다.	Ⓨ	Ⓝ
76	나는 매우 빠르게 달리는 차의 속도감을 즐긴다.	Ⓨ	Ⓝ

77	나는 조직에서 최고의 자리에 오르는 것을 목표로 한다.	Ⓨ	Ⓝ
78	나는 힘들어 하는 사람을 보면 격려의 말을 해 준다.	Ⓨ	Ⓝ
79	나는 오랜 시간을 요구하는 과제에 집중을 잘 하지 못한다.	Ⓨ	Ⓝ
80	나는 새로운 것을 시도하는 것보다 습관적으로 하는 일이 더 좋다.	Ⓨ	Ⓝ
81	나와 말이 통하는 사람은 흔치 않다.	Ⓨ	Ⓝ
82	사람들과 어울리는 자리가 불편하다.	Ⓨ	Ⓝ
83	나는 처음 만나는 사람에게도 내 이야기를 먼저 하는 편이다.	Ⓨ	Ⓝ
84	나는 정해진 기일을 항상 맞춘다.	Ⓨ	Ⓝ
85	손님이 돌아가기를 바라면서도 붙잡는 척한 경우가 있다.	Ⓨ	Ⓝ
86	나는 일과 관련한 내용을 누구 앞에서든 자신 있게 설명할 수 있다.	Ⓨ	Ⓝ
87	만원버스 안에서 노인이 내 앞에 서 있으면 항상 자리를 양보한다.	Ⓨ	Ⓝ
88	나는 언제나 상대방의 입장에서 생각하려고 노력한다.	Ⓨ	Ⓝ
89	나는 다른 사람들의 화젯거리가 되는 것이 좋다.	Ⓨ	Ⓝ
90	나는 어느 누구와 대화를 하더라도 열심히 듣는다.	Ⓨ	Ⓝ
91	나는 외국인들이 자국 문화를 소개하는 행사에 참석한 적이 많다.	Ⓨ	Ⓝ
92	나는 내가 맡은 역할을 잃게 될까 봐 두렵다.	Ⓨ	Ⓝ
93	나는 친구를 오래 사귀지 못하는 편이다.	Ⓨ	Ⓝ
94	나는 특별한 이유 없이 누군가에게 화가 날 때가 있다.	Ⓨ	Ⓝ
95	나는 인생의 전반에서 다양한 변화를 경험해 보고 싶다.	Ⓨ	Ⓝ
96	나는 위험해 보이는 상황은 피하려고 노력한다.	Ⓨ	Ⓝ
97	우리 가족은 보통의 가족들처럼 화목하게 지낸다.	Ⓨ	Ⓝ
98	일할 때 다른 사람들의 시선이 느껴지면 집중이 잘되지 않는다.	Ⓨ	Ⓝ
99	나는 한번 시작한 일은 도중에 그만두지 않는다.	Ⓨ	Ⓝ
100	나는 다른 사람의 시선이 의식되면 불안해진다.	Ⓨ	Ⓝ
101	어렸을 적에 때때로 영문도 모르는 채로 부모님에게 혼나곤 했다.	Ⓨ	Ⓝ
102	나는 다른 문화권의 사람들에게 개방적이다.	Ⓨ	Ⓝ
103	나는 가끔씩 자극적이고 스릴 있는 놀이를 즐긴다.	Ⓨ	Ⓝ
104	우리 가정은 보통의 가정들에 비해 서로에게 무관심하고 불친절하다.	Ⓨ	Ⓝ
105	나는 즉흥적으로 선택하는 경우가 거의 없다.	Ⓨ	Ⓝ

1회 기출예상
2회 기출예상
3회 기출예상
4회 기출예상
인성검사
면접가이드

106	나는 오늘 할 일을 내일로 미루지 않는다.	Ⓨ	Ⓝ
107	나는 매사에 계획을 세워서 하는 편이다.	Ⓨ	Ⓝ
108	나는 가끔씩 누군가에 대한 증오심을 느낀다.	Ⓨ	Ⓝ
109	나는 정기적으로 참여하는 모임이 여러 개 있다.	Ⓨ	Ⓝ
110	나는 단둘이 만나는 것보다 여러 명이 함께 보는 자리를 더 선호한다.	Ⓨ	Ⓝ
111	나는 사람을 가리지 않고 잘 사귄다.	Ⓨ	Ⓝ
112	나는 충분히 생각하고 결정을 내릴 때에도 놓친 부분은 없는지 다시 확인한다.	Ⓨ	Ⓝ
113	나는 울고 있는 사람을 보면 슬퍼진다.	Ⓨ	Ⓝ
114	나는 근심걱정이 많다.	Ⓨ	Ⓝ
115	나는 사람들이 듣고 싶어하는 말을 곧잘 한다.	Ⓨ	Ⓝ
116	나는 주기적으로 앞으로의 일정을 점검한다.	Ⓨ	Ⓝ
117	일을 벌여 놓고 수습하지 못하는 경우가 있다.	Ⓨ	Ⓝ
118	나는 같은 일을 해도 늘 새로운 방식을 추구한다.	Ⓨ	Ⓝ
119	나는 어렸을 때부터 사물들이 작동하는 원리에 관심이 많았다.	Ⓨ	Ⓝ
120	나는 불의를 보면 참지 않는다.	Ⓨ	Ⓝ
121	나는 내 지시대로 일이 처리되는 것이 좋다.	Ⓨ	Ⓝ
122	낯선 사람들과 같이 있는 것은 어색하고 불편하다.	Ⓨ	Ⓝ
123	나는 기존 방식대로 문제를 해결한다.	Ⓨ	Ⓝ
124	나는 겉으로는 화해해도 속으로는 용서가 잘 안 된다.	Ⓨ	Ⓝ
125	나는 항상 남들보다 높은 지위에 있고 싶다.	Ⓨ	Ⓝ
126	나는 사람들의 시선이 내게 집중되는 것을 원치 않는다.	Ⓨ	Ⓝ
127	모임이나 파티에 참여하는 것보다 혼자 시간을 보내는 것이 좋다.	Ⓨ	Ⓝ
128	나는 전에 해 보지 않았던 일을 하고 싶다.	Ⓨ	Ⓝ
129	어렸을 적에 부모님을 종종 원망했었다.	Ⓨ	Ⓝ
130	여러 사람들이 이미 모여서 대화하고 있을 때 끼어드는 것이 두렵지 않다.	Ⓨ	Ⓝ
131	믿었던 사람에게 배신을 당한 적이 있다.	Ⓨ	Ⓝ
132	평소 이런저런 이유로 인해 당황하는 일이 많다.	Ⓨ	Ⓝ
133	나는 대화할 때 상대방의 말하는 의도를 적극적으로 파악하며 듣는다.	Ⓨ	Ⓝ
134	나는 논쟁할 기회를 놓치고 싶지 않다.	Ⓨ	Ⓝ

135	나는 모험을 즐긴다.	Ⓨ	Ⓝ
136	나는 담당을 정해야 할 때 먼저 나서는 편이다.	Ⓨ	Ⓝ
137	나는 친구가 자신이 겪었던 안 좋은 일에 대해 이야기하면 같이 화를 낸다.	Ⓨ	Ⓝ
138	나는 한 가지 일을 오래하는 것을 잘하지 못한다.	Ⓨ	Ⓝ
139	나는 내가 지시한 대로 일이 진행되는 것을 좋아한다.	Ⓨ	Ⓝ
140	나는 계획을 세우는 것이 즐겁다.	Ⓨ	Ⓝ
141	나는 불안할 때가 많다.	Ⓨ	Ⓝ
142	다른 사람이 나의 외모 얘기를 하는 것이 싫다.	Ⓨ	Ⓝ
143	나는 별다른 이유 없이도 누군가에 대한 질투심을 느낀다.	Ⓨ	Ⓝ
144	나는 무슨 일이든 자신 있게 한다.	Ⓨ	Ⓝ
145	나는 대체로 다른 사람들이 화가 난 것을 잘 알아차린다.	Ⓨ	Ⓝ
146	우리 가족들은 서로 다투는 일이 자주 있다.	Ⓨ	Ⓝ
147	상대가 고집불통일 때는 모욕을 주어서라도 고집을 꺾는다.	Ⓨ	Ⓝ
148	내가 아무리 열심히 노력하더라고 그 노력을 모두 인정받지는 못할 것이다.	Ⓨ	Ⓝ
149	사람들은 나를 활력 넘치는 사람이라고 생각하는 것 같다.	Ⓨ	Ⓝ
150	나는 활동적인 사람이다.	Ⓨ	Ⓝ
151	프로젝트 팀을 구성할 때 같은 조건이라면 외국인 팀원을 선택할 것이다.	Ⓨ	Ⓝ
152	나는 한 달에 한 권 이상 책을 읽는다.	Ⓨ	Ⓝ
153	나는 자기 소신이 뚜렷한 사람이다.	Ⓨ	Ⓝ
154	내가 거짓말을 하면 사람들이 쉽게 알아차린다.	Ⓨ	Ⓝ
155	나는 물질적인 가치에 큰 비중을 두지 않는다.	Ⓨ	Ⓝ
156	나는 경쟁을 강조하는 분위기가 싫다.	Ⓨ	Ⓝ
157	나는 내 인생 전반에 걸쳐 이루고자 하는 목표가 분명하다.	Ⓨ	Ⓝ
158	나는 주변 사람들이 나에 대해 너무 많이 아는 것이 불편하다.	Ⓨ	Ⓝ
159	나는 여행지에 가면 이곳저곳을 쉬지 않고 돌아다닌다.	Ⓨ	Ⓝ
160	나는 궁금하면 못 참는다.	Ⓨ	Ⓝ
161	나는 종종 정해진 원칙을 벗어나 행동하는 것을 즐긴다.	Ⓨ	Ⓝ
162	나는 다른 사람을 속이려는 마음을 먹는다고 해도 그것을 차마 실행에 옮기지는 못한다.	Ⓨ	Ⓝ

1회 기출예상
2회 기출예상
3회 기출예상
4회 기출예상
인성검사
면접가이드

163	나는 비싼 귀금속을 많이 가지고 싶다.	Ⓨ	Ⓝ
164	나는 승부나 시험에서 지면 쉽게 잊지 못한다.	Ⓨ	Ⓝ
165	나는 처음 하는 일도 잘 해낼 수 있다.	Ⓨ	Ⓝ
166	나는 긴 글의 내용에서 핵심 내용만 뽑아 요약하는 습관이 있다.	Ⓨ	Ⓝ
167	비효율적인 규칙은 꼭 지킬 필요가 없다.	Ⓨ	Ⓝ
168	나는 문제가 생기면 오히려 더 침착해진다.	Ⓨ	Ⓝ
169	나는 아는 사람에게 특혜를 준 적이 있다.	Ⓨ	Ⓝ
170	나 자신에게 돈을 쓰는 일에는 별로 관심이 없다.	Ⓨ	Ⓝ
171	나는 내가 하기 어려운 과제를 해결하기 위해 다른 사람에게 부탁을 한 적이 있다.	Ⓨ	Ⓝ
172	나는 승부에서 진 뒤 이기기 위해 이를 악물고 연습한 적이 있다.	Ⓨ	Ⓝ
173	나는 어떤 사람이 되고 싶은지 아직 잘 모르겠다.	Ⓨ	Ⓝ
174	나는 어떠한 어려움도 극복할 자신이 있다.	Ⓨ	Ⓝ
175	나는 가까운 친지나 친구가 국제결혼을 한다면 적극적으로 권장하겠다.	Ⓨ	Ⓝ
176	나는 항상 무엇이든 배우려고 노력한다.	Ⓨ	Ⓝ
177	내 인생에서 궁극적으로 무엇을 이룰 것인지 확실치 않다.	Ⓨ	Ⓝ
178	나는 누구에게나 내 이야기를 허물없이 다 할 수 있다.	Ⓨ	Ⓝ
179	나는 모르는 것이 있어도 별로 궁금하지 않다.	Ⓨ	Ⓝ
180	나는 이야기를 하려다가 상대방의 표정을 보고 말하지 못하는 경우가 많다.	Ⓨ	Ⓝ
181	나에게 주변 사람들이 자신의 짜증을 분출하는 경우가 종종 있다.	Ⓨ	Ⓝ
182	지금 나의 친한 친구들 중 과거에 크게 다툰 적이 있는 친구들이 있다.	Ⓨ	Ⓝ
183	나는 자신의 잘못에 대해 제대로 된 사과를 하지 않는 사람과는 친하게 지낼 수 없다.	Ⓨ	Ⓝ
184	나는 지나치게 원칙을 고수하는 사람과 일하기 어렵다.	Ⓨ	Ⓝ
185	나는 다른 사람의 반대에도 불구하고 나의 소신을 고수하여 일을 성공적으로 이끈 적이 종종 있다.	Ⓨ	Ⓝ
186	나는 해야 하는 일을 했을 뿐인데, 선물을 받는 경우가 종종 있다.	Ⓨ	Ⓝ
187	나는 이유 없는 호의나 선물은 없다고 생각한다.	Ⓨ	Ⓝ
188	나는 매일 아침 그날의 할 일을 정리해 본다.	Ⓨ	Ⓝ
189	나는 운동, 공부 등 자기관리를 위해 6개월 이상 꾸준히 해 본 활동이 있다.	Ⓨ	Ⓝ

190	나는 목표가 없으면 열심히 하지 않는다.	Ⓨ	Ⓝ
191	나는 작은 일이라도 의미를 찾으려고 노력한다.	Ⓨ	Ⓝ
192	나는 내가 하는 일에 몰입하려 한다.	Ⓨ	Ⓝ
193	나는 낯선 곳에 가게 되면 걱정이 많다.	Ⓨ	Ⓝ
194	나는 새로운 조직에 들어가도 금방 사람들과 잘 어울린다.	Ⓨ	Ⓝ
195	나는 대화 시 재미있는 표현을 잘 사용한다.	Ⓨ	Ⓝ
196	나는 경험해 보고 싶은 다른 나라의 전통 문화가 많다.	Ⓨ	Ⓝ
197	나는 최근 트렌드를 따라가는 것을 좋아하지 않는다.	Ⓨ	Ⓝ
198	나는 궁금한 것은 누구에게 묻기보다 직접 해결하는 것을 좋아한다.	Ⓨ	Ⓝ
199	나는 감동이나 재미보다 지식을 얻기 위한 독서를 선호한다.	Ⓨ	Ⓝ
200	나는 관심사가 적은 편이다.	Ⓨ	Ⓝ

1회 기출예상

2회 기출예상

3회 기출예상

4회 기출예상

인성검사

면접가이드

[1~5] 모든 문항에 대한 정답이 없습니다. 문항을 읽고 평소에 자신의 생각과 유사하거나 일치하면 ① ~ ④ 중에 표시해 주시기 바랍니다.

○○공사 이 대리는 거래처 고객과 동창이라는 이유로 자신의 전문분야(직무관련성이 없는 업무)가 아님에도 고객과의 협상에 참여하도록 상사에게 요청받았다. 이에 이 대리는 상사의 말을 따르기로 결정하였다.

문항	문제	정말 그렇다	그렇다	아니다	정말 아니다
1	만약 내가 김 대리 입장이라면 결정을 정당하게 받아들였을 것이다.	①	②	③	④
2	김 대리의 행동은 유리한 거래 조건을 이끌어내고 기업의 이익을 위해서 용인될 수 있는 행동이다.	①	②	③	④
3	인맥을 활용하는 것은 다른 직원들과 협력하는 팀플레이어로서 인정받을 수 있는 긍정적인 행동이다.	①	②	③	④
4	만약 이 사실이 언론에 공개된다면 문제가 될 수 있다.	①	②	③	④
5	만약 거절했다면 후에 승진이나 인사상에 불이익을 당할 것이다.	①	②	③	④

[06~10] 다음 제시된 문제를 읽고 적합한 곳에 표시하세요.

06 팀장이 협력사에서 받은 거라며 10만 원 상당의 선물세트를 팀원에게 나누어 주었다. 그러면서 상대방의 성의를 무시할 수 없어 받은 것이니 괜찮다고 하였다. 어떻게 하면 좋겠는가?

① 회사 기업윤리팀(감사팀)에 신고한 후 판단에 따른다.
② 부당하므로 그 자리에서 거부한다.
③ 상사가 주는 것이므로 감사함으로 받는다.
④ 일단 받고 적당한 기회에 팀장님께 되돌려준다.

07 쇼핑을 하던 중 마음에 드는 물건을 보았다. 돈이 부족했는데 가방에는 마침 동창회 회원들에게 받은 회비가 있어 고민하고 있다. 당신이라면 어떻게 하겠는가?

① 일단 회비를 꺼내 쓰고 나중에 채워 넣는다.
② 친구에게 전화를 걸어 필요한 돈을 보내 줄 것을 부탁한다.
③ 사는 것을 포기하고 그 자리를 떠난다.
④ 집에 가서 돈을 가져와 원하는 물건을 산다.

08 팀원들과 회식을 하던 중 식당에서 우연히 협력사 부장과 마주쳤다. 간단히 인사만 나눈 뒤 각자 식사를 했는데 계산을 하려고 보니 이미 식사비 30만 원이 지불된 상태였다. 어떻게 하면 좋겠는가?

① 감사 인사를 전한 뒤 다음에는 그러지 말 것을 정중히 부탁한다.
② 기업 윤리 담당팀이나 소관팀에 신고한다.
③ 상대방의 성의 표시라고 생각하고 기쁨으로 받는다.
④ 식사비 30만 원을 돌려보낸다.

09 동료 직원의 금품수수 사실을 알게 되었다. 어떻게 하면 좋겠는가?

① 동료가 불이익을 받을 수 있으므로 상황을 지켜본다.
② 많든 적든 바로 기업윤리팀(감사팀)에 신고한다.
③ 상사에게 보고한 후 상사의 판단에 따른다.
④ 동료에게 돌려줄 것을 조용히 요청한다.

10 회사의 윤리 청렴도 향상을 위해 가장 중점을 두어야 할 부분은?

① 부서장 및 팀장의 부당한 업무지시 방지
② 회사 대표의 솔선수범 및 리더십
③ 직원들의 관행 및 의식 개선
④ 부패 방지제도 강화 및 업무 절차의 투명성 강화

한국중부발전

면접이란? 지원자가 보유한 직무 관련 능력 및 직무적합도와 더불어 인품, 언행 등을 직접 만나 평가하는 것을 말한다.

한국중부발전

면접가이드

01 NCS 면접의 이해

※ 능력중심 채용에서는 타당도가 높은 구조화 면접을 적용한다.

1 면접이란?

    일을 하는 데 필요한 능력(직무역량, 직무지식, 인재상 등)을 지원자가 보유하고 있는지를 다양한 면접기법을 활용하여 확인하는 절차이다. 자신의 환경, 성취, 관심사, 경험 등에 대해 이야기하여 본인이 적합하다는 것을 보여 줄 기회를 제공하고, 면접관은 평가에 필요한 정보를 수집하고 평가하는 것이다.

- 지원자의 태도, 적성, 능력에 대한 정보를 심층적으로 파악하기 위한 선발 방법
- 선발의 최종 의사결정에 주로 사용되는 선발 방법
- 전 세계적으로 선발에서 가장 많이 사용되는 핵심적이고 중요한 방법

2 면접의 특징

    서류전형이나 인적성검사에서 드러나지 않는 것들을 볼 수 있는 기회를 제공한다.

- 직무수행과 관련된 다양한 지원자 행동에 대한 관찰이 가능하다.
- 면접관이 알고자 하는 정보를 심층적으로 파악할 수 있다.
- 서류상의 미비한 사항과 의심스러운 부분을 확인할 수 있다.
- 커뮤니케이션, 대인관계행동 등 행동·언어적 정보도 얻을 수 있다.

3 면접의 평가요소

1 인재적합도

해당 기관이나 기업별 인재상에 대한 인성 평가

2 조직적합도

조직에 대한 이해와 관련 상황에 대한 평가

3 직무적합도

직무에 대한 지식과 기술, 태도에 대한 평가

1회 기출예상

2회 기출예상

3회 기출예상

4회 기출예상

인성검사

면접가이드

🔍 4 면접의 유형

구조화된 정도에 따른 분류

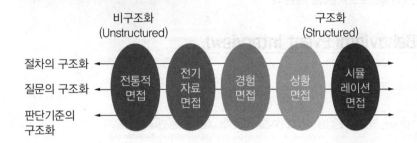

비구조화
(Unstructured)

구조화
(Structured)

절차의 구조화

질문의 구조화

판단기준의
구조화

전통적
면접

전기
자료
면접

경험
면접

상황
면접

시뮬
레이션
면접

1 구조화 면접(Structured Interview)

사전에 계획을 세워 질문의 내용과 방법, 지원자의 답변 유형에 따른 추가 질문과 그에 대한 평가역량이 정해져 있는 면접 방식(표준화 면접)

- 표준화된 질문이나 평가요소가 면접 전 확정되며, 지원자는 편성된 조나 면접관에 영향을 받지 않고 동일한 질문과 시간을 부여받을 수 있음.
- 조직 또는 직무별로 주요하게 도출된 역량을 기반으로 평가요소가 구성되어, 조직 또는 직무에서 필요한 역량을 가진 지원자를 선발할 수 있음.
- 표준화된 형식을 사용하는 특성 때문에 비구조화 면접에 비해 신뢰성과 타당성, 객관성이 높음.

2 비구조화 면접(Unstructured Interview)

면접 계획을 세울 때 면접 목적만 명시하고 내용이나 방법은 면접관에게 전적으로 일임하는 방식(비표준화 면접)

- 표준화된 질문이나 평가요소 없이 면접이 진행되며, 편성된 조나 면접관에 따라 지원자에게 주어지는 질문이나 시간이 다름.
- 면접관의 주관적인 판단에 따라 평가가 이루어져 평가 오류가 빈번히 일어남.
- 상황 대처나 언변이 뛰어난 지원자에게 유리한 면접이 될 수 있음.

02 NCS 구조화 면접 기법

※ 능력중심 채용에서는 타당도가 높은 구조화 면접을 적용한다.

1 경험면접(Behavioral Event Interview)

면접 프로세스

안내 — 지원자는 입실 후, 면접관을 통해 인사말과 면접에 대한 간단한 안내를 받음.

질문 — 지원자는 면접관에게 평가요소(직업기초능력, 직무수행능력 등)와 관련된 주요 질문을 받게 되며, 질문에서 의도하는 평가요소를 고려하여 응답할 수 있도록 함.

세부질문 —
- 지원자가 응답한 내용을 토대로 해당 평가기준들을 충족시키는지 파악하기 위한 세부질문이 이루어짐.
- 구체적인 행동·생각 등에 대해 응답할수록 높은 점수를 얻을 수 있음.

- **방식**
  해당 역량의 발휘가 요구되는 일반적인 상황을 제시하고, 그러한 상황에서 어떻게 행동했었는지(과거경험)를 이야기하도록 함.

- **판단기준**
  해당 역량의 수준, 경험 자체의 구체성, 진실성 등

- **특징**
  추상적인 생각이나 의견 제시가 아닌 과거 경험 및 행동 중심의 질의가 이루어지므로 지원자는 사전에 본인의 과거 경험 및 사례를 정리하여 면접에 대비할 수 있음.

- **예시**

지원분야		지원자		면접관	(인)

경영자원관리
조직이 보유한 인적자원을 효율적으로 활용하여, 조직 내 유·무형 자산 및 재무자원을 효율적으로 관리한다.

주질문
A. 어떤 과제를 처리할 때 기존에 팀이 사용했던 방식의 문제점을 찾아내 이를 보완하여 과제를 더욱 효율적으로 처리했던 경험에 대해 이야기해 주시기 바랍니다.

세부질문
[상황 및 과제] 사례와 관련해 당시 상황에 대해 이야기해 주시기 바랍니다.
[역할] 당시 지원자께서 맡았던 역할은 무엇이었습니까?
[행동] 사례와 관련해 구성원들의 설득을 이끌어 내기 위해 어떤 노력을 하였습니까?
[결과] 결과는 어땠습니까?

www.gosinet.co.kr gosinet

1회 기출예상

2회 기출예상

3회 기출예상

4회 기출예상

인성검사

면접가이드

기대행동	평점
업무진행에 있어 한정된 자원을 효율적으로 활용한다.	① – ② – ③ – ④ – ⑤
구성원들의 능력과 성향을 파악해 효율적으로 업무를 배분한다.	① – ② – ③ – ④ – ⑤
효과적 인적/물적 자원관리를 통해 맡은 일을 무리 없이 잘 마무리한다.	① – ② – ③ – ④ – ⑤

척도해설

1 : 행동증거가 거의 드러나지 않음	2 : 행동증거가 미약하게 드러남	3 : 행동증거가 어느 정도 드러남	4 : 행동증거가 명확하게 드러남	5 : 뛰어난 수준의 행동증거가 드러남
관찰기록 :				
총평 :				

※ 실제 적용되는 평가지는 기업/기관마다 다름.

2 상황면접(Situational Interview)

면접 프로세스

안내
지원자는 입실 후, 면접관을 통해 인사말과 면접에 대한 간단한 안내를 받음.

∨

질문
• 지원자는 상황질문지를 검토하거나 면접관을 통해 상황 및 질문을 제공받음.
• 면접관의 질문이나 질문지의 의도를 파악하여 응답할 수 있도록 함.

∨

세부질문
• 지원자가 응답한 내용을 토대로 해당 평가기준들을 충족시키는지 파악하기 위한 세부질문이 이루어짐.
• 구체적인 행동·생각 등에 대해 응답할수록 높은 점수를 얻을 수 있음.

• 방식
 직무 수행 시 접할 수 있는 상황들을 제시하고, 그러한 상황에서 어떻게 행동할 것인지(행동의도)를 이야기하도록 함.

• 판단기준
 해당 상황에 맞는 해당 역량의 구체적 행동지표

• 특징
 지원자의 가치관, 태도, 사고방식 등의 요소를 평가하는 데 용이함.

• 예시

지원분야		지원자		면접관	(인)

유관부서협업
타 부서의 업무협조요청 등에 적극적으로 협력하고 갈등 상황이 발생하지 않도록 이해관계를 조율하며 관련 부서의 협업을 효과적으로 이끌어 낸다.

주질문
당신은 생산관리팀의 팀원으로, 2개월 뒤에 제품 A를 출시하기 위해 생산팀의 생산 계획을 수립한 상황입니다. 그러나 원가가 곧 실적으로 이어지는 구매팀에서는 최대한 원가를 줄여 전반적 단가를 낮추려고 원가절감을 위한 제안을 하였으나, 연구개발팀에서는 구매팀이 제안한 방식으로 제품을 생산할 경우 대부분이 구매팀의 실적으로 산정될 것이므로 제대로 확인도 해보지 않은 채 적합하지 않은 방식이라고 판단하고 있습니다. 당신은 어떻게 하겠습니까?

세부질문
[상황 및 과제] 이 상황의 핵심적인 이슈는 무엇이라고 생각합니까?
[역할] 당신의 역할을 더 잘 수행하기 위해서는 어떤 점을 고려해야 하겠습니까? 왜 그렇게 생각합니까?
[행동] 당면한 과제를 해결하기 위해서 구체적으로 어떤 조치를 취하겠습니까? 그 이유는 무엇입니까?
[결과] 그 결과는 어떻게 될 것이라고 생각합니까? 그 이유는 무엇입니까?

척도해설

1 : 행동증거가 거의 드러나지 않음	2 : 행동증거가 미약하게 드러남	3 : 행동증거가 어느 정도 드러남	4 : 행동증거가 명확하게 드러남	5 : 뛰어난 수준의 행동증거가 드러남

관찰기록 :

총평 :

※ 실제 적용되는 평가지는 기업/기관마다 다름.

3 발표면접(Presentation)

면접 프로세스

안내
• 입실 후 지원자는 면접관으로부터 인사말과 발표면접에 대해 간략히 안내받음.
• 면접 전 지원자는 과제 검토 및 발표 준비시간을 가짐.

▼

발표
• 지원자들이 과제 주제와 관련하여 정해진 시간 동안 발표를 실시함.
• 면접관은 발표내용 중 평가요소와 관련해 나타난 가점 및 감점요소들을 평가하게 됨.

▼

질문응답
• 발표 종료 후 면접관은 정해진 시간 동안 지원자의 발표내용과 관련해 구체적인 내용을 확인하기 위한 질문을 함.
• 지원자는 면접관의 질문의도를 정확히 파악하여 적절히 응답할 수 있도록 함.
• 응답 시 명확하고 자신있게 전달할 수 있도록 함.

1회 기출예상

2회 기출예상

3회 기출예상

4회 기출예상

인성검사

면접가이드

- 방식

  지원자가 특정 주제와 관련된 자료(신문기사, 그래프 등)를 검토하고, 그에 대한 자신의 생각을 면접관 앞에서 발표하며, 추가 질의응답이 이루어짐.

- 판단기준

  지원자의 사고력, 논리력, 문제해결능력 등

- 특징

  과제를 부여한 후, 지원자들이 과제를 수행하는 과정과 결과를 관찰·평가함. 과제수행의 결과뿐 아니라 과제수행 과정에서의 행동을 모두 평가함.

4 토론면접(Group Discussion)

면접 프로세스

안내
• 입실 후, 지원자들은 면접관으로부터 토론 면접의 전반적인 과정에 대해 안내받음.
• 지원자는 정해진 자리에 착석함.

▼

토론
• 지원자들이 과제 주제와 관련하여 정해진 시간 동안 토론을 실시함(시간은 기관별 상이).
• 지원자들은 면접 전 과제 검토 및 토론 준비시간을 가짐.
• 토론이 진행되는 동안, 지원자들은 다른 토론자들의 발언을 경청하여 적절히 본인의 의사를 전달할 수 있도록 함. 더불어 적극적인 태도로 토론면접에 임하는 것도 중요함.

▼

마무리 (5분 이내)
• 면접 종료 전, 지원자들은 토론을 통해 도출한 결론에 대해 첨언하고 적절히 마무리 지음.
• 본인의 의견을 전달하는 것과 동시에 다른 토론자를 배려하는 모습도 중요함.

- 방식

  상호갈등적 요소를 가진 과제 또는 공통의 과제를 해결하는 내용의 토론 과제(신문기사, 그래프 등)를 제시하고, 그 과정에서의 개인 간의 상호작용 행동을 관찰함.

- 판단기준

  팀워크, 갈등 조정, 의사소통능력 등

- 특징

  면접에서 최종안을 도출하는 것도 중요하나 주장의 옳고 그름이 아닌 결론을 도출하는 과정과 말하는 자세 등도 중요함.

5 역할연기면접(Role Play Interview)

- 방식

  기업 내 발생 가능한 상황에서 부딪히게 되는 문제와 역할을 가상적으로 설정하여 특정 역할을 맡은 사람과 상호작용하고 문제를 해결해 나가도록 함.

- 판단기준

  대처능력, 대인관계능력, 의사소통능력 등

- 특징

  실제 상황과 유사한 가상 상황에서 지원자의 성격이나 대처 행동 등을 관찰할 수 있음.

6 집단면접(Group Activity)

- 방식

  지원자들이 팀(집단)으로 협력하여 정해진 시간 안에 활동 또는 게임을 하며 면접관들은 지원자들의 행동을 관찰함.

- 판단기준

  대인관계능력, 팀워크, 창의성 등

- 특징

  기존 면접보다 오랜 시간 관찰을 하여 지원자들의 평소 습관이나 행동들을 관찰하려는 데 목적이 있음.

면접가이드

03

1회 기출예상

2회 기출예상

3회 기출예상

4회 기출예상

인성검사

면접가이드

면접 최신 기출 주제

1 1차 면접(직군별 직무역량평가) 기출 주제

1 PT면접

- 개별 발표로 진행(실무진으로 구성된 면접관 5명)
- 준비 10분, 발표 5분 진행

1. 국내 발전기술의 현재 상태와 이를 발전시키는 방안은?

2. 실제 발전소에서 어떤 사고들이 많이 일어나는지와 이에 대한 해결책은?

3. 한국중부발전의 기업 이미지 제고 방안은?

4. 한국중부발전 ESG의 적용 방안은?

5. 폐유 및 폐플라스틱 등의 폐기물 활용도의 증가 방안은?

6. 한국중부발전의 친환경 이미지 구축 방안은?

7. 미흡 및 규정 미준수에 대한 여러 사례와 전문가 의견을 참고할 때, 발생한 문제에 대한 개선 방안은?

2 토론면접

- 8인 1조로 진행(실무진으로 구성된 면접관 5명)
- 준비 5분, 토론 30 ~ 40분 진행
- 결론도출 토의형 주제

1. 발전소 발생 가능 문제와 보완 대책에 대해 토의해 보시오.

2. PRS 제도를 시행하는 것에 대한 찬반토의를 해보시오.

3. 발전소 열효율 저하 원인과 점검 방안에 대해 토의해 보시오.

4. 미세먼지를 줄일 수 있는 방안에 대해 토의해 보시오.

5. 제시된 회사와 지역의 특성을 파악하여 회사와 지역의 상생 방안에 대해 토의해 보시오.

6. 양심적 병역거부에 대해 찬반토의를 해보시오.

7. 재생에너지 3020 계획의 효율적인 이행을 위한 방안에 대해 토의해 보시오.

8. 풍력발전소 건설 입지 선정에 대해 토의해 보시오.

🔍 2 2차 면접(인성면접) 기출 주제

– 개별면접으로 진행(임원진으로 구성된 면접관 2 ~ 3명)
– 약 15분 진행

1. 한국중부발전에 지원한 동기가 무엇인가?

2. 취미에 대해 소개해 보시오.

3. 생활신조와 좌우명에 대해 말해 보시오.

4. 주말, 휴일에는 보통 무엇을 하는가?

5. 희망하지 않는 분야에 배치된다면 어떻게 하겠는가?

6. 자기소개를 해보시오.

7. 입사한다면 구체적으로 어떤 일을 하고 싶은가?

8. 지방근무(비연고지)에서 근무할 수 있는가?

9. 인생을 살면서 힘들었던 경험과 느낀 점을 말해 보시오.

10. 감명 깊게 읽은 책을 말해 보시오.

11. 직무수행에서 가장 필요한 역량 3가지와 그것을 개발하기 위해 어떤 노력을 했는지 말해 보시오.

12. 존경하는 인물이 누구인가?

13. 실패한 경험을 말해 보시오.

14. 팀을 이루어 일을 해본 경험을 말해 보시오.

15. 새롭게 도전한 경험을 말해 보시오.

16. 팀 동료와 갈등이 생긴다면 어떻게 대처할 것인가?

17. 최근 관심 있게 본 이슈와 그에 대한 자신의 견해를 말해 보시오.

18. 상사와 의견이 다를 때 어떻게 대처하겠는가?

19. 최근 발전 사업 중 가장 중요하다고 생각하는 것은 무엇인가?

20. 한국중부발전에서 진행하는 사업은 무엇이 있는가?

21. 본인이 회사에 기여할 수 있는 부분을 구체적으로 말해 보시오.

22. 싫어하는 소통 방식과 유형은 무엇인가?

23. 바다에 기름이 유출된다면 어떻게 할 것인가?

24. 신재생에너지 전략에 대해 말해 보시오.

25. 발전소의 안전 예방을 위한 방법에 대해 말해 보시오.

26. 본인이 창의적으로 문제를 해결한 경험을 말해 보시오.

27. 팀을 위해 희생한 경험을 말해 보시오.

28. 교대근무를 잘할 수 있는가?

29. 마지막으로 하고 싶은 말은?

한국중부발전

1회 기출예상문제 [사무]

기록란 확인란

성명표기란

수험번호

수험생 유의사항

※ 답안은 반드시 컴퓨터용 사인펜으로 보기와 같이 바르게 표기해야 합니다.
〈보기〉 ① ② ③ ❹ ⑤

※ 성명표기란 위 칸에는 성명을 한글로 쓰고 아래 칸에는 성명을 정확하게 표기하십시오. 맨 왼쪽 칸부터 성과 이름은 붙여 씁니다.

※ 수험번호 위 칸에는 아라비아 숫자로 쓰고 아래 칸에는 숫자와 일치하게 표기하십시오.

※ 월일은 반드시 본인 주민등록번호의 생년월일 제외한 월 두 자리, 일 두 자리를 표기하십시오.
(예) 1994년 1월 12일 → 0112

(주민등록 앞자리 생년제외) 월일

문번	답란	문번	답란	문번	답란	문번	답란
1	① ② ③ ④	21	① ② ③ ④	41	① ② ③ ④	61	① ② ③ ④
2	① ② ③ ④	22	① ② ③ ④	42	① ② ③ ④	62	① ② ③ ④
3	① ② ③ ④	23	① ② ③ ④	43	① ② ③ ④	63	① ② ③ ④
4	① ② ③ ④	24	① ② ③ ④	44	① ② ③ ④	64	① ② ③ ④
5	① ② ③ ④	25	① ② ③ ④	45	① ② ③ ④	65	① ② ③ ④
6	① ② ③ ④	26	① ② ③ ④	46	① ② ③ ④	66	① ② ③ ④
7	① ② ③ ④	27	① ② ③ ④	47	① ② ③ ④	67	① ② ③ ④
8	① ② ③ ④	28	① ② ③ ④	48	① ② ③ ④	68	① ② ③ ④
9	① ② ③ ④	29	① ② ③ ④	49	① ② ③ ④	69	① ② ③ ④
10	① ② ③ ④	30	① ② ③ ④	50	① ② ③ ④	70	① ② ③ ④
11	① ② ③ ④	31	① ② ③ ④	51	① ② ③ ④	71	① ② ③ ④
12	① ② ③ ④	32	① ② ③ ④	52	① ② ③ ④	72	① ② ③ ④
13	① ② ③ ④	33	① ② ③ ④	53	① ② ③ ④	73	① ② ③ ④
14	① ② ③ ④	34	① ② ③ ④	54	① ② ③ ④	74	① ② ③ ④
15	① ② ③ ④	35	① ② ③ ④	55	① ② ③ ④	75	① ② ③ ④
16	① ② ③ ④	36	① ② ③ ④	56	① ② ③ ④	76	① ② ③ ④
17	① ② ③ ④	37	① ② ③ ④	57	① ② ③ ④	77	① ② ③ ④
18	① ② ③ ④	38	① ② ③ ④	58	① ② ③ ④	78	① ② ③ ④
19	① ② ③ ④	39	① ② ③ ④	59	① ② ③ ④	79	① ② ③ ④
20	① ② ③ ④	40	① ② ③ ④	60	① ② ③ ④	80	① ② ③ ④

gosi.net (주)고시넷

한국초등부발전

2회 기출예상문제 [정보통신]

문번	답란				문번	답란				문번	답란				문번	답란			
1	①	②	③	④	21	①	②	③	④	41	①	②	③	④	61	①	②	③	④
2	①	②	③	④	22	①	②	③	④	42	①	②	③	④	62	①	②	③	④
3	①	②	③	④	23	①	②	③	④	43	①	②	③	④	63	①	②	③	④
4	①	②	③	④	24	①	②	③	④	44	①	②	③	④	64	①	②	③	④
5	①	②	③	④	25	①	②	③	④	45	①	②	③	④	65	①	②	③	④
6	①	②	③	④	26	①	②	③	④	46	①	②	③	④	66	①	②	③	④
7	①	②	③	④	27	①	②	③	④	47	①	②	③	④	67	①	②	③	④
8	①	②	③	④	28	①	②	③	④	48	①	②	③	④	68	①	②	③	④
9	①	②	③	④	29	①	②	③	④	49	①	②	③	④	69	①	②	③	④
10	①	②	③	④	30	①	②	③	④	50	①	②	③	④	70	①	②	③	④
11	①	②	③	④	31	①	②	③	④	51	①	②	③	④	71	①	②	③	④
12	①	②	③	④	32	①	②	③	④	52	①	②	③	④	72	①	②	③	④
13	①	②	③	④	33	①	②	③	④	53	①	②	③	④	73	①	②	③	④
14	①	②	③	④	34	①	②	③	④	54	①	②	③	④	74	①	②	③	④
15	①	②	③	④	35	①	②	③	④	55	①	②	③	④	75	①	②	③	④
16	①	②	③	④	36	①	②	③	④	56	①	②	③	④	76	①	②	③	④
17	①	②	③	④	37	①	②	③	④	57	①	②	③	④	77	①	②	③	④
18	①	②	③	④	38	①	②	③	④	58	①	②	③	④	78	①	②	③	④
19	①	②	③	④	39	①	②	③	④	59	①	②	③	④	79	①	②	③	④
20	①	②	③	④	40	①	②	③	④	60	①	②	③	④	80	①	②	③	④

성명표기란

수험번호

(주민등록 앞자리 생년제외) 월일

수험생 유의사항

※ 답안은 반드시 컴퓨터용 사인펜으로 보기와 같이 바르게 표기해야 합니다.
〈보기〉 ① ② ③ ❹ ⑤

※ 성명표기란 위 칸에는 성명을 한글로 쓰고 아래 칸에는 성명을 정확하게 표기하십시오. (맨 왼쪽 칸부터 성과 이름은 붙여 씁니다)

※ 수험번호/월일 위 칸에는 아라비아 숫자로 쓰고 아래 칸에는 숫자와 일치하게 표기하십시오.

※ 월일은 반드시 본인 주민등록번호의 생년을 제외한 월 두 자리, 일 두 자리를 표기하십시오.
〈예〉 1994년 1월 12일 → 0112

gosinet (주)고시넷

한국중부발전

3회 기출예상문제[발전기계, 발전화학]

성명표기란

수험번호

(주민등록 앞자리 생년제외) 월일

문번	답란	문번	답란	문번	답란	문번	답란
1	① ② ③ ④	21	① ② ③ ④	41	① ② ③ ④	61	① ② ③ ④
2	① ② ③ ④	22	① ② ③ ④	42	① ② ③ ④	62	① ② ③ ④
3	① ② ③ ④	23	① ② ③ ④	43	① ② ③ ④	63	① ② ③ ④
4	① ② ③ ④	24	① ② ③ ④	44	① ② ③ ④	64	① ② ③ ④
5	① ② ③ ④	25	① ② ③ ④	45	① ② ③ ④	65	① ② ③ ④
6	① ② ③ ④	26	① ② ③ ④	46	① ② ③ ④	66	① ② ③ ④
7	① ② ③ ④	27	① ② ③ ④	47	① ② ③ ④	67	① ② ③ ④
8	① ② ③ ④	28	① ② ③ ④	48	① ② ③ ④	68	① ② ③ ④
9	① ② ③ ④	29	① ② ③ ④	49	① ② ③ ④	69	① ② ③ ④
10	① ② ③ ④	30	① ② ③ ④	50	① ② ③ ④	70	① ② ③ ④
11	① ② ③ ④	31	① ② ③ ④	51	① ② ③ ④	71	① ② ③ ④
12	① ② ③ ④	32	① ② ③ ④	52	① ② ③ ④	72	① ② ③ ④
13	① ② ③ ④	33	① ② ③ ④	53	① ② ③ ④	73	① ② ③ ④
14	① ② ③ ④	34	① ② ③ ④	54	① ② ③ ④	74	① ② ③ ④
15	① ② ③ ④	35	① ② ③ ④	55	① ② ③ ④	75	① ② ③ ④
16	① ② ③ ④	36	① ② ③ ④	56	① ② ③ ④	76	① ② ③ ④
17	① ② ③ ④	37	① ② ③ ④	57	① ② ③ ④	77	① ② ③ ④
18	① ② ③ ④	38	① ② ③ ④	58	① ② ③ ④	78	① ② ③ ④
19	① ② ③ ④	39	① ② ③ ④	59	① ② ③ ④	79	① ② ③ ④
20	① ② ③ ④	40	① ② ③ ④	60	① ② ③ ④	80	① ② ③ ④

한국중부발전

4회 기출예상문제 [건축, 토목]

감독관
확인란

성명표기란

수험번호

(주민등록 앞자리 생년제외) 월일

문번	답란	문번	답란	문번	답란	문번	답란
1	① ② ③ ④	21	① ② ③ ④	41	① ② ③ ④	61	① ② ③ ④
2	① ② ③ ④	22	① ② ③ ④	42	① ② ③ ④	62	① ② ③ ④
3	① ② ③ ④	23	① ② ③ ④	43	① ② ③ ④	63	① ② ③ ④
4	① ② ③ ④	24	① ② ③ ④	44	① ② ③ ④	64	① ② ③ ④
5	① ② ③ ④	25	① ② ③ ④	45	① ② ③ ④	65	① ② ③ ④
6	① ② ③ ④	26	① ② ③ ④	46	① ② ③ ④	66	① ② ③ ④
7	① ② ③ ④	27	① ② ③ ④	47	① ② ③ ④	67	① ② ③ ④
8	① ② ③ ④	28	① ② ③ ④	48	① ② ③ ④	68	① ② ③ ④
9	① ② ③ ④	29	① ② ③ ④	49	① ② ③ ④	69	① ② ③ ④
10	① ② ③ ④	30	① ② ③ ④	50	① ② ③ ④	70	① ② ③ ④
11	① ② ③ ④	31	① ② ③ ④	51	① ② ③ ④	71	① ② ③ ④
12	① ② ③ ④	32	① ② ③ ④	52	① ② ③ ④	72	① ② ③ ④
13	① ② ③ ④	33	① ② ③ ④	53	① ② ③ ④	73	① ② ③ ④
14	① ② ③ ④	34	① ② ③ ④	54	① ② ③ ④	74	① ② ③ ④
15	① ② ③ ④	35	① ② ③ ④	55	① ② ③ ④	75	① ② ③ ④
16	① ② ③ ④	36	① ② ③ ④	56	① ② ③ ④	76	① ② ③ ④
17	① ② ③ ④	37	① ② ③ ④	57	① ② ③ ④	77	① ② ③ ④
18	① ② ③ ④	38	① ② ③ ④	58	① ② ③ ④	78	① ② ③ ④
19	① ② ③ ④	39	① ② ③ ④	59	① ② ③ ④	79	① ② ③ ④
20	① ② ③ ④	40	① ② ③ ④	60	① ② ③ ④	80	① ② ③ ④

기출예상문제_연습용

성명표기란 | 수험번호

기록란 확인란

※ 답안은 반드시 컴퓨터용 사인펜으로 보기와 같이 바르게 표기해야 합니다.
〈보기〉① ② ③ ❹ ⑤
※ 성명표기란 위 칸에는 성명을 한글로 쓰고 아래 칸에는 성명을 정확하게 표기하십시오. (맨 왼쪽 칸부터 성과 이름은 붙여 씁니다)
※ 수험번호표기란 위 칸에는 숫자로 쓰고 아래 칸에는 숫자와 일치하게 표기하십시오.
※ 출생월일은 반드시 본인 주민등록번호의 생년을 제외한 월 두 자리, 일 두 자리를 표기하십시오.
(예) 1994년 1월 12일 → 0112

수험생 유의사항

문번	답란	문번	답란	문번	답란	문번	답란
1	① ② ③ ④	21	① ② ③ ④	41	① ② ③ ④	61	① ② ③ ④
2	① ② ③ ④	22	① ② ③ ④	42	① ② ③ ④	62	① ② ③ ④
3	① ② ③ ④	23	① ② ③ ④	43	① ② ③ ④	63	① ② ③ ④
4	① ② ③ ④	24	① ② ③ ④	44	① ② ③ ④	64	① ② ③ ④
5	① ② ③ ④	25	① ② ③ ④	45	① ② ③ ④	65	① ② ③ ④
6	① ② ③ ④	26	① ② ③ ④	46	① ② ③ ④	66	① ② ③ ④
7	① ② ③ ④	27	① ② ③ ④	47	① ② ③ ④	67	① ② ③ ④
8	① ② ③ ④	28	① ② ③ ④	48	① ② ③ ④	68	① ② ③ ④
9	① ② ③ ④	29	① ② ③ ④	49	① ② ③ ④	69	① ② ③ ④
10	① ② ③ ④	30	① ② ③ ④	50	① ② ③ ④	70	① ② ③ ④
11	① ② ③ ④	31	① ② ③ ④	51	① ② ③ ④	71	① ② ③ ④
12	① ② ③ ④	32	① ② ③ ④	52	① ② ③ ④	72	① ② ③ ④
13	① ② ③ ④	33	① ② ③ ④	53	① ② ③ ④	73	① ② ③ ④
14	① ② ③ ④	34	① ② ③ ④	54	① ② ③ ④	74	① ② ③ ④
15	① ② ③ ④	35	① ② ③ ④	55	① ② ③ ④	75	① ② ③ ④
16	① ② ③ ④	36	① ② ③ ④	56	① ② ③ ④	76	① ② ③ ④
17	① ② ③ ④	37	① ② ③ ④	57	① ② ③ ④	77	① ② ③ ④
18	① ② ③ ④	38	① ② ③ ④	58	① ② ③ ④	78	① ② ③ ④
19	① ② ③ ④	39	① ② ③ ④	59	① ② ③ ④	79	① ② ③ ④
20	① ② ③ ④	40	① ② ③ ④	60	① ② ③ ④	80	① ② ③ ④

잘라서 활용하세요.

한국중부발전

기출예상문제_연습용

감독관
확인란

문번	답란	문번	답란	문번	답란	문번	답란
1	① ② ③ ④	21	① ② ③ ④	41	① ② ③ ④	61	① ② ③ ④
2	① ② ③ ④	22	① ② ③ ④	42	① ② ③ ④	62	① ② ③ ④
3	① ② ③ ④	23	① ② ③ ④	43	① ② ③ ④	63	① ② ③ ④
4	① ② ③ ④	24	① ② ③ ④	44	① ② ③ ④	64	① ② ③ ④
5	① ② ③ ④	25	① ② ③ ④	45	① ② ③ ④	65	① ② ③ ④
6	① ② ③ ④	26	① ② ③ ④	46	① ② ③ ④	66	① ② ③ ④
7	① ② ③ ④	27	① ② ③ ④	47	① ② ③ ④	67	① ② ③ ④
8	① ② ③ ④	28	① ② ③ ④	48	① ② ③ ④	68	① ② ③ ④
9	① ② ③ ④	29	① ② ③ ④	49	① ② ③ ④	69	① ② ③ ④
10	① ② ③ ④	30	① ② ③ ④	50	① ② ③ ④	70	① ② ③ ④
11	① ② ③ ④	31	① ② ③ ④	51	① ② ③ ④	71	① ② ③ ④
12	① ② ③ ④	32	① ② ③ ④	52	① ② ③ ④	72	① ② ③ ④
13	① ② ③ ④	33	① ② ③ ④	53	① ② ③ ④	73	① ② ③ ④
14	① ② ③ ④	34	① ② ③ ④	54	① ② ③ ④	74	① ② ③ ④
15	① ② ③ ④	35	① ② ③ ④	55	① ② ③ ④	75	① ② ③ ④
16	① ② ③ ④	36	① ② ③ ④	56	① ② ③ ④	76	① ② ③ ④
17	① ② ③ ④	37	① ② ③ ④	57	① ② ③ ④	77	① ② ③ ④
18	① ② ③ ④	38	① ② ③ ④	58	① ② ③ ④	78	① ② ③ ④
19	① ② ③ ④	39	① ② ③ ④	59	① ② ③ ④	79	① ② ③ ④
20	① ② ③ ④	40	① ② ③ ④	60	① ② ③ ④	80	① ② ③ ④

수험번호

성명표기란

(주민등록 앞자리 생년제외) 월일

수험생 유의사항

※ 답안은 반드시 컴퓨터용 사인펜으로 보기와 같이 바르게 표기해야 합니다.
〈보기〉 ① ② ③ ❹ ⑤

※ 성명표기란 위 칸에는 성명을 한글로 쓰고 아래 칸에는 성명을 정확하게 표기하십시오. (맨 왼쪽 칸부터 성과 이름은 붙여 씁니다)

※ 수험번호/월일 위 칸에는 아라비아 숫자로 쓰고 아래 칸에는 숫자와 일치하게 표기하십시오.

※ 월일은 반드시 본인 주민등록번호의 생년을 제외한 월 두 자리, 일 두 자리를 표기하십시오.
〈예〉 1994년 1월 12일 → 0112

고용·보건·SOC _NCS

금융_NCS

대기업 적성검사

저마다의 일생에는,

특히 그 일생이 동터 오르는 여명기에는

모든 것을 결정짓는 한 순간이 있다.

그 순간을 다시 찾아내는 것은 어렵다.

그것은 다른 수많은 순간들의 퇴적 속에

깊이 묻혀있다.

– 장 그르니에, 섬 LES ILES

고시넷 공기업

한국중부발전
NCS 기출예상모의고사

동영상 강의 WWW.GOSINET.CO.KR

정답과 해설

gosinet
(주)고시넷

고시넷 초록이

모듈형 ①

통합기본서

모듈&응용모듈형

NCS 필기시험 대비

■ 모듈형 완전정복 기본서

■ 산인공모듈형 + 응용모듈형 이론

■ 350여 공공기관 및 출제사 최신 출제유형

■ 필수이론 + 확인문제 + 실전문제 체계적인 학습

NCS 직업기초능력평가

2023

출제대행사
사람인HR 유형
완벽 반영

최신 중부발전
기출유형
모의고사

320문항

고시넷 공기업

한국중부발전
NCS 기출예상모의고사

동영상 강의　WWW.GOSINET.CO.KR

정답과 해설

gosi_net_
(주)고시넷

1회 기출예상문제[사무]

문제 18쪽

01	②	02	④	03	②	04	①	05	②
06	④	07	④	08	③	09	④	10	④
11	④	12	②	13	①	14	③	15	④
16	②	17	③	18	①	19	④	20	②
21	④	22	④	23	②	24	③	25	③
26	④	27	②	28	③	29	②	30	③
31	③	32	②	33	②	34	③	35	④
36	②	37	②	38	③	39	④	40	③
41	③	42	②	43	②	44	①	45	②
46	②	47	③	48	③	49	①	50	③
51	③	52	②	53	②	54	②	55	③
56	③	57	③	58	②	59	④	60	③
61	③	62	③	63	④	64	③	65	④
66	②	67	①	68	①	69	④	70	①
71	③	72	④	73	②	74	①	75	④
76	③	77	③	78	③	79	②	80	①

제1영역(01~20)

01 문서작성능력 적절하지 않은 맞춤법 찾기

| 정답 | ②

| 해설 | ⓒ '아니하고'의 줄임말은 '않고'라고 써야 한다.
ⓔ 범죄가 일어나는 비율은 '범죄율'로 써야 한다.

| 오답풀이 |

㉠ 해묵다는 '어떤 일이나 감정이 해결되지 못한 상태에서 여러 해를 넘기거나 많은 시간이 지나다'를 의미한다.

ⓒ 명사 뒤에 오는 '대로'는 조사로서 앞말과 반드시 붙여 써야 한다.

ⓜ '단언컨대'는 '단언하건대'의 줄임말로, '하'의 'ㅎ'과 '건'의 'ㄱ'이 합하여 'ㅋ'이 된다.

ⓑ '괜찮다'는 한글맞춤법 4장 5절 39항에 따라 '괜찮다'로 적는다.

한글맞춤법 4장 5절 39항
어미 '-지' 뒤에 '않-'이 어울려 '-잖-'이 될 적과 '-하지' 뒤에 '않-'이 어울려 '-찮-'이 될 적에는 준 대로 적는다.

02 문서작성능력 단어의 올바른 쓰임 알기

| 정답 | ④

| 해설 | '지양하다'는 '더 높은 단계로 오르기 위하여 어떠한 것을 하지 않다'는 뜻으로 편의점과 고객 간 지속적인 관계를 긍정적으로 바라보는 글의 맥락에 있어 ⓔ에는 '지향하다'가 들어가야 한다.

03 문서이해능력 글의 주제 파악하기

| 정답 | ②

| 해설 | 제시된 글은 미국의 28대 대통령인 토머스 우드로 윌슨 대통령에 관한 일화이다. 그는 5분짜리 연설을 들려주기 위해서는 하루 정도 준비시간이 있어야 하며, 30분 정도의 연설일 때에는 3시간 정도의 준비시간이 필요하고, 2시간 정도의 연설일 때는 준비시간 없이 당장 할 수 있다고 하였다. 따라서 짧은 시간에 설득력 있게 말을 하려면 많은 준비가 필요하다는 것이 제시된 글의 주제이다.

04 문서이해능력 필자의 견해 파악하기

| 정답 | ①

| 해설 | 마지막 문단을 보면 각종 쓰레기의 증가와 기후 변화에 따른 먹이 자원의 변화, 섬의 공생 시스템과 외래종의 침입 장벽 와해 등과 같은 문명 발전으로 인한 문제점들이 제시되고 있다. 마지막 줄에는 이러한 짧고 강력한 위협 요인들이 바닷새에게 적응할 시간을 주지 않고 있다고 언급되고 있다. 따라서 ㉠인 '문명 발전'이 섬에 사는 생물들이 환경에 적응하여 생존하는 것을 어렵게 만들었다는 관점이 가장 적절하다.

05 문서작성능력 문맥에 따라 문단 배치하기

|정답| ②

|해설| 친환경농업직불제에 관해 화두를 제시한 (가) 문단이 가장 먼저 온다. (라) 문단은 현행 직불제에 대해 설명하고 있으므로 (가) 문단 뒤에 온다. (나) 문단은 지급방식 변경 방안에 관련한 문단으로 (라) 문단의 마지막 문장과 이어지는 내용이기 때문에 (라) 문단의 다음에 오는 것이 적절하다. 마지막으로 (다) 문단은 개편안에 대한 예시를 들고 있으므로 (나) 문단의 뒤에 와야 한다.

따라서 글의 순서는 (가)-(라)-(나)-(다)가 적절하다.

06 문서이해능력 세부 내용 이해하기

|정답| ④

|해설| 일곱 번째 유의사항에서 채용과 관련하여 본 공고에서 특별히 정한 내용 이외에는 사내·외 관련규정 및 법률, 각종 정부가이드 라인에 따른다고 하였다. 따라서 채용과 관련된 모든 절차가 관련 규정과 정부 가이드라인을 우선 따르는 것은 아니다.

07 문서이해능력 중심내용 이해하기

|정답| ④

|해설| 아인슈타인이 이야기하고 있는 것은 내집단 편향이다. 내집단 편향은 '팔은 안으로 굽는다', '가재는 게 편이다'라는 말처럼 자신이 속한 내집단을 합당한 이유 없이 외집단에 비해 편애하거나 우대하는 경향이다.

08 문서이해능력 세부 내용 이해하기

|정답| ③

|해설| 세 번째 문단을 통해 우리가 일상적으로 사용하는 PC는 약 1초에 10억 번 정도 연산을 할 수 있음을 알 수 있다.

|오답풀이|
① 네 번째 문단을 통해 알 수 있다.
② 두 번째 문단을 통해 알 수 있다.
④ 세 번째 문단을 통해 알 수 있다.

09 문서이해능력 보도자료 이해하기

|정답| ④

|해설| ㄱ. 제시된 자료에는 어느 부서에서 누가 보도자료를 배포하였는지 나와 있지 않다.
ㄴ. 〈20X1년 보급지원사업 주요 추진 내용〉의 마지막 문장을 보면 지자체와 정부부처가 함께 협업하여 진행할 것임을 알 수 있다.
ㄷ. 보급지원사업의 주요 추진 내용만 나와 있을 뿐 어떻게 진행될 것인지에 대해서는 자세하게 나와 있지 않다.
ㄹ. 보도자료의 제목은 핵심 내용을 담고 있어야 한다. 따라서 주택과 건물에 대한 태양광 보조금 상향이 핵심 내용임을 알 수 있다.

10 문서이해능력 세부 내용 이해하기

|정답| ④

|해설| ㄱ, ㄴ. 첫 번째 문단을 보면 천연가스도 결국 화석연료라는 근원적 한계 때문에 이에 대한 반감과 우려가 기후변화 가속화와 맞물려 고조되면서 천연가스 산업이 자금 공여 대상에서 점점 제외되고 있음을 알 수 있다.
ㄷ. 마지막 문단을 보면 기후정책 추진이 본격화된다면 천연가스 수요의 감소가 예상되므로 이에 대한 천연가스 산업의 향후 적절한 대응이 필요하다고 판단하고 있다.

|오답풀이|
ㄹ. 세 번째 문단을 보면 세계 각국의 에너지전환 정책이 본격 추진되어 천연가스 산업에 영향을 미친다면, 이는 천연가스 산업의 투자비용을 증가시키는 요인으로 작용, 곧 천연가스 사업 규모 축소로 이어질 수 있다고 나와 있다.

11 문서이해능력 글을 바탕으로 추론하기

|정답| ④

|해설| 세 번째 문단에 따르면 플랫폼이 다양한 초연결사회에서는 더욱 다양한 플랫폼과 콘텐츠를 통해 안정성을 확보하는 것이 중요하며 따라서 그 과정에서 등장한 화이트 크립션이 가장 각광받게 될 것임을 추론할 수 있다.

12 문서작성능력 적절한 접속어 파악하기

|정답| ②

|해설| ㉠ 앞에서 블랙박스 암호에 대해 서술한 후 ㉠ 뒤에서 블랙박스 암호의 단점과 취약점을 보완한 화이트박스 암호에 대해 서술하고 있으므로 '반면'이 가장 적절하다.

13 문서이해능력 중심내용 이해하기

|정답| ①

|해설| 지구온난화로 인한 가뭄 때문에 생활용수 부족 현상이 발생하고 있다. 해수면 상승으로 인해 투발루인들이 아침 주식으로 먹는 식물이 죽고 있어 그들의 식생활마저 바뀌었다. 따라서 식생활을 바꾸는 것은 가뭄이 아닌 해수면 상승이다.

14 문서이해능력 세부 내용 이해하기

|정답| ③

|해설| 제시된 글은 지구온난화의 심각성에 대한 내용이다. 따라서 기후변화를 과거부터 있던 자연스러운 현상이라고 주장하는 ③은 지구온난화의 심각성과 관련된 자료로 적절하지 않다.

15 경청능력 올바른 공감적 듣기 사례 찾기

|정답| ④

|해설| 제시된 글에 따르면 '공감적 듣기'는 귀와 눈 그리고 마음으로 듣는 자세다. 강 대리는 신입사원의 얘기를 들으며 마음으로 함께 공감해 주고 있으므로 '공감적 듣기'의 사례로 가장 적절하다.

16 문서작성능력 문맥에 맞는 글의 위치 파악하기

|정답| ④

|해설| 첫 문장을 고려할 때, 서로 이야기를 함에도 불구하고 대화가 원활히 이뤄지지 않는 상황이 앞에 제시되어야

한다. (라)의 앞 문단에는 남의 말을 듣기보다 자신의 말을 하는 데 주력하여 대화가 원활히 이뤄지지 않는 경우가 제시되어 있고, 뒷 문단에는 '이러한 것' 즉, 제시된 문단에서 언급된 '공감적 듣기'의 장점을 알면서도 하지 않는 경우에 대해 말하고 있다. 따라서 문맥상 (라)에 들어가는 것이 가장 적절하다.

17 문서이해능력 세부 내용 이해하기

|정답| ③

|해설| 세 번째 문단을 보면 품질이 낮은 석유는 밀도와 점성이 높고, 황의 함유량이 많고, 온갖 불순물이 함유되어 있다고 하였다. 따라서 품질이 높은 석유일수록 밀도와 점성이 낮다.

|오답풀이|

① 첫 번째 문단의 첫 번째 문장에 나와 있다.

② 세 번째 문단을 보면 중질원유를 정제하기 위해서는 세계에서 가장 발달한 산업시설을 갖춰야 하는데, 미국의 정유시설은 최고의 기술력을 갖추고 있기 때문에 가장 무거운 원유까지도 휘발유로 변모시킨다고 나와 있다.

④ 다섯 번째 문단을 보면 미국인들은 담배에 불을 붙이거나 뒷마당에서 바비큐를 할 때 프로판, 부탄, 펜탄 등을 가장 많이 쓴다고 하였다.

18 문서이해능력 정보 수집 목적 이해하기

|정답| ①

|해설| 수집한 정보들은 모두 LPG 차량과 관련된 내용으로, LPG 차량은 친환경성이 우수하여 대기오염 완화에 기여하는 차량임을 알 수 있다. 또한 택시와 렌터카 등에만 제한적으로 사용할 수 있었던 LPG 차량은 앞으로 일반인들도 구입할 수 있을 것으로 전망된다고 하였다. 따라서 P 사원은 LPG 차량을 구입하기 위하여 정보를 수집하였다고 보는 것이 가장 적절하다.

www.gosinet.co.kr

gosinet

1회 기출예상

2회 기출예상

3회 기출예상

4회 기출예상

19 문서이해능력 세부 내용 이해하기

| 정답 | ④

| 해설 | ㄷ. 네 번째 질문을 통해 디지털 커뮤니케이션으로 인해 다양한 모임이 생겨나고 있다는 것을 알 수 있다.
ㄹ. 세 번째 질문을 통해 코로나19로 인해 예술이나 스포츠 분야까지 온라인으로 옮겨 소비할 수 있음을 시사하고 있음을 알 수 있다.

20 문서이해능력 글을 바탕으로 사례 제시하기

| 정답 | ②

| 해설 | 제시된 글은 디지털 문명으로 이동하는 다양한 영역에 대해 소개하고 있다. 따라서 교외 카페에 가서 휴식을 취하고 사진을 찍는 것은 디지털 플랫폼으로 이동한 것이라고 볼 수 없다.

제2영역(21~40)

21 업무이해능력 명함 예절 이해하기

| 정답 | ④

| 해설 | 명함을 받고 바로 지갑에 넣어 보관하는 것은 예의에 어긋나는 행동이며, 명함을 살펴본 후에 넣거나 탁자 위에 보이게 놓은 채로 대화를 하는 것이 적절한 예의이다.

22 경영이해능력 경영전략 추진과정 이해하기

| 정답 | ④

| 해설 | 경영전략 추진과정은 다음과 같다.

따라서 바르게 들어간 것은 (C) 평가 및 피드백, (다) 경영 전략 결과 평가이다.

23 업무이해능력 문서 종류 파악하기

| 정답 | ②

| 해설 | 업무를 진행할 때 업무와 집행 결정권자에게 특정 안건에 대한 수행을 목적으로 의사를 표시하여 승인할 것을 요청하는 문서는 결의서이다. 결의서에는 수령자, 수량, 금액 등의 정보를 표기해야 한다.

| 오답풀이 |

① 계획서 : 어떠한 일을 시작하기 전에 미리 해당 일에 대한 계획을 세워 그 내용을 기재한 문서이다. 계획서를 작성함으로써 업무의 체계적인 진행이 가능하며, 일의 능률도 향상시킬 수 있다.

③ 제안서 : 서비스(또는 제품)를 제공하는 기업이 사업제안을 의뢰한 기업으로부터 제안 받은 사업을 어떻게 수행할 것인지를 포괄적으로 정리한 문서로, 제안 요청서를 근거로 각 서비스 제공회사의 사업 수행능력, 사업 수행방법, 비용 등과 같은 내용을 포괄적으로 표기한다.

④ 보고서 : 특정한 일에 관한 현황이나 그 진행사항 또는 연구, 검토 결과 등을 보고하거나 건의하고자 할 때 작성하는 문서를 말한다. 업무 진행에 있어 지속적인 자료로 활용할 수 있다.

24 경영이해능력 경영참가제도의 유형 이해하기

| 정답 | ③

| 해설 | • 의사결정참가 : 경영자의 권한인 의사결정과정에 근로자 또는 노동조합이 참여하는 것을 말하며 경영참가라고도 한다.

• 종업원지주제도 : 종업원에게 자사의 주식을 일정 정도 보유하게 하여 주주로서 발언권을 갖도록 하고 회사 안에서 일체감을 형성하고 자본의 안정적 확보와 종업원의 재산형성에 기여하는 제도이다.

• 이윤참가 : 경영의 성과증진에 근로자 혹은 노동조합이 적극적으로 기여하고 그 대가로서 임금 이외의 형태로 보상 받는 것을 말한다.

| 오답풀이 |

• 노동주제도 : 근로자가 노동을 제공하는 것을 일종의 노무출자로 보고 그들에게 주식을 주는 제도로서 우리나라에서는 우리사주제도라고 한다.

25 업무이해능력 | SWOT 분석 활용하기

|정답| ③

|해설| 경쟁이 심화되고 있는 것은 위험(Threat)이고, 높은 브랜드 인지도를 활용하는 것은 강점(Strength)이므로 ST 전략에 해당한다.

26 업무이해능력 | 효율적으로 업무 추진하기

|정답| ④

|해설| 관행업무는 요식성이고 형식적인 무목적성의 업무이므로, 시간을 단축해야 할 필요가 있다. 따라서 대인보고 및 회의시간 확대를 통하여 관행업무를 더욱 강화하는 것은 적절하지 않은 방안이다.

27 업무이해능력 | 대응 방안 파악하기

|정답| ②

|해설| ㄱ. 수요가 집중되는 시기에는 이를 충족하는 보완 서비스를 제공한다고 하였으므로, 수요 분산을 위해 서비스 수준을 제한할 수 있다.

ㄹ. 종업원이 본인 업무 외 다른 업무의 진행상황을 인식하지 못한다고 하였으므로, 직무순환을 통해 종업원 능력의 다양화를 도모할 수 있다.

28 체제이해능력 | 아메바형 조직 이해하기

|정답| ③

|해설| 대응 방안으로 제시된 조직은 아메바형 조직으로 다양하게 분열, 증식하는 조직을 말한다. 아메바형 조직은 자율성과 유연성을 기본으로 하여 서로 협력하며 조직의 편성이나 변경, 분할과 증식이 자유롭게 나타난다는 특징을 가지고 있다.

29 경영이해능력 | 기업 유형별 특징 이해하기

|정답| ②

|해설| 합명회사는 수익 분배나 지분 양도 등의 문제를

자율성으로 정할 수 있으며 주식회사처럼 별도 이사회를 설치하거나 내부 감사기관을 둘 의무가 없다.

30 경영이해능력 | 산업분야 이해하기

|정답| ③

|해설| 엔터테인먼트 산업과 같은 문화산업은 다른 산업에 비해서 창구효과가 크다. 초기에는 많은 투자비용이 들지만 생산된 이후 이를 재생산하는 경우에는 한계비용이 낮다. 또, 하나의 콘텐츠를 다양한 방식으로 활용하여 판매하는 전략은 최소 비용으로 높은 부가가치를 창출하기 때문에 수익창출 극대화가 가능하다.

31 경영이해능력 | 주식회사 이해하기

|정답| ③

|해설| 주식회사는 주식의 발행으로 설립된 회사이다. 주식회사의 경영자는 주주들로부터 경영권을 위탁받아 기업을 경영한다.

|오답풀이|

① 주식회사는 주주와 경영자로 나뉘는데, 경영자는 출자자를 모집해 출자금을 모은 다음 그 자금으로 경영을 한다.

② 주식회사의 위험은 투자자들이 나누어서 부담한다.

④ 주식회사의 목적은 소유와 경영을 분리하는 것으로, 소유는 주주가 하며 경영은 전문 경영자가 맡는다.

32 체제이해능력 | 조직체제 구성요소 이해하기

|정답| ②

|해설| ㄱ. 조직의 목표는 조직이 달성하고자 소망하는 상태를 말한다. 조직의 목표는 조직활동의 방향을 제시하고 현재 활동에 실질적 영향을 미친다.

ㄹ. 조직의 규칙 또는 규정은 조직구성원들에게 행동의 범위를 설정해 주고 조직구성원들의 행동에 일관성을 부여하는 역할을 한다.

|오답풀이|

ㄴ. 조직의 구조는 조직구성원의 유형화된 교호작용을

말한다. 조직 내의 부문 사이에 공유되는 생활양식과 가치는 조직의 문화이다.

ㄷ. 업무 프로세스는 조직에 유입된 요소가 최종 산출물로 만들어지기까지 과정에서 구성원들의 업무 흐름의 연결을 의미한다. 조직도는 체계가 짜여 있는 단체의 직위 상하관계, 부서별 구성내용 등을 한눈에 살펴볼 수 있도록 그림으로 나타낸 표 서식으로, 조직에서의 위치나 직무에 따른 역할 등을 파악할 수 있다.

33 업무이해능력 갈등 원인 파악하기

| 정답 | ②

| 해설 | 국유화는 기업 또는 자원을 국가의 소유로 만드는 것이다. 주어진 자료를 통하여 카스피해에 매장되어 있는 석유를 국가의 자원으로 확보하기 위한 카자흐스탄과 이란의 갈등임을 유추할 수 있다.

| 오답풀이 |

③ 자원민족주의는 자연적 자원을 독점적으로 보유하고 있는 특정 국가가 자원을 국유화 내지 국제정치에 무기화하려는 현상이다.

34 업무이해능력 6T 산업 파악하기

| 정답 | ③

| 해설 | ㄴ. (나)는 CT산업에 해당한다. CT산업은 디지털 미디어에 기반한 첨단 문화예술산업을 발전시키기 위한 산업을 총칭하는 말이다.

ㄹ. (라)는 ST산업에 해당한다. ST산업은 위성체, 발사체, 항공기 등의 개발과 관련된 산업으로, 기술개발 결과가 타 분야에 미치는 파급효과가 매우 큰 산업으로 인정받고 있다.

| 오답풀이 |

ㄱ. (가)는 BT산업에 해당한다. BT산업은 생명현상을 일으키는 생체나 생체유래물질 또는 생물학적 시스템을 이용하여 산업적으로 유용한 제품을 제조하거나 공정을 개선하기 위한 산업이다.

ㄷ. (다)는 ET산업에 해당한다. ET산업은 환경오염을 저감 · 예방 · 복원하는 산업으로 환경기술, 청정기술, 에너지기술 및 해양환경기술을 포함한다. ET산업은

과학문명이 고도로 발전하고 있는 현대사회에서 그 중요성이 증대되고 있다.

보충 플러스+

우리나라의 차세대 산업인 IT(정보통신), BT(생명공학), NT(초밀나노), ET(환경공학), CT(문화콘텐츠), ST(우주항공)산업을 묶어 6T 산업이라 한다.

• IT(Information Technology)산업 : 정보기술의 생산 및 유통과 관련된 산업

• BT(Bio Technology)산업 : 원자나 분자 등 나노 수준에서 분석 및 조작하는 기술을 응용한 산업

• NT(Nano Tecnology)산업 : 첨단 반도체 기술을 바탕으로 하여 나노 포토닉스, 나노소자, MEMS, 나노 바이오 등의 나노기술을 응용한 산업

• ET(Environment Technology)산업 : 대기 · 수질 · 폐기물 · 소음 및 진동 등의 환경오염 실태를 측정하고, 오염물질 배출 방지, 오염 상태를 개선하는 데 투입되는 모든 재화와 서비스에 관련된 산업

• CT(Culture Technology)산업 : 문화상품(출판, 게임, 영상, 방송, 음반 등) 중 디지털화와 관련된 상품 및 서비스 산업

• ST(Space Technology)산업 : 항공기, 인공위성, 우주선 및 발사체 등과 관련된 상품, 부품 및 서비스 산업

35 업무이해능력 간트차트 이해하기

| 정답 | ④

| 해설 | 김 사원이 작성한 업무수행 시트는 간트차트이다. 이는 단계별로 업무를 시작해서 끝나는 데까지 걸리는 시간을 바(bar) 형식으로 표시한 것으로 전체 일정을 한눈에 볼 수 있고 단계별로 소요되는 시간과 각 업무활동 사이의 관계를 보여 준다는 특징을 가진다.

| 오답풀이 |

① 체크리스트에 대한 설명이다.

②, ③ 워크플로시트에 대한 설명이다.

36 경영이해능력 회사의 종류 이해하기

| 정답 | ④

| 해설 | 유한책임회사는 주식회사처럼 출자자들이 유한책임을 지면서도 이사나 감사를 의무적으로 선임하지 않아도 되는 등 회사의 설립 · 운영과 구성 등에서 사적인 영역을 폭넓게 인정하는 회사 형태이다.

| 오답풀이 |

① 협동조합은 회사가 아니라 같은 목적을 가지고 모인 조합원들이 물자 등의 구매·생산·판매·소비 등의 일부 또는 전부를 협동으로 영위하는 조직단체이다.

② 합명회사는 사원 모두가 회사의 채무에 대하여 직접 연대하여 무한책임을 지는 회사이다. 소규모 기업에서 흔히 볼 수 있다.

③ 주식회사는 주식의 발행을 통하여 여러 사람으로부터 자본을 조달받는 회사이다. 1인 이상의 주주가 유한책임사원이 되어 설립되는 회사로, 자본과 경영이 분리되는 회사의 대표적인 형태이다.

37 경영이해능력 BCG 매트릭스 이해하기

| 정답 | ②

| 해설 | BCG 매트릭스는 보스턴컨설팅그룹에 의해 1970년대 초반 개발된 것으로, 기업의 경영전략 수립에 있어 하나의 기본적인 분석도구로 활용되는 사업포트폴리오 분석기법이다. BCG 매트릭스는 X축을 '상대적 시장점유율'로 하고, Y축을 '시장성장률'로 한다. 성장성은 좋으나 점유율이 낮아 미래가 불투명한 사업을 물음표, 점유율과 성장성이 모두 좋은 사업을 스타, 성장성이 낮아도 투자에 비해 수익이 월등한 사업을 현금젖소, 점유율과 성장률이 둘 다 낮아 철수해야 하는 사업을 개로 구분했다. 따라서 (가) ~ (라)에 들어갈 전략은 순서대로 스타, 현금젖소, 물음표, 개다.

38 업무이해능력 3정 5S 이해하기

| 정답 | ③

| 해설 | 3정 5S는 쾌적한 작업환경조성 및 사무환경을 조성하여 작업현장의 낭비제거와 문제발견능력을 향상시키고 품질향상, 생산성향상, 원가절감, 납기단축의 기반을 조성하는 방법이다. 선반, 자재, 작업 공구류, 작업 지도서 등을 지정장소에 두어 한눈에 발견할 수 있는 상태로 유지하는 것은 정돈에 해당한다.

3정 5S

• 3정 : 눈으로 보는 관리를 위한 수단이며 물건이 어디에(정위치), 어떻게(정품), 얼마큼(정량) 있는지를 누구라도 쉽게 알 수 있도록 하는 것이다.

• 5S

용어	의미
정리 (Seiri)	• 필요한 것과 불필요한 것을 구분하여 불필요한 것은 과감히 버리는 행위를 말한다. • 가용품은 지정된 장소에만 놓고 불요품은 등록된 면책지역으로 반납 조치하여 처리 결과에 따라 신속하게 처분한다.
정돈 (Seiton)	• 필요한 것을 쉽게 찾아 사용할 수 있도록 각종 물품의 보관수량과 보관장소를 표시해 두는 행위를 말한다. • 정돈은 보기 좋게 물건은 줄지어 놓는 것이 아니다.
청소 (Seosoh)	• 작업장의 바닥, 벽, 설비, 비품 등 모든 것을 구석구석 닦아 먼지, 이물 등을 제거하여 더러움이 없는 환경을 조성하는 행위를 말한다. • 청소의 순서는 청소 대상의 결정→청소 담당자 결정→청소 방법의 결정→청소 점검 실시로 진행된다.
청결 (Seiketsu)	• 먼지, 쓰레기 등 더러운 것이 없이 언제나 깨끗하고 문제점이 발생될 시 이를 한눈에 발견할 수 있는 상태로 유지하는 행위를 말한다. • 지저분하지 않고 깨끗한 것, 위생적이고 청결한 것, 인격이나 품행이 고결하고 단정한 것을 포함한다.
습관화 (Shitsuke)	회사의 규율이나 규칙, 작업방법 등을 정해진 대로 준수하는 것이 몸에 익어 무의식 상태에서 지킬 수 있는 상태를 말한다.

39 업무이해능력 결재 규정 이해하기

| 정답 | ④

| 해설 | 우선 홍보계획 수립은 기획팀의 업무이므로 번호는 '20X1. 01. 04. 기획팀'이고 제목은 '▶5년, 홍보계획 수립'이다. 또한 전결자는 과장이지만, 과장은 출장으로 결재가 어려워 차장이 대결하였으므로 마지막으로 수신처란에는 대결을 한 차장을 적는다.

40 업무이해능력 결재 규정 이해하기

| 정답 | ③

| 해설 | 지출금액이 240만 원이므로 지출기준은 500만 원 이하다. 총무팀의 500만 원 이하 금액에 대한 결재는 과장이 전결, 차장이 대결을 한다. 현재 총무팀 과장은 출장 중이므로 차장이 대결을 하고 과장란에는 '출장'을 적는다. 마지막으로 비고란에 대결자인 차장을 기입한다.

제3영역(41~60)

41 자원관리능력 자원의 낭비 원인 파악하기

| 정답 | ③

| 해설 | 〈사례〉에서 한 대리는 자원 활용 계획을 사전에 세우지 않아 급하게 예산을 초과하는 숙소를 예매하는 등 자원을 낭비하고 있다.

42 시간관리능력 바람직한 시간관리 알기

| 정답 | ②

| 해설 | 기업의 규모가 커질수록 그 업무활동은 점점 복잡해져서 관리자가 모든 것을 혼자 관리하기가 어렵게 되며, 이는 바람직한 방법 또한 될 수 없다. 따라서 자기의 업무를 분할하여 일부를 부하나 동료 직원에게 적절하게 위임하고 그 수행에 대한 책임을 지우는 권한이양의 방법을 활용할 수 있어야 한다.

43 시간관리능력 효과적인 시간관리 방법 이해하기

| 정답 | ④

| 해설 | 목표를 결과로 만드는 과정의 3단계는 확실함, 선별, 신속함으로 구성된다. (가)는 달성 가능한 계획을 확실하게 설정할 것을 요구하는 첫 번째 단계인 '확실함', (나)는 설정한 계획들 중 목표를 달성함에 있어서 안전하고 난이도가 낮은 계획을 '선별'하는 과정, (다)는 계획이 선별된 이후 최대한 빠른 시간 내에 목표를 달성할 것을 요구하는 '신속함'에 해당한다.

44 시간관리능력 시간관리의 유형 이해하기

| 정답 | ①

| 해설 | 제시된 내용은 시간관리의 유형 중 가장 이상적인 형태인 시간 창조형(24시간형 인간)에 대한 내용이다. 시간 창조형은 긍정적이고 에너지가 넘치며, 빈틈없는 시간 계획으로 비전과 목표에 맞는 행동을 실천한다.

45 시간관리능력 우선순위 매트릭스 이해하기

| 정답 | ②

| 해설 | 일의 우선순위 판단을 위한 매트릭스는 다음과 같다.

구분	긴급한 일	긴급하지 않은 일
중요한 일	• 위기상황(ㄱ) • 급박한 문제 • 기간이 정해진 프로젝트(ㅅ)	• 예방, 생산능력활동 • 인간관계 구축 • 새로운 기회 발굴(ㄷ) • 중장기 계획(ㄹ)
중요하지 않은 일	• 잠깐의 급한 질문(ㅁ) • 일부 보고서 및 회의 • 눈앞의 급박한 상황 • 인기 있는 활동(ㅇ)	• 바쁜 일, 하찮은 일 • 우편물(ㅂ), 전화 • 시간 낭비 거리(ㄴ) • 즐거운 활동

따라서 (B)에 들어갈 업무는 ㄷ, ㄹ이다.

46 예산관리능력 예산관리의 기능 이해하기

| 정답 | ②

| 해설 | ㉠, ㉢은 계획기능, ㉡, ㉣은 조정기능, ㉤은 통제관리기능에 대한 설명이다.

> **보충 플러스+**
>
> **예산관리의 기능**
> • 계획기능 : 조직의 장기적 목표를 설정하고 이를 위한 종합 예산을 편성
> • 조정기능 : 조직의 목표에 따라 예산을 각 부문에 할당하고 이를 감독관리
> • 통제관리기능 : 예산계획과 실제 예산 지출을 비교하여 부문의 성과를 평가하고 환류

47 예산관리능력 과업세부도 이해하기

| 정답 | ③

| 해설 | 과업세부도는 과제 및 활동의 계획을 수립하는 데 있어서 가장 기본적인 수단으로 활용되는 그래프로, 필요한 모든 일들을 중요한 범주에 따라 체계화시켜 구분해 놓은 것이다. 과업세부도는 구체성에 따라 2단계, 3단계, 4단계 등으로 구분할 수 있으며, 예산 수립을 위해 필요한 활동을 구체적으로 정리하고 확인해 볼 수 있다.

48 예산관리능력 금액 계산하기

| 정답 | ③

| 해설 | ㄱ. 자동차를 구매하고, 출퇴근을 6,000번 하는 경우 전체 비용은 A 자동차가 $2,000 + \dfrac{6,000}{20} \times 20 = 8,000$ (만 원), B 자동차가 $2,400 + \dfrac{6,000}{80} \times 40 = 5,400$(만 원)이다. 따라서 B 자동차를 구입해야 한다.

ㄷ. 자동차를 구매하고 출퇴근을 9,000번 하는 경우 A 자동차 타이어의 교체 비용이 10만 원이면 총 비용은 $2,000 + \dfrac{9,000}{20} \times 10 = 6,500$(만 원), B 자동차의 비용은 $2,400 + \dfrac{9,000}{80} \times 40 = 6,900$(만 원)이므로 A 자동차를 구입해야 한다.

| 오답풀이 |

ㄴ. 출퇴근을 8,000번 하는 경우 A 자동차 비용은 $2,000 + \dfrac{8,000}{20} \times 20 = 10,000$(만 원), B 자동차 비용은 $2,400 + \dfrac{8,000}{80} \times 40 = 6,400$(만 원)이므로 B 자동차를 구입해야 한다.

49 예산관리능력 금액 계산하기

| 정답 | ①

| 해설 | ㉠에 들어갈 차월 이월금액은 7월 31일 기준의 외상 잔액으로, 7월 5일 전월 이월된 3,000,000원에서 7월 10일에 추가된 외상 1,700,000원을 더하고, 7월 17일 현금으로 회수한 외상 대금 1,100,000원을 제한 3,600,000원이 기록되어야 한다.

50 예산관리능력 비품의 단가 계산하기

| 정답 | ③

| 해설 | 비품의 단가와 구매 수량, 합계를 참고하여 계산하면 다음과 같다.

$340,000 = 15,000 + (3,000 \times 20) + 20,000 + (A) + 75,000 + 90,000$

$\therefore \ (A) = 80,000$

51 시간관리능력 부족한 시간관리능력 찾기

| 정답 | ③

| 해설 | 낮잠을 잠깐 잔다면 오후 업무에 더 집중할 수 있게 될지 모르지만 그와 같은 이유로 낮잠을 청할 때에는 업무 시간을 이용하는 것이 아닌 점심시간을 할애하는 것이 바람직하다.

52 인적자원관리능력 해외 파견근무자 선정하기

| 정답 | ②

| 해설 | 첫 번째 조건에 따라 을, 경은 선발되지 않고 정은 반드시 선발되어야 한다. 이때 네 번째 조건에 따라 정과 같은 부서의 팀장인 무는 선발되지 않는다. 병은 직전 해외 파견근무가 종료된 지 2년이 경과되지 않아 두 번째 조건에 따라 선발될 수 없고, 세 번째와 네 번째 조건에 따라 총무부의 과장인 갑과 동일 부서에 근무하는 기가 함께 선발된다. 따라서 갑, 정, 기가 20X4년 10월 해외 파견근무자로 선정된다.

53 인적자원관리능력 진급규정 이해하기

| 정답 | ②

| 해설 | 연봉이 5% 상승하는 경우는 2등급으로 진급하는 경우이다. 정의 경우 완료한 프로젝트는 총 7건이고, 인사고과는 95점, 근속연수가 1년 이상 2년 미만이므로 2등급에 해당한다. 따라서 정은 내년부터 연봉이 5% 상승한다.

| 오답풀이 |

• 김의 경우 완료한 프로젝트의 개수가 4건으로 미달이며 근속연수 또한 미달이다.

- 이의 경우 기준을 만족하며 근속연수가 2년 이상이므로 1등급에 해당한다.
- 박의 경우 차장으로서 과장 이상의 직급에 해당하므로 근속연수가 미달이다. 또한, 근속연수를 충족한다고 하더라도 1등급에 해당한다.
- 주의 경우 인사고과 점수가 미달이며 이를 충족한다고 하더라도 1등급에 해당한다.

54 인적자원관리능력 우수 직원 선정하기

| 정답 | ④

| 해설 | 업무 성과 점수가 70점 미만인 직원은 선정될 수 없다 했으므로 B는 제외한다. 나머지 세 명의 점수를 모두 합한 결과는 다음과 같다.

- A : $(75 \times 0.4) + (85 \times 0.3) + (90 \times 0.3) = 30 + 25.5 + 27 = 82.5$(점)
- C : $(80 \times 0.4) + (90 \times 0.3) + (75 \times 0.3) = 32 + 27 + 22.5 = 81.5$(점)
- D : $(75 \times 0.4) + (80 \times 0.3) + (100 \times 0.3) = 30 + 24 + 30 = 84$(점)

따라서 가장 높은 점수를 받은 D가 우수 직원으로 선정된다.

55 물적자원관리능력 물적자원관리 과정 이해하기

| 정답 | ②

| 해설 | 사용 물품과 보관 물품을 구분하는 것은 물품활용의 편리성을 위한 것이다. 이 과정을 거치지 않고 계속 사용할 물품을 창고나 박스에 보관하면 물품을 다시 꺼내야 하는 경우가 발생하면서 물품의 보관 상태가 나빠질 수 있다.

56 시간관리능력 올바른 시간관리의 인식 알기

| 정답 | ④

| 해설 | 애슐리 월런스가 주장하는 시간관리의 핵심은 긴 시간을 투자하지 않으면서도 성과를 낼 수 있도록 시간을 효율적으로 사용해야 한다는 것이다. 과거에는 시간의 양이 생산량과 비례해 많이 생산하기 위해서는 많이 일해야 했다. 그러나 지금은 시간과 생산이 비례하는 시대가 아니기 때문에, 누가 더 적은 시간에 더 효율적인 업무를 하느냐가 중요하다.

57 시간관리능력 공정효율 계산하기

| 정답 | ③

| 해설 | B 공정의 작업소요시간이 9분으로 축소될 경우 공정효율은 57.1%에서 $\frac{91}{5 \times 35} \times 100 = 52(\%)$로 감소한다.

| 오답풀이 |

① 공정 과정 중에서 생산량에 제약을 주는 것은 공정 내에서 작업소요시간이 가장 긴 D 공정이다.

② 현재 공정효율은 $\frac{100}{5 \times 35} \times 100 ≒ 57.1(\%)$이며, 공정효율을 증가시키기 위해서는 D 공정의 소요시간을 단축해야 한다.

④ B 공정과 C 공정의 작업장을 병합하여 작업소요시간이 20분으로 단축되면 공정효율은 $\frac{97}{4 \times 35} \times 100 ≒ 69.3(\%)$로 증가한다.

58 시간관리능력 면접 시간 계획하기

| 정답 | ③

| 해설 | 9시 30분부터 오후 3시까지의 시간 중 점심식사 시간을 제외하면, 결과를 정리할 시간을 포함해 총면접 시간에 할애할 수 있는 시간은 오전 2시간 30분과 오후 1시간 30분으로 총 4시간이다. 이때 2개 장소에서 동시에 진행되므로 면접 대상자의 절반인 32명의 면접을 4시간(240분) 동안 진행할 수 있다.

지원자 4명이 한 그룹이 되므로 32명은 모두 8개 그룹으로 나눌 수 있고, 1개 그룹에 배정될 수 있는 면접 시간은 $\frac{240}{8} = 30$(분)이다. 여기에 결과 정리 시간 6분을 고려하면 1개 그룹의 면접 시간은 $30 - 6 = 24$(분)이 된다.

따라서 면접자 1인당 최대 면접 시간은 $\frac{24}{4} = 6$(분)이다.

59 인적자원관리능력 근무 조합 구성하기

| 정답 | ④

| 해설 | 가장 시급이 낮은 직원 A(8,000원)와 그 다음 시급이 낮은 직원 B(9,000원)를 우선 배치한다. 그러면 직원 A의 뒤를 이어서 15시부터 18시 사이에 근무를 설 사람이 필요하며, 직원 B에 앞서서 9시부터 11시 사이에 근무를 설 사람이 필요하다. 이어서 시급이 낮은 순으로 배치하면, 세 번째로 시급이 낮은 직원 C(10,000원)와 직원 D(10,000원)를 각각 9시부터 11시, 15시부터 16시에 배치한다. 그리고 이어서 16시부터 18시에 근무 가능한 인원이 직원 F와 직원 G뿐이므로 시급이 더 낮은 직원 F(15,000원)를 먼저 배치하고, 이후 직원 G(25,000)를 배치한다. 이를 정리하면 다음과 같다.

구분	09:00 ~11:00	11:00 ~15:00	15:00 ~16:00	16:00 ~17:00	17:00 ~18:00
근무 직원 1	직원 A (48,000원)		직원 D (10,000 원)	직원 F (15,000 원)	직원 G (25,000 원)
근무 직원 2	직원 C (20,000 원)	직원 B (63,000원)			

따라서 이때의 총 비용은 181,000원이고, 인원 구성은 직원 A, B, C, D, F, G이다.

60 물적자원관리능력 물품 보관의 원칙 이해하기

| 정답 | ③

| 해설 | ㉠ 회전 대응의 원칙을 지키지 않는다면 물품을 찾아 출고하는 데 어려움을 겪을 수 있으므로 불필요한 시간 낭비와 수고를 감당하게 되어 물류 전반에 걸쳐 효율이 떨어진다.
㉡ 선입선출의 원칙을 지키지 않는다면 유통 기한이 임박한 제품이 우선적으로 출고되지 않게 되므로 특히 유통 기한에 민감한 식품류의 경우 정해진 유통 기한을 넘지 않도록 반드시 준수해야 한다.

제4영역(61~80)

61 기초연산능력 일률 활용하기

| 정답 | ③

| 해설 | 전체 일의 양을 1로 두면, 1시간에 A 사원이 하는 일의 양은 $\frac{1}{4}$, B 사원은 $\frac{1}{6}$이다. A 사원과 B 사원이 함께 일을 하면 1시간에 $\frac{1}{4}+\frac{1}{6}=\frac{5}{12}$만큼의 일을 하므로 $1 \div \frac{5}{12}=\frac{12}{5}$(시간), 즉 2시간 24분이 걸린다.

62 기초연산능력 수익 계산하기

| 정답 | ③

| 해설 | 월 임대료는 $8 \times 20 = 160$(만 원)이고, 한 달 수익은 $1 \times 20 \times 30 = 600$(만 원)이므로 한달 순 수익은 440만 원이다.

63 기초연산능력 대피경보 발령 시간 구하기

| 정답 | ④

| 해설 | 대피 경보는 $\frac{110}{20}=5.5$(시간), 즉 5시간 30분 후에 발령된다.

64 기초연산능력 확률 구하기

| 정답 | ③

| 해설 | B는 현재 1승 2패로, B가 최종 우승할 확률은 다음 두 가지로 나누어 계산한다.
• B가 4승 2패로 이길 확률 : 3번째 경기 이후로 3승할 확률이므로 $_3C_3\left(\frac{1}{2}\right)^3=\frac{1}{8}$이다.
• B가 4승 3패로 이길 확률 : 3번째 경기 이후로 2승 1패하고 7번째 경기를 이기는 확률이므로 $_3C_2\left(\frac{1}{2}\right)^2\left(\frac{1}{2}\right)$ $\left(\frac{1}{2}\right)=\frac{3}{16}$이다.

따라서 B가 우승할 확률은 $\dfrac{1}{8}+\dfrac{3}{16}=\dfrac{5}{16}$이다.

---

65 기초연산능력 비율 계산하기

| 정답 | ④

| 해설 | 전체 합격자 중 여자의 비율은 $\dfrac{2,825}{4,413}\times 100 ≒ 64.0$ (%)이다.

| 오답풀이 |

① 전체 합격률은 $\dfrac{2,825+1,588}{12,250+14,560}\times 100 = \dfrac{4,413}{26,810}\times$ $100 ≒ 16.5$(%)이다.

② 남자 응시생이 여자 응시생보다 많으므로 50% 이상이다.

③ 전체 합격자 중 남자의 비율은 $\dfrac{1,588}{1,588+2,825}\times 100$ $=\dfrac{1,588}{4,413}\times 100 ≒ 36$(%)이다.

---

66 기초연산능력 전기요금계 계산하기

| 정답 | ②

| 해설 | • 기본요금 : '201 ~ 400kWh 사용'에 해당하므로 1,600원
• 전력량 요금 : $(200\times 93.3)+(120\times 187.9)=41,208$(원)
• 대가족 할인 30%(월 16,000원 한도) : $(1,600+41,208)$ $\times 0.3=12,842.4$(원)

따라서 전기요금계는 $1,600+41,208-12,842.4=29,965.6$ $≒29,966$(원)이다.

---

67 기초연산능력 전기요금계 계산하기

| 정답 | ①

| 해설 | 66의 해설을 참고하면 대가족 할인 30%는 12,842.4원이 감액되므로 감액 요금이 더 큰 장애인 할인 16,000원이 적용된다. 따라서 전기요금계는 $1,600+41,208$ $-16,000=26,808$(원)이다.

---

68 기초연산능력 도형의 넓이 계산하기

| 정답 | ①

| 해설 | 무선청소기가 지나간 부분의 넓이는 아래 그림의

 넓이에서 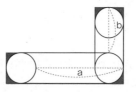 5개의 넓이를 빼면 된다.

무선청소기의 반지름의 길이를 r이라 하면 다음과 같은 식이 성립한다.

$$\{(2r+a)\times 2r+2br\}-\left\{\left(r^2-\dfrac{1}{4}\pi r^2\right)\times 5\right\}=9+\dfrac{5}{4}\pi$$

$$4r^2+2ar+2br-5r^2+\dfrac{5}{4}\pi r^2=9+\dfrac{5}{4}\pi$$

위 식에서 $\dfrac{5}{4}\pi r^2=\dfrac{5}{4}\pi$이므로 $r=1$임을 알 수 있다.

이를 다시 대입하면,

$$4+2a+2b-5+\dfrac{5}{4}\pi=9+\dfrac{5}{4}\pi$$

$$2a+2b=10$$

$$a+b=5$$

따라서 $a+b$의 값은 5이다.

---

69 기초연산능력 인원 수 구하기

| 정답 | ④

| 해설 | 제시된 자료를 바탕으로 근속 기간별 직원 수를 정리하면 다음과 같다.

근속 기간	1년 미만	1년 이상 ~ 3년 미만	3년 이상 ~ 5년 미만	5년 이상 ~ 10년 미만	10년 이상 ~ 15년 미만	15년 이상
사원 수 (명)	32	126－32=94	328－126=202	399－328=71	(?)	(?)

근속 기간이 3년 미만인 직원의 수는 전체의 24%이므로 전체 직원 수를 x명이라 하면 다음과 같은 식이 성립한다.

$$\frac{126}{x}\times 100=24$$

$\therefore\ x=525$(명)

총 525명의 직원 중 근속 기간이 15년 이상인 직원의 수를 y명이라 하면, 근속 기간이 10년 이상 15년 미만인 직원의 수는 $2y$명이므로 다음과 같은 식이 성립한다.

$399+2y+y=525$

$3y=126$

$\therefore\ y=42$(명)

따라서 근속 기간이 3년 이상 15년 미만인 직원은 $202+71+84=357$(명)이다.

---

70 도표분석능력 자료의 수치 분석하기

|정답| ①

|해설| ㉠ 각 연도별 민간부담금의 비율은 다음과 같다.

- 20X0년 : $\dfrac{31,527}{110,913}\times 100 ≒ 28.4(\%)$

- 20X1년 : $\dfrac{32,705}{109,841}\times 100 ≒ 29.8(\%)$

- 20X2년 : $\dfrac{23,585}{92,605}\times 100 ≒ 25.5(\%)$

- 20X3년 : $\dfrac{32,875}{127,748}\times 100 ≒ 25.7(\%)$

- 20X4년 : $\dfrac{32,271}{120,603}\times 100 ≒ 26.8(\%)$

따라서 민간부담금의 비율은 20X2년에 가장 낮았다.

㉡ 민간부담금 중 현금부담은 20X3년에 가장 큰 폭인 $12,972-5,358=7,614$(백만 원) 상승했다.

|오답풀이|

㉢ 20X1년 민간부담금 중 현물부담금은 총사업비의 $\dfrac{23,820}{109,841}\times 100 ≒ 21.7(\%)$로 25% 미만이다.

㉣ 20X4년 민간부담금 중 현금부담금은 정부지원금 대비 $\dfrac{13,378}{88,332}\times 100 ≒ 15.1(\%)$로 20% 미만이다.

---

71 도표분석능력 자료의 수치 분석하기

|정답| ③

|해설| 20X1년 유럽연합 대비 한국의 석유 소비량은 $\dfrac{128.9}{646.8}\times 100 ≒ 19.9(\%)$로 20% 미만이다.

|오답풀이|

① 20X1년 OECD 대비 한국의 석유 소비량은 $\dfrac{128.9}{2,204.8}\times 100 ≒ 5.8(\%)$로 5% 이상이다.

② 20X1년 OECD 대비 중국의 석유 생산량은 $\dfrac{189.1}{1,198.6}\times 100 ≒ 15.8(\%)$로 15% 이상이다.

---

72 기초연산능력 전기요금 계산하기

|정답| ④

|해설| 구간에 따라 기본요금과 전력량 요금이 다르므로 A 씨의 전력사용량이 어느 구간에 속하는지를 먼저 파악해야 한다.

A 씨의 전력사용량을 400kWh라고 하면 전기요금은 다음과 같다.

- 기본요금 : 1,700원

- 사용요금 : $200(kWh)\times 80(원/kWh)+200(kWh)\times 210(원/kWh)=58,000(원)$

- 부가가치세 : $(1,700+58,000)\times 0.1=5,970(원)$

- 전력산업기반기금 : $(1,700+58,000)\times 0.04=2,388(원)$

- 전기요금 : $1,700+58,000+5,970+2,388=68,058(원)$

A 씨가 이번 달에 내야 하는 전기요금이 93,822원이므로 A 씨의 전력사용량은 400kWh 초과임을 알 수 있다.

A 씨의 전력사용량을 xkWh(단, $x>400$)라고 하면 전기요금은 다음과 같다.

- 기본요금 : 6,300원

- 사용요금 : $200(kWh)\times 80(원/kWh)+200(kWh)\times 210(원/kWh)+(x-400)(kWh)\times 360(원/kWh)=360x-86,000(원)$

- 부가가치세 : $(6,300+360x-86,000)\times 0.1=36x-7,970(원)$

- 전력산업기반기금 : $(6,300+360x-86,000)\times 0.04=14.4x-3,188(원)$

• 전기요금 : $6,300+(360x-86,000)+(36x-7,970)+$
$(14.4x-3,188)=93,822(원)$

$410.4x-90,858=93,822$

$410.4x=184,680$

$x=450(\text{kWh})$

따라서 A 씨의 전력사용량과 전력산업기반기금을 합한 값
은 $x+14.4x-3,188=15.4x-3,188=15.4\times450-3,188$
$=3,742$이다.

73 도표분석능력 자료의 수치 분석하기

|정답| ③

|해설| ㄱ. 6월 6일 ~ 13일 중 검사 의뢰자 수가 가장 많은
날짜는 6월 7일로, 569명이 검사를 받았다.

ㄴ. 전날 대비 확진자 수가 증가한 6월 7일, 6월 8일, 6월
11일, 6월 12일의 확진자 수 증가율을 구하면 다음과
같다.

• 6월 7일 : $\dfrac{257-214}{214}\times100≒20.1(\%)$

• 6월 8일 : $\dfrac{357-257}{257}\times100≒38.9(\%)$

• 6월 11일 : $\dfrac{289-242}{242}\times100≒19.4(\%)$

• 6월 12일 : $\dfrac{310-289}{289}\times100≒7.3(\%)$

따라서 전날 대비 확진자 수의 증가율이 가장 큰 날짜
는 6월 8일이다.

ㄷ. 확진 여부는 검사 의뢰 바로 다음날 확인 가능하다고
했으므로 6월 5일에 검사를 의뢰한 사람의 확진 여부를
6월 6일에 확인할 수 있다. 6월 5일의 검사 의뢰자 수는
487명, 6월 6일의 확진자 수는 214명이므로 6월 6일에
음성 판정을 받은 사람은 487-214=273(명)이다.

|오답풀이|

ㄹ. 6월 7일에서 6월 8일 사이에 완치된 환자 수는 1,526
-1,357=169(명), 6월 12일에서 6월 13일 사이에 완
치된 환자 수는 2,312-2,146=166(명)으로, 6월 12일
에서 6월 13일 사이에 완치된 환자 수가 더 적다.

74 기초연산능력 객실 수 구하기

|정답| ①

|해설| ○○호텔의 객실 수를 x개라고 하면 다음과 같은
식이 성립한다.

$4x<90, \ x<22.5$

$5x>90, \ x>18$

∴ $18<x<22.5$

따라서 ○○호텔의 객실 수가 될 수 없는 것은 ①이다.

75 도표분석능력 자료의 수치 분석하기

|정답| ④

|해설| 20X2년 11월에서 20X2년 12월 사이의 고용률 감소
율은 $\dfrac{60.4-59.1}{60.4}\times100≒2.15(\%)$로, 20X1년 12월에서

20X2년 1월 사이의 고용률 감소율인 $\dfrac{61.9-61.2}{61.9}\times100$

$≒1.13(\%)$의 2배 미만이다.

|오답풀이|

① 조사 기간 중 전월 대비 고용률이 증가한 구간은 20X2년
4월에서 20X2년 5월, 20X2년 9월에서 20X2년 10월,
20X2년 10월에서 20X2년 11월 구간으로 총 3개이다.

② 조사 기간 중 전월 대비 고용률이 가장 크게 감소한 구
간은 20X2년 11월에서 20X2년 12월 구간으로, 60.4-
59.1=1.3(%p) 감소하였다.

③ 20X2년 12월 고용률은 59.1%로 전년 동월 대비 61.9-
59.1=2.8(%p) 하락했고, 취업자 수는 683만 3천 명으
로 전년 동월 703만 명에서 19만 7천 명 감소했다.

76 도표작성능력 표를 그래프로 변환하기

|정답| ③

|해설| 표의 수치와 그래프의 수치가 일치한다.

|오답풀이|

① 원자력에너지 정격용량이 아닌, 원자력에너지 정격용량
의 비율을 그래프로 나타냈다.

② 표에는 2017 ~ 2021년의 자료만 제시되어 있으므로 그
이후 연도는 그래프로 작성할 수 없다.

④ 2020년 에너지원별 피크기여도 비율이 아닌, 절대적인 피크기여도수치를 그래프로 나타냈다.

77 기초연산능력 | 방정식 활용하기

| 정답 | ③

| 해설 | ○○공사의 작년 채용인원을 x명이라 하면 다음과 같은 식이 성립한다.

$x \times (1-0.19) = 162$

$0.81x = 162$

$\therefore x = 200$(명)

따라서 작년 채용인원은 200명이다.

78 기초연산능력 | 삼각함수의 그래프 활용하기

| 정답 | ③

| 해설 | $Y = 2\sin\dfrac{\pi}{10}(t+5) + 24$ 는 $Y = 2\sin\dfrac{\pi}{10}t$의 그래프를 t축으로 -5, Y축으로 24만큼 평행이동한 그래프로, 최댓값은 $|2|+24 = 26$, 최솟값은 $-|2|+24 = 22$, 주기는 $\dfrac{2\pi}{\left|\dfrac{\pi}{10}\right|} = 20$이다. 이를 그래프로 나타내면 다음과 같다.

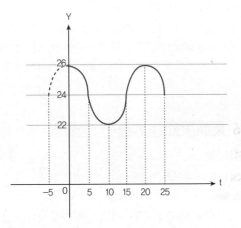

온도가 내려가는 중일 때에는 냉방이 가동 중인 상태라고 했으므로 25분 동안 냉방이 가동된 시간은 총 15분이다.

79 기초연산능력 | 날짜 구하기

| 정답 | ②

| 해설 | • 1월 1일 : 1,200원 사용

• 1월 2일 ~ 1월 5일 : 매일 2,400원씩 총 2,400×4 = 9,600(원) 사용

• 1월 6일 ~ 1월 X일 : 매일 2,600원씩 총 2,600($X-6+1$) = 2,600X-13,000(원) 사용

1월 X일까지 사용한 총 금액이 5만 원 미만이므로 다음 식이 성립한다.

$1,200 + 9,600 + 2,600X - 13,000 < 50,000$

$2,600X < 52,200$

$\therefore X < 20.07\cdots$

따라서 버스카드를 충전하지 않고 1월 20일까지 사용할 수 있다.

80 기초연산능력 | 연립방정식 활용하기

| 정답 | ①

| 해설 | C 선물세트를 전체 직원 수의 $\dfrac{1}{4}$만큼 구매하였으므로 C 선물세트는 $52 \times \dfrac{1}{4} = 13$(개), A와 B 선물세트는 총 $52 - 13 = 39$(개) 구매하였음을 알 수 있다.

구매한 A 선물세트의 개수를 a개, B 선물세트의 개수를 b개라 하면 다음과 같은 식이 성립한다.

$a+b = 39$ ················· ㉠

$23,500a + 31,400b = 1,389,800 - (27,900 \times 13)$ ·· ㉡

㉡을 정리하면,

$235a + 314b = 10,271$ ············ ㉢

㉢-(㉠×235)를 하면 $79b = 1,106$이므로 $b = 14$(개)이다.

따라서 윤 사장이 구매한 B 선물세트는 14개이다.

2회 기출예상문제[정보통신]　　문제 80쪽

01	②	02	④	03	④	04	③	05	③
06	①	07	③	08	③	09	②	10	①
11	②	12	③	13	④	14	③	15	④
16	②	17	③	18	②	19	③	20	①
21	③	22	③	23	②	24	①	25	①
26	③	27	①	28	③	29	③	30	②
31	④	32	③	33	③	34	①	35	③
36	③	37	③	38	④	39	④	40	④
41	④	42	③	43	④	44	④	45	①
46	③	47	③	48	①	49	④	50	②
51	③	52	①	53	②	54	④	55	②
56	④	57	③	58	②	59	③	60	④
61	④	62	①	63	④	64	②	65	②
66	③	67	③	68	④	69	④	70	②
71	④	72	③	73	③	74	④	75	④
76	①	77	④	78	③	79	④	80	②

제1영역(01~20)

01　문서이해능력　세부 내용 이해하기

| 정답 | ②

| 해설 | ㄱ. 수력발전소는 일단 건설되고 나면 더 이상 직접적인 폐기물은 방출하지 않으며, 이산화탄소도 발생시키지 않는다고 나와 있다.

ㄷ. 싼샤 댐의 건설로 인해 양쯔강 하류의 빈번한 범람을 막을 수 있게 되었으며, 나일강 중류에 아스완 댐이 건설된 이후 연중 특정한 시기에 범람하던 일도 더는 일어나지 않는다고 하였다. 따라서 수력발전 건설은 연중 특정한 시기의 범람도 막을 수 있다.

| 오답풀이 |

ㄴ, ㅁ. 수력발전의 가장 큰 단점은 호수를 만들기 위해 인근 전체가 계속 물에 잠기게 된다는 것이며, 이런 환경의 변화에 인근 생태계가 큰 영향을 받을 뿐 아니라 그 지역에 살던 사람들도 터전을 떠나야만 한다는 것이다.

ㄹ. 나일강은 연중 특정한 시기에 범람하여 물과 함께 떠내려 온 퇴적물이 강변의 농지를 비옥하게 만들어 왔으나, 아스완 댐이 건설된 이후 이러한 일이 더는 일어나지 않아 곡식을 키우기가 어려워졌다.

02　문서이해능력　글에 어울리는 사자성어 찾기

| 정답 | ④

| 해설 | 제시된 글은 수력발전소 건설로 인한 장점과 단점에 대해 얘기하고 있다. 따라서 장점이 있으면 단점도 동시에 존재한다는 뜻의 일장일단(一長一短)이 가장 관련이 있다.

| 오답풀이 |

① 소탐대실(小貪大失) : 작은 것을 탐하다가 큰 손실을 입음.

② 결자해지(結者解之) : 일을 저지른 사람이 그 일을 해결해야 함.

③ 사필귀정(事必歸正) : 모든 일은 반드시 바른 길로 돌아감.

03　문서작성능력　내용에 맞게 제목 작성하기

| 정답 | ④

| 해설 | 제시된 글은 우리나라가 물 부족 국가가 아니라 물 스트레스 국가임을 알리고, 세계 물의 날을 맞아 물 절약을 위해 개인이 실천할 수 있는 작은 노력에 대해 소개하고 있다. 따라서 제시된 글의 제목으로 '물 스트레스 국가인 한국에서 우리가 할 수 있는 것은?'이 가장 적절하다.

04　문서작성능력　문맥에 맞게 글 수정하기

| 정답 | ③

| 해설 | 물 부족이 현실이 된다는 것은 사용 가능한 자원에 비해 물 수요가 많을 때를 말한다. 따라서 '공급이'로 수정하라는 지시는 적절하지 않다.

05　문서이해능력　보도자료 내용 파악하기

| 정답 | ③

| 해설 | 염전 태양광 발전시스템은 소금과 전력을 동시에 생

산할 수 있는 시스템으로, 여름철에는 염수에 의한 냉각으로 일반 지상 태양광과 비교하여 발전량이 5% 개선됐고, 태양광 모듈에서 발생하는 복사열로 염수의 증발시간이 줄어 소금 생산량도 늘었다고 나와 있다. 따라서 발전량과 소금 생산량이 반비례 관계라는 설명은 적절하지 않다.

| 오답풀이 |

① 염전 태양광 발전시스템은 ○○공사가 녹색△△연구원, □□소프트웨어와 공동으로 개발한 것이다.

② 국내 염전 중 약 85%가 전라남도에 밀집해 있다고 하였다.

④ 현재까지는 전기안전 및 태양광 모듈 성능저하 등 운영 결함이 없었으나 계속 점검할 계획이라고 하였으므로 성능저하의 가능성이 있음을 알 수 있다.

06 문서작성력 글에 어울리는 사자성어 찾기

| 정답 | ①

| 해설 | 염전 태양광 발전시스템을 통해 전기와 소금을 동시에 생산하므로, 한 가지 일을 하여 두 가지 이익을 얻는다는 의미의 일거양득(一擧兩得)이 ㉠에 가장 적절하다.

| 오답풀이 |

② 절치부심(切齒腐心) : 몹시 분하여 이를 갈고 마음을 썩임.

③ 조삼모사(朝三暮四) : 간사한 꾀로 남을 속여 희롱함.

④ 권토중래(捲土重來) : 어떤 일에 실패한 뒤 힘을 가다듬어 다시 그 일에 착수함.

07 문서이해능력 세부 내용 이해하기

| 정답 | ③

| 해설 | 세 번째 문단에 따르면 맥컬록과 피츠는 생물학적 신경망 이론을 단순화하여 논리, 산술, 기호 연산 기능을 구현할 수 있는 신경망 이론을 제시하였다.

| 오답풀이 |

① 첫 번째 문단에 따르면 컴퓨터가 등장하여 비로소 인간의 사고 과정, 뇌 구조의 기능, 그 속에서 일어나는 생리 현상에 대한 연구가 촉진되었다.

② 첫 번째 문단에 따르면 소프트웨어로 프로그램을 제어할 수 있게 되면서 하드웨어로 구성된 논리 회로는 과거와 완전히 달라졌다.

④ 마지막 문단에 따르면 신경망 이론을 발판으로 삼아 사람처럼 시각적으로 사물을 인지하도록 훈련시킬 수 있는 프로그램인 퍼셉트론을 개발했다.

08 문서이해능력 글의 내용에 맞게 과정 정리하기

| 정답 | ③

| 해설 | 컴퓨터의 등장에 따라 학자들은 인간이 지닌 것과 같은 지식을 컴퓨터에 어떻게 넣을 것인지 고민했고(ㄹ), 모든 지식을 컴퓨터에 입력하는 일은 실질적으로 불가능하므로 인간 두뇌의 신경망을 이용할 것에 착안하였다(ㄴ). 워렌 맥컬록과 월터 피츠는 생물학적인 신경망 이론을 단순화하여 논리, 산술, 기호, 연산 기능을 구현할 수 있는 신경망 이론을 제시하였고, 이를 이론적으로 증명하였다(ㄷ). 신경망 이론을 발판 삼아 미국의 프랭크 로젠블랫은 사람처럼 시각적으로 사물을 인지하도록 훈련시킬 수 있는 프로그램인 퍼셉트론을 개발하였다(ㄱ). 따라서 순서는 ㄹ-ㄴ-ㄷ-ㄱ이 적절하다.

09 문서이해능력 대화 내용 이해하기

| 정답 | ②

| 해설 | 김 팀장은 부서별로 다양한 의견을 수렴할 기회 없이 회사 단합대회가 진행되는 것에 대해 아쉬워하고 있으나, 송 부장의 설명을 듣고 참석할 수 있도록 일정을 조정해 보겠다고 하였다.

10 문서이해능력 글을 읽고 추론하기

| 정답 | ①

| 해설 | 지금까지 회사 단합대회는 여러 사원들의 의견을 모아 시기, 장소, 내용 등을 결정해 왔으나, 부서별로 업무 진행 상황이 각각 달라 의견을 모을 시간이 부족한 데다 다음 달 대규모 인사이동으로 국내외 발령자가 많아질 예정이므로 올해는 임원회의에서 결정된 사항에 따라 진행된다고 하였다. 이를 통해 조직의 상황과 목적에 따라 의사결정 방식이 달라질 수 있음을 알 수 있다.

11 문서이해능력 세부 내용 이해하기

| 정답 | ②

| 해설 | • 윤 사원 : 기획재정부는 공공기관의 공시 데이터의 신뢰성을 제고하기 위해 매년 상·하반기 2회에 나누어 점검을 실시한다고 하였다.
• 백 사원 : 최근 3년간 지속적으로 무벌점을 달성한 9개 기관은 차년도 통합공시점검에서 제외한다고 나와 있다.

| 오답풀이 |

• 하 사원 : 통합공시점검 시 상반기에는 직원평균보수, 신규채용 및 유연근무현황, 요약 재무상태표 등을 점검하고, 하반기에는 임직원 수, 임직원채용정보, 수입지출 현황, 납세정보 현황 등을 점검한다.
• 정 사원 : 올해 점검 결과, 공시오류는 작년보다 0.8점 감소하였으며, 불성실공시기관은 작년보다 3개 감소하였다.
• 손 사원 : 〈연도별 통합공시 점검결과〉 표에서 우수공시기관은 20X8년까지 매해 꾸준히 증가하다가 20X9년에 감소하였으며, 불성실공시기관은 감소와 증가를 반복하고 있다.

12 문서작성능력 올바른 단어 사용하기

| 정답 | ③

| 해설 | 홈페이지에 그 사실을 올려 여러 사람에게 알리고 두루 보게 하려는 목적이므로 '게시'가 적절하다.

| 오답풀이 |

① '사면'은 죄를 용서하여 형벌을 면제한다는 의미이고, '면제'는 책임이나 의무 따위를 면하여 준다는 의미이다. 문맥상 '면제'로 고치는 것이 적절하다.
② '수록'은 모아서 기록하거나 그렇게 한 기록을 의미하고, '반영'은 다른 것에 영향을 받아 어떤 현상이 나타남을 의미한다. 문맥상 '반영'으로 고치는 것이 적절하다.
④ '청구'는 남에게 돈이나 물건 따위를 달라고 요구함을 의미하고, '요청'은 필요한 어떤 일이나 행동을 청함을 의미한다. 문맥상 '요청'으로 고치는 것이 적절하다.

13 문서이해능력 세부 내용 이해하기

| 정답 | ④

| 해설 | • B : 보직 변경 예정일만 제시되어 있으므로 몇 달 후인지는 알 수 없다.

• D : 영업부에서 인사부로 변경하는 것이 아니라 영업부(해외영업1팀)에서 영업부(해외영업3팀)로 이동하는 것이다.

| 오답풀이 |

제시된 문서는 보직을 변경하기 위해 상사에게 검토를 받기 위한(C) 기안서이며 이러한 기안서를 사내 공문서(A)라고도 한다.

14 문서작성능력 글의 내용 추가하기

| 정답 | ③

| 해설 | (A)의 주장은 신기술의 발달이 노동자를 대체할 수도 있다고 믿는 것으로 이를 뒷받침하는 내용은 ㄴ과 ㄹ이다. (B)의 주장은 신기술이 새롭게 진보하여도 노동자들의 일자리를 위협하지 않는다고 믿는 것으로 이를 뒷받침하는 내용은 ㄱ과 ㄷ이다.

15 문서이해능력 주장에 대해 반박하기

| 정답 | ④

| 해설 | 바실리 레온티에프는 지난 수십 년 동안 말은 가장 중요한 생산요소 중 하나였으나, 기술 변화에 따라 그 역할이 점점 감소한 것을 예로 들어 인간의 역할 또한 줄어들 것이라 주장하였다. 이에 대해 인간은 말이 아니며, 인간과 말 사이에는 중요한 차이점이 많다는 사실을 간과했다고 반박할 수 있다.

16 문서작성능력 적절한 제목 찾기

| 정답 | ③

| 해설 | 제시된 기사문은 울산시가 부유식 해상풍력 생산에 적절하며, 그린뉴딜 사업으로 2030년까지 6GW 이상의 부유식 해상풍력발전단지를 조성하겠다는 내용을 담고 있다. 따라서 제목으로 ③이 적절하다.

17 문서이해능력 세부 내용 이해하기

| 정답 | ④

| 해설 | 울산시는 '수심 200m 이내 넓은 대륙붕과 연중 평균

풍속 초속 8m 이상 우수한 자연조건, 신고리원전이나 울산 화력 등의 발전소와 연결된 송·배전망 인프라, 여기에 미포산업단지 등 대규모 전력 소비처, 세계적인 조선해양 플랜트 산업 기반'을 가지고 있어 부유식 풍력발전 생산에 유리한 것이지 부유식 해상 풍력 클러스터를 이미 갖추고 있어서 유리한 것이 아니다.

18 문서작성능력 올바른 띄어쓰기 파악하기

| 정답 | ②

| 해설 | '나 만큼'의 '만큼'은 '앞말과 비슷한 정도나 한도임을 나타내'는 조사로 쓰였으므로 앞말과 붙여 써야 한다. '만큼'이 의존명사로 쓰일 때에는 주로 어미 '-은, -는, -을', 또는 '-은, -는, -던' 뒤에 쓰인다.

19 문서이해능력 글의 내용과 관련된 의문사항 추론하기

| 정답 | ③

| 해설 | 검색사이트에 검색한 내용을 보고 독감에 걸린 환자들을 추측하는 것은 독감에 걸렸을 경우에 검색을 할 것이라는 전제로 예측한 결과이다. 하지만 독감에 걸리지 않고도 검색을 해 볼 수 있다는 것을 가정하면 이러한 예측은 정확성이 떨어질 수 있다. 따라서 ③은 적절한 의문사항이다.

| 오답풀이 |

①, ②, ④ 제시된 글에서 이미 언급된 내용이므로, 의문으로서 적절하지 않다.

20 문서이해능력 세부 내용 이해하기

| 정답 | ①

| 해설 | '2. 견학가능일'의 '견학시간'을 보면 오전 10시부터 오후 5시까지 견학이 가능하며, 점심시간은 제외된다고 나와 있다. 따라서 하루에 견학가능한 시간은 총 6시간이다.

| 오답풀이 |

② '3. 견학대상'의 '가능인원'을 보면 최소 10명부터 최대 30명까지 구성해야 한다고 나와 있다.

③ '3. 견학대상'의 '견학대상'을 보면 초, 중, 고교생은 인솔자가 필수 참석해야 한다고 나와 있다.

④ '1. 견학내용'을 보면 신청은 견학 1주일 전까지 접수되어야 한다고 나와 있다.

제2영역(21~40)

21 사고력 논리적 오류 이해하기

| 정답 | ③

| 해설 | 제시된 글에서 범하고 있는 논리적 오류는 순환논증의 오류이다. 이는 전제의 진리와 본론의 진리가 서로 의존하는 것과 같은 하나의 의론이 그대로 되풀이되는 허위의 논증 방법으로, ③에서 이와 같은 오류를 범하고 있다.

| 오답풀이 |

① 단순히 어떤 명제가 거짓이라는 것이 증명되지 않았다는 것을 근거로 그 명제가 참이라고 주장하거나, 반대로 그 명제가 참이라는 것이 증명되지 않았기 때문에 그 명제는 거짓이라고 주장하는 무지에 호소하는 오류이다.

② 특수하고 부족한 양의 사례를 근거로 섣불리 일반화하고 판단하는 성급한 일반화의 오류이다.

④ 어떤 상황을 두 가지의 양강 구도로 나누어 보려고 하는 흑백논리의 오류이다.

22 사고력 진술을 바탕으로 추론하기

| 정답 | ③

| 해설 | 들찬이는 아름이보다 크고 윤슬이 들찬보다 크므로 아름 < 들찬 < 윤슬 순이 된다. 도담이 제일 작고 윤슬이 제일 큰 사람은 아니므로 유일하게 진술에서 언급되지 않은 벼리가 가장 크다. 따라서 키가 작은 순서대로 나열하면 도담 < 아름 < 들찬 < 윤슬 < 벼리 순이다.

23 사고력 진위 추론하기

| 정답 | ②

| 해설 | 주어진 명제만으로 추론할 수 없는 내용이다.

| 오답풀이 |

① 첫 번째 명제의 대우에 해당하므로 참이다.

③ 두 번째 명제의 대우에 해당하므로 참이다.

④ 두 번째 명제, 세 번째 명제, 첫 번째 명제의 삼단논법에 의해 참이다.

24 사고력 정보를 바탕으로 추론하기

| 정답 | ①

| 해설 | 세 명의 나이가 모두 다르며 나래보다 미르의 나이가 더 많다. 나래는 사진작가보다 수입이 많으므로, 따라서 수입이 가장 적은 프로그래머가 아니고 나이가 가장 어리지도 않다. 그러므로 나래는 프로그래머와 사진작가가 아닌 엔지니어이다. 이를 바탕으로 정리하면 해안이 가장 나이가 어리며 직업은 프로그래머이고, 나이가 가장 많은 미르의 직업은 사진작가가 된다.

25 문제해결능력 문제의 유형 파악하기

| 정답 | ①

| 해설 | (A)는 미래지향적으로 새로운 목표를 설정함에 따라 나타나는 목표지향적인 설정형 문제에 해당한다. (B)는 불만이 야기된, 즉 이미 눈앞에 문제가 발생한 것으로 원상복귀가 필요한 발생형 문제에 해당한다. (C)는 현재는 눈에 보이지 않으나 방치하면 후에 큰 손실이 따르는 문제를 말하며 조사나 분석을 통해 찾을 수 있는 탐색형 문제에 해당한다.

26 사고력 사고 유형 파악하기

| 정답 | ③

| 해설 | 제시된 사고 방법은 가설 지향적 사고로, 실제 정보 수집이나 분석 활동에 앞서 그 과정이나 결과를 추론해 보는 것이다. 가설 지향적 사고가 유용한 경우로는 문제해결을 위한 시간적 제약으로 해결방안을 빠르게 수립해야 하는 경우, 일반적으로 나타나는 정형적인 문제의 원인 분석이 필요한 경우, 난해한 문제에 대해 원인을 명확히 알지 못해 찾아야 하는 경우, 여러 사안 및 그룹들이 감정적으로 대립하고 있는 경우, 실험 · 시행착오 · 실패가 비교적 자유롭게 허용되는 경우가 있다. 가설 지향적 사고는 관련 부서에 관련 자료를 요청해야 하는 일이 생길 수 있으므로, 사내 커뮤니케이션이나 정보공유가 제대로 이루어지지 않는 경우에는 가설 지향적 사고를 적용하기 어렵다.

27 문제처리능력 갈등 해결 전략 파악하기

| 정답 | ①

| 해설 | 수용은 어떠한 것을 받아들인다는 뜻으로, 행동이나 태도를 반드시 용서하는 것과는 관계없이 가치 자체를 긍정적으로 인식하는 것이다. 따라서 제시된 상황에서는 '알루미늄 제조 공장 조성 사업'에 대한 긍정적인 가치를 인식해 수용하고 있음을 알 수 있다.

| 오답풀이 |

② 경쟁은 같은 목적에 대하여 이기거나 앞서려고 서로 겨루는 것이다.

③ 협력은 우호적이고 생산적인 집단분위기를 형성하기 위하여 서로 돕는 것이다.

④ 회피는 현재 존재하지는 않는 혐오 자극을 피해 미리 특정 행동을 하는 것이다.

28 사고력 논리적 오류 이해하기

| 정답 | ④

| 해설 | A의 청정 시골을 고속도로로 뒤덮지 말자는 말은 지나친 개발을 하지 말자는 것인데, B는 아예 고속도로를 놓지 말자는 말이냐며 그럼 어떻게 통행을 하냐는 식으로 논점에서 벗어난 왜곡된 반론을 하고 있다. 이는 허수아비 공격의 오류를 범하고 있는 것으로, 이와 같은 오류를 범하고 있는 것은 ④이다.

| 오답풀이 |

① 많은 사람의 선호나 인기를 이용하여 자신의 주장을 정당화하는 대중(여론)에 호소하는 오류이다.

② 부적합한 사례나 제한된 정보를 근거로 한 주장을 일반화하는 성급한 일반화의 오류이다.

③ 주장하는 논리와는 관계없이 상대방의 인격을 손상하며 주장이 틀렸다고 비판하는 인신공격의 오류이다.

29 사고력 시험 결과 추론하기

| 정답 | ③

| 해설 | A의 시험 점수가 19점이고 정답이면 2점 가점, 오답이면 1점 감점이므로 A는 10문제 이상 정답을 맞히고 오답으로 감점을 받아 19점이 된다는 것을 알 수 있다. 이를

바탕으로 추론하면 A가 전체 20문제 중 정답을 13문제 쓰고 오답을 7문제 썼다면 아무런 답을 쓰지 않은 문제 없이 19점을 받을 수 있다. 따라서 답을 쓰지 않은 문제가 반드시 있는 건 아니다.

| 오답풀이 |

④ 정답을 쓴 문제가 14문제일 경우 정답으로 받은 점수는 28점이므로 19점이 되려면 오답을 쓴 문제가 9문제여야 하는데 그럴 경우 문제 수가 23문제가 되므로 적절하지 않다.

30 사고력 dpi 이해하기

| 정답 | ②

| 해설 | 1,200dpi로 인쇄할 때 점의 개수는 300dpi로 인쇄할 때 점 개수의 16배인 1,440,000개이다.

| 오답풀이 |

① 500dpi로 인쇄하면 300dpi로 인쇄할 때보다 $500^2 - 300^2 = 160,000$(개) 더 많은 점을 넣을 수 있다.

③ 600dpi로 인쇄할 때 점의 개수는 360,000개이고, 200dpi로 인쇄할 때 점 개수는 40,000개이므로 그 차이는 9배이다.

④ 1,200dpi로 인쇄하면 600dpi로 인쇄할 때보다 $1200^2 - 600^2 = 1,080,000$(개) 더 많은 점을 찍어 넣을 수 있다.

31 문제처리능력 자료의 질문 추론하기

| 정답 | ④

| 해설 | 질문 중 출시하자마자 대박이 났다는 것과 관련한 답변이 없으므로 적절하지 않다. 3Q에는 '출시 과정에도 우여곡절이 많았다는데?'와 같은 질문이 적절하다.

| 오답풀이 |

① 국내뿐 아니라 중국, 베트남 등 글로벌 시장에서도 사랑받는 과자를 만들어내고자 하므로 4Q에 적절하다.

② 영업이익이 나타나 있는 2Q에 적절하다.

③ 실패와 시도를 거듭하고 있는 1Q에 적절하다.

32 사고력 브레인라이팅 기법 파악하기

| 정답 | ③

| 해설 | 제시된 내용은 타인의 아이디어를 검토하고 자기 의견을 기입하는 3단계에서 하는 것이다.

33 사고력 MECE의 적용 절차 이해하기

| 정답 | ③

| 해설 | MECE(Mutually Exclusive Collectively Exhaustive)는 문제를 분석하기 위하여 서로 중복하지 않으면서 빠짐없이 나눈 분석적 사고기법을 말한다. MECE의 문제해결 절차는 다음과 같다.

(1) 중심 제목에 문제의 핵심을 정리한다.

(2) 어떤 것이 문제의 핵심 요소인지 여러 가지 분류 기준으로 분해하여 기록한다.

(3) 이렇게 분해된 각각의 핵심 요소를 또다시 하위 핵심요소로 분해한다.

(4) 분해된 핵심 요소가 중복과 누락 없이 전체를 포함하고 있는지 확인한다.

(5) 분해된 요소 중 실행 가능한 요소를 찾아낸다.

(6) 실행 가능한 요소를 분해할 수 없을 때까지 반복해서 분해한다.

(7) MECE라는 엄격한 틀로 파악한 내용에 대해 즉각 실행 가능한 대책을 제시한다.

(8) 이상적인 해결책이 아닌 현 상태에서 할 수 있는 최선의 실행 가능한 해결책을 제시한다.

(9) 최선의 선택이라고 판단하여 제시한 대책이 유효하지 않을 경우 선택하지 않은 방법 중 최선의 방법을 다시 제시하고 실행한다.

〈보기〉의 내용을 이에 맞게 나열하면 ⑥-ⓒ-ⓔ-ⓑ-ⓐ-ⓓ가 적절하다.

34 문제처리능력 교육과정 이수 날짜 구하기

| 정답 | ①

| 해설 | 각각의 날짜에 수강할 수 있는 과목을 표시하면 다음과 같다. 괄호 안의 숫자는 남은 수강 횟수를 의미한다.

www.gosinet.co.kr

gosinet

1회 기출예상

2회 기출예상

3회 기출예상

4회 기출예상

			202X년 1월			
일	월	화	수	목	금	토
			1 자(0) 예(1) 직(1)	2 예(0) 직(0)	3 정(1) 커(2)	4
5	6 정(0) 커(1)	7 커(0)	8 문(2)	9 문(1)	10 문(0)	11
12	13 실(4)	14 실(3)	15 실(2)	16 실(1)	17 실(0)	18
19	20	21	22	23	24	25
26	27	28	29	30	31	

따라서 가장 빨리 모든 교육과정을 이수할 수 있는 날은 1월 17일이다.

35 문제처리능력 그래프 분석하기

|정답| ③

|해설| 4월 온, 오프라인의 판매량을 비교하면 온라인은 $297,000 \times 0.24 = 71,280$(대), 오프라인은 $660,000 \times 0.19 = 125,400$(대)가 판매되었다. 따라서 4월은 오프라인보다 온라인 판매량이 더 적다.

|오답풀이|

① 3월의 온라인 판매량은 $297,000 \times 0.14 = 41,580$(대)이다.

② 온라인, 오프라인 모두 5월이 각각 38%, 33%로 판매량이 가장 많다.

④ 6월의 오프라인 판매량은 $660,000 \times 0.23 = 151,800$(대)로 5월의 오프라인 판매량인 $660,000 \times 0.33 = 217,800$(대)와 대비하여 $\frac{217,800 - 151,800}{217,800} \times 100 ≒ 30.3$(%)감소하였다.

36 문제처리능력 맥락에 맞게 문장 배열하기

|정답| ③

|해설| 일단 개기월식이 있는 날이라며 일상적인 소개로 주제를 제시하는 (마)가 가장 먼저 와야 한다. 이어서 사람들

이 개기월식에 흔히 가지고 있는 잘못된 생각을 소개하고 이에 대해 정정하는 (다)가 와야 한다. 다음으로는 개기월식 때 햇빛의 일부가 달에 도달하게 되는 과정을 설명한 (가), 이렇게 도달한 빛이 붉은색으로 변하는 이유를 설명한 (나)가 차례대로 이어져야 한다. 마지막으로 유사한 예시를 들며 정리하는 (라)가 이어져야 한다. 따라서 순서는 (마) – (다) – (가) – (나) – (라) 순이 가장 적절하다.

37 문제처리능력 반드시 거짓인 진술 고르기

|정답| ③

|해설| 85점을 얻기 위해서는 9문제를 맞히고 1문제를 틀리면 된다. 따라서 '라'가 어느 문제를 틀렸는지를 알 수 있다면 모든 문제의 정답을 알 수 있게 된다. 만일 3번 문제의 정답이 X라면 '라'는 3번 문제를 틀리게 되므로, 그 외 문제의 정답은 '라'가 제출한 답과 같음을 알 수 있다. 이를 기준으로 점수를 계산하면 다음과 같다.

문항	정답	가	나	다	라
1	O	O	X	X	O
2	X	X	O	O	X
3	X	O	O	O	O
4	X	O	O	X	X
5	O	X	X	O	O
6	X	O	X	X	O
7	O	O	O	O	O
8	X	X	X	X	X
9	O	O	O	O	O
10	O	O	O	O	O
점수 (점)	100	70−15 =55	50−25 =25	70−15 =55	85

따라서 3번 문제의 정답이 X일 때 네 사람의 점수가 문제의 조건과 일치하므로 3번 문제의 정답은 X이다.

|오답풀이|

① 1번 문제의 정답이 X라면 '라'는 1번 문제를 틀리게 되므로, 그 외 문제의 정답은 '라'가 제출한 답과 같다. 이 경우 '나'는 7문제를 맞춰 55점, '다'는 9문제를 맞춰 85점을 획득하게 되므로 옳지 않다. 따라서 1번 문제의 정답은 O임을 알 수 있다.

② 2번 문제의 정답이 O라면 '라'는 2번 문제를 틀리게 되므로 그 외 문제의 정답은 '라'가 제출한 답과 같다. 이 경우 '나'는 7문제를 맞춰 55점, '다'는 9문제를 맞춰 85점을 획득하게 되므로 옳지 않다. 따라서 2번 문제의 정답은 X임을 알 수 있다.

38 사고력 논리적 오류 이해하기

|정답| ④

|해설| 제시된 ㉠에서는 무지에 호소하는 오류를 범하고 있다. 무지에 호소하는 오류는 전제가 거짓으로 증명되어 있지 않은 것을 근거로 참임을 주장하거나 전제가 참으로 증명되어 있지 않은 것을 근거로 거짓임을 주장하는 오류로, 이와 같은 오류는 ④에서 나타나고 있다.

|오답풀이|

① 특수하고 부족한 양의 사례를 근거로 섣불리 일반화를 하고 판단하는 성급한 일반화의 오류를 범하고 있다.

② 부당하게 적용된 비유에 의해 일부분이 비슷하다고 해서 나머지도 비슷할 것이라고 여기는 잘못된 유추의 오류를 범하고 있다.

③ 개별적으로는 참이나, 그 부분들의 결합으로는 거짓인 것을 참으로 주장하는 결합(합성)의 오류를 범하고 있다.

39 문제처리능력 자료 분석을 통해 문제해결하기

|정답| ④

|해설| • 과장 B : 조달청 입찰참가자격 등록은 개찰일 전일인 5월 31일까지 해야 한다.

• 대리 D : 입찰등록 시 입찰보증금을 내는 것은 모든 입찰자가 아니라 낙찰자로 선정된 입찰자이다.

40 문제처리능력 자료 분석을 통해 문제해결하기

|정답| ④

|해설| 공사기간은 제시되어 있지만 시작일은 제시되어 있지 않다.

|오답풀이|

① '2. 입찰참가자격'에 따라 건설산업기준법에 의한 기계

설비공사업 면허를 보유하고 조달청 나라장터(G2B) 시스템 이용자 등록을 필한 업체는 참가 가능하다.

② '4. 낙찰자 결정방법'에 따라 답변할 수 있다.

③ 전자입찰서 개찰일은 20XX년 6월 1일 11시로 입찰담당관 PC에 낙찰자 결정 직후 온라인에 게시된다.

제3영역(41~60)

41 정보능력 자료, 정보, 지식 구분하기

|정답| ④

|해설| 맥도너(McDonough)의 정보경제학에 따르면 정보와 지식을 교환 가능한 용어로 사용하고 있지만 일반적으로 자료와 정보, 지식과의 관계를 '자료⊇지식⊇정보'와 같은 포함관계로 나타낼 수 있다.

42 정보능력 5W2H 원칙 이해하기

|정답| ②

|해설| 정보의 소스(정보원)를 파악하는 단계는 Where(어디에서)에 해당한다.

보충 플러스+

정보 기획의 5W2H
① What(무엇을?) : 정보의 입수대상을 명확히 한다.
② Where(어디에서?) : 정보의 소스(정보원)를 파악한다.
③ When(언제까지?) : 정보의 요구(수집)시점을 고려한다.
④ Why(왜?) : 정보의 필요목적을 염두에 둔다.
⑤ Who(누가?) : 정보활동의 주체를 확정한다.
⑥ How(어떻게?) : 정보의 수집방법을 검토한다.
⑦ How much(얼마나?) : 정보수집의 비용성(효용성)을 중시한다.

43 컴퓨터활용능력 정보검색 방식 파악하기

|정답| ③

|해설| 인터넷을 이용한 정보검색 시 검색엔진의 유형에는 대표적으로 키워드 검색 방식, 주제별 검색 방식, 자연어 검색 방식, 통합형 검색 방식 등이 있다.

보충 플러스+

검색엔진의 유형

키워드 검색 방식	– 찾으려는 정보와 관련된 핵심적인 언어인 키워드를 직접 입력하고 이를 검색엔진에 보내어 키워드와 관련된 정보를 찾는 방식 – 키워드가 불명확할 경우 검색 결과가 너무 많아 효율적 검색이 어려울 수 있음.
주제별 검색 방식	인터넷상에 존재하는 웹 문서들을 주제별, 계층별로 정리하여 데이터베이스를 구축한 후 이용하는 방식
자연어 검색 방식	검색엔진에서 문장 형태의 질의어를 형태소 분석을 거쳐 5W2H로 읽어 내고 분석하여 각 질문의 답이 들어 있는 사이트를 연결하는 방식
통합형 검색 방식	사용자가 입력하는 검색어들이 연계된 다른 검색엔진을 통하여 얻은 검색 결과를 사용자에게 보여 주는 방식

이 외에 주제별, 키워드 검색엔진의 기능을 모두 제공하는 하이브리드 검색 방식도 있다.

---

44 컴퓨터활용능력 텍스트에디터 이해하기

| 정답 | ④

| 해설 | 텍스트에디터는 글자들만 단순히 입력할 수 있으며 글자의 크기, 색깔 등은 표현이 불가능하다. 텍스트 파일로 저장이 되므로 전문적인 텍스트에디터가 없더라도 읽기가 가능하여, 불특정 다수에게 배포할 파일로 유리하다. 또한 문서를 직접 암호화할 수는 없으며 ZIP이나 RAR과 같은 프로그램으로 압축한 후 암호를 걸 수 있다. 대표적인 텍스트에디터로는 메모장이 있다.

| 오답풀이 |

ㄱ, ㄷ. 워드프로세서의 특성에 해당한다.

---

45 정보처리능력 정보 수집하기

| 정답 | ①

| 해설 | 숫자는 정보수집의 기준점이 될 수 있으므로 외우고 있는 것이 좋으며 필요할 때 찾아봐서는 안 된다.

---

46 정보처리능력 정보원의 종류 이해하기

| 정답 | ③

| 해설 | 1차 자료는 원래의 연구 성과가 기록된 자료로, 단행본, 레터, 연구보고서, 출판 전 배포자료, 신문, 잡지, 웹 정보자원 등이 있다. 반면, 2차 자료는 1차 자료에 포함되어 있는 정보를 압축 및 정리하여 읽기 쉬운 형태로 제공하는 자료로, 사전, 백과사전, 편람, 연감, 서지데이터베이스 등이 있다.

---

47 컴퓨터활용능력 데이터베이스의 필요성 이해하기

| 정답 | ②

| 해설 | 데이터베이스는 서로 연관된 파일을 의미하며, 여러 개의 파일이 서로 연관되어 있으므로 사용자는 정보를 한 번에 검색해 볼 수 있다. 데이터가 중복되지 않고 한 곳에만 기록되어 있으므로 데이터의 무결성, 즉 결함이 없는 데이터를 유지하는 것이 훨씬 쉽다. 데이터가 변경되면 한 곳에서만 수정하면 되므로 해당 데이터를 이용하는 모든 애플리케이션은 즉시 최신의 데이터를 이용할 수 있다.

| 오답풀이 |

① 데이터베이스 시스템을 이용하면 데이터의 중복이 현저하게 줄어들며, 여러 곳에서 이용되는 데이터를 한 곳에서만 가지고 있으므로 데이터 유지비용을 줄일 수 있다.

③ 데이터가 훨씬 조직적으로 저장되어 있으므로 이러한 데이터를 이용하는 프로그램의 개발이 훨씬 쉬워지고 기간도 단축된다.

④ 대부분의 데이터베이스 관리시스템은 사용자가 정보에 대한 보안등급을 정할 수 있게 해 준다. 예를 들어 어떤 부서의 관리자는 급여데이터에 대해 읽기 권한만을 가질 수 있고, 급여부서의 총책임자에게는 읽기와 쓰기 권한을 모두 부여하여 데이터를 변경할 수 있게 할 수 있다. 일반 사원에게는 읽기와 쓰기 권한 모두 허용되지 않으므로 급여사항에 대한 보안을 유지할 수 있다.

---

48 컴퓨터활용능력 컴퓨터를 활용하여 문서 작성하기

| 정답 | ①

| 해설 | 상대가 보낸 메일에 대해 답장하거나 해당 메일에 대한 문의가 있을 경우, 기존의 메일 제목에 'Re : '만 붙인 채로 그대로 회신하는 것이 상대방이 메일 내용을 파악하는 데 있어 훨씬 더 편리하다.

| 오답풀이 |

② 개인적으로 익숙한 프로그램보다는 회사에서 권장하는 프로그램을 사용하여 문서를 작성해야 한다.

③ 가공 가능한 상태로 파일을 공유할 경우 내용이 변질될 우려가 있으므로, 공동으로 작업을 하더라도 수정이 필요한 내용은 담당자 한 사람을 통하여야 한다.

④ 타 부서로부터 전달받은 파일을 마음대로 바꿔서는 안 되며, 파일을 임의로 변환할 경우 문서가 변형될 우려가 있다.

49 정보능력 정보사회의 특징 이해하기

| 정답 | ④

| 해설 | 정보사회에서는 시간 · 장소 · 연령 · 계층에 관계없이 누구나 쉽게 교육을 받을 수 있다.

50 컴퓨터활용능력 파워포인트 기능 이해하기

| 정답 | ②

| 해설 | 파워포인트의 '수식 도구' 기능을 통해 키보드에서 지원하지 않는 복잡한 수식을 입력할 수 있다.

| 오답풀이 |

① WordArt 기능을 통해 미리 설정되어 있는 다양한 디자인으로 글자를 입력할 수 있다.

④ 클립아트는 문서 제작 시 편리하게 이용할 수 있도록 모아놓은 그림들을 의미한다.

51 컴퓨터활용능력 데이터베이스의 작업 순서 이해하기

| 정답 | ③

| 해설 | 데이터베이스를 이용한 업무 작업 순서는 시작 → 데이터베이스 만들기(가) → 자료입력 → 저장 → 자료 검색(나) → 보고서 인쇄 → 종료 순서로 진행한다.

52 컴퓨터활용능력 스프레드시트 기능 이해하기

| 정답 | ①

| 해설 | 스프레드시트 차트의 추세선의 특성은 다음과 같다.

• 추세선은 데이터의 추세를 그래픽으로 표시하고 예측문제를 분석하는 데 사용한다.

• 두 개 이상의 추세선을 동시에 표시할 수 있다(ㄱ).

• 엑셀은 총 6개(선형, 로그, 다항식, 거듭제곱, 지수, 이동평균)의 추세선을 제공한다(ㄴ).

• 추세선을 사용할 수 있는 차트로는 누적형이 아닌 2차원 영역형, 가로 막대형, 세로 막대형, 꺾은선형, 주식형, 분산형, 거품형이 있다.

• 추세선을 사용할 수 없는 차트로는 3차원, 누적형, 방사형, 원형, 표면형, 도넛형이 있다.

• 추세선을 추가하려면 추가할 데이터 계열을 선택한 후 마우스 오른쪽을 클릭하여 [추세선 추가]를 선택한다.

• 추세선을 삭제하려면 차트에 표시된 추세선을 선택한 후 Delete키를 누르거나 바로가기 메뉴의 [삭제]를 선택한다(ㄷ).

| 오답풀이 |

ㄹ. 3차원 꺾은선형 차트에는 추세선을 사용할 수 없고, 차트를 3차원 꺾은선형으로 변형하면 추세선은 삭제된다.

53 컴퓨터활용능력 기억장치의 종류 이해하기

| 정답 | ②

| 해설 | 플래시 메모리(Flash Memory)는 전원이 차단되어도 기록이 남고 데이터의 입력과 수정이 자유로운 비휘발성 기억장치로, 빠른 속도와 적은 전력소모와 휴대가 간편하다는 장점을 가지고 2000년대부터 USB 드라이브로 사용되기 시작되어, 각종 메모리카드와 하드디스크의 결점을 보완하는 솔리드 스테이트 드라이브(SSD) 등의 형태로 대부분의 전자기기에서 사용되고 있다.

| 오답풀이 |

① 클라우드 스토리지(Cloud Storage)는 데이터를 네트워크에 저장하는 시스템 혹은 이를 제공하는 호스팅 업체의 서비스를 의미한다.

③ 하드 디스크 드라이브(Hard Disk Drive)는 컴퓨터의 보조기억장치로 주로 사용되는 대용량의 비휘발성 기억장치이다.

④ 캐시 메모리(Cache Memory)는 데이터를 빠르게 로드하기 위한 데이터를 미리 복사하여 저장하는 기억장치로 주로 CPU나 디스크 옆에 부착되어 있다.

54 컴퓨터활용능력 스프레드시트 활용하기

| 정답 | ④

| 해설 | 2022년 시장 점유율 1, 2, 3위는 순서대로 JL(48.7%), KWO(16.7%), BH(9.8%)이다.

| 오답풀이 |

① 지역별 시장 점유율이 0인 지역이 8개 이상인 회사는 CB, HIL, MH 총 세 곳이다.

② 지역별 시장 점유율 편차가 가장 큰 회사는 시장 점유율 92.2%와 0% 지역이 있는 HIL이다.

③ KWO의 연도별 시장 점유율은 2018년 5%에서 2022년 16.7%로 꾸준하게 증가하였다.

55 컴퓨터활용능력 워드프로세서 기능 이해하기

| 정답 | ②

| 오답풀이 |

ㄷ. 차트를 선택하고 마우스 오른쪽 버튼을 눌러 [범례]를 선택하여 범례에 들어갈 글자의 옵션과 범례의 위치를 지정할 수 있다.

ㄹ. 차트를 선택하고 마우스 오른쪽 버튼을 눌러 [제목]을 선택하여 제목의 글자 크기 및 속성을 지정할 수 있다. 차트를 설명하는 캡션을 달기 위해서는 마우스 오른쪽 버튼을 눌러 [캡션 달기]를 선택하여 입력하며, 캡션의 위치는 [개체 속성]에서 설정할 수 있다.

56 컴퓨터활용능력 파워포인트 기능 이해하기

| 정답 | ④

| 해설 | 제시된 슬라이드 작성에서 목차에는 WordArt 기능이 사용되지 않았다. 4번 목차의 밑줄은 [글꼴]에서 설정할 수 있다.

57 컴퓨터활용능력 워드프로세서 기능 이해하기

| 정답 | ④

| 해설 | 글자에 취소선을 적용하기 위해서는 [글자 모양]-[기본]-[속성]에서 취소선을 선택한다.

58 컴퓨터활용능력 스프레드시트 기능 이해하기

| 정답 | ②

| 해설 | [셀 서식]-[표시 형식]-[사용자 지정]에서 형식을 yyyy-mm-dd(aaa)로 설정하면 2019-05-13(월)과 같은 형식으로 나타난다.

| 오답풀이 |

① 셀 표시 형식을 yyyy-mm-dd(aaaa)로 설정하면 2019-05-13(월요일)과 같은 형식으로 나타난다.

59 컴퓨터활용능력 엑셀 함수 활용하기

| 정답 | ③

| 해설 | AVERAGEIF(C3:C11, ">=2,000")는 [C3]과 [C11] 사이에 있는 값들 중 2,000보다 크거나 같은 값들의 평균을 구하는 함수식이다.

따라서 $\dfrac{3,000+5,000+5,000+2,000+3,000+3,000}{6}$ $=3,500$이다.

60 컴퓨터활용능력 파워포인트 단축키 알기

| 정답 | ④

| 해설 | Ctrl+M은 '새 슬라이드 추가'의 단축키이다.

제4영역(61~80)

61 기술선택능력 벤치마킹의 종류 파악하기

| 정답 | ④

| 해설 | A 기업은 경쟁기업인 B 기업을 분석하여 벤치마킹을 실행하였다. 이는 동일 업종에서 고객을 공유하는 경쟁기업을 대상으로 하는 경쟁적 벤치마킹에 해당한다.

| 오답풀이 |

① 내부 벤치마킹은 같은 기업 내의 다른 지역, 타 부서, 국가 간의 유사한 활용을 비교 대상으로 한다.

② 간접적 벤치마킹은 인터넷 및 문서형태의 자료를 통해서 수행한다.

③ 글로벌 벤치마킹은 프로세스에 있어 최고로 우수한 성과를 보유한 동일업종의 비경쟁적 기업을 대상으로 한다.

62 기술능력 위험요인 구분하기

|정답| ①

|해설| 개인적(비업무적) 위험요인으로는 유전, 성, 연령, 성격, 식습관, 흡연, 운동습관 등이 있다. 가 직원은 본인이 기존에 가지고 있는 병으로 인해 뇌심혈관 질환의 발병 위험이 있는 것으로 나타났다.

|오답풀이|

②는 사회심리적 요인, ③은 정신적 요인, ④는 화학적 요인으로 모두 업무적 위험 요인에 해당한다.

63 기술능력 저탄소 계획기법 이해하기

|정답| ④

|해설| 저탄소 녹색도시로 탈바꿈하기 위한 계획 중 하나인 녹색교통정책은 도로상의 에너지 절감과 도시환경 개선에 관한 정책으로, 대표적인 녹색교통수단으로는 보행, 자전거, 대중교통 등이 있다.

구분	계획지표	계획기법
탄소 저감	토지이용	바람길을 고려한 단지 배치, 복합적 토지 이용
	녹색교통	대중교통연계시스템, 친환경 교통수단, 자전거 활성화 시스템, 보행권 중심의 저탄소 녹색교통 수단 도입
	자원순환	우수유출 억제, 빗물이용, 쓰레기·폐기물 재활용
	에너지 창출	태양광, 태양열, 지열시스템, 집단에너지공급시스템
탄소 흡수	공원녹지	저탄소 공원녹지 계획, 공원녹지의 네트워크 강화
	생태공간	자연형 하천 조성

64 기술능력 노하우의 개념 알기

|정답| ②

|해설| 노하우(Know-how)는 경험적이고 반복적인 행위에 의해 얻어지는 것이며, 노와이(Know-why)는 이론적인 지식으로서 과학적인 탐구에 의해 얻어지는 것이다.

65 기술능력 기술능력 향상 방법 이해하기

|정답| ②

|해설| 전문연수원을 통한 기술과정 연수를 실시할 경우, 연수비가 자체적으로 교육을 하는 것보다 저렴하며, 고용보험환급을 받을 수 있어 교육비 부담이 적다.

66 기술적용능력 4차 산업혁명 이해하기

|정답| ③

|해설| (A)는 기존 업체(제조업체)가 혁신을 주도하며 혁신의 성격은 존속적이라고 하였다. 따라서 (A)에 해당되는 디지털 전환 사례는 스마트공장이다.

|오답풀이|

①, ② (B)에 해당한다.

④ (C)에 해당한다.

구분	유형 I	유형 II
혁신의 성격	존속성	파괴적 혹은 보완적
혁신의 주도	기존 업체(제조업체)	외부의 ICT 기업과 스타트업
주요 사례	산업인터넷, 스마트공장	• 파괴적 : 자율주행차, O2O, 핀테크 • 보완적 : 디지털 헬스케어, 스마트 에너지, 리걸테크
혁신의 주안점	하드웨어 장비 제조역량과 소프트웨어의 결합	주로 소프트웨어적 혁신

67 기술이해능력 재생에너지의 종류 이해하기

|정답| ①

|해설| 재생에너지는 햇빛, 물, 바람, 옥수수, 사탕수수와 같은 식물, 동물의 배설물, 우리가 사용하고 버린 폐기물과 같이 재생 가능한 에너지를 전기, 열 또는 연료로 변환시켜 이용하는 에너지로, 태양에너지, 풍력에너지, 수력에너지, 해양에너지, 지열에너지, 바이오에너지, 폐기물에너지 등이 이에 속한다. 신에너지는 기존에 쓰이던 석유, 석탄, 천연

www.gosinet.co.kr

gosinet

1회 기출예상

2회 기출예상

3회 기출예상

4회 기출예상

가스 등과 같은 전통적 에너지원에 새로운 기술을 도입하여 얻은 새로운 에너지로, 연료전지, 석탄액화가스화, 수소에너지 등이 이에 속한다.

68 기술이해능력 적정기술 이해하기

| 정답 | ④

| 해설 | 적정기술은 지역사회의 사회 · 경제 · 정치 · 문화적 조건에 적합하고 환경에 대한 영향을 줄이면서 삶의 질을 향상시키는 기술로, 거대 · 첨단기술과는 달리 수요자의 필요, 환경 친화적, 가치와 편익의 나눔 등을 가치로 두고 있다. 따라서 가치와 편익의 집중은 적정기술에 해당하지 않는다.

보충 플러스+

거대기술과 적정기술

거대기술		적정기술

중앙 집중, 권위주의	• 따뜻한 자본주의
	• 정보통신기술 발전
	• 거대기술의 위험과
	  기술 민주주의
	• MDG, 지속가능한
	  발전
	• 기업의 사회적 책임
	• 사회적 경제
		분산형, 민주주의

공급자 중심		수요자의 필요
자본집약적		노동집약적
환경파괴		환경친화적
복잡, 거대		단순, 소규모
기술 발전		삶의 질 향상
가치와 편익의 집중		가치와 편익의 나눔

69 기술이해능력 기술시스템 이해하기

| 정답 | ④

| 해설 | 기술시스템은 인공물의 집합체만이 아니라 회사, 투자회사, 법적 제도, 정치, 과학, 자연자원을 모두 포함하는 것이기 때문에 기술적인 것과 사회적인 것이 결합해서 공존하고 있다. 이러한 의미에서 기술시스템은 사회기술시스템이라고 불리기도 한다.

70 기술이해능력 실패를 성공으로 만드는 포인트 알기

| 정답 | ②

| 해설 | 두 사례 모두 실제 업무의 성공가능성을 높이기 위해 실패의 고통스러운 순간을 체험하는 가상 실패 체험을 하고 있다. 실제 현장을 잘 알고 미리 비슷한 작은 실패를 경험했다면 안전관리나 고객의 불만을 보다 진지하게 생각하면서 타인의 실패를 자신의 성공으로 만드는 것이다.

71 기술적용능력 기술경영자의 능력 파악하기

| 정답 | ④

| 해설 | AMD 부사장 리사 수는 기존의 기술인 CPU와 GPU에만 집중하지 않고 새로운 기술이지만 효과적으로 활용되지 못했던 APU를 적절하게 활용하였다. 따라서 김 사원은 리사 수의 사례에서 '빠르고 효과적으로 새로운 기술을 습득하고 기존의 기술에서 탈피하는 능력'을 배울 수 있다.

72 기술선택능력 기술선택의 우선순위 결정하기

| 정답 | ③

| 해설 | 제품의 성능이나 원가에 미치는 영향력이 큰 기술을 우선적으로 선택해야 한다.

73 기술선택능력 산업재산권의 종류 파악하기

| 정답 | ③

| 해설 | 전○○ 씨는 물품의 외관에 탁월한 심미성을 갖춘 디자인을 접목하였고 이를 B 회사에서 모방하였다. 심미감을 느낄 수 있는 물품의 형상, 모양은 산업재산권 중 디자인권에 해당한다.

| 오답풀이 |

① 상표권은 회사가 자사제품의 신용을 유지하기 위해 제품이나 포장 등에 표시하는 상호나 마크에 관한 산업재산권이다.

② 특허권은 자연법칙을 이용한 기술적 사상(idea)의 창작으로서 기술 수준이 높은 것에 해당하는 산업재산권이다.

④ 실용신안권은 기술적 창작 수준이 소발명 정도인 실용적인 창작을 보호하기 위한 산업재산권이다.

74 기술능력 산업재해의 원인 파악하기

| 정답 | ④

| 해설 | 산업재해의 직접적 원인에는 불안전한 행동과 불안전한 상태가 있다. 제시된 사례 속 민 사원은 매뉴얼을 충분히 숙지하고, 작업 매뉴얼에 따라 기기 가동 준비를 하였으므로 불안전한 행동이 나타나지 않았다. 사고의 원인은 시설물의 결함이므로 이는 불안전한 상태에 해당한다.

보충 플러스+

산업재해의 직접적 원인
• 불안전한 행동 : 위험 장소 접근, 안전장치 기능 제거, 보호 장비의 미착용 및 잘못 사용, 운전 중인 기계의 속도 조작, 기계 · 기구의 잘못된 사용, 위험물 취급 부주의, 불안전한 상태 방치, 불안전한 자세와 동작, 감독 및 연락 잘못 등
• 불안전한 상태 : 시설물 자체 결함, 전기 시설물의 누전, 구조물의 불안정, 소방기구의 미확보, 안전 보호 장치 결함, 복장 · 보호구의 결함, 시설물의 배치 및 장소 불량, 작업 환경

75 기술선택능력 제품설명서 이해하기

| 정답 | ④

| 해설 | [A/S 및 A/S 보내기 전 확인 사항]의 세 번째 항목을 보면 구성품에 대한 언급이 있으나 이는 A/S를 보내기 전 확인해야 할 사항이다. 김 사원은 마사지건이 작동되지 않는 원인을 찾고자 하므로 구성품이 모두 있는지 확인하는 것은 적절하지 않다.

76 기술선택능력 제품 설명서 이해하기

| 정답 | ①

| 해설 | 전기요금이 많이 나오는 경우에 대한 설명은 〈사용 시 주의사항〉에 나와 있다. 공기 청정 운전은 에어컨 내부의 습기와 곰팡이를 제거하는 방법으로, 〈장시간 사용하지 않을 때 제품 보관 방법〉에 제시되어 있다.

77 기술선택능력 제품 설명서 이해하기

| 정답 | ④

| 해설 | 〈A/S 신청 전 확인사항〉 중 정상보다 시원하지 않을 때 해야 하는 확인 항목을 살펴보면, 네 번째 항목에 햇빛이 실내로 직접 들어오는지 확인해 보라는 지침이 있다.

78 기술선택능력 제품 설명서 이해하기

| 정답 | ③

| 해설 | 〈A/S 신청 전 확인사항〉 중 실내기에 물이 넘쳤을 때 해야 하는 확인 항목에서 무거운 물건이 호스를 눌렀는지, 배수 호스 끝이 물받이 연결부보다 높게 설치되었는지, 호스가 꼬여 있는지를 확인해야 함을 알 수 있다.

79 기술선택능력 산업재산권의 종류 이해하기

| 정답 | ④

| 해설 | 화물 유동량 증가를 유도하기 위한 M사의 인센티브 지급 계획은 아직 계획 단계이며, 무형의 전략 자체가 반드시 산업재산권으로 보호받을 수 있다고 할 수는 없다.
| 오답풀이 |
① 특허권에 해당한다.
② 상표권에 해당한다.
③ 디자인권에 해당한다.

80 기술선택능력 산업재산권의 특징 이해하기

| 정답 | ②

| 해설 | 특허권의 가장 기본적인 목적은 독점권을 보장받는 것에 있다. 나만이 가지고 있는 독창적인 기술에 대한 보호이며, 이러한 기술을 제3자가 무단으로 따라하지 않도록 하는 힘을 가지고 있는 것이 특허권이다.
| 오답풀이 |
③ 상표권의 가장 중요한 내용은 지정상품에 대하여 그 등록상표를 사용하는 것인데, 그 외에도 상표권은 재산권의 일종으로서 특허권 등과 같이 담보에 제공될 수 있으며, 지정상품의 영업과 함께 이전할 수도 있다.

3회 기출예상문제[발전기계, 발전화학] 문제 140쪽

01	①	02	④	03	②	04	③	05	①
06	②	07	③	08	③	09	③	10	②
11	④	12	②	13	④	14	③	15	③
16	③	17	④	18	②	19	③	20	④
21	①	22	④	23	①	24	③	25	②
26	②	27	④	28	④	29	③	30	③
31	②	32	③	33	②	34	④	35	①
36	③	37	①	38	④	39	③	40	②
41	④	42	②	43	④	44	②	45	④
46	③	47	③	48	④	49	③	50	④
51	②	52	④	53	③	54	④	55	①
56	①	57	②	58	①	59	①	60	②
61	②	62	③	63	②	64	④	65	②
66	①	67	①	68	④	69	①	70	②
71	③	72	①	73	③	74	④	75	④
76	③	77	④	78	①	79	③	80	①

제1영역(01~20)

01 문서작성능력 문장 수정하기

| 정답 | ①

| 해설 | 깔끔한 문장을 위해서는 가능한 한 '및'을 사용하지 않는 것이 좋다.

| 오답풀이 |

② 마케팅 계획 및 전략 수립 시 영업부서의 의견을 반영하도록 한다.
  → 마케팅 계획과 전략을 수립할 때 영업부서의 의견을 반영한다.

③ 적절한 담당자의 도움을 받아 연구 및 프로젝트 수행을 할 수 있다.
  → 적절한 담당자의 도움을 받아 연구와 프로젝트를 수행한다.

④ 프로젝트 진행 과정 판단 미숙으로 문제 발생 확률 예측 실패 야기 가능성을 점검한다.

  → 프로젝트 진행을 잘못 판단하여 문제가 발생할 확률을 예측하지 못하는지 점검한다.

02 의사표현능력 스트로크 유형 이해하기

| 정답 | ④

| 해설 | 스트로크(Stroke)는 내용에 따라 긍정적 스트로크와 부정적 스트로크로 나누고, 조건 형성 여부에 따라 조건부 스트로크와 무조건부 스트로크로 나눌 수 있다. ④는 부정적 무조건부 스트로크의 사례이다.

03 문서이해능력 세부 내용 이해하기

| 정답 | ②

| 해설 | 두 번째 문단을 보면 콜탄은 처리 과정을 거쳐 탄탈륨이 되며, 강도가 세지고 전하량도 높아 광학용 분산유리와 TV, 항공기 재료, 휴대폰 등에 쓰인다고 나와 있다.

| 오답풀이 |

① 세 번째 문단을 보면 지난해 콜탄 1, 2위 생산국은 민주콩고와 르완다로, 두 나라가 전 세계 콜탄 생산량의 66%를 차지하고 있다고 나와 있다.

③ 마지막 문단에 콩고 내전은 1996년 시작돼 2003년 공식 종료됐으나, 이후로도 크고 작은 분쟁이 그치질 않고 있다고 나와 있다.

④ 세 번째 문단을 보면 미국의 지난해 9월 콜탄 1kg당 값은 224달러였으며, 이는 1월의 193달러에서 16%가 올랐다고 나와 있다.

04 문서작성능력 기사 제목 작성하기

| 정답 | ③

| 해설 | 기사문의 내용에 따르면 스마트폰의 자원으로 쓰이는 콜탄의 1위 생산국은 민주콩고이며 이 콜탄이 민주콩고의 내전 장기화에 한몫을 하고 있는 상황이다. 따라서 '휴대폰을 바꿀 때마다 콩고 주민이 죽는다.'는 제목이 가장 적절하다.

05 문서이해능력 반론 제기하기

|정답| ①

|해설| 제시된 글은 현대 사회의 산업화가 풍요로운 물질문명의 혜택을 가져왔으나 이것이 환경오염과 환경 파괴를 초래하였다는 보편적인 인식을 바탕으로 환경 보존의 중요성을 강조하여 '환경 보전과 조화를 이루는 개발', 현대 과학 기술을 통한 환경 문제의 해결 전망을 제시하고 있다. 따라서 이에 대한 반론으로 환경 보전과 개발의 양립이 어렵다는 문제를 제기할 수 있다.

06 문서이해능력 포용적 성장 사례 적용하기

|정답| ②

|해설| 제시된 글에서는 포용적 성장을 낙수효과와 다른 의미로 언급하고 있으며 오히려 그와 상반되는 분수효과에 기초를 둔 개념으로 설명한다. 따라서 근로자의 삶의 질 개선을 통한 전 국민의 행복을 유도하는 것이 이에 해당된다. 나머지 선택지에 제시된 내용들은 모두 전형적인 낙수효과에 근거한 현상들이라고 볼 수 있다.

07 문서이해능력 세부 내용 이해하기

|정답| ③

|해설| '(지원내용)'에서 에너지바우처는 현금으로는 지급되지 않는다고 직접 명시되어 있고, 표를 통해 요금차감 혹은 국민행복카드 중 택일하는 방식의 지원임을 알 수 있다.

|오답풀이|

① '(지원대상)'에서 가구원특성기준에는 수급자 본인뿐만 아니라 수급자의 세대원이 노인, 영유아, 장애인 및 임산부, 중증질환, 희귀질환 혹은 중증난치질환인 경우까지를 포함하고 있다.

② '(지원내용)'에서 3인 이상 가구의 겨울 지원금액은 145,000원으로, 여름 지원금액 11,500원의 15배 미만이다.

④ '(지원내용)'에서 겨울 바우처의 경우 등유, LPG, 연탄, 도시가스에 대해서는 국민행복카드를 통한 지원방식을 택하고 있고, 전기/도시가스/지역난방 중 한 가지에 대해서는 요금차감 방식으로 지원하고 있으므로, 반대로 서술하고 있다.

08 문서이해능력 글을 읽고 추론하기

|정답| ③

|해설| 지원기간이 8월 28일부터 10월 11일인 점에서 위 추가지원의 적용은 10월 16일부터 사용이 가능한 겨울 바우처만을 대상으로 함을 추측할 수 있고, 겨울 바우처의 사용기간은 2019년 10월 16일부터 2020년 4월 30일이므로 맞는 내용이다.

|오답풀이|

① 추가 대상가구로 한부모가족, 소년소녀가정 역시 생계 또는 의료급여 수급자가 포함된 가구라는 소득기준을 명시하고 있다.

② 에너지바우처 추가신청기간은 10월 11일까지고, 9월 30일은 추가신청 이전의 에너지바우처 지원신청기간 마감일이다.

④ 제시된 자료의 '(지원절차)'에 따르면 기존에도 수급자 본인 이외에 수급자의 가족이 신청접수를 할 수 있었다.

09 문서작성능력 내용에 맞는 속담 파악하기

|정답| ③

|해설| '눈먼 말 워낭소리 따라간다'는 무식한 사람이 남이 일러 준 대로 따라간다는 의미의 속담이다.

|오답풀이|

① 드나드는 개가 꿩을 문다 : 사람이 잘 살려면 부지런히 일해야 한다.

② 닭 쫓던 개 지붕 쳐다보듯 : 애쓰던 일이 헛수고로 돌아가다.

④ 토끼 둘 잡으려다 하나도 못 잡는다. : 욕심을 부려 한꺼번에 여러 일을 하려 하다 어느 한 가지도 이루지 못하게 되다.

10 문서이해능력 자료를 바탕으로 질문 대응하기

|정답| ②

|해설| ⓒ '2. 평가의 시행-나. 평가자료 제출 및 실사-(1) 평가자료-계량지표' 항목을 보면 별도의 평가자료가 필요한 경우 제출한다고 명시되어 있다. 실적보고서의 증빙서를 제출해야 하는 경우는 계량지표가 아닌 비계량지표 평가이다.

| 오답풀이 |

㉠ '2. 평가의 시행-가. 평가시기' 항목을 통해 알 수 있다.

㉢ '2. 평가의 시행-나. 평가자료 제출 및 실사-(2) 계량 / 비계량지표에 대한 실사-실사시기' 항목을 통해 알 수 있다.

㉣ '2. 평가의 시행-나. 평가자료 제출 및 실사-(2) 계량 / 비계량지표에 대한 실사-실사반 구성' 항목을 통해 알 수 있다.

11 문서이해능력 변경 사항을 바탕으로 수정하기

| 정답 | ④

| 해설 | 평가 담당자는 새로운 계량지표를 도입하고 상하반기 점수의 평균으로 평가하겠다는 내용을 전하였다. 상하반기에 치러지는 중간평가와 최종평가의 시기를 '2. 평가의 시행-가. 평가시기' 항목에서 찾아보면 계량지표의 중간평가의 대상기간은 평가 연도의 1 ～ 6월, 평가시기는 평가 연도의 7월이며, 최종평가의 대상기간은 평가 연도의 1 ～ 12월, 평가시기는 그 다음 연도 1 ～ 2월임을 알 수 있다. 실사 시기는 최종평가 이후 결과 확정 전이라고 명시되어 있는 바 20XX년 12월 20일은 실사일자가 되기 힘들기 때문에 ㉣은 수정되어야 한다.

12 문서이해능력 빈칸에 들어갈 단어 고르기

| 정답 | ②

| 해설 | • 제공(提供) : 무엇을 내주거나 갖다 바치다.

• 개시(開始) : 행동이나 일 따위를 시작하다.

| 오답풀이 |

• 제시(提示) : 어떠한 의사를 말이나 글로 나타내어 보이게 하다.

• 마감 : 하던 일을 마물러서 끝냄. 또는 그런 때.

13 문서이해능력 적절한 주제 파악하기

| 정답 | ④

| 해설 | 제시된 글은 '잊혀질 권리'에 대한 글이다. 인터넷 검색을 통해 오래된 정보도 쉽게, 누구나 찾을 수 있기 때문에 잊혀질 권리에 대한 논의는 더욱 많아지고 있음을 말하고 있다.

| 오답풀이 |

① 잊혀질 권리로 인해 발생하는 비용 처리에 대한 내용은 잊혀질 권리를 반대하는 사람들의 입장에서 볼 수 있으므로 글의 주제로 보기에 적절하지 않다.

② 정보 만료일은 잊혀질 권리의 해결책 중 하나로 제시되었을 뿐 제시된 글의 전체 주제는 될 수 없다.

③ 인터넷은 개방성을 가지고 있기 때문에 잊혀질 권리를 위하여 정보를 제한하고 제재한다면 이것은 인터넷의 본질이 불분명해진다는 잊혀질 권리를 반대하는 입장의 주장 중 하나이다.

14 문서이해능력 유의어 파악하기

| 정답 | ③

| 해설 | 밑줄 친 '쓰면'의 유의어는 약을 환자에게 복용시키거나 주사하다는 의미의 '투여하다(投與－)'가 적절하다.

• 투사(投射)하다 : 창이나 포탄 따위를 내던지거나 쏨. 어떤 상황이나 자극에 대한 해석, 판단, 표현 따위에 심리 상태나 성격이 반영되는 일

15 문서이해능력 글을 실제 사례에 적용하기

| 정답 | ③

| 해설 | 제시된 글의 핵심 내용은 '임금 및 여가의 가치에 따른 개인의 노동 공급 조절', '과세를 통한 대체 효과 및 소득 효과'이다. 따라서 임금에 따라 노동 투입 결정을 고려하고 있는 '나'와 세금 조절에 따라 노동 투입과 소비(여가) 촉진을 유도하는 '다'가 답이 된다.

16 문서이해능력 빈칸에 들어갈 내용 찾기

| 정답 | ③

| 해설 | 세금(소득세)이 부과되면 노동 시간을 줄이는 대체 효과나 노동 시간을 늘리는 소득 효과가 발생한다. 따라서 빈칸에는 '소득세 부과에 따른 노동 시간의 결정'이 들어가야 한다.

17 문서이해능력 세부 내용 이해하기

|정답| ④

|해설| 자율준수담당자와 관리부서장은 해당 부점의 자율준수관리를 위한 임무를 수행하지만, 타 부점과의 업무 연계에 관한 내용은 언급되어 있지 않다.

18 문서이해능력 제시글의 표현 형식 파악하기

|정답| ②

|해설| 상반되는 의견의 대립 구조는 제시된 글에서 찾아볼 수 없다.

|오답풀이|
① 3D 프린팅 기술의 사업화, 상용화 단계의 요원함을 전문가의 주장을 인용함으로써 객관성을 확보한 것으로 볼 수 있다.
③ 3D 프린터로 만든 신체 일부를 인간의 몸속에 넣었을 때의 반응에 대한 연구가 더 필요하다는 사실은 3D 프린팅 기술의 사업화가 늦어지는 것에 대한 과학적인 근거가 된다.
④ 3D 프린팅 기술의 실제 활용을 위해서는 생체 적합성을 파악하기 위해 후보물질 테스트 등이 활용될 것이라는 인용문을 통해 문제의 해결 방향을 제시하였다.

19 문서이해능력 세부 내용 이해하기

|정답| ③

|해설| 세 번째 문단에 따르면 △△공사는 2002년부터 국가자격체계 운영 및 평가의 기반이 되는 국가직무능력표준(NCS) 개발사업도 정부로부터 위탁받아 수행하고 있으며, 타 기관으로 재위탁되었다는 내용은 나와 있지 않다.

20 문서작성능력 문맥에 맞게 문단 배열하기

|정답| ④

|해설| (라)는 이 글의 도입부분으로 샌드위치 백작 4세인 존 몬테규에 대해 설명하면서 우리에게 흔히 알려져 있는 샌드위치에 기원에 대해 설명하고 있다. 뒤이어 (라)에서 언급한 샌드위치 기원이 잘못 알려졌다고 설명하면서 우리가 잘 알지 못하는 샌드위치의 기원에 대해 설명하고 있는

(가)가 와야 한다. 그 다음으로 샌드위치가 보편적 음식으로 바뀌게 되었다고 설명하는 (다)가 와야 하고 널리 알려짐에 따라 샌드위치의 종류가 이전보다 다양해졌음을 얘기하는 (마)가 이어질 수 있으며 마지막으로 점점 거대해지고 있는 샌드위치 시장에 대한 내용인 (나)가 온다.
따라서 (라)-(가)-(다)-(마)-(나) 순이 적절하다

제2영역(21~40)

21 문제해결능력 문제해결을 위한 사고 이해하기

|정답| ①

|해설| 문제에 봉착했을 경우 차분하고 계획적인 접근이 필요하며, 자칫 우리가 흔히 알고 있는 단순한 정보들에 의존하게 되면 문제를 해결하지 못하거나 오류를 범할 수 있다.
문제해결을 위해 필요한 4가지 기본적 사고로는 다음과 같은 것들이 있다.
• 전략적 사고를 해야 한다.
• 분석적 사고를 해야 한다.
• 발상의 전환을 하라.
• 내·외부 자원을 효과적으로 활용하라.

22 사고력 등수 추론하기

|정답| ④

|해설| 제시된 조건에 따르면 F가 D보다 먼저 들어오고, G가 F보다 먼저 들어왔다. 또한 A가 F보다 먼저 들어왔으나 1등은 아니므로 G-A-F-D 순으로 들어왔음을 알 수 있다. 따라서 첫 번째로 결승점에 들어온 직원은 G이다.

23 문제처리능력 일정표 파악하기

|정답| ①

|해설| 1일차 석식은 여행사에서 제공하지 않고 활어회 등으로 손님들이 각자 자유롭게 식사하도록 되어 있다.

|오답풀이|
③ 성인 2명, 어린이 1명이므로 2·3인 1실을 사용할 경우 숙박비는 $(149,000 \times 2) + 139,000 = 437,000$(원)이다.

24 사고력 논리 추론하기

| 정답 | ③

| 해설 | 월요일부터 금요일까지 갑과 을은 한 명씩 번갈아서 근무한다. 일요일은 정과 무가 근무하므로 2명이 근무한다. 마지막 조건이 의미하는 바는 정과 무는 평일에 같이 근무하지 않는다는 것이다. 정은 평일 3일을 근무하므로 평일 1일을 근무하는 무와는 같이 근무를 설 수 없고 평일 4일을 근무하는 병과 함께 근무를 서게 된다. 월요일엔 무가 근무를 서고, 화요일에는 병이 쉬므로 정은 수, 목, 금요일에 근무를 선다는 것을 알 수 있다. 이를 정리하면 아래의 표와 같다.

월	화	수	목	금	토	일
병(여) 무(여) 갑(남) or 을(남)	갑(남) or 을(남)	갑(남) or 을(남) 병(여) 정(여)	갑(남) or 을(남) 병(여) 정(여)	갑(남) or 을(남) 병(여) 정(여)	휴무	정(여) 무(여)

따라서 가장 적은 부서원이 근무하는 요일은 한 명만 근무를 서는 화요일이다.

25 문제처리능력 문제 유형 파악하기

| 정답 | ②

| 해설 | 탐색형 문제에 대한 설명이다. 탐색형 문제는 눈에 보이지 않는 문제로, 현재의 상황을 개선하거나 효율을 높이기 위한 문제를 의미한다. 문제를 방치하면 뒤에 큰 손실이 따르거나 결국 해결할 수 없는 문제로 나타나게 되며 잠재문제, 예측문제, 발견문제의 형태로 구분된다.

| 오답풀이 |

① 미래 상황에 대응하는 경영 전략 문제로서 어떻게 할 것인가에 대한 문제이다. 기존과 관계없이 미래 지향적 과제 및 목표를 설정함에 따라 문제가 발생하므로 목표 지향적 문제라고도 한다.

③ 직장 생활 중에 나타나는 문제, 눈앞에서 발생해서 걱정하고 해결해야 할 문제이다. 이미 발생한 문제, 기준을 일탈해서 발생하는 일탈 문제와 기준에 미달해서 발생하는 미달 문제로 나누어지며, 원상 복귀가 필요하다. 문제 원인이 내재되어 있어 원인 지향적 문제라고도 한다.

26 사고력 조건을 바탕으로 추론하기

| 정답 | ③

| 해설 | 제시된 〈조건〉에 따라 팀 위치를 정리하면 다음과 같다.

[3층]	휴게실	G	E
[2층]	C	F	A
[1층]	B	H	D

따라서 D 팀은 9실, E 팀은 3실에 있다.

27 문제처리능력 자료 해석하기

| 정답 | ④

| 해설 | 2018년 박봉수 9단이 이훈현 9단과 5승 5패로 대등한 성적을 거두었다면, 두 사람 모두 나머지 성적인 4승 6패는 김세돌 9단과의 대국 성적이 된다. 따라서 두 사람의 김세돌 9단에 대한 2018년도 대국 성적은 동일하다.

| 오답풀이 |

① 김세돌 9단이 매년 박봉수 9단에게 6승을 거두었다면, 나머지는 모두 이훈현 9단에게서 얻은 것이 된다. 한 선수가 한 상대방과 매년 10번씩 대국을 치르게 되므로 5승 5패 이상의 성적을 거두게 되면 맞대결 성적이 우세인 결과를 얻게 된다. 따라서 김세돌 9단은 2020년 1개년도를 제외하고는 모두 이훈현 9단보다 우세인 결과를 얻었다.

② 김세돌 9단이 거둔 8승이 어느 상대로부터 거둔 것인지 구분할 수 없으므로 맞대결 결과를 판단할 수 없다.

③ 6승 모두를 한 선수에게서 거둔 것일 수 있으며, 그 경우 상대방이 6패 이상이 있어야 하므로 이훈현 9단과의 대국에서 가능하다.

28 사고력 조건을 통해 결론 판단하기

| 정답 | ④

| 해설 | A. 첫 번째 명제와 두 번째 명제를 조합해 보면 순희>영희>영수의 순이고, 철수는 넷 중에 나이가 가장 많다고 하였으므로 가장 어린 사람은 영희가 아니라 영수이다.

B. 순희와 영희의 나이 차가 2살이고, 영수와 영희의 나이 차가 1살이므로 순희와 영수의 나이 차는 3살이다. 철수와 다른 사람과의 나이 차는 주어진 명제만으로 알 수 없지만 철수의 나이가 영수보다 3살 많다고 하면 순희와 동갑이 되므로 마지막 명제와 모순이 된다. 따라서 철수는 영수보다 4살 이상 많음을 알 수 있다.

따라서 A, B 모두 항상 그르다.

29 사고력 주어진 조건으로 결과 추론하기

|정답| ③

|해설| C 지역의 물은 한 가지 성분만을 포함하고 있으므로, 두 번째 화살표 위치에 C 지역의 수질 샘플이 주입되었다. 또한 X 성분은 한 지역에서만 검출되었다 하였는데, 첫 번째 화살표에서 주입된 물 샘플에서만 무게가 20인 성분이 검출되었으므로 이것이 X임을 알 수 있다. 마지막으로 첫 번째, 세 번째 화살표에서 동시에 무게가 50인 성분이 검출되었으며 이것이 Z임을 유추할 수 있다.

(가) X의 무게가 20, Z의 무게가 50이므로 Y의 무게는 40이다. 따라서 세 성분의 무게는 Z>Y>X 순이다.

(나) B 지역에서 Y 성분이 검출되었다면 B 지역의 물 샘플은 가장 오른쪽에 위치해 있고, A 지역의 물 샘플은 가장 왼쪽일 것이다. 따라서 A 지역에서는 X 성분이 검출되었다.

따라서 (가)와 (나) 모두 옳은 설명이다.

30 문제처리능력 자료 분석하기

|정답| ③

|해설| 일반과세자와 간이과세자 모두 부가가치세가 매출액의 10%로 설정되어 있다.

|오답풀이|

① 최종소비자가 부담한 부가가치세를 사업자가 세무서에 납부해야 한다.

② 간이과세자는 연간 매출액이 일반과세자에 비해 적고 업종별 부가가치율 적용으로 인하여 납부해야 할 세액이 더욱 큰 폭으로 감소하므로 총 부가가치세 납부액이 적을 것이다.

④ 부가가치세는 물건 값에 일괄적으로 포함되어 있기 때문에 소득과 관계없이 동일하게 지불하게 되므로 간접세에 해당한다.

31 문제처리능력 자료를 참고하여 금액 산출하기

|정답| ②

|해설| K 씨는 사업장의 연간 매출액이 4,800만 원 미만으로 간이과세자이며, 공장을 운영하고 있으므로 제조업종에 해당되어 20%의 부가가치율이 적용된다.

따라서 K 씨가 납부할 연간 총 부가가치세는 $(4,500 \times 0.2 \times 0.1) - 130 \times 0.2 = 64$(만 원)이다.

32 사고력 시차를 활용하여 문제 해결하기

|정답| ③

|해설| • 김 대리

(런던) 11월 1일 오전 9시

↓ 13시간 소요

(런던) 11월 1일 오후 10시

• 박 대리

시애틀은 런던보다 7시간 느리므로, 런던 시간으로 11월 1일 오후 10시는 시애틀 시간으로 11월 1일 오후 3시이다.

(시애틀) 11월 1일 오후 3시

↓ 24시간 소요

(시애틀) 11월 2일 오후 3시

• 이 과장

서울은 시애틀보다 16시간 빠르므로, 시애틀 시간으로 11월 2일 오후 3시는 서울 시간으로 11월 3일 오전 7시이다.

(서울) 11월 3일 오전 7시

↓ 3시간 소요

(서울) 11월 3일 오전 10시

따라서 프로젝트 최종 마무리까지 소요된 시간은 13+24+3=40(시간)이다.

33 문제처리능력 자료를 바탕으로 추론하기

|정답| ②

|해설| 인사 관리팀은 절전 문제를 인사 점수로 반영할 수 있는지를 점검하고 절전 성과에 따라 인센티브를 제공할 수 있는 방안을 마련해야 한다. ②는 전기 사용 수치를 공개하는 방향을 검토하는 업무를 맡은 온라인 개발팀이 준비해야 할 사항이다.

| 오답풀이 |

① 온라인 개발팀은 절전용 보안 프로그램을 개발하는 업무를 맡았다.

③ 인사 관리팀은 절전 문제를 직원 인사 점수로 반영할 수 있는지를 점검하는 업무를 맡았다.

④ 자원 관리팀은 여름철 에어컨 온도에 대한 의견을 조사하는 업무를 맡았다.

---

34 문제처리능력 자료를 바탕으로 추론하기

| 정답 | ④

| 해설 | 회의에서 형식적인 보고서로 종이가 낭비된다는 지적이 나왔고, 자원 관리팀은 종이 사용에 대한 문제 조사 업무를 맡았다. 따라서 상사들이 전자보고서보다 종이보고서를 더 선호하는 경향이 있음을 원인으로 지적하며 이를 바탕으로 문제를 해결해 나가는 것이 가장 적절하다.

| 오답풀이 |

① 에어컨의 설정온도가 낮아 낭비의 원인이 되고 있다고 하였다. 따라서 에어컨의 온도를 그대로 둔 채 겉옷을 가져오는 것은 해결책이 될 수 없다.

②, ③ 자원 낭비 문제의 근본적인 해결책이 될 수 없다.

---

35 사고력 논리적 오류 이해하기

| 정답 | ①

| 해설 | 치료 원인이 의학적으로 증명되지 않았음을 증거로 자신의 주장을 내세우고 있으므로 증명할 수 없거나 반대되는 증거가 없음을 증거로 자신의 주장을 옳다고 정당화하는 무지에 호소하는 오류에 해당한다.

---

36 문제처리능력 문제의 의미 이해하기

| 정답 | ③

| 해설 | 분석적 문제는 객관적, 논리적, 정량적, 이성적, 일반적, 공통적이라는 특징이 있다.

| 오답풀이 |

① 분석적 문제는 현재의 문제점이나 미래의 문제로 예견될 것에 대한 문제 탐구로, 문제 자체가 명확하다는 특징을 가진다.

---

37 문제처리능력 문제해결의 방해요인 찾기

| 정답 | ①

| 해설 | 제시된 사례에서는 레미콘 트럭의 배출구 높이와 거푸집 높이가 맞지 않다는 단순한 정보에만 의지하여 이를 개선하려 하지 않고 비효율적으로 일을 진행하고 있었다.

---

38 사고력 조건에 맞게 추론하기

| 정답 | ④

| 해설 | 갑과 병이 각자 다른 단계에서 오류가 발견되었다고 하였으므로 주장이 모순된다. 갑과 병 중 한 사람이 거짓을 말한다고 가정하면 다음과 같다.

- 갑이 거짓을 말한 경우 : 2단계에 오류가 없다는 을의 주장과 병의 주장이 모순된다.
- 병이 거짓을 말한 경우 : 2단계는 오류가 없으며, 갑의 진술에 따라 3단계에 오류가 있고 네 명의 주장은 서로 모순되지 않는다.

따라서 거짓을 말한 사람은 병, 오류가 있는 단계는 3단계이다.

---

39 문제처리능력 자료를 바탕으로 추론하기

| 정답 | ③

| 해설 | 제시된 기사는 정부가 기존과는 다른 방향으로 정책을 추진할 것이라는 내용을 담고 있다. 그동안 국제 수준보다 낮은 환경 기준을 적용하였는데, 이는 단기적으로는 유리하지만 장기적으로는 기업 경쟁력을 약화시킬 수 있다는 판단 때문이다. 따라서 앞으로는 국제 수준에 맞춘 환경 기준을 적용하여 환경친화적인 에너지의 개발과 보급을 추진하고자 함을 알 수 있다. 이에 따라 환경을 고려한 발전이 단기적으로 비용 등의 면에서 부정적인 영향이 있으나 장기적으로 보았을 때 경쟁력 향상에 도움을 준다고 추론할 수 있다.

---

40 문제처리능력 문제해결 방법 제안하기

| 정답 | ②

| 해설 | ②는 상대방의 입장에서 바라보는 문제해결의 접근

법이며, 나머지는 말하는 화자와 자사의 입장에서의 접근법으로 볼 수 있다. 업무상 발생하는 문제들의 해결을 위해서는 상대방의 입장을 헤아려 자연스럽게 해결방법을 유도해야 한다.

제3영역(41~60)

41 시간관리능력 시간자원의 개념 이해하기

|정답| ④

|해설| 시간자원은 시절에 따라 밀도도 다르고 그 가치도 다르며, 같은 시간이어도 어떻게 사용하느냐에 따라 그에 대한 가치는 다르게 나타난다.

42 예산관리능력 최소금액 계산하기

|정답| ②

|해설| 각 업체에 따른 모든 물품의 구매비용을 제시된 표만을 고려하여 구하면 다음과 같다.

- M사 : $(15,000 \times 2) + (20,000 \times 4) + (3,000 \times 6) + (1,500 \times 6) = 30,000 + 80,000 + 18,000 + 9,000 = 137,000$ (원)
- C사 : $(16,000 \times 2) + (18,000 \times 4) + (1,500 \times 6) + (2,500 \times 6) = 32,000 + 72,000 + 9,000 + 15,000 = 128,000$(원)
- A사 : $(18,000 \times 2) + (21,000 \times 4) + (2,000 \times 6) + (2,000 \times 6) = 36,000 + 84,000 + 12,000 + 12,000 = 144,000$ (원)

이를 바탕으로 제시된 〈조건〉을 고려하여 선택지의 경우에 따른 구매비용을 구하면 다음과 같다.

① 4월 5일이면 20%의 할인이 적용되므로 $137,000 \times 0.8 = 109,600$(원)이다. 최종결제액이 10만 원 이상이므로 배송비는 부과되지 않는다. 따라서 최종 구매비용은 109,600원이다.

② 매월 월과 일의 숫자가 같은 날에는 30% 할인이 적용되므로 $137,000 \times 0.7 = 95,900$(원)이다. 최종결제액이 10만 원 미만이므로 배송비 5,000원이 부과되어 $95,900 + 5,000 = 100,900$(원)이다. 따라서 최종 구매비용은 100,900원이다.

③ 오픈 이벤트로 모든 품목에 10% 할인이 적용되므로

$128,000 \times 0.9 = 115,200$(원)이다. 매월 5일에는 무료 배송을 실시하므로 배송비는 없다. 따라서 최종 구매비용은 115,200원이다.

④ 매월 11일에 복사용지에 한해 1+1 이벤트를 실시한다. 단, 문제의 조건에 행사가 적용되는 경우에도 필요한 만큼만 물품 구매가 가능하다고 하였으므로 4박스가 초과되어서는 안 된다. 따라서 복사용지는 2박스만 주문하여야 한다. A사의 총 물품 구매비용 중 복사용지 2박스의 값을 빼면 $144,000 - 42,000 = 102,000$(원)이고, 1+1 이벤트 상품을 구입할 경우 배송비 10,000원이 부과되므로 $102,000 + 10,000 = 112,000$(원)이다. 따라서 최종 구매비용은 112,000원이다.

따라서 필요한 사무용품을 모두 구입하는 가장 저렴한 방법은 4월 4일에 M사에서 주문하는 것이다.

43 예산관리능력 올바른 예산 사용하기

|정답| ④

|해설| 기업에서 제품을 개발한다고 할 때 개발 책정 비용을 실제보다 높게 책정하면 비용이 제품에 반영되어 가격 경쟁력을 잃어버리게 되고, 반대로 낮게 책정하면 개발 자체가 이익을 주는 것이 아니라 제품의 단가를 낮추는 결과를 가져와 오히려 적자가 나는 경우가 발생할 수 있다. 따라서 책정 비용과 실제 비용의 차이가 적고 비슷한 상태가 가장 이상적인 상태라고 할 수 있다.

44 물적자원관리능력 효과적인 자원관리 사례 알기

|정답| ②

|해설| 반품된 물품이라 해도 이를 복구하여 효과적으로 활용하면 오히려 경쟁력 향상에 도움이 될 수 있다. 따라서 ②는 효과적인 물적자원관리라고 볼 수 있다.

|오답풀이|

① 소모품을 필요 이상으로 구매하면 경제적 손실을 가져올 수 있다. 그러므로 필요한 만큼의 물적자원을 확보하여 관리하고 활용하는 것이 중요하다.

③ 개인 노트북을 분실하는 일은 기업의 물적자원관리와 관련이 없다.

④ 엔진오일을 자주 교체하는 것은 적절하지 못한 자원관리로 경제적 손실을 가져올 수 있다.

45 인적자원관리능력 부서 배치하기

|정답| ④

|해설| A는 긍정적인 성격에 영업 경험이 있으므로 국내 영업팀에 배치되는 것이 바람직하다. 논리적인 성격이고 경영학을 전공한 B는 기획팀에 어울리고, 침착하며 회계 자격증을 보유한 C는 회계팀이 적당하다. D의 경우 외국어 가 뛰어나고 해외근무를 희망하므로 총무팀이 아니라 해외 영업팀이 더 적합하다.

46 자원관리능력 자원관리의 기본과정 이해하기

|정답| ③

|해설| 자원관리의 기본과정은 다음과 같다.

1. 어떤 자원이 얼마나 필요한지를 확인하기(라)

2. 이용 가능한 자원을 수집(확보)하기(다)

3. 자원 활용 계획 세우기(가)

4. 계획에 따라 수행하기(나)

따라서 (라) – (다) – (가) – (나)가 자원관리의 기본과정의 순서이다.

47 예산관리능력 회계가격비율과 회계가격 구하기

|정답| ③

|해설| '회계가격=시장가격×회계가격비율'이므로 (A), (B) 는 다음과 같이 구할 수 있다.

구분	시장가격	회계가격비율	회계가격
1. 자본비용	6,000원		
1) 발전기 구입비	3,000원	0.90	
2) 발전소 건설비	2,000원	(A)=$\frac{1,700}{2,000}$ =0.85	㉠+㉡=1,700
(1) 수입 설비	1,000원	0.80	1,000×0.8=800 …㉠
(2) 인건비	1,000원	0.90	1,000×0.9=900 …㉡
3) 기타 비용	1,000원		(B)=㉢+㉣=830
(1) 수입 설비	700원	0.80	700×0.8=560 …㉢
(2) 인건비	300원	0.90	300×0.9=270 …㉣

2. 운영비용	4,000원		
1) 연료비	1,000원	0.70	
2) 유지비	3,000원		
(1) 부품구입비	1,000원	0.60	
(2) 인건비	1,000원	0.90	
(3) 기타 비용	1,000원	0.60	
합계	10,000원		(C)

따라서 (A)는 0.85, (B)는 830원이다.

48 예산관리능력 회계가격 구하기

|정답| ④

|해설| **47**의 해설과 같은 방법으로 (C)를 구하면 다음과 같다.

구분	시장가격	회계가격비율	회계가격
1. 자본비용	6,000원		ⓐ+ⓑ+ⓒ=5,230
1) 발전기 구입비	3,000원	0.90	3,000×0.9=2,700 …ⓐ
2) 발전소 건설비	2,000원	0.85	1,700…ⓑ
(1) 수입 설비	1,000원	0.80	800
(2) 인건비	1,000원	0.90	900
3) 기타 비용	1,000원		830…ⓒ
(1) 수입 설비	700원	0.80	560
(2) 인건비	300원	0.90	270
2. 운영비용	4,000원		ⓜ+ⓔ=2,800
1) 연료비	1,000원	0.70	1,000×0.7=700 …ⓜ
2) 유지비	3,000원		㉠+㉡+㉢=2,100 …ⓔ
(1) 부품구입비	1,000원	0.60	1,000×0.6=600 …㉠
(2) 인건비	1,000원	0.90	1,000×0.9=900 …㉡
(3) 기타 비용	1,000원	0.60	1,000×0.6=600 …㉢
합계	10,000원		(C)=5,230+2,800 =8,030

따라서 (C)는 8,030원이다.

49 자원관리능력 SMART 법칙 이해하기

|정답| ③

|해설| 행동 지향적인 목표 설정은 목표 달성을 위해서 구체적으로 어떤 행동을 실천한다는 행동 계획을 설정하는 것을 의미한다. 업무 성과 향상을 위해 고민한다는 것은

목표 달성을 위한 구체적인 행동을 제시하는 것이 아니므로 적절하지 않다.

50 자원관리능력 조건에 맞는 공급처 찾기

|정답| ④

|해설| 4월 5일이 행사일이므로 4월 4일까지 납품받아야 한다. 따라서 발주일이 3월 26일임을 감안하면 최대 9 ~ 10일의 작업일수가 필요하다. 이에 따라 납기가 가능한 공장은 A, C, D 공장이다.

세 공장의 상품 단가와 운임을 고려한 총 납품가를 구하면 다음과 같다.

- A 공장 : $(25+3,500)\times1,000+100,000=3,625,000$(원)
- C 공장 : $(50+3,000)\times1,000+80,000=3,130,000$(원)
- D 공장 : $(50+2,000)\times1,000+150,000=2,200,000$(원)

따라서 총 납품가가 가장 저렴한 D 공장을 선택해야 한다.

51 인적자원관리능력 기준을 토대로 업체 선정하기

|정답| ②

|해설| 제시된 선정 기준에 따라 업체별로 실적 항목을 제외한 점수를 구하면 다음과 같다.

- A : 24(사업 기간)+6(기술 인력)+21(비용 절감)
  =51(점)
- B : 30(사업 기간)+10(기술 인력)+30(비용 절감)
  =70(점)
- C : 12(사업 기간)+20(기술 인력)+9(비용 절감)
  =41(점)
- D : 12(사업 기간)+20(기술 인력)+9(비용 절감)
  =41(점)

따라서 C와 D 업체가 실적 항목에서 만점인 20점을 받아도 B의 70점을 넘지 못하므로 B 업체가 선정된다.

52 시간관리능력 시간계획 시 유의사항 이해하기

|정답| ④

|해설| 시간계획을 짤 때는 무리한 계획을 세우지 말고 실현 가능한 사항을 계획하는 것이 적절하다.

53 예산관리능력 주문량 원가 구하기

|정답| ③

|해설| A 제품 150개와 C 제품 100개를 생산할 때 필요한 부품의 개수를 정리하면 다음과 같다.

(단위 : 개)

구분	A 제품	C 제품
㉠ 부품	$150\times2=300$	—
㉡ 부품	$150\times2=300$	$100\times6=600$
㉢ 부품	—	$100\times3=300$
㉣ 부품	$150\times1=150$	—

이 부품들로 구성되는 제품의 원가를 구하면 다음과 같다.

- A 제품 : $(300\times1,000)+(300\times500)+(150\times1,000)$
  $=600,000$(원)
- C 제품 : $(600\times500)+(300\times800)=540,000$(원)

따라서 주문량에 대한 총 제품의 원가는 600,000+540,000=1,140,000(원)이다.

54 예산관리능력 납품 일정 구하기

|정답| ④

|해설| C 제품 100개에는 ㉢ 부품이 300개 필요하고, ㉢ 부품의 1일 생산 가능 수량은 15개로 300개를 생산하려면 총 300÷15=20(일)이 필요하다. 제품 생산은 2월 3일부터 가능한데, 생산에만 20일, 부품 운송일 2일이 소요되므로 24일에 납품할 수 있다. 따라서 만약 현재 ㉢ 부품 재고가 없을 경우 모든 제품을 시일 내에 납품할 수 없다.

|오답풀이|

① 부품별 재고를 고려할 때, ㉠과 ㉢ 부품은 추가 생산하지 않으며 ㉡ 부품은 900개가 필요하므로 200개(재고 700개), ㉣ 부품은 150개 필요하므로 30개를 생산해야 한다. ㉡ 부품은 1일 생산 가능 수량이 20개이므로 200÷20=10(일)이 걸리고 ㉣ 부품은 1일 생산 가능 수량이 10개이므로 30÷10=3(일)이 걸린다. 두 제품의 생산은 동시에 일어날 수 있으므로 제품의 생산은 총 10일이 걸린다. 부품 운송일이 2일이 소요되므로 총 소요일수는 10+2=12(일)이다.

② ㉡ 부품은 900개가 필요하다. 현재 ㉡ 부품 재고가 600개라면 300개를 생산해야 하는데, ㉡ 부품 1일 생산 가능

수량은 20개이므로 $300 \div 20 = 15$(일)이 필요하다. 제품 생산은 2월 3일부터 가능한데, 생산에 15일이 걸리고 부품 운송일이 2일 소요되므로 19일에 납품할 수 있게 된다. 그러므로 ⓒ 부품 재고가 600개라 해도 시일 내에 모든 납품이 가능하다.

③ C 제품에는 ⓒ 부품과 ⓒ 부품이 필요하므로 ⓒ 부품 재고가 없다면 C 제품에 필요한 부품은 모두 생산할 수 없다.

55 │자원관리능력│ 자원의 특성 이해하기

| 정답 | ①

| 해설 | 자원의 특성에는 가변성, 유한성, 편재성이 있다. 이 중 자원의 유한성이란 자원에는 매장량의 한계가 존재하며, 언젠가는 고갈된다는 특성이다. 석유자원의 사용 한계를 경고하는 피크 오일은 이러한 자원의 유한성을 대표한다.

| 오답풀이 |

② 자원의 편재성이란 인류가 사용하는 자원이 특정 지역에 편중되어 분포되어 있다는 내용이다.

④ 자원의 가변성이란 자원의 가치가 시대와 장소에 따라 달라진다는 내용이다.

56 │자원관리능력│ 자원관리의 기본과정 이해하기

| 정답 | ①

| 해설 | 자원관리의 기본과정은 4단계로 나눠지는데 그중 일반적으로 시간, 예산, 물적자원, 인적자원을 계획한 양보다 여유 있게 확보하는 일의 시행은 '이용 가능한 자원 수집'의 단계에서 이루어진다.

| 오답풀이 |

② '계획에 따른 수행'은 네 번째 단계로 계획에 맞게 업무를 수행해야 하는 단계이다.

④ '자원 활용 계획 수립'은 세 번째 단계로 필요한 자원을 확보하고 그 자원을 실제 필요한 업무에 할당하여 계획을 세우는 단계이다.

57 │예산관리능력│ 직접비용과 간접비용 이해하기

| 정답 | ①

| 해설 | 교통비(여행비), 급여(인건비), 시설구매비는 제품 생산 또는 서비스를 창출하기 위해 직접 소비된 것으로 여겨지는 직접비용인 반면, 보험료는 제품 생산에 직접 관여되지 않은 간접비용이다.

58 │시간관리능력│ 시간낭비의 요인 파악하기

| 정답 | ①

| 해설 | 시간낭비의 외적요인은 외부인이나 외부에서 일어나는 시간에 의한 것이다. 동료, 가족, 세일즈맨, 고객, 문서, 교통 혼잡 등을 예로 들 수 있다. 이러한 요인은 본인 스스로 조절할 수 없다.

| 오답풀이 |

ⓒ, ⓔ, ⓜ 시간 낭비의 내적요인에 해당한다.

59 │물적자원관리능력│ 물적자원관리의 방해요인 이해하기

| 정답 | ①

| 해설 | 재고 관리상 물품의 특성과 쓰임새(먼저 사용할 물품, 비슷한 물품 등)에 따라 분류하여 보관해야 했지만 그러지 않은 점이 문제점으로 지적될 수 있다. 나머지 선택지들은 알 수 있거나 유의미한 내용으로 볼 수 없다.

60 │인적자원관리능력│ 인적자원의 속성 이해하기

| 정답 | ②

| 해설 | ⓒ 자원기반이론에서는 인적자원을 비물질적인 자원으로 간주한다.

ⓔ 인적자원의 가치는 경제학에서 말하는 'rent'로 설명할 수 있다.

| 오답풀이 |

ⓐ 물리적 자산은 즉시 모방할 수 있으나 인적자원은 모방될 수 없는 자원으로 경쟁력의 원천이 된다.

ⓒ 인적자원의 속성은 무한한 부가가치에 있다고 볼 수 있다.

1회 기출예상 2회 기출예상 3회 기출예상 4회 기출예상

⑩ 인적자원은 경쟁우위의 관건이고 노동력을 바탕으로 한 팀워크는 새로운 제품을 창조하고 타 기업의 모방을 방어할 수 있는 원동력이 되므로, 모방장벽을 구축하기 위해서는 조직역량인 사람관리와 인적자원관리시스템을 잘 관리하는 것이 중요하다.

제4영역(61~80)

61 기술선택능력 **위기극복 전략 이해하기**

| 정답 | ②

| 해설 | ⓒ '아웃소싱'에 대한 설명이다. ○○기업은 전산시스템 구축을 외부 업체인 제3자에게 위탁하여 비용절감과 전문성 향상이라는 경영 효과 및 효율 극대화의 결과를 얻었다.

⑩ '오프쇼어링'에 대한 설명이다. ○○기업은 베트남 부지로 생산 시설을 옮겨 인건비가 상대적으로 낮은 현지 근로자들을 고용하였다.

| 오답풀이 |

㉠ 아웃소싱과 대비되는 '인소싱'에 대한 설명으로, ○○기업은 현금 확보나 시스템과 같은 서비스나 기능을 외부를 통해 제공받았다.

ⓒ ○○기업은 임직원의 급여를 한시적으로 삭감하고 생산 시설을 외부로 옮겨 현지 근로자들을 고용하여 인력과 조직규모를 축소하였다.

㉣ '벤치마킹'에 대한 설명이다. ○○기업은 벤치마킹 전략을 사용하지 않았다.

> **보충 플러스+**
>
> **아웃소싱과 오프쇼어링**
> • 아웃소싱(Outsourcing)
> 기업 내부의 일부 업무나 프로젝트, 활동 등을 외부 기업에 맡겨 처리하는 전략이다. 가격 경쟁력 확보와 생산성 향상을 목적으로 한다.
> • 오프쇼어링(Off-shoring)
> 해외 기업에 기업업무의 일부를 맡겨 처리하는 전략으로 일부 업무를 국내기업에 맡기는 아웃소싱과 구분된다. 글로벌 아웃소싱, 비즈니스 프로세스 아웃소싱 등이라고도 한다.

62 기술이해능력 **기술 실패의 원인 파악하기**

| 정답 | ③

| 해설 | A사의 경영자는 개발하고자 했던 기술과 관련 없는 경력만 가지고 있었고, 해당 기술에 대한 이해가 부족하였다. 기술 상품화를 위해 측정장비를 위한 기술, 측정 자체 기술, 측정된 데이터를 처리하고 표현하는 응용화 기술이 필요하다는 점을 간과하였고 측정기술만 있으면 상품화가 가능하다고 판단하여 결과적으로 기술 개발을 실패했다. 따라서 이는 경영자의 무지와 오판으로 인한 실패 사례이다.

> **보충 플러스+**
>
> **실패의 10가지 원인-하타무라 요타로**
> • 무지 • 부주의 • 차례 미준수 • 오만 • 조사, 검토 부족
> • 조건의 변화 • 기획 불량 • 가치관 불량 • 조직운영 불량
> • 미지

63 기술적용능력 **기술경영자의 능력 파악하기**

| 정답 | ②

| 해설 | 제시된 글은 자유시장에서 기업이 핵심경쟁력을 구축하기 위해 기술경영이 중심이 되어야 한다고 주장한다. 따라서 CTO와 같이 기술경영을 통해 기술을 효율적으로 획득, 관리, 활용하는 능력을 지닌 기술경영자가 21세기 시장에서 바람직한 유형의 사람이고, 기술경영자는 단순히 기술을 운용하는 것을 넘어서서 기술을 기업의 사업 전략 목표에 통합시키는 능력을 발휘하여 기업경영을 기술경영 중심으로 이끌 수 있어야 한다.

| 오답풀이 |

①, ③, ④ 기술관리자에게 요구되는 능력이다.

> **보충 플러스+**
>
> **기술경영자의 능력**
> • 기술을 기업의 전반적인 전략 목표에 통합시키는 능력
> • 빠르고 효과적으로 새로운 기술을 습득하고 기존의 기술에서 탈피하는 능력
> • 효과적으로 기술을 평가하고 기술 이전을 할 수 있는 능력
> • 제품 개발 시간을 단축할 수 있는 능력
> • 복잡하고 서로 다른 분야에 걸쳐 있는 프로젝트를 수행할 수 있는 능력
> • 조직 내의 기술을 이용하고, 기술 전문 인력을 운용할 수 있는 능력

www.gosinet.co.kr

gosi net

1회 기출예상

2회 기출예상

3회 기출예상

4회 기출예상

64 기술이해능력 기술 용어 이해하기

|정답| ④

|해설| 〈보기〉는 인공지능(AI ; Artificial Intelligence)을 설명하고 있다.

|오답풀이|

① 블록체인(Block chain)은 '공공 거래장부'라고도 불리는데, 네트워크에 참여하는 모든 사용자가 관리 대상이 되는 모든 데이터를 분산하여 저장하는 데이터 분산처리 기술이다. 사용자 모두 거래장부에 관한 데이터를 확인하고 관리할 수 있다. 또한, 여러 대의 컴퓨터가 기록을 검증하기 때문에 해킹을 막을 수 있다.

② 사물인터넷(IoT ; Internet of Things)은 사물에 센서를 부착하여 실시간으로 데이터를 인터넷으로 주고받는 기술이나 환경, 유형, 혹은 무형의 객체들이 다양한 방식으로 서로 연결되어 개별 객체들이 제공하지 못했던 새로운 서비스를 제공하는 기술이다.

③ 로봇(Robot)은 어떠한 작업이나 조작을 자동으로 할 수 있는 기계 장치로서, 외부의 제어 장치에 의해 조종되거나 제어 장치가 내장되어 있을 수 있다. 인간이 하던 반복되거나 지루하거나 불쾌감을 주는 등의 작업을 대신하거나 인간에게 위험한 장소에 가거나 위험한 일을 대신한다.

65 기술이해능력 신기술 이해하기

|정답| ②

|해설| '홀로렌즈2'는 증강현실이 적용된 AR 글래스로서 홀로그램으로 구현된 작업 내역을 팀원들과 공유하며, 이를 통해 언택트 시대에 원거리 소통과 새로운 기술의 빠른 습득, 현장에서의 인사이트 적용 등을 지원한다. 따라서 '홀로렌즈2'를 통해 원거리에서도 직원들이 함께 일할 수 있으므로 ㉠에는 '협업'이 가장 적절하다.

66 기술적용능력 사회적 변화에 맞는 기술 적용하기

|정답| ①

|해설| A의 의견 자체는 틀린 것이 아니지만, 제시된 글의 내용과 연관된 것이 아니므로 적절하지 않다.

|오답풀이|

② AI · 클라우드 기술 기반의 업무 및 기계 자동화를 이루어야 한다는 의견은 세 번째 문단의 내용과 관련된 것으로 적절한 의견이다.

③ 온라인 설문조사를 통해 빠르게 변화하는 소비자들의 관심사와 트렌드를 파악하여 대응해야 한다는 의견은 두 번째 문단의 내용과 관련된 것으로 적절한 의견이다.

④ 사용자의 경험을 데이터로 분석하여 관리, 운영할 수 있는 체계적인 의사결정 방법을 논의해야 한다는 의견은 세 번째 문단의 내용과 관련된 것으로 적절한 의견이다.

67 기술선택능력 기술선택 방법 이해하기

|정답| ①

|해설| 제시된 글에서는 리더들이 기술 개발 부서에 백지 의사결정권한을 주는 것, 즉 지나치게 많은 선택권을 제공하는 것을 경고하고 있다고 한다. 또한, 리더들이 다른 조직원들이 쉽게 따를 수 있는 규칙과 합리적인 정책을 정의하여 이에 따를 수 있도록 해야 한다고 한다. 따라서 제시된 글의 리더들은 상향식 기술선택을 지양하고 있는 것이다.

보충 플러스+

상향식과 하향식 기술선택

상향식 기술선택	• 기업 차원의 분석 없이 연구자나 엔지니어가 기술을 선택하는 방식이다. • 기술자의 흥미를 유발하고 창의적인 아이디어를 이끌어낼 수 있지만, 고객 수요나 서비스 개발 또는 경쟁에 부적합한 기술이 선택될 수 있다.
하향식 기술선택	• 경영진과 기획담당자의 체계적인 분석을 통해 기술을 선택하는 방식이다. • 기업의 외부환경과 보유자원의 분석을 통해 중장기적인 목표를 설정하고, 목표 달성을 위한 핵심고객층과 제품 및 서비스를 결정한다. 다음으로 필요한 기술을 열거하고, 획득의 우선순위를 결정한다.

68 기술능력 반도체 재료 파악하기

|정답| ④

|해설| 제시된 글에서 설명하는 반도체 재료는 실리콘이다. 원소명은 정식으로 규소이지만 반도체 관련 연구 및 공업

분야에서는 실리콘으로 통용된다. 지각 내의 존재량은 산소에 이어 두 번째로 많아 27.6%를 차지하고, 주로 산화물, 규산염 등으로 존재하여 암석권의 주요 구성 성분이 되어 있다. 또한, 산화로 인해 이산화규소 형태이다. 이러한 실리콘은 반도체에서 주요 원료로 사용되고 있다.

69 기술적용능력 매뉴얼에 따라 적절한 조치하기

|정답| ①

|해설| 급수 밸브를 잠그고 서비스 센터에 전화하는 것은 OC(물 넘침 점검) 코드가 점등할 때의 해결방법이다.

|오답풀이|

②, ④ TC(급수 시간 초과 점검) 코드가 점등할 때의 해결방법이다.

③ UC(탈수 동작 점검) 코드가 점등할 때의 해결방법이다.

70 기술적용능력 기술 적용 분야 이해하기

|정답| ②

|해설| 제시된 물질은 탄소 나노 튜브(CNT ; Carbon Nano Tube)로 탄소 6개로 이루어진 육각형들이 서로 연결되어 관 모양을 이루는 원통(튜브) 형태의 신소재이다. 그 지름은 약 1나노미터로 매우 미세한데, 철강보다 100배 뛰어난 강도, 구리와 비슷한 전기 전도도, 다이아몬드와 같은 열전도율 등의 특성이 있어 차세대 첨단 소재로 주목받고 있다. 이와 더불어 가볍고 유연성이 뛰어나고 튜브의 지름에 따라 도체 또는 반도체가 될 수 있어 차세대 반도체 물질로 더욱 주목받고 있다. 이러한 탄소 나노 튜브는 유전자와 약물을 세포 내부에 직접 전달할 수 있는 나노 주사기, 체온 조절을 하는 스마트 섬유, 환경오염에 대응할 수 있는 나노 램프 개발에 활용할 수 있다.

71 기술적용능력 신기술 활용하기

|정답| ③

|해설| 네 번째 문단에서 부서들이 단기 실험에 매진하고 이해관계자들이 빈번한 피드백을 검토하며 제공할 때는 더 짧은 스프린트가 효과적이라고 하였다.

|오답풀이|

① 다섯 번째 문단에서 실험 실패가 확인되면 다른 접근방식의 우선순위를 설정할 수 있다고 하였다.

② 마지막 문단에서 매우 전략적인 POC의 경우 여러 조직을 경쟁시킬 수도 있다고 하였다.

④ 두 번째 문단에서 대부분의 애자일 이니셔티브의 프로덕트 오너가 고객 및 이해관계자와 비전, 우선순위, 요건을 설정한다고 하였다.

72 기술능력 산업재해의 예방과 대책 단계 이해하기

|정답| ①

|해설| 유 과장이 제시한 내용은 산업재해의 발생 원인을 토대로 시정책, 개선사항 등을 선정한 것이므로 원인 분석을 토대로 적절한 시정책을 선정하는 '기술 공고화' 단계와 관련된다.

보충 플러스+

산업재해의 예방과 대책 5단계

안전 관리 조직	경영자는 안전 목표를 설정하고, 안전 관리 책임자를 선정하며, 안전 계획을 수립하고, 이를 시행·감독해야 한다.
사실의 발견	사고 조사, 안전 점검, 현장 분석, 작업자의 제안 및 여론 조사, 관찰 및 보고서 연구 등을 통하여 사실을 발견한다.
원인 분석	재해의 발생 장소, 재해 형태, 재해 정도, 관련 인원, 직원 감독의 적절성, 공구 및 장비의 상태 등을 정확히 분석한다.
기술 공고화	원인 분석을 토대로 적절한 시정책, 즉 기술적 개선, 인사 조정 및 교체, 교육, 설득, 공학적 조치 등을 선정한다.
시정책 적용 및 뒤처리	안전에 대한 교육 및 훈련 실시, 안전시설과 장비의 결함 개선, 안전 감독 실시 등의 선정된 시정책을 적용한다.

73 기술이해능력 기술혁신의 과정과 역할 이해하기

|정답| ③

|해설| 각 A ~ E의 기술혁신 과정의 명칭은 다음과 같다.

• A-아이디어 창안(Idea Generation)

• B-챔피언(Entrepreneuring or Championing)

- C−프로젝트 관리(Project Leading)
- D−정보 수문장(Gate Keeping)
- E−후원(Sponsoring or Coaching)

74 기술선택능력 적절한 제품 추천하기

|정답| ④

|해설| 고객의 상가 주차장 높이가 1.6m, 즉 1,600mm이므로 전기차의 전고는 그 이하여야 한다. 따라서 C 제품은 제외된다.

다음으로 전기차의 충전 방식은 DC형이어야 하므로 A 제품도 제외된다.

남은 B, D 제품 중 최대 주행거리가 400km 이상이고 보증기간이 3년 이상인 제품은 D 제품이므로 사원이 고객에게 추천할 제품은 D 제품이다.

75 기술능력 산업재해의 원인 파악하기

|정답| ④

|해설| 평택 공장에서 발생한 산업재해는 기계 장치의 누전으로 인해 발생하였는데, 이에 대한 근본적 원인은 점검, 정비, 보존의 불량이므로 기술적 원인이다. 안성 공장에서 발생한 산업재해는 담당자가 안전 교육을 진행하지 않은 것이 근본적 원인이므로 교육적 원인이다.

보충 플러스+

산업재해의 원인

	교육적 원인	• 부족한 안전지식 • 안전수칙의 오해 • 부족한 경험, 훈련 • 부족한 작업교육
기본적 원인	기술적 원인	• 건물·기계 장치의 설계 불량 • 불안정한 구조물 • 부적합한 재료 • 부적당한 생산공정 • 점검·정비·보존의 불량
	작업 관리상 원인	• 안전관리조직의 결함 • 안전수칙 미지정 • 불충분한 작업 준비 • 부적당한 인원 배치 및 작업 지시

직접적 원인	불안전한 행동	• 위험 장소 접근 • 안전장치 기능 제거 • 보호장비의 미착용 및 잘못된 사용 • 운전 중인 기계의 속도 조작 • 기계·기구의 잘못된 사용 • 위험물 취급 부주의, 불안전한 상태 방치 • 불안전한 자세와 동작 • 잘못된 감독 및 연락
	불안전한 상태	• 시설물 자체 결함 • 전기 시설물의 누전 • 불안정한 구조물 • 소방기구의 미확보 • 안전보호장치 복장·보호구의 결함 • 시설물의 배치 및 장소 불량 • 작업 환경, 경계 표시 설비의 결함 • 생산 공정의 결함

76 기술적용능력 기술관리자의 능력 이해하기

|정답| ③

|해설| 제시된 글에서는 효과적인 의사소통 능력이 기술관리자에게 필수적이라고 하고 있다. 종업원들의 동기부여, 효과적인 인사고과, 계획 수립, 조직 구성, 지시 및 통제 등의 관리자의 업무를 수행할 때 커뮤니케이션은 매우 중요하며 더 나아가 조직 성공의 기초이기 때문이다. 따라서 기술관리자에게 필요한 능력은 기술직과 효과적인 의사소통을 할 수 있는 능력이다.

보충 플러스+

기술관리자의 능력
- 기술을 운용하거나 문제를 해결할 수 있는 능력
- 혁신적인 환경을 조성할 수 있는 능력
- 기술적, 사업적, 인간적인 능력을 통합할 수 있는 능력
- 시스템적인 관점에서 인식하는 능력
- 공학적 도구나 지원방식, 기술이나 추세를 이해할 수 있는 능력
- 기술팀을 통합하고 기술직과 의사소통할 수 있는 능력

77 기술이해능력 RFID 기술 이해하기

|정답| ④

|해설| RFID(Radio Frequency Identification)는 전자태그 혹은 스마트 태그, 초소형 반도체(IC칩)에 각종 식별 정보를 입력하여 상품이나 동물에 부착하고, 무선 주파수를 통해 입력된 정보를 수집하고 관리하는 기술이다. 언제 어디서나 특정 사물의 위치를 파악하고 관련 정보의 실시간 수집 및 처리가 가능하다. 바코드를 대체할 차세대 인식기술로 꼽히며, 판독 및 해독 기능을 하는 판독기와 정보를 제공하는 태그(Tag)로 구성된다. 통과하는 물체를 쉽게 식별할 수 있다는 장점이 있지만, 상대적으로 비용이 비싸고 보안 문제에 취약하다는 단점이 있다.

|오답풀이|

① NFC(Near Field Communication)에 대한 설명으로, 10cm 이내의 근거리의 비접촉 통신기술이다. 양방향 통신으로 태그와 리더를 변경하는 것이 가능하다.

② USIM(Universal Subscriber Identity Module)에 대한 설명으로, 가입자의 식별을 위한 정보를 담고 있는 IC 카드이다. 단말기 내부에 끼워 넣는 작은 카드로 가입자 식별 정보, 주소록, 금융 정보 등의 정보를 담고 있다.

③ APN(Access Point Mame)에 대한 설명이다.

78 기술이해능력 UWB 기술 이해하기

|정답| ①

|해설| 제시된 글의 기술은 UWB(Ultra Wide Band, 초광대역 무선기술)이다. 단거리 구간에서 0.5mW 정도의 저전력으로 500MHz 이상의 넓은 스펙트럼 주파수를 통해 70미터의 거리까지 대용량의 디지털 데이터를 전송할 수 있는 무선기술이다. 이론적으로 아무런 간섭현상이 없는 초광대역 신호를 만드는 것이 가능하며, 여러 장점으로 사무실과 개인 공간의 전자 기기 관련 통신 서비스 분야에서 다양하게 활용되고 있다.

|오답풀이|

② CDMA(Code Division Multiple Access)는 부호분할 다중접속으로서 휴대전화 이용자가 전화기에 대고 한 말인 음성 데이터를 여러 디지털 부호로 나누어 전파를 타고 상대방에게 전달하게 하는 첨단 이동통신 기술이다.

아날로그 방식인 AMPS보다 용량이 크고 통화품질이 우수하다.

③ VHF(Very High Frequency)는 파장이 1m에서 10cm까지 되는 초단파이다. 아날로그 텔레비전, FM 라디오, 지상파 DMB, 무전기 전송에 사용된다.

④ NFC(Near Field Communication)는 13.56MHz 대역의 주파수를 사용하여 약 10cm 이내의 근거리에서 데이터를 교환할 수 있는 비접촉식 무선통신 기술이다. 스마트폰에 내장돼 있는 신용카드, 멤버십카드, 교통카드, 신분증, 쿠폰 등의 다양한 분야에서 활용될 수 있는 잠재력이 있는 기술이다.

79 기술이해능력 자동차 안전장치 이해하기

|정답| ③

|해설| 사이드 임팩트 바는 충돌 사고 발생 시에 측면의 충격에 따른 탑승자의 부상을 방지하기 위해 문의 안쪽에 설치된 강철 구조물이다.

80 기술이해능력 아이클라우드 키체인 기술 이해하기

|정답| ①

|해설| 두 번째 문단에서 맥에서도 아이클라우드 키체인 자동 완성 기능을 사파리 브라우저에서만 사용할 수 있다고 하였다.

|오답풀이|

② 세 번째 문단에서 아이클라우드 키체인은 사용자가 사이트나 계정을 처음 접속할 때 해당 정보를 자동으로 저장하며, '+' 기호를 눌러 수동으로 추가할 수도 있다고 하였다.

③ 첫 번째 문단에서 아이클라우드 키체인 기능이 활성화되어 있는지 보려면 아이폰이나 아이패드의 설정에서 이름을 탭하거나 맥의 시스템 설정에서 애플 ID를 누른 후 아이클라우드 항목을 확인하면 된다고 하였다.

④ 마지막 문단에서 일반 PC를 사용해도 아이클라우드 기능을 사용할 수 있다고 하였다.

4회 **기출예상문제[건축,토목]** 문제 202쪽

01	②	02	④	03	①	04	③	05	①
06	④	07	④	08	③	09	④	10	②
11	④	12	①	13	①	14	②	15	④
16	①	17	④	18	②	19	①	20	②
21	④	22	②	23	①	24	④	25	④
26	②	27	③	28	②	29	③	30	③
31	③	32	①	33	③	34	④	35	①
36	④	37	①	38	③	39	④	40	④
41	②	42	④	43	①	44	③	45	③
46	④	47	②	48	①	49	③	50	③
51	③	52	②	53	②	54	①	55	②
56	①	57	③	58	①	59	③	60	①
61	①	62	②	63	②	64	④	65	②
66	③	67	②	68	③	69	④	70	④
71	②	72	③	73	④	74	①	75	③
76	①	77	②	78	③	79	②	80	①

제1영역(01~20)

01 문서작성능력 업무 메일 작성하기

| 정답 | ②

| 해설 | 업무용 메일은 10줄 이내로 간략한 것이 좋으며 메일의 내용에서 사장님의 신년사와 임직원 상호 악수례 행사가 마련되어 있다고 했으므로, 행사에 대한 안내는 추가할 필요가 없다.

| 오답풀이 |

① 업무용 메일을 작성할 때는 제목에 메일을 보내는 목적이 드러나도록 작성해야 한다.

③ 업무용 메일을 작성할 때는 수신과 참조를 정확하게 구분해서 전달해야 하고, 빠진 사람이 없는지 확인해서 메일을 전달해야 한다. 수신자는 메일의 내용대로 조치하거나 실행해야 할 사람이고 참조자는 해당 사항을 알고 있어야 하거나 업무에 간접적으로 적용되는 사람이다.

④ 메일 내용에 시무식 날짜와 시간이 주어져 있지 않으므로, 시무식에 임직원들이 참석할 수 있도록 정보를 충분히 제공해야 한다는 조언은 적절하다.

보충 플러스+

업무용 메일 작성하기
• 수신과 참조, 숨은 참조는 명확하게 구분해서 전달한다.
• 메일의 제목에는 메일의 목적이 드러날 수 있도록 작성해야 한다.
• 메일의 내용을 시작하기 전 간단한 인사로 시작하고, 마칠 때도 간단한 안부 인사로 마무리한다.
• 용건은 두괄식으로 작성하고, 메일을 보낸 이유를 본문의 제일 앞에 적어준다.
• 과도한 접속사의 사용은 지양한다.
• 사내 업무용 메일은 자신이 드러날 수 있도록 메일 주소를 만든다.

02 문서작성능력 지나친 줄임말 파악하기

| 정답 | ④

| 해설 | (나)에서 사용된 줄임말은 '멘붕(멘탈붕괴)', '셤(시험)', '멜(메일)', '맥날(맥도날드)', '인싸(인사이더)', '강추(강력 추천)', '낼(내일)'로, 모두 7개이다.

03 문서이해능력 주장의 근거 찾기

| 정답 | ①

| 해설 | 주어진 글의 주장은 선천적으로 남자와 여자의 평균적인 차이가 존재한다는 것으로, 이를 뒷받침해주는 내용으로는 공간지각능력의 차이, 여성이 언어능력 검사에서 남성보다 더 높은 점수를 받았으며 인간관계에 더 우선순위를 둔다는 점을 제시하고 있다. 반면 사회적인 문화가 이를 강화시킬 수 있으나 이 강점들은 어디까지나 선천적인 것이라고 말했으므로 사회문화와 같은 후천적 요인은 주어진 주장을 뒷받침하지 않는다.

04 문서이해능력 글의 전개방식 이해하기

|정답| ③

|해설| 수천 년 전 사람의 뼈와 이집트 미라, 그리고 고대 인도인과 중국인들의 기록에서부터 근대와 산업혁명 이후까지 시간 순으로 결핵이 발견된 과정과 그 모습을 서술하고 있으므로 ㉠과 ㉡이 적절하다.

05 문서이해능력 세부 내용 이해하기

|정답| ①

|해설| 결핵을 페스트에 빗대 '백색의 페스트'라 부른 것은 페스트처럼 한 시대에 대유행한 전염병이라는 의미의 표현으로, 페스트보다 더 무서운 질병이라는 것을 의미하지는 않는다.

|오답풀이|

② 첫 번째 문단에서 결핵은 원래 동물에게서 발생한 질병이 사람에게 전파된 인수 공통 전염병 중 하나라고 했으므로, 결핵 이외에도 인수 공통 전염병이 더 존재한다는 것을 알 수 있다.

③ 두 번째 문단에서 유럽의 상류층이 집단적 사교 생활을 하면서 서로에게 병을 전염시킬 확률이 높았다고 하였고, 세 번째 문단에서 산업 혁명 이후 위생 상태가 불량한 가운데 도시로 사람들이 몰려들면서 유행하는 질병이 되었다고 하였다. 따라서 결핵의 발병률은 인구 밀도와 위생 상태에 영향을 받는다고 볼 수 있다.

④ 독일의 세균학자가 결핵의 원인균을 분리하는 데 성공함으로써 결핵으로부터 벗어나는 실마리를 제공한 것으로 보아 결핵의 원인이 세균이라는 사실을 추론할 수 있다.

06 문서이해능력 핵심 내용 이해하기

|정답| ④

|해설| 강의 내용은 석유의 오염물질과 그 처리 방법, 오염물질 중 가장 큰 부피를 차지하고 있는 물에 대한 이야기다. 따라서 석유의 오염물질이 핵심 내용이다.

07 문서작성능력 어법에 맞게 문장 쓰기

|정답| ④

|해설| 제시된 글은 낙엽을 화제로 들며 의미 중복에 대해 설명하고 있다. 선택지 중 의미 중복이 나타나지 않은 문장은 ④이다.

|오답풀이|

① 역전(前)은 '역의 앞쪽'이라는 뜻으로, '역전앞'은 앞이라는 의미가 중복되고 있다. '역전에서 만나자'로 표현해야 한다.

② 선친(先親)은 '남에게 돌아가신 자기 아버지를 이르는 말'로, '선친께서는 참외를 참 좋아하셨지요'가 적절한 표현이다.

③ 내면(內面)은 '물건의 안쪽'이라는 뜻으로, '우리 내면에는 괴물이 숨 쉬고 있다'가 적절한 표현이다.

08 문서이해능력 문단별 주제 파악하기

|정답| ③

|해설| (다)는 패러다임의 첫 번째 과학 철학적 특성으로 논증이나 의심, 한 두 개의 변칙 사례들에 의해 폐기되지 않는다는 내용을 말하고 있다. 따라서 변하는 성질을 뜻하는 가변성이란 단어는 내용과 맞지 않는다.

|오답풀이|

① (가)는 패러다임을 과학자들이 세상을 바라보고, 조작하고, 이해하는 틀이라고 정의하고, 이에 대한 개념을 정리하고 있다.

② (나)는 하나의 패러다임이 지배하는 정상과학에 대해 설명하고 있으며, 기존의 패러다임으로 설명되지 않는 것을 대체하는 새로운 패러다임의 등장을 과학 혁명이라 정의하고 있다.

④ (라)는 과학혁명기에는 과거의 패러다임을 고수하는 과학자와 새로운 패러다임을 받아들인 과학자 사이에서 합리적 소통이 어려운 충돌이 일어난다고 설명하고 있다.

09 문서이해능력 세부 내용 이해하기

| 정답 | ④

| 해설 | (라)에서 새로운 패러다임은 한두 가지의 변칙적인 현상은 잘 설명하지만 일반적으로 잘 알려진 다른 현상들에 대해서는 기존의 패러다임만큼 잘 설명하지 못하는 경우가 많아 새로운 패러다임은 미래의 가능성을 보여 주는 동시에 많은 불확실성을 안고 있다고 설명하였으므로 ④는 옳은 설명이다.

| 오답풀이 |

① (가)에서 패러다임이란 과학자들이 세상을 바라보고 이해하는 틀이며, 추상적인 세계관이 아닌 과학자들의 연구를 이끌어 주는 모범적인 문제 풀이 방식같이 훨씬 구체적인 것이라고 하였다. 따라서 추상적인 틀이 아닌 구체적인 틀이 옳다.

② (나)에서 과학은 정상과학 상태에서 위기를 맞고 과학혁명을 겪으며 새로운 정상과학으로 발전한다고 설명하였다. 따라서 퇴색한다는 말은 옳지 않다.

③ (다)에서 패러다임은 한두 가지의 반증 사례로는 폐기되지 않는다는 사실을 설명하며 뉴턴의 사례를 얘기하고 있다. 뉴턴 역학의 패러다임이 공고했을 당시 천왕성 궤도의 오차가 예상치의 두 배에 달했지만 과학자 대다수는 뉴턴 역학을 포기하지 않았고 다른 방법을 모색했다. 따라서 패러다임의 전환은 일어나지 않았다.

10 문서작성능력 단어의 문맥상 의미 찾기

| 정답 | ②

| 해설 | ⓒ과 @에서 쓰인 '부합하다'는 '사물이나 현상이 서로 꼭 들어맞다'는 의미로 쓰였다.

| 오답풀이 |

① ㉠에서 쓰인 '반증(反證)'은 어떤 사실이나 주장이 옳지 아니함을 그에 반대되는 근거를 들어 증명함'을 의미한다. 문맥상 ①의 경우, 반대되는 근거가 아닌 '사실을 직접 증명할 수 있는 증거가 되지는 않지만, 주변의 상황을 밝힘으로써 간접적으로 증명에 도움을 줌'을 뜻하는 '방증(傍證)'에 가깝다.

③ ㉢의 '현상(現象)'은 '사물이나 어떤 작용이 드러나는 바깥 모양새'를 의미하며, ③의 '현상(現狀)'은 '현재의 상태, 또는 지금의 형편'을 의미한다.

④ @에서 쓰인 '경우'는 '놓여 있는 조건이나 놓이게 된 형편이나 사정'을 의미하고, ④의 경우는 '사리나 도리'를 의미한다.

11 문서작성능력 제목 작성하기

| 정답 | ④

| 해설 | 주어진 보도 자료는 '시민홍보협력사업'을 통해 ○○공단과 5개 단체가 시민들과 함께 에너지 절약을 위해 협력한 사례들을 하나씩 보여주고 있다. 이를 통해 에너지정책 및 사업에 대한 시민 참여 기반을 확대했음을 보여주고 있다.

| 오답풀이 |

① 세 번째 문단에 따르면 A 소비자연대가 실천한 사례로서 글의 일부분에 해당한다.

② 두 번째 문단에 따르면 5개 비영리기관이 실천한 사례 중 하나에 해당하며 전체를 포괄하지 못한다.

③ 다섯 번째 문단에 따르면 C 에너지협회의 활동 내용이므로 전체를 포괄하는 제목으로 적절하지 않다.

12 문서작성능력 문맥에 맞는 어휘 고르기

| 정답 | ①

| 해설 | ㉠ 두 번째 문단에서 해당 기술이 배출원에서 CO_2를 분리하는 과정이라고 했으므로 여러 가지 방법으로 일정한 물질 속에 있는 미량 성분을 분리하여 잡아 모으는 일을 의미하는 '포집'이 ㉠에 들어가야 한다. 다음 문단에서 '포집된 CO_2를 ∼을' 통해 ㉠에 들어갈 말을 추론할 수도 있다.

㉡ 세 번째 문단의 '저장 장소까지 육상 · 해저 파이프라인 및 선박을 활용해 운반하는'을 통해 수송기술임을 알 수 있다.

㉢ 네 번째 문단의 '화학적 전환을 통해 기존 화석연료를 활용해 생산하던 화학제품이나 건축자재, 연료화 등의 이용이 가능해 새로운 자원으로 다양하게 활용될 것으로 기대하고 있다'를 통해 ㉢에 들어갈 용어는 '활용'임을 알 수 있다.

ⓔ 다섯 번째 문단의 '대수층은 전 세계 대부분 지역에 존재하기 때문에 저장가능 용량이 크고 경제성이 우수하여~'를 통해 ⓔ에 들어가야 할 용어는 '저장'임을 알 수 있다.

13 문서이해능력 글의 전개방식 이해하기

| 정답 | ①

| 해설 | 네 번째 문단의 후반부에서 적정기술의 조건에 대해 나열하고 있으며, 일곱 번째, 여덟 번째 문단에서 '스스로 도수를 조절할 수 있는 안경'에 대한 사례를 통해 적정기술의 가치와 중요성을 말하고 있다.

| 오답풀이 |

② 적정기술의 실제 사례를 소개하고 있으나, 최첨단 과학기술의 발전이 아닌, 누구나 사용할 수 있는 적정기술이 인류에게 필요한 이유를 설명하고 있다.

③ 적정기술의 가치와 실효성에 대한 내용을 다루고 있으며 단점이나 한계는 언급하지 않았다.

④ 적정기술이 도입된 취지나 적정기술이 적용된 사례 한 가지를 소개하고 있지만 변화 과정이나 각국의 사례를 소개하고 있지는 않다.

14 문서이해능력 세부 내용 이해하기

| 정답 | ②

| 해설 | 여덟 번째 문단에 따르면 도수 조절 안경은 액체를 주사기로 조절하여 막의 볼록한 정도를 바꿈으로써 빛의 굴절을 조절해 안경 도수를 바꿀 수 있다.

| 오답풀이 |

① 빈민층에게 닿지 않는 최첨단 과학이 부질없게 느껴진다는 언급만 했을 뿐 부작용은 언급하지 않았다.

③ 안경의 가격을 5달러 이하로 낮추기 위해 노력하고 있다는 내용은 있으나, 이를 위한 구체적 방안을 제시하지 않았다.

④ 적정기술 개념을 만들어낸 슈마허가 불교 철학에 영향을 받았다는 내용은 있으나, 이를 통해 불교 철학의 전파력을 설명하지는 않았다.

15 문서이해능력 글을 바탕으로 추론하기

| 정답 | ④

| 해설 | 네 번째 문단에서 설명하는 적정기술의 조건은 적은 비용으로 활용할 수 있어야 하며, 가능하면 현지에서 나는 재료를 사용해야 하고, 특정 분야의 지식이 없어도 이용할 수 있어야 한다. ④의 위성통신 기술은 이를 위한 설비에 많은 돈과 자원이 들어가는 첨단 과학 기술이므로 적정기술의 예시로서 적절하지 않다.

16 문서이해능력 세부 내용 이해하기

| 정답 | ①

| 해설 | 우대사유에서 보훈대상자는 「국가유공자 등 예우 및 지원에 관한 법률」 제31조 제3항에 의거, 채용인원이 3명 이하인 경우 보훈대상자 미적용(단, 응시자의 수가 선발예정 인원과 같거나 그보다 적은 경우에는 그러하지 아니함)을 통해 응시자 수에 따라 보훈대상자 우대 여부가 결정되는 것을 알 수 있다.

| 오답풀이 |

② 제출서류로 '블라인드 입사지원서'를 명시하였으며 블라인드 채용 안내에 따라 입사지원서 작성 시 개인인적사항 관련 내용 기재를 금지하고 있음을 알 수 있다.

③ 최종합격자 발표는 개별 통보라고 명시하고 있다.

④ 제출서류 항목에서 우대사항 증빙서류는 최종합격 시 제출하는 서류로 명시하고 있다.

17 문서이해능력 항목별 내용 파악하기

| 정답 | ④

| 해설 | 전형별(서류, 면접, 신체검사, 채용예정일) 일정을 안내하는 내용이므로, ⓔ에 들어갈 내용으로 적절한 것은 면접절차가 아니라 '채용일정'이다.

| 오답풀이 |

① 채용기관이나 채용부서 및 인원 등 채용에 관한 전반적인 정보를 담고 있으므로, ㉠에 들어갈 내용으로 적절한 것은 '채용현황'이다.

② 근무시간과 근무지 및 보수/복리후생은 '근무조건'에 해당하는 내용들이다.

③ 응시자격이나 우대사유, 결격사유에 대해 자세히 설명하고 있으므로, ⓒ에 들어갈 내용으로 적절한 것은 '지원자격'이다.

18 문서이해능력 세부 내용 이해하기

|정답| ②

|해설| 여섯 번째 문단에서 녹색프리미엄 제도에서 나온 재원은 재생에너지 사용 활성화를 위하여 필요하다고 인정하는 사업에 재투자할 예정이라고 하였다.

|오답풀이|

① 두 번째 문단에서 이번 개정안은 재생에너지 사용에 따른 온실가스 감축 실적 인정을 규정했다고 하였다.

③ 마지막 문단의 재생에너지 발전 여건이 열악하고 제조업 비중이 높은 한국의 산업 구조상 RE100을 강제할 경우 핵심 사업장을 해외로 옮겨야 하는 딜레마에 빠질 수 있다는 내용을 통해 알 수 있다.

④ 두 번째 문단에서 RE100은 연간 100GWh 이상 사용하는 전력 다소비 기업이 대상이라고 명시되어 있다.

19 문서이해능력 세부 내용 이해하기

|정답| ①

|해설| 두 번째 문단에 따르면 디지털 시대는 많은 지식을 외워 머리에 넣어 둘 필요가 없다.

|오답풀이|

② 세 번째 문단에 따르면 권력을 독점하는 지배계층과 시장을 지배하고 신규 진입을 막는 대기업과 노동조합의 힘을 줄여야 젊은 세대와 혁신 기업이 성장할 수 있다.

③ 네 번째 문단에 따르면 정보를 비판적으로 받아들이는 능력인 미디어 리터러시가 필요하며 이는 정보를 곧이 곧대로 받아들이는 수동적 자세에서 벗어나 제공된 정보가 확실한지 스스로 이해하려고 노력하는 능동적인 자세이다.

④ 두 번째 문단에 따르면 습득한 정보를 언제든 필요할 때 꺼내 쓸 수 있도록 잘 정리해 두는 기술이 필요하며 자신만의 지식 저장 기술을 익혀두면 가지를 하나씩 만들어 지식을 확장시킬 수 있다.

20 문서작성능력 내용에 맞는 한자성어 파악하기

|정답| ②

|해설| 제구포신(除舊布新)은 '묵은 것을 버리고 새로운 것을 펼친다'는 뜻의 고사성어로 그릇된 것이나 묵은 것을 버리고 새롭게 하는 쇄신과 개혁을 강조할 때 쓰인다.

|오답풀이|

① 온고지신(溫故知新)은 '옛 것을 익히고 새 것을 안다'는 뜻으로 과거 전통과 역사가 바탕이 된 후에 새로운 지식이 습득되어야 제대로 된 앎이 될 수 있다는 말이다.

③ 금상첨화(錦上添花)는 '비단 위에 꽃을 더한다'는 뜻으로 좋은 일에 또 좋은 일이 더하여짐을 이르는 말이다.

④ 읍참마속(泣斬馬謖)은 '울면서 마속의 목을 벰'이라는 말로 사사로운 감정을 버리고 엄정히 법을 지켜 기강을 바로 세우는 일을 비유하는 말을 이른다.

제2영역(21~40)

21 문제처리능력 부서 배치하기

|정답| ④

|해설| 〈조건〉을 바탕으로 A ~ E의 각 채용절차 점수의 총합을 구하면 다음과 같다.

• A : $85×0.1+80×0.4+(45+45)×0.5=85.5$(점)
• B : $70×0.1+90×0.4+(40+35)×0.5=80.5$(점)
• C : $90×0.1+75×0.4+(45+40)×0.5=81.5$(점)
• D : $90×0.1+80×0.4+(30+45)×0.5=78.5$(점)
• E : $80×0.1+85×0.4+(40+50)×0.5=87$(점)

따라서 E가 최고득점을 받았으므로 E는 희망부서인 재무팀으로 배정받게 된다.

22 문제처리능력 적절한 근무계획 세우기

|정답| ②

|해설| 유연근무제 지침에 따르면 근무계획은 1주일 5일 이하 근무, 주 40시간, 하루 5 ~ 12시간 근무 요건을 충족해야 한다. 근무계획표를 바탕으로 각 직원들의 근무 시간을 다음과 같이 정리할 수 있다.

(단위 : 시간)

구분	월	화	수	목	금	합계
A	8	–	9	10	13	40
B	12	11	–	12	5	40
C	–	12	9	8	8	37
D	4	8	6	9	12	39
E	7	8	9	8	8	40

A는 금요일에 1일 최대 근무시간을 넘게, C와 D의 주 근무시간을 40시간보다 적게 근무계획을 세웠다. 또한 D는 월요일에 1일 최소 근무시간보다 적게 근무계획을 세웠다. 따라서 조건에 맞는 계획을 세운 직원은 B와 E이다.

23 문제처리능력 자료의 내용 파악하기

| 정답 | ①

| 해설 | GDP는 경제주체의 국적에 상관없이 그 나라 안에서 생산된 재화와 서비스의 시장가치를 합산한 것이다. 즉, 한국 사람이라도 국내가 아닌 국외에서 벌어들인 소득은 한국 GDP에 속하지 않는다.

| 오답풀이 |

②, ③ 국내에서 생산되어 판매된 재화이기 때문에 한국 GDP에 해당한다.

④ 경제주체의 국적과 상관없이 한국 영토 내에서 발생한 소득이므로 한국 GDP에 해당한다.

24 문제처리능력 자료의 내용 파악하기

| 정답 | ④

| 해설 | 가격 변동이 제거되는 것은 명목 GDP가 아닌 실질 GDP이다. 실질 GDP는 기준 연도의 물가로 고정한 상태에서 경제 생산 활동의 실질적인 변화를 측정할 수 있다. 따라서 실질 GDP를 통해 경제 성장, 경기 변동과 같은 실질적인 생산 활동 동향을 살펴볼 수 있다.

25 사고력 조건에 맞게 추론하기

| 정답 | ④

| 해설 | 먼저 첫 번째와 다섯 번째 조건에 의해 A와 F가 재

무팀에 배치되는 것을 알 수 있다. 다음으로 A가 속한 재무팀은 인원이 다 찼기 때문에 마지막 조건과 네 번째 조건에 따라 G는 E와 같은 부서인 영업팀에 배치된다. D는 E와 같은 부서가 아니라 했으므로 법무팀이 된다. 또한 두 번째 조건에 의해 B와 C는 같은 부서이며 영업팀은 한 자리만 비어있으므로 남은 H가 영업팀에 배치되고, B와 C가 배치되는 곳은 D와 같은 법무팀임을 알 수 있다. 이를 정리하면 다음과 같다.

법무팀(3명)	영업팀(3명)	재무팀(2명)
B, C, D	E, G, H	A, F

26 문제처리능력 자료의 내용 파악하기

| 정답 | ②

| 해설 | 세 번째 문단에서 '중산층이 사는 교외의 넓고 쾌적한 집을 차갑게 여기고 오래된 동네의 활기와 느낌을 선호하는 사람도 한둘이 아니다'라고 하였다.

| 오답풀이 |

① 첫 번째 문단에서 '물리적인 공간에 인간의 경험과 가치, 기억을 더하면 비로소 개념적인 장소가 된다'라고 설명한다.

③ 두 번째 문단에서 '노동자들이 중산층보다 더 **빽빽한** 거주 공간에 사는 것은 꼭 경제적인 이유 때문은 아니다. 다른 사람과 가까이서 지내기를 원하는 인간적인 본능 때문이다'라고 하였다.

④ 다섯 번째 문단에서 인간은 기본적으로 태어나고 자란 땅에 대한 경건한 마음이 있으며, 이런 애틋한 감정은 고향이 다른 문화권으로 넘어가도 변하지 않는다고 하였다.

27 문제처리능력 자료의 내용 파악하기

| 정답 | ③

| 해설 | 제시된 글은 범죄자의 인권도 보호되어야 한다는 관점을 기본적으로 가지고 있다. 인권을 보호하는 것은 그의 죄를 용서해 주자거나 '죄는 미워해도 사람은 미워하지 말라'는 말처럼 범죄자를 미워하지 말자는 뜻이 아님을 강조하고 있다. 다시 말해 범죄자에 대한 감정은 범죄자의 인권과 구분할 필요가 있음을 말하고 있는 것이다.

www.gosinet.co.kr

gosinet

1회 기출예상

2회 기출예상

3회 기출예상

4회 기출예상

28 [사고력] 참·거짓 추론하기

| 정답 | ②

| 해설 | A ~ E 중 한 명이 거짓말을 했을 경우 각각의 경우에 진술 모순이 발생하는지를 판단한다.

- A가 거짓을 말하는 경우
  주어진 진술을 정리하면 'B>D>C>E', 'B>D>A>E'이다. 즉, 5명의 정확한 등수를 알 수는 없지만 모순이 발생하지 않으므로, A는 거짓말을 했을 수도 있다.
- B가 거짓을 말하는 경우
  A, B, C의 진술까지 정리하면 'A>E>C>D'가 된다. 이때 D의 진술에서 모순이 발생하므로 B의 진술은 거짓이 될 수 없다.
- C가 거짓을 말하는 경우
  주어진 진술을 정리하면 'B>D>A', 'C>D', 'C>E>A'이다. 5명의 정확한 등수를 알 수는 없지만 모순이 발생하지 않으므로 C는 거짓말을 했을 수도 있다.
- D가 거짓을 말하는 경우
  주어진 진술을 정리하면 'A, B, C>D', 'A ,C>E'이다. 즉, 5명의 정확한 등수를 알 수는 없지만 모순이 발생하지 않으므로, D는 거짓말을 했을 수도 있다.
- E가 거짓을 말하는 경우
  주어진 진술을 통해 확실히 알 수 있는 건 'C>D>A>E', 'D>B'이다. 두 개 사이에 모순이 없으므로 E는 거짓말을 했을 수도 있다.

따라서 B가 거짓인 경우만 모순이 발생했으므로 B는 확실하게 거짓을 말하지 않았다.

29 [문제처리능력] 자료의 내용 파악하기

| 정답 | ③

| 해설 | MVNO의 요금이 저렴할 수 있는 이유는 기존에 구축되어 있는 이동통신망을 활용하여 통신망 구축에 들어가는 많은 비용과 시간을 절약할 수 있기 때문이라고 설명하고 있다.

| 오답풀이 |

① 두 번째 문단에서 '주파수의 제한을 받지 않고, 무선통신시장에 신규 사업자의 진입과 유사한 효과를 확보할 수 있는 방안 중의 하나로 MVNO가 관심을 모았다'라고 했으므로, MVNO는 신규 사업자가 시장진입과 유사한 효과를 유발하여 무선통신시장의 경쟁을 활성화하기 위해 등장했다고 볼 수 있다.

② 세 번째 문단에서 MVNO는 '대체 불가능한 이동통신설비를 MNO로부터 임대하여 자신이 보유한 대체 가능한 설비와 결합하여 서비스를 제공'했다고 하였다.

④ 두 번째 문단에서 유선과 달리 무선은 '한정된 수의 주파수를 이용해야 하여서 시장에 진입할 수 있는 사업자 수가 현실적으로 제한되어 있다'라고 하였다.

30 [문제처리능력] 글을 바탕으로 사례 제시하기

| 정답 | ③

| 해설 | ㉠은 자동차 제조업체나 금융권, 콘텐츠 제공업체와 같은 다른 분야 사업체와의 협력을 통해 함께 사업을 추진해 나가는 비즈니스적 목적을 뜻한다. 제휴를 통해 MVNO는 기존 사업체를 이용한 홍보가 가능해지고 타 업체는 저렴한 서비스의 제공이 가능해질 것이므로 서로 이득을 볼 수 있다. ①, ②, ④는 모두 요금 감면, 서비스 무상제공, 데이터 무제한 서비스 제공 등을 통해 혜택을 제공하고 있는 반면, ③은 기존 이동통신서비스의 가격과 동일한 가격의 서비스를 제공하고 있기 때문에 혜택으로 볼 수 없다.

31 [문제처리능력] 제시된 사례 분석하기

| 정답 | ③

| 해설 | 제시된 글은 중국의 난징, 이탈리아, 항저우시 등을 예로 들어 각종 센서와 상호작용하여 얻은 데이터를 통해 문제를 해결해 나가는 스마트도시의 사례를 소개하고 있다.

| 오답풀이 |

①, ② 해당 사례는 제시된 글에 언급되지 않았다.

④ 도로에 대한 내용이 제시되어 있기는 하지만, 전체를 포괄하는 내용으로 볼 수 없다.

32 [문제처리능력] 자료를 바탕으로 추론하기

| 정답 | ①

| 해설 | 제시된 두 글 모두 빅데이터를 활용한 다양한 도시 문제 해결 및 개선 사례를 보여주고 있다. 같은 내용을 이

야기하고 있기 때문에 빅데이터가 도시 문제 해결 방안이 되고 있음을 부연하고 있다는 설명이 적절하다.

|오답풀이|

② 어반 사이언스와 어반 인포메틱스라는 학문에 대해 언급하고 있으나 학문의 뒷받침에 대한 필요성을 지적하는 글은 아니다.

③ 〈보기〉는 빅데이터를 활용한 도시의 예로 뉴욕시의 사례를 들고 있으나 제시된 글의 새로운 도시 사례를 제시하려는 것은 아니다.

④ 〈보기〉는 와이파이나 GPS 위치 추적기 등을 통해 얻은 정보로 자연재해의 영향력을 예측할 수 있다고 했을 뿐 자연재해를 막을 수 있다고 하지 않았다.

33 문제처리능력 자료를 바탕으로 그래프 파악하기

|정답| ③

|해설| 두 번째 문단에서 '상품을 많이 팔리는 순서대로 가로축에 늘어놓고 각각의 판매량을 세로축에 표시하여 선으로 연결했더니 잘 팔리는 상품들을 연결한 선은 급경사를 이루며 폭락한 반면, 적게 팔리는 상품들을 연결한 선은 마치 공룡의 '긴 꼬리(Long Tail)'처럼 낮지만 길게 이어지는 모습을 보여 준다'고 하였다. 이와 같은 모습을 한 그래프는 ③이다.

34 문제처리능력 자료를 바탕으로 추론하기

|정답| ④

|해설| 롱테일 법칙은 집중적인 자원 배분을 통해 점유율 및 매출을 확대하는 것이 아니라, 소규모 점유율의 합계가 성과의 대부분을 차지하도록 하는 법칙이다. 집중적인 자원 배분을 통해 점유율을 확대하는 것은 파레토 법칙에 해당하는 내용이다.

|오답풀이|

① 롱테일 법칙은 많은 상품으로 경쟁하기 때문에 위험을 분산시킬 수 있고, 매출이 안정될 수 있다.

② 롱테일 법칙에서는 잠재적으로 모든 상품이 히트 상품이 될 수도 있고, 불량 재고의 위험도 줄어든다.

③ 인터넷의 발달로 그동안 관심 받지 못했던 제품이 빛을 볼 수 있게 되었으며 검색을 통해 개개인이 찾는 물건을

구매할 수 있게 되었다. 이 때문에 비인기 상품들의 축적이 주력 상품들을 앞지르는 롱테일 법칙이 작용하게 된다.

35 문제처리능력 자료의 내용 이해하기

|정답| ①

|해설| 첫 번째 문단에서 기체가 앞으로 나아가게 하는 힘을 추력이라고 하였고, 기체를 들어 올리는 힘을 양력이라고 하였다. 또한 세 번째 문단에서 '1번·3번 로터와 2번·4번 로터가 같은 방향으로 회전한다'라고 하였다.

36 문제처리능력 자료를 바탕으로 추론하기

|정답| ④

|해설| 마지막 문단에서 x축(비행체의 앞과 뒤를 연결한 선)을 중심으로 한 회전운동을 롤링 운동이라고 하였고, 드론은 기체가 기울어진 방향으로 이동하기 때문에 롤링 운동을 통해서는 좌우로 이동한다고 하였다. 또한, 드론은 '회전속도를 통해 양력을 조절하기 때문에 기체의 전방 좌우 로터가 천천히 들면 양력이 감소하고, 후방 좌우 로터가 빨리 돌면 양력이 증가하므로 기체가 앞쪽으로 기울게 된다'라고 하였으므로, 기체의 우측(1·4번 로터)이 빠르게 돌고 좌측(2·3번 로터)이 천천히 돌면 좌측으로 기울게 된다는 것을 알 수 있다. 따라서 적절한 내용은 ④이다.

37 문제처리능력 자료의 주제 파악하기

|정답| ①

|해설| 첫 번째와 두 번째 문단에서는 비행체에 작용하는 네 가지 힘을 설명하며 비행체의 종류에 따라 그 힘이 작동되는 방식의 차이를 설명하고 있다. 그리고 세 번째와 네 번째 단락에서 드론을 예시로 들며 회전익 비행체의 이동 원리를 자세히 설명하고 있다. 따라서 모든 내용을 포괄할 수 있는 주제는 ①이다.

|오답풀이|

② 첫 번째 문단에만 해당하는 내용이다.

③ 드론의 작동 원리에 대한 내용이 제시되어 있지만 드론의 기능에 관한 내용은 확인할 수 없으며, 드론이 제시된 글 전체를 포괄하는 소재도 아니다.

④ 두 번째 문단에만 해당하는 내용이다.

38 문제처리능력 | 자료의 내용 이해하기

| 정답 | ③

| 해설 | 제시된 글은 생태 발자국에 대한 개념과 이에 대한 구체적인 내용 및 현황에 대해 객관적으로 설명하고 있으며 자신이 주장하는 가설과 논거를 제시하고 있지는 않다.

| 오답풀이 |

① 두 번째 문단에서 대상 지역에 사는 평균적인 한 사람의 소비생활을 음식 · 주거 · 교통 · 소비재 · 서비스 등으로 구분한 뒤, 이런 소비 생활을 유지하는 데 들어가는 모든 공간의 면적을 계산하여 더한 값이 생태 발자국이라 하였다.

② 첫 번째 문단에서 생태 발자국이란 인간이 살아가면서 자연에 남기는 영향들이며 그 수치가 클수록 지구에 해를 많이 끼친다고 하였다.

④ 마지막 문단에서 우리나라는 1995년부터 1.8헥타르의 기준점을 넘기 시작했다고 했으므로, 1995년부터 환경 문제가 감당할 수 없는 수준이 되어버렸다는 설명은 적절하다.

39 문제처리능력 | 조건에 따라 결과 추론하기

| 정답 | ④

| 해설 | 제시된 조건에 따라 사원별 복지 포인트 점수를 구하면 다음과 같다.

(단위 : 점)

구분	배우자 포인트	부양가족 포인트	근속연수별 포인트	합계
양 사원	0	100	400	1,000+100+400 =1,500
이 부장	100	0	2,300	1,000+100+2,300 =3,400
권 차장	100	150	2,100	1,000+100+150+ 2,100=3,350
정 과장	100	200	2,200	1,000+100+200+ 2,200=3,500

따라서 복지 포인트 점수가 가장 높은 사람은 정 과장이다.

40 문제처리능력 | 자료를 분석하여 방안 찾기

| 정답 | ④

| 해설 | 기내 휴대 가능 수하물은 크로스백 또는 작은 배낭 1개, 면세 쇼핑백 1개, 기내 허용 크기 캐리어 1개인데, 기내 허용 크기는 3면의 길이 합이 115cm이므로 규정에 맞게 수하물을 처리하였다.

| 오답풀이 |

① 무료 위탁 수하물 안내에 따라 위탁 수하물 1개의 무게는 추가 금액 지불 시 최대 32kg까지만 가능하다.

② 기내 수하물 허용량은 10kg 이내이기 때문에 반입할 수 없다.

③ 국제선 이코노미석의 경우 21kg ~ 32kg에 해당하는 수하물 요금은 50,000원이다. 따라서 지불해야 할 추가 금액은 개수 초과 요금을 합하여 총 100,000원이다.

제3영역(41~60)

41 기초통계능력 | 확률 계산하기

| 정답 | ②

| 해설 | 김, 이, 박 사원이 A ~ E 5개의 거래처를 2개, 2개, 1개로 나누어 맡게 되는 총 경우의 수는 $_5C_2 \times _3C_2 \times _1C_1 \times 3!$ =180(가지)이다. 한편 김 사원이 E 거래처 하나만을 관리한다면 이, 박 사원은 두 거래처씩 나누어 맡게 되는 것이므로 이에 대한 경우의 수는 $_4C_2 \times _2C_2 \times 2!$=12(가지)이다. 따라서 김 사원이 E 거래처 하나만을 관리하게 될 확률은 $\frac{12}{180} = \frac{1}{15}$ 이다.

42 기초연산능력 | 미지급 금액 구하기

| 정답 | ④

| 해설 | A사가 갑, 을, 병 세 개의 거래처 각각에 지급한 납품 비용은 다음과 같다.

• 갑 거래처 : 2,500×0.35=875(만 원)

• 을 거래처 : 2,500×0.42=1,050(만 원)

• 병 거래처 : 2,500×0.23=575(만 원)

다음으로 각 거래처별로 지급해야 할 납품 비용을 구하면 다음과 같다.

- 갑 거래처 : $875 \div 0.7 = 1,250$(만 원)
- 을 거래처 : $1,050 \div 0.8 = 1,312.5$(만 원)
- 병 거래처 : $575 \div 0.92 = 625$(만 원)

따라서 A사가 3개의 거래처에 지급하지 못한 납품 금액은 $(1,250-875)+(1,312.5-1,050)+(625-575)=375+262.5+50=687.5$(만 원)이다.

43 기초연산능력 가격 계산하기

|정답| ①

|해설| 귤 한 상자의 원가를 x원이라고 할 때, 귤 50상자의 원가는 $50x$이다. 또한, 귤 45상자의 총 판매 가격은 $45 \times x \times 1.2 = 54x$(원)이고, 나머지 5상자의 총 판매 가격은 $5 \times x \times 1.2 \times 0.7 = 4.2x$(원)이다. 따라서 다음과 같은 식이 성립한다.

$54x + 4.2x - 50x = 127,100$

$8.2x = 127,100$

$\therefore \ x = 15,500$

따라서 귤 한 상자의 원가는 15,500원이다.

44 기초연산능력 인원수 구하기

|정답| ③

|해설| 미리 예약해 둔 회의실 수를 x라고 할 때, ○○기업의 경력 2년 미만 사원수는 6명씩 배정한 경우 $6x+1$, 7명씩 배정한 경우 $7(x-2)+4$가 된다. 따라서 다음과 같은 식이 성립된다.

$6x+1=7(x-2)+4$

$\therefore \ x=11$

따라서 경력 2년 미만인 사원의 수는 모두 $6 \times 11+1=67$(명)이다.

45 기초연산능력 환율 계산하기

|정답| ③

|해설| 먼저 1,600원을 달러로 환산하면 $1,600 \div 1,133 = 1.41$(달러)이다. 다음으로 1.41달러를 바트로 환산하면 $1.41 \times 31.6 = 44.56$(바트)이다.

46 기초연산능력 최대 구매 개수 구하기

|정답| ④

|해설| 마우스 1개와 매트의 1개 가격을 각각 x, y원이라고 할 때, 다음과 같은 식이 성립한다.

$x+2y=34,100$ ·············· ㉠

$4x+3y=87,400$ ············ ㉡

㉠$\times 4-$㉡을 하면

$5y=49,000$

$y=9,800$, $x=14,500$이다.

한편, 김 씨가 키보드 2개를 구입하면 $200,000-19,150 \times 2=161,700$(원)이 남는다. 이때 구입하는 매트의 개수를 z라고 하면 다음과 같은 식이 성립한다.

$161,700 \geq 9,800z$

$z \leq 16.5$

따라서 매트의 최대 구매 개수는 16개이고, 거스름돈은 $161,700-9,800 \times 16=4,900$(원)이다.

47 기초연산능력 가격 계산하기

|정답| ②

|해설| A 상품의 표시 가격을 x만 원이라고 할 때, 정 씨가 받은 수수료는 $(x-10) \times 0.2=0.2x-2$(만 원), 박 씨가 받은 수수료는 $(x-20) \times 0.3=0.3x-6$(만 원)이다. 두 사람이 받은 수수료가 같으므로 다음과 같은 식이 성립한다.

$0.2x-2=0.3x-6$

$0.1x=4$

$\therefore \ x=40$

따라서 A 상품의 표시 가격은 40만 원이다.

48 기초연산능력 남은 배터리 용량 비율 구하기

|정답| ①

|해설| AA기업의 한 가전제품의 배터리 용량이 1분당 25mAh 소모되므로 90분 동안 $25 \times 90 = 2,250$(mAh)만큼 배터리가 소모된다. 따라서 해당 가전제품은 사용한 지 90분이 지나면 $4,000 - 2,250 = 1,750$(mAh)만큼의 배터리 용량이 남고, 이는 기존 배터리 용량에서 $\frac{1,750}{4,000} \times 100 ≒ 44$(%)를 차지한다.

49 도표분석능력 자료의 수치 분석하기

|정답| ②

|해설| ㉠ 20X3년의 정직원 비율은 $\frac{3,520}{4,997} \times 100 ≒ 70.4$ (%)이므로, 정직원 비율이 가장 높은 해는 20X1년이다.

㉡ 전체 직원 수 $= \frac{정직원 수 \times 100}{정직원 비율}$ 이므로 20X2년과 20X5년의 전체 직원 수는 다음과 같다.

• 20X2년의 전체 직원 수 : $\frac{3,395 \times 100}{73.9} ≒ 4,594$(명)

• 20X5년의 전체 직원 수 : $\frac{3,294 \times 100}{73.5} ≒ 4,482$(명)

따라서 전체 직원 수가 4,253명인 20X1년이 가장 적은 해이다.

㉣ 전년 대비 전체 직원 수가 증가한 20X2, 20X3, 20X6년의 증가율을 구하면 다음과 같다.

• 20X2 : $\frac{4,594 - 4,253}{4,253} \times 100 ≒ 8.0$(%)

• 20X3 : $\frac{4,997 - 4,594}{4,594} \times 100 ≒ 8.8$(%)

• 20X6 : $\frac{4,678 - 4,482}{4,482} \times 100 ≒ 4.4$(%)

따라서 전년 대비 전체 직원 수의 증가율이 가장 높은 해는 20X3년이다.

|오답풀이|

㉢ 20X4년의 정직원 수는 $\frac{74 \times 4,705}{100} ≒ 3,482$(명)이고, 연도별 계약직 직원 수를 구하면 다음과 같다.

• 20X1년 : $4,253 - 3,157 = 1,096$(명)

• 20X2년 : $4,594 - 3,395 = 1,199$(명)

• 20X3년 : $4,997 - 3,520 = 1,477$(명)

• 20X4년 : $4,705 - 3,482 = 1,223$(명)

• 20X5년 : $4,482 - 3,294 = 1,188$(명)

• 20X6년 : $4,678 - 3,309 = 1,369$(명)

따라서 계약직 직원 수가 가장 많은 해는 20X3년이다.

50 도표분석능력 그래프 해석하기

|정답| ③

|해설| 2022년 5월의 실업자 수는 6개월 전인 2021년 11월의 실업자 수보다 $\frac{1,287}{866} ≒ 1.5$(배) 많다.

|오답풀이|

② 2022년 8월부터 10월까지 실업자 수는 916 → 1,020 → 1,150천 명으로 꾸준히 증가한다.

④ 2022년 5월의 실업률은 4.5%로 제시된 자료에서 가장 높은 실업률 수치를 보인다.

51 도표분석능력 자료의 수치 분석하기

|정답| ③

|해설| ㉠ 2022년 2 ~ 4월의 전월 대비 원자력 발전설비 용량 증감률을 구하면 다음과 같다.

• 2022년 2월 : $\frac{23,994 - 23,658}{23,658} \times 100 ≒ 1.4$(%)

• 2022년 3월 : $\frac{24,120 - 23,994}{23,944} \times 100 ≒ 0.5$(%)

• 2022년 4월 : $\frac{25,897 - 24,120}{24,120} \times 100 ≒ 7.4$(%)

따라서 전월 대비 원자력 발전설비 용량 증감률이 가장 작은 달은 3월이다.

㉢ 2021년 1 ~ 4월의 기력 발전설비 용량을 구하면 다음과 같다.

• 2021년 1월 : $\frac{37,006}{0.962} ≒ 38,468$(MW)

• 2021년 2월 : $\frac{37,884}{0.968} ≒ 39,136$(MW)

- 2021년 3월 : $\dfrac{38,016}{0.964} ≒ 39,436$(MW)

- 2021년 4월 : $\dfrac{38,930}{0.966} ≒ 40,300$(MW)

따라서 기력 발전설비 용량이 가장 큰 달은 40,300MW인 4월이고 40,000MW 이상이다.

ⓐ 2022년 5월의 전월대비 대체에너지 발전설비 용량 증가율이 1.4%이므로 2022년 5월의 대체에너지 발전설비 용량은 21,564×1.014≒21,866(MW)이다. 따라서 2022년 5월의 전년 동월 대비 증감률은 $\dfrac{21,866-16,350}{16,350} × 100 ≒ 33.7$(%)이다.

| 오답풀이 |

ⓑ 2022년 1 ~ 4월의 전체 발전설비 용량 중 수력 발전설비 용량의 비율을 구하면 다음과 같다.

- 2022년 1월 : $\dfrac{6,276}{127,737} × 100 ≒ 4.91$(%)

- 2022년 2월 : $\dfrac{6,305}{130,101} × 100 ≒ 4.85$(%)

- 2022년 3월 : $\dfrac{6,420}{131,482} × 100 ≒ 4.88$(%)

- 2022년 4월 : $\dfrac{6,539}{134,543} × 100 ≒ 4.86$(%)

따라서 1월에서의 비율이 가장 크다.

52 도표분석능력 자료의 수치 분석하기

| 정답 | ②

| 해설 | 2022 하반기(7 ~ 12월)의 전월 대비 누적 가입자 수 증감률을 구하면 다음과 같다.

- 7월 : $\dfrac{912-890}{890} × 100 ≒ 2.5$(%)

- 8월 : $\dfrac{945-912}{912} × 100 ≒ 3.6$(%)

- 9월 : $\dfrac{996-945}{945} × 100 ≒ 5.4$(%)

- 10월 : $\dfrac{1,124-996}{996} × 100 ≒ 12.9$(%)

- 11월 : $\dfrac{1,193-1,124}{1,124} × 100 ≒ 6.1$(%)

- 12월 : $\dfrac{1,283-1,193}{1,193} × 100 ≒ 7.5$(%)

따라서 7월의 증가율이 가장 작았다.

| 오답풀이 |

①, ③ 해당 월의 신규 가입자 수=해당 월의 누적 가입자 수−전월 누적 가입자 수이므로 각 월의 신규 가입자 수를 구하면 다음과 같다.

(단위 : 만 명)

월	1월	2월	3월	4월	5월	6월
신규 가입자 수	578-563=15	698-578=120	785-698=87	807-785=22	862-807=55	890-862=28
월	7월	8월	9월	10월	11월	12월
신규 가입자 수	912-890=22	945-912=33	996-945=51	1,124-996=128	1,193-1,124=69	1,283-1,193=90

따라서 신규 가입자 수는 총 15+120+87+22+55+28+22+33+51+128+69+90=720(만 명)이고, 10월에 그 수가 가장 많았다.

④ 2023년 1월의 전월 대비 누적 가입자 수가 1,283×1.1=1,411.3(만 명) 이상이 되어야 하므로 2023년 1월의 신규 가입자 수는 1,411.3-1,283=128.3(만 명) 이상이 되어야 한다.

53 도표분석능력 자료의 수치 분석하기

| 정답 | ②

| 해설 | 각 지역별 주택용 전력 판매량 대비 일반용 전력 판매량의 비율을 구하면 다음과 같다.

- A : $\dfrac{467,190}{405,226} × 100 ≒ 115.3$(%)

- B : $\dfrac{307,134}{259,675} × 100 ≒ 118.3$(%)

- C : $\dfrac{401,685}{376,523} × 100 ≒ 106.7$(%)

- D : $\dfrac{347,598}{179,907} × 100 ≒ 193.2$(%)

- E : $\dfrac{247,042}{185,307} × 100 ≒ 133.3$(%)

- F : $\dfrac{436,832}{336,078} × 100 ≒ 130.0$(%)

따라서 비율이 가장 낮은 지역은 C이다.

|오답풀이|

① 주택용, 일반용, 교육용, 산업용 전력 판매량의 합계가 가장 큰 지역은 1,894,111MWh인 F 지역이다.

③ 교육용 전력 판매량이 가장 많은 지역인 F 지역과 가장 적은 지역인 B 지역의 기타 전력 판매량의 차이는 33,065 −32,851=214(MWh)이다.

④ 일반용 전력 판매량 대비 산업용 전력 판매량의 비율이 가장 큰 지역은 $\frac{978,145}{247,042} \times 100 ≒ 395.9$(MWh)인 E 지역이다.

---

54 도표분석능력 그래프 수치 분석하기

|정답| ①

|해설| 조사대상자 중 기혼이자 찬성하는 사람의 비율은 0.7×0.6=0.42이고, 미혼이자 찬성하는 사람의 비율은 0.3×0.2=0.06이다. 따라서 정책에 찬성한 사람 중 기혼인 사람은 $\frac{0.42}{(0.42+0.06)} \times 100 ≒ 88$(%)이다.

---

55 기초연산능력 소요 시간 구하기

|정답| ②

|해설| 전체 일의 양을 1, 1시간 동안 급수관이 하는 일의 양을 x, 배수관이 하는 일의 양을 y라고 할 때, 다음의 식이 가능하다.

$x - y = \frac{1}{12}$ ················· ㉠

$x - \frac{2}{3}y = \frac{1}{6}$ ·············· ㉡

㉡−㉠을 하면

$y = \frac{1}{4}$, $x = \frac{1}{3}$이다.

따라서 급수관만 열어둔다면 3시간 만에 빈 물탱크를 물로 가득 채울 수 있다.

---

56 기초연산능력 거리 · 속력 · 시간 활용하기

|정답| ①

|해설| 속력$= \frac{거리}{시간}$이고 평균속력을 구하라고 하였으므로 트랙을 돈 전체 시간과 거리를 구하면 된다. 트랙을 돈 시간은 총 4시간이고, 거리는 15km 원형 트랙을 12회 돌았으므로 총 15×12=180(km)이다. 따라서 평균 속력은 180÷4=45(km/h)이다.

---

57 기초연산능력 방정식 활용하기

|정답| ④

|해설| 회사에서 거래처까지의 실제 직선거리를 x(km)라고 할 때 다음의 식이 성립한다.

16 : 2.5 = x : 5.2

2.5x = 83.2   ∴ x = 33.28

따라서 회사에서 거래처까지의 실제 직선거리는 33.28km이다.

---

58 도표분석능력 온실가스 배출량 구하기

|정답| ①

|해설| (가) 2019년의 2016년 대비 온실가스 배출량 비율은 106.6%이므로 2019년의 온실가스 배출량은 684×1.066≒729(백만 톤 CO_2eq)이다. 2020년의 전년 대비 온실가스 배출량 증감률은 1.8%이므로 2020년의 온실가스 배출량은 729×1.018≒742(백만 톤 CO_2eq)이다. 따라서 2016년 대비 2020년의 온실가스 배출량 비율은 $\frac{742}{684} \times 100 ≒ 108.5$(%)이다.

(나) 2018년의 2016년 대비 온실가스 배출량 비율은 103.1%이므로 2018년의 온실가스 배출량은 684×1.031≒705(백만 톤 CO_2eq)이다. 2017년의 2016년 대비 온실가스 배출량 비율은 105.0%이므로 2017년의 온실가스 배출량은 684×1.05≒718(백만 톤 CO_2eq)이다. 따라서 2017년 대비 2018년의 온실가스 배출량 증감률은 $\frac{705-718}{718} \times 100 ≒ -1.8$(%)이다.

따라서 (가)와 (나)를 합한 값은 108.5−1.8=106.7이다.

1회 기출예상

2회 기출예상

3회 기출예상

4회 기출예상

59 도표분석능력 자료의 수치 분석하기

|정답| ③

|해설| 모든 지역에서 소득이 높을수록 무상의 비율은 낮고, 전체의 무상 비율이 가장 낮은 지역은 광역시이다.

|오답풀이|

① 모든 지역에서 소득이 높을수록 월세의 비율은 낮고, 전체의 월세 비율이 가장 낮은 지역은 수도권이다.

② 전체의 자가 비율이 가장 높은 지역은 도지역이다.

④ 전체의 전세 비율이 가장 높은 지역은 수도권이다.

60 도표분석능력 자료의 수치 분석하기

|정답| ①

|해설| 전체 여행객 중 25세 이하 여행객의 연도별 비율을 구하면 다음과 같다.

• 2019년 : $\dfrac{1,918}{10,190} \times 100 \fallingdotseq 18.8(\%)$

• 2020년 : $\dfrac{2,037}{10,315} \times 100 \fallingdotseq 19.7(\%)$

• 2021년 : $\dfrac{1,954}{10,107} \times 100 \fallingdotseq 19.3(\%)$

• 2022년 : $\dfrac{2,451}{10,886} \times 100 \fallingdotseq 22.5(\%)$

따라서 2021년의 25세 이하 여행객의 비율은 전년 대비 감소했다.

|오답풀이|

② 매년 전체 여행객 수는 천 명대로 유사하므로 56세 이상 여행객 수가 가장 많은 2019년에서의 비율을 구하여 확인한다. 2019년 전체 여행객 중 56세 이상 여행객의 비율은 $\dfrac{912}{10,190} \times 100 \fallingdotseq 8.9(\%)$이므로 매년 56세 이상 여행객의 비율은 10% 이하이다.

③ 제시된 자료에서 전체 여행객 수가 가장 많았던 해는 9,041+1,845=10,886(명)인 2022년이다.

④ 3,694 → 3,892 → 4,069 → 4,163명으로 26 ~ 35세의 여행객 수만 매년 증가했다.

제4영역(61~80)

61 컴퓨터활용능력 파일시스템과 데이터베이스 이해하기

|정답| ①

|해설| 제시된 자료는 파일시스템과 데이터베이스의 개념과 그 차이에 관한 내용이다. 파일시스템(㉠)은 데이터(㉢)를 파일(㉡)로 관리하는 시스템이고, 데이터베이스(㉣)는 서로 연관되어 있는 데이터와 데이터가 모여 있는 파일의 집합이다.

파일시스템은 데이터 중복과 결함 발생, 데이터 검색 및 데이터 보안유지의 어려움 등의 문제가 있는데, 이는 응용 프로그램별로 필요한 데이터를 별도의 파일로 관리하여 발생한 것이다. 이와 반대로 데이터베이스는 여러 사람에 의해 공유되어 사용될 목적으로 통합하여 관리된다. 따라서 데이터베이스를 통해 파일시스템의 불편을 없애고 정보를 효과적으로 조작하며 효율적인 검색을 할 수 있다.

62 컴퓨터활용능력 데이터베이스의 특징 이해하기

|정답| ②

|해설| ㉣은 '데이터베이스'이고 ㉢은 '데이터'이다. 데이터베이스는 방대한 데이터를 가지고 있어 검색을 쉽게 해주는 특징이 있다. 즉, 한 번에 여러 파일에서 데이터를 찾아내는 기능을 통해 원하는 검색이나 보고서 작성 등을 쉽게 할 수 있다.

> **보충 플러스+**
>
> **데이터베이스의 특징**
> • 데이터의 중복을 줄인다.
> 데이터베이스 시스템을 이용하면 데이터의 중복이 현저하게 줄어들며, 여러 곳에서 이용되는 데이터를 한 곳에서만 가지고 있으므로 데이터 유지비용도 줄일 수 있다.
> • 데이터의 무결성을 높인다.
> 데이터가 중복되지 않고 한 곳에만 기록되어 있으므로 데이터의 무결성, 즉 결함이 없는 데이터를 유지하는 것이 훨씬 용이해진다. 데이터가 변경되면 한 곳에서만 수정하면 되므로, 해당 데이터를 이용하는 모든 애플리케이션에서는 즉시 최신의 데이터를 이용할 수 있다.
> • 검색을 쉽게 해준다.
> 한 번에 여러 파일에서 데이터를 찾아내는 기능으로 원하는 검색이나 보고서 작성 등을 보다 쉽게 할 수 있다.

- 데이터의 안정성을 높인다.

대부분의 데이터베이스 관리시스템은 사용자의 정보에 대한 보안등급을 정할 수 있게 해준다. 예를 들어, 급여 데이터에 대하여 급여부서 총책임자에게는 읽기와 쓰기 권한 모두를, 다른 부서의 관리자에게는 읽기 권한만을 부여하는 한편 일반 사원에게는 읽기와 쓰기 권한 모두 허용되지 않게 하여 급여사항에 대한 보안을 유지할 수 있다.

- 개발기간을 단축한다.

데이터가 훨씬 조직적으로 저장되어 있으므로 이러한 데이터를 이용하는 프로그램의 개발은 훨씬 쉬워지고 기간은 단축된다.

---

63 컴퓨터활용능력 | 엑셀 함수 결과값 구하기

| 정답 | ②

| 해설 | 엑셀에서 IF 함수는 '=IF(조건문, 조건 만족 시 출력할 값, 조건 불만족 시 출력할 값)'의 형태로 나타낸다. '=IF(D4>E4, "불가능", "가능")'은 [D4]의 값이 [E4]의 값보다 크면 '불가능'을, 그렇지 않으면 '가능'을 출력하라는 뜻이므로 [F4] 셀에는 '가능'이 출력된다.

| 오답풀이 |

③ #VALUE?는 잘못된 인수나 피연산자를 사용했을 경우에 나타나는 오류메시지이다.

④ #NULL!은 공통 부분이 없는 두 영역을 지정했을 경우 나타나는 오류메시지이다.

---

64 정보능력 | 자료 · 정보 · 지식의 개념 구별하기

| 정답 | ④

| 해설 | H가 정리한 20대의 보유 화장품 종류와 성별에 따른 선호 화장품 성분 및 사용법 등은 정보에 해당한다. 정보는 일상생활이나 자연 현상에서 발생된 많은 자료를 필요한 목적에 따라 수집 및 선택하고, 이를 이용 가능한 형태로 가공하여 의사결정에 도움이 될 수 있게 한 것이다.

| 오답풀이 |

① H가 작성한 기획서에는 고객의 주소, 성별, 나이, 구매이력 등과 같은 '자료'와 이를 토대로 한 20대의 보유 화장품 종류, 성별에 따른 선호 화장품 성분, 사용법 등을 분석한 결과인 '정보', 이를 체계화하여 20대가 선호하는

티트리 성분과 올인원 형태 등을 고려한 20대 타깃 신상품 기획 내용이 담겨 있다. 따라서 B가 작성한 기획서는 '지식'까지 담고 있다고 볼 수 있다.

② H의 분석 결과는 특정한 목적을 달성하는 데 유용하게 체계화 및 일반화된 정보인 '지식'이다. 이러한 지식은 일종의 가공된 정보로서, 특정 상황에 적합한 행동을 선택하게 하는 판단 기준의 역할을 한다.

③ 고객의 주소와 성별, 이름, 전화번호 등은 '자료'에 해당한다. 자료는 현실 세계에서 관찰이나 측정을 통해서 수집된 가공되지 않은 사실이나 값이다.

보충 플러스+

자료, 정보, 지식

구분	개념	예
자료 (Data)	특정 목적에 대하여 평가되지 않은 상태의 숫자나 문자들의 단순한 나열로 정보 작성을 위해 필요한 데이터	고객의 주소, 성별, 이름, 나이, 휴대폰 기종, 휴대폰 활용 횟수 등
정보 (Information)	자료를 처리 및 가공한 것으로 특정한 목적을 달성하는 데 필요하거나 특정한 의미를 가지도록 다시 생산한 것	청년층의 휴대폰 기종, 청년층의 휴대폰 활용 횟수
지식 (Knowledge)	자료를 가공하여 가치 있는 정보로 만드는 과정으로 일반적인 사항에 대비해 보편성을 갖도록 한 것	휴대폰 디자인에 대한 청년층의 취향, 청년층을 주요 타깃으로 하는 신종 휴대폰 개발안

---

65 정보능력 | 5W2H 원칙 이해하기

| 정답 | ②

| 해설 | 정보 기획에 있어 5W2H 원칙의 WHO는 정보활동의 주체를 확정하는 것이므로, 해당 항목에는 20대 소비자가 아니라 황 대리를 작성해야 한다.

| 오답풀이 |

① HOW MUCH는 정보수집의 비용을 파악하는 것이므로 적절하다.

③ WHERE은 정보원을 파악하는 것이므로 자료의 정보원이 되는 기사나 분석 칼럼, 기타 자료 등을 작성하는 것은 적절하다.

④ WHAT은 어떠한 정보를 수집할 것인지 계획하는 것을 말하므로 시중의 스마트폰 기종별 디자인과 재질, 20대가 선호하는 디자인이나 형태 등을 작성하는 것은 적절하다.

보충 플러스+

정보의 전략적 기획 원칙(5W2H 원칙)
- WHAT(무엇을) : 어떠한 정보를 수집할 것인지 계획하는 것으로, 정보의 입수대상을 명확히 하여야 한다.
- WHERE(어디에서) : 정보의 소스(정보원)를 파악하는 것이다.
- WHEN(언제까지) : 정보의 요구(수집) 시점을 고려하는 것이다.
- WHY(왜) : 정보의 필요목적을 고려하는 것이다.
- WHO(누가) : 정보활동의 주체를 확정하는 것이다.
- HOW(어떻게) : 정보의 수집방법을 검토하는 것이다.
- HOW MUCH(얼마나) : 정보수집의 비용성(효용성)을 중시하는 것이다.

66　컴퓨터활용능력　네티켓 이해하기

| 정답 | ③

| 해설 | 전자우편을 사용할 시에는 최대한 간결하게 요점만 정리한 내용을 적는 것이 좋다.

67　정보처리능력　제품 코드 관리하기

| 정답 | ②

| 해설 | 수출 국가는 중국과 미국 2개이며 자동차들이 수출될 도시는 BIS(중국 베이징), CHI(미국 시카고), CTU(중국 성도), CGQ(중국 장춘), ATL(미국 애틀랜타)의 5개이다.

| 오답풀이 |

① 〈자동차 코드 목록〉의 3열 밑에서 3번째 칸에 있는 'CUV-08-CHI-0420'은 2020년 4월에 제조되었고 미국 시카고로 수출될 8번 다목적 혼합용 차량이다.

③ 연도별로 제조된 차량의 수는 2022년 6대, 2021년 5대, 2020년 5대, 2019년 4대, 2018년 1대이다. 따라서 2022년에 제조된 차량이 가장 많고 2018년에 제조된 것이 가장 적으며, 그 차이는 5대이다.

④ 생산된 자동차 중 '레저용 차량(RV)'이 12대로 가장 많다.

68　정보처리능력　제품 생산 보안수칙 적용하기

| 정답 | ③

| 해설 | 서비스 보안관리 부분의 '모든 비밀번호(최초, 변경 모두 해당)는 영문, 숫자, 특수문자를 포함하여 8자 이상으로 하여야 한다. 또한 비밀번호 설정 창을 통해 복잡도가 높은 문구로 설정하도록 사용자에게 안내하여야 한다.'라는 수칙을 잘 지키고 있으나, 이는 비밀번호(PW)에 해당하는 수칙으로 이용자의 아이디(ID) 구성에까지 적용해야 하는 것은 아니다.

| 오답풀이 |

① 서비스 보안관리 부분의 '모든 비밀번호(최초, 변경 모두 해당)는 영문, 숫자, 특수문자를 포함하여 8자 이상으로 하여야 한다.'라는 수칙을 잘 지키고 있으며, 암호화 부분의 '무선 암호화 방식은 보안강도가 높은 WPA2가 기본 설정되도록 하여야 한다.'라는 수칙 역시 지키고 있다. 또한 접근 통제 부분의 '공유기 관리자 페이지에 대한 원격 접속을 기본으로 허용하지 않아야 한다.'와 서비스 보안관리 부분의 '불필요한 외부 접속 포트나 Telnet, FTP 등의 서비스는 비활성화한다.'라는 수칙도 모두 지키고 있다.

② 접근통제 부분의 '공유기 관리자 페이지 및 무선 인증 시 제품의 최초 ID와 PW는 제품마다 다르게 하거나 비밀번호를 설정하여야 공유기를 사용할 수 있게 하여야 한다.'라는 수칙을 지키고 있다. 또한 펌웨어 보안 부분의 '공유기 펌웨어 업데이트가 발생하는 경우 사용자가 인지할 수 있는 방안을 강구하여야 한다.'라는 수칙도 이용자에게 이메일이 전송되는 등의 방식으로 잘 지켜지고 있다.

④ 접근 통제 부분의 '공유기 관리자 페이지 접속 시 ID와 비밀번호(PW) 없이 접속할 수 없도록 하여야 한다.'라고 한 수칙이 잘 지켜지고 있다.

69　정보처리능력　정보 분석의 절차 파악하기

| 정답 | ③

| 해설 | 일반적인 정보 분석의 절차는 분석과제의 발생 → 과제(요구)의 분석 → 조사항목의 선정 → 관련 정보의 수집 → 자료조사(기존/신규) → 수집정보의 분류 → 항목별 분석 → 종합·결론 → 활용·정리 순으로 진행된다.

70 정보처리능력 | 데이터 표준화 이해하기

| 정답 | ④

| 해설 | 데이터 표준화는 시스템별로 각기 산재되어 있는 데이터 정보 요소에 대한 원칙을 세워 이를 전사적으로 적용하는 것이다. 따라서 데이터 표준 정책 없이 단위 시스템을 위주로 한다는 내용은 적절하지 않은 설명이다.

71 컴퓨터활용능력 | 엑셀 함수식 이해하기

| 정답 | ②

| 해설 | [B2] 셀과 [C2] 셀의 합을 구하는 함수식은 '=SUM(B2,C2)'이다.

72 정보처리능력 | VR과 AR의 개념 이해하기

| 정답 | ③

| 해설 | 증강현실이란 현실과 가상의 연속된 프레임 중 어느 중간의 단계를 구현하는 기술이다. 사용자의 현실 환경에 실시간으로 가상의 정보를 제공해 준다는 특징을 가진다.

| 오답풀이 |

①, ② 가상현실 속 몰입감을 향상시키기 위해서는 자율성과 상호작용, 현존감이 고루 중요하다.

④ 증강현실에 대한 설명이다.

73 컴퓨터활용능력 | 다크웹 이해하기

| 정답 | ④

| 해설 | ㉠ 다크웹에 대한 설명에서 인터넷은 누구나 쉽게 접근 가능한 표면웹과 학술 데이터베이스 등 일부 제한된 사용자만 접근 가능한 딥웹으로 구분된다고 하였으므로, 표면웹과 딥웹은 접근성의 차이가 있는 것을 알 수 있다.

㉡ 다크웹의 대응 방안에서 지속적인 모니터링을 통해 다크웹으로부터 수집된 정보의 공유가 필요하다고 하였다. 따라서 다크웹을 통한 피해 예방을 위해 모니터링을 강화해야 한다.

㉢ 다크웹의 특징에서 익명성이 철저하게 보장되고 은닉성이 보장된다고 하였으므로, 다크웹을 통해 마약 매매같은 불법적인 행위가 일어날 수 있다.

㉣ 전망 및 대응방안에서 다크웹을 통한 금융사고 예방을 위해 모니터링 및 국제 공조를 강화해야 한다고 하였다.

| 오답풀이 |

㉤ 현황에서 다크웹은 이용자 감시회피 등 기술수준이 높아 탐지 및 추적에 어려움이 있다고 하였다.

74 정보처리능력 | 5W2H 이해하기

| 정답 | ①

| 해설 | ㉠은 정보의 필요 목적에 대한 내용이므로 WHY가 적절하다.

75 정보처리능력 | 적절한 자료 추론하기

| 정답 | ③

| 해설 | 김 팀장이 ㉢에서 요청한 내용은 2020년부터의 최근 3개년 동안의 신입공채 지원자 수와 합격자 수 그리고 지원분야별 요약과 경쟁률이다. 따라서 ③이 가장 적절한 자료이다.

| 오답풀이 |

① 경쟁률에 대한 자료가 나타나 있지 않다.

② 2019년의 자료가 제시되어 있으며 2022년의 자료가 제시되어 있지 않다.

④ 연도별 내용에 대한 자료가 나타나 있지 않다.

76 정보이해능력 | 빅데이터 이해하기

| 정답 | ①

| 해설 | 빅데이터란 대량으로 수집한 데이터를 활용하고 분석하여 가치 있는 정보를 추출하고, 생성된 지식을 바탕으로 능독적으로 대응하며 변화를 예측하기 위해 사용되는 정보와 기술을 의미한다. 따라서 (a)에 들어갈 용어로 적절한 것은 빅데이터이다.

|오답풀이|

② 사물통신은 기계와 기계 사이의 통신을 의미한다.

④ 인공지능은 인간의 학습능력과 추론능력, 지각능력, 자연언어의 이해능력 등을 컴퓨터 프로그램으로 실현한 기술을 의미한다.

77 정보이해능력 미래사회 분석하기

|정답| ②

|해설| (b)에서 나타내고 있는 것은 스마트폰의 확산, SNS의 활성화 등에 의해 전 세계의 디지털 정보량이 폭증한 이후의 모습이다. 기술, 장비, 비용 등의 제약으로 과거에는 분석하기 어려웠던 데이터를 실시간으로 분석하여 마케팅 전략을 수립하거나, 맞춤형 광고의 제공, 미래 트렌드 예측 등의 모습이 이에 해당한다고 볼 수 있다. 이에 따라 정보처리 기술로는 클라우드, 가상현실, 인공지능, 사물인터넷 등이 해당한다. ②의 내용은 PC에서 모바일 서비스로의 기술 변천에 대한 설명이므로 적절하지 않다.

78 컴퓨터활용능력 프로그래밍 언어 사용하기

|정답| ③

|해설| len() 함수는 문자열의 길이를 나타내며, 문자열의 길이를 셀 때 따옴표는 문자열에 포함하지 않고 띄어쓰기는 포함한다고 하였다. 따라서 len(A)는 11, len(B)는 16이므로 C=11×16=176이다.

79 컴퓨터활용능력 프로그래밍 언어 사용하기

|정답| ②

|해설| New_A='Home'이 되려면 A에서 H를, B에서 차례로 o와 m을, A에서 e를 추출해야 하며, 추출한 문자들은 '+' 기호로 연결할 수 있다고 하였다. 또한 문자의 위치는 왼쪽을 기준으로 0부터 시작된다고 하였으므로, New_A= A[0]+B[6]+B[8]+A[1]이 된다.

80 정보처리능력 분류를 이용하여 정보 관리하기

|정답| ①

|해설| 자료를 그 유형에 따라 분류하면 ppt파일(A, C), pdf파일(B, D), hwp파일(E, F)로 분류할 수 있다.

|오답풀이|

② 자료를 작성한 시간을 기준으로 분류하면 8월 작성 자료(A, B, E)와 4월 작성 자료(C, D, F)로 분류할 수 있다.

③ 자료를 기능을 기준으로 분류하면 강의용 자료(A, C, F), 참고용 자료(B), 배포용 자료(D, E)로 분류할 수 있다.

④ 자료를 주제를 기준으로 분류하면 조각 예술 관련 자료(A, E), 예술 관련 자료(B, D), 법 관련 자료(C, F)로 분류할 수 있다.

보충 플러스+

분류를 이용한 정보관리

기준	내용	예
시간적 기준	정보의 발생 시간별로 분류	2012년 상반기, 7월 등
주제적 기준	정보의 내용에 따라 분류	정보사회, 대학교 등
기능적/용도별 기준	정보가 이용되는 기능이나 용도에 따라 분류	참고자료용, 강의용, 보고서 작성용 등
유형적 기준	정보의 유형에 따라 분류	도서, 비디오, CD, 한글파일, 파워포인트 파일 등

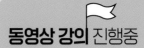

고시넷 공기업

한국중부발전
NCS 기출예상모의고사

4회

gosinet
(주)고시넷

모듈형_NCS

코레일_NCS

철도공기업_NCS

에너지_NCS